4 Z 4639 (2)

Maredsous
1931

Tassin, Dom René-Prosper - Berlière, Dom Ursmer

Nouveau supplément à l'histoire littéraire de la congrégation de Saint-Maur

M-Z

Tome 2

NOUVEAU SUPPLÉMENT

À

l'Histoire Littéraire

DE LA

Congrégation de Saint-Maur

NOTES DE HENRY WILHELM

PUBLIÉES ET COMPLÉTÉES PAR

Dom URSMER BERLIÈRE, O. S. B.

AVEC LA COLLABORATION DE

D. ANTOINE DUBOURG, O. S. B.

TOME DEUXIÈME

M-W

MAREDSOUS — ABBAYE DE SAINT-BENOIT | GEMBLOUX — J. DUCULOT, ÉDITEUR

1931

NOUVEAU SUPPLÉMENT

A L'HISTOIRE LITTÉRAIRE

DE LA

CONGRÉGATION DE SAINT-MAUR

NOUVEAU SUPPLÉMENT

A

l'Histoire Littéraire

DE LA

Congrégation de Saint-Maur

NOTES DE HENRY WILHELM

PUBLIÉES ET COMPLÉTÉES PAR

Dom URSMER BERLIÈRE, O. S. B.

AVEC LA COLLABORATION DE

D. ANTOINE DUBOURG, O. S. B.

TOME DEUXIÈME
M-W

MAREDSOUS   GEMBLOUX

ABBAYE DE SAINT-BENOIT   J. DUCULOT, IMPRIMEUR

1931

PRÉFACE

La continuation du *Nouveau Supplément* paraît après une interruption de 23 ans. Sans jamais perdre de vue cet ouvrage, j'avais dû renoncer à sa publication en raison des charges que j'ai dû remplir depuis 1908, des troubles causés par la guerre et par l'après-guerre, et plus particulièrement à la suite des travaux entrepris pour l'Institut historique belge de Rome. Le manuscrit étant complètement achevé, le T. III, qui comprendra les additions, une liste d'anonymes et l'Index des noms, pourra paraître à brève échéance.

La mort a enlevé le 23 mars 1923 un de mes collaborateurs, le R. P. Augustin-Marie-Pierre Ingold, qui a voulu terminer sa carrière à la Trappe du Mont des Olives en Alsace en qualité d'oblat régulier. C'est lui qui m'avait mis en relation avec M. Henri Wilhelm ; c'est avec lui que j'avais classé la riche collection bénédictine léguée à sa ville natale de Colmar par l'érudit juge de paix de Pantin; c'est lui qui avait accueilli dans sa collection des « *Documents pour servir à l'Histoire religieuse des XVIIe et XVIIIe siècles* » ce travail sur les Mauristes, si intimement liés à tout le mouvement littéraire et religieux des deux siècles qui l'intéressaient tout particulièrement. Que de fois ne m'a-t-il pas exprimé son désir de voir continuer notre publication, le jour où j'aurais recouvré la liberté nécessaire pour en poursuivre l'impression. Ce vœu est réalisé, mais il n'est plus là pour prendre sa part du travail commun et jouir du résultat de nos recherches. A cet ami de longues années, qui a si bien mérité de l'histoire religieuse d'Alsace et de France, comme l'a montré M. Auguste Gasser dans « *Le R. P. Ingold. Sa vie et ses ouvrages* ». Belfort, 1924, 95 pp. in-8, je rends ici un hommage d'affection et de gratitude.

La continuation du *Nouveau Supplément* reste fidèle au programme du tome premier. Elle reproduit exactement, scrupuleusement les notes de M. Wilhelm, en dépit des répétitions et des incorrections qu'on peut y relever. Elles sont accompagnées ou suivies des notes que D. Antoine Dubourg et moi avons réunies chacun de notre côté, et qui nous ont semblé devoir rendre service à tous ceux qui s'intéressent à l'histoire littéraire des Mauristes. Il ne s'agit donc pas d'un travail systématique d'ensemble, ni d'une refonte de Tassin, mais de simples notes complémentaires, qui ne visent nullement à épuiser le sujet. Mon fidèle collaborateur D. Dubourg, en dépit des années, a généreusement secondé mon entreprise. Ses contributions sont indiquées par des astérisques en tête et à la fin de ses remarques ; les miennes sont placées entre crochets.

Un de mes confrères de Maredsous, le R. P. D. Thierry Réjalot, a mis à ma disposition l'inventaire dressé par lui de Lettres déjà imprimées des Bénédictins de St-Maur et comportant quelques milliers de fiches ; j'y ai parfois eu recours pour un contrôle, mais je n'ai pas cru devoir le faire entrer dans ce Supplément, parce qu'il en aurait changé le caractère et parce que, à mon avis, pareil inventaire pourrait et devrait faire un jour l'objet d'un travail spécial. Je tiens cependant à remercier ici mon confrère de sa générosité.

Un travail comme le nôtre est toujours forcément incomplet , les publications incessantes de textes, d'inventaires et de catalogues fourniront de nouveaux appoints à l'histoire littéraire de St-Maur. Tel qu'il est, il a son utilité, et c'est une raison, sinon une excuse, suffisante pour sa publication.

La Table des noms sera rédigée en fonction de l'histoire littéraire de St-Maur. Assurément l'idéal serait d'en dresser une conforme au vœu exprimé par un confrère dans la *Revue bénédictine* de janvier 1909. Ce qui était alors possible ne l'est plus aujourd'hui à cause des frais qu'elle entraînerait. Le moment n'est pas encore venu de donner une liste complète des Anonymes et d'en essayer l'identification. J'ai donné les titres indiqués par M. Wilhelm et dressé une liste de ceux qui se rencontrent dans notre Supplément. Dans quelle mesure faudrait-il y faire figurer les Factums ? C'est là un point délicat à fixer. Un pareil travail supposerait le dépouillement systématique de tous les dépôts publics et privés qui conservent des archives des monastères de la Congrégation de St-Maur ; ce serait sortir du cadre de notre publication.

Maredsous, le 1ᵉʳ juillet 1931.

D. Ursmer Berlière.

LISTE COMPLÉMENTAIRE
DES PRINCIPAUX OUVRAGES CITÉS

AUDEBERT, D. Bernard, Les Mémoires du R. P. Dom Bernard Audebert, estant prieur de St-Denis et depuis assistant du R. P. Général. Publiés par le R. P. D. Léon Guilloreau (*Annales de la France monastique*, vol. XI). Paris, 1911, in-8º.

BLANCHARD, Ch. Ant., L'abbaye de Saint-Étienne de Caen sous la règle de Saint-Maur, publ. par R. N. Sauvage (*Bull. de la Soc. des Antiquaires de Normandie*, XXX, 1915). Caen, 1915, 8º.

CATALOGUE DES MANUSCRITS DE LA COLLECTION DES MÉLANGES COLBERT par Ch. de la Roncière et Paul- M. Bondois. Paris, 1920-1922, 2 vol. 8º.

DE CARDEVAQUE, Adolphe, Dictionnaire biographique du dép. du Pas-de-Calais. Arras, 1879, 4º.

DE MARSY, A., Bibliographie Compiégnoise. Compiègne, 1874, 8º.

DENIS, D. Paul, Lettres autographes de la collection des Troussures (*Public. de la Soc. Acad. de l'Oise*, t. III), 1912, XV-661 p. 8º.

DENIS, D. Paul, Les Bénédictins de la Congrégation de S. Maur originaires de l'ancien diocèse de Séez (*Bull. de la Soc. hist. et archéolo. de l'Orne*, XXIX, 1910, 523-536; XXX, 1911, 370-391; XXXI, 1912, 293-310). Alençon, 1912, 8º.

DESVAUX, abbé, et LETACQ, Essai sur la bibliographie de l'abbaye de St-Évroul. Alençon, 1890, 8º.

DIDIER-LAURENT, D. E., Didier de la Cour de la Vallée et la réforme des Bénédictins de Lorraine, 1550-1623 (*Mém. de la Soc. archéol. lorraine*, 1903, p. 265-502).

DUBUSC, Simon, est l'auteur de l'Histoire de l'abbaye royale de St-Pierre de Jumièges, signalée précédemment sous le nom de son éditeur LOTH, Julien (t. I, p. XXXIII).

ETTINGER, D. Angelo, La correspondenza dei Benedettini Maurini con Monte-Cassino (*Riv. stor. Benedettina*, VIII, 1913). Rome, 1914, 8º.

GODEFROY, Jean, Bibliothèque des Bénédictins de la Congrégation de Saint-Vanne et Saint-Hydulphe (*Archives de la France monastique*, vol. XXIX). Ligugé et Paris, 1825, XXIII-239 p. 8º

GOMART, Ch., L'abbaye de St-Quentin en l'Isle (*Études St-Quentinoises*, IV). St-Quentin, 1873, 8º.

HAUDIQUIER, D. Ch. Mich., Histoire du vén. Dom Didier de la Cour. Paris, 1772, 8º.

LAUER, Ph., Collections manuscrites sur l'hist. des provinces de France. Inventaire. t. II (Languedoc-Vexin) Paris, 1911, 8º.

Martène Edmond, Histoire de la Congrégation de Saint-Maur. Publiée avec une introduction et des notes par Dom G. Charvin (*Archives de la France monastique*, XXXI, XXXII, XXXIII, XXXIV), Tomes I, II, III, IV, 1928-1930. Ligugé, 1928-1930, 4 vol. 8º.

— La Vie des Justes. Publ. par Dom Heurtebize (*Archives de la France monastique*, vol. XXVII, XXVIII, XXX). Ligugé, 1924, 1925, 1926, 3 vol. 8º.

Muratori, Epistolario Muratoriano edito e curato da Matteo Campori. Modène, 1901-1913, 13 vol. 4º.

Pfeilschifter, G., Korrespondenz des Fürstabtes Martin II. Gerbert von St-Blasien, Herausgeg. von der Badischen Histor. Kommission. I Band, 1752-1773. Karlsruhe, 1931, 8º.

Saché, Marc, Inventaire sommaire des arch. dép. Maine-et-Loire. Arch. eccl. Ser. H. t. 2. Abbaye de St-Florent de Saumur. Angers, 1926, 4º.

Sommervogel, Carlos, Bibliothèque de la Compagnie de Jésus. Nouv. éd. Bruxelles, 1890-1913, 10 vol. 4º; supplément .. par E. Rivière, 1911-1930, 5 fasc.

Thiers, J.-B, Apologie de Mr l'abbé de la Trappe, s. l. n. d. (Grenoble, 1694), 16º.

M

MABILLON (Jean).

Ajouter à toutes les notices sur Mabillon qu'en 1874 M. de Bouis a fait imprimer à Rouen in-8° chez Cagniard, sous le titre : *Instruction sur le renouvellement de vie*, les instructions que D. Mabillon adressa aux Dames bénédictines de Dieppe et dont le ms. original est conservé sous le n° 12703 du fonds lat. de la Bibliothèque nationale. Le n° lat. 12301 des mss. lat. de la Bib. nat. contient un travail de D. Mabillon sur Bérenger; le n° 13067 des notices de divers mss. par Mabillon et autres bénédictins; les n°² 13119-13120 pièces copiées par Mabillon pendant son voyage en Allemagne et en Italie ; n° 11902 papiers de Mabillon contenant principalement les notes qu'il prit dans les archives et les bibliothèques d'Alsace, de Champagne et de Lorraine. Le ms. 11866 contient plusieurs épitaphes et inscriptions composées par Mabillon. Le ms. 12089 se compose de papiers de Mabillon et autres bénédictins sur les anciens rites. Les mss. 12777-12780 renferment des documents sur diverses abbayes de France recueillis par Mabillon, Le Michel, Chantelou...

Les Archives du Haut-Rhin à Colmar (Fonds de Munster) renferment aussi quelques pièces intéressantes de Mabillon relatives à la question de l'auteur de l'Imitation de J. C. ; elles sont ou analysées ou données in extenso dans le précieux recueil de Dantier de la Correspondance inédite des Bénédictins de Saint-Maur.

Aux pages 208-209 de son *Hist. litt.*, Dom Tassin raconte, en la condamnant, la violente et injuste querelle que D. D. Bastide et Mège cherchèrent à Mabillon à propos de ses *Acta Sanctorum O. S. B.* et qui fut portée jusqu'au chapitre général. Dantier, aux pages 118-127, a donné une partie du mémoire de Mabillon en réponse à ces attaques dont il sortit victorieux et a analysé le surplus. Ce beau mémoire mériterait d'être imprimé en entier [voir plus loin p. 84-85].

Le n° 12301 des mss. lat. cité plus haut est certainement ou l'ébauche ou le travail fini et au net de la dissertation sur Bérenger et sa condamnation qu'il a publiée dans ses *Analecta*. Il serait intéressant de confronter l'imprimé et le manuscrit.

A la page 65 de son *Manuel des sciences ecclésiastiques*. Paris, Lecoffre, 1850, Dom Lacombe mentionne un bel exemplaire de la Bible annoté de la main de Mabillon et conservé à la Bibl. d'Angers ; il avait appartenu primitivement à l'abbaye de Saint-Aubin d'Angers.

Haenel *(Catal. mss.)* signale aussi à la Bibl. de Charleville, sous le n° 78, une Bible sur laquelle Mabillon a écrit de sa main : « Biblia infiniti valoris et servatu dignissima, le 28 janvier 1702 ».

Dom Mabillon composa, fit imprimer et envoya dans tous les monastères bénédictins une lettre circulaire pour prier les membres des communautés bénédictines de lui envoyer des documents pour compléter les *Acta Sanctorum O. S. B.* dont 9 volumes avaient déjà paru, et surtout des mémoires, des chartes et des monuments pour le grand ouvrage des *Annales O. S. B.* dont [il] espérait commencer l'impression incontinent après Pâques [Tassin, 260-261.]

Aux Archives d'Eure-et-Loire (fonds du Chapitre de Chartres, chapelles, J, N. 9, caisse VI), il existe une correspondance fort curieuse de Mabillon au sujet des tombes de la crypte de Saint-Martin-au-Val, aujourd'hui paroisse S. Brice.

Le ms. lat. 13745 de la Bibl. nat. contient sur le feuillet de garde une notice de Mabillon sur le ms. autographe du Martyrologe d'Usuard.

On trouve des lettres inédites de Mabillon fort importantes dans les travaux de Jadart, qui sont : 1° *Dom Jean Mabillon. Etude suivie de documents inédits.* 1879 ; 2° *Les relations de Dom Mabillon avec le Laonnais*, 1880 ; 3° *La maison natale de D. Mabillon et son monument*, 1885 ; 4° *Dom Mabillon et la réforme des prisons d'après la correspondance de Mabillon avec M. Marquette*, conseiller au présidial de Laon, 1885.

Voyez aussi la mention d'une lettre inédite de Mabillon dans les notes sur Dom Estiennot page 42 supra [= t. I, p. 207].

Vies de Mabillon et de Ruinart par D. Massuet en tête des *Annales O. S. B.* Paris, t. V, et Lucques, t. I ; en tête des *Analecta vetera*, ed. 1723 on a reproduit celle de D. Ruinart, traduite par D. Claude de Vic. JADART (*Mabillon*, p. 259-260) indique les sources.

Notice par D. Martène dans son *Histoire de la Congrégation de Saint-Maur*, ms. fr. 17671,p. 230-231 et dans la *Vie des justes*, ed. D. Heurtebize. t. III. pp. 24-27. — Traits originaux publiés par D. Paul Denis *(Revue histor. ardennaise, XXV, 1908, pp. 180-181).*

La plaquette de Pinsson (Paris, Robustel. 1708; Bibl. nat. Paris Ln 27 n° 13105) est reproduite dans la même revue (pp. 182-185), avec le texte du *Nécrologe* de Dom Racine (pp. 186-187).]

* Les éloges de Mabillon par D. Roussel et M. Pinsson sont aux Archives nat. Paris, L. 748, n. 39 et 39bis, format placard, grand in -fol., le 1er avec le permis d'impression du 5 avril 1708. Remis apud Fr. Godard, le 2e du 24 avril 1708. Parisiis apud C. Robustel. — Le billet de faire-part de la mort de Mabillon se trouve dans le même dossier. *

[Notices dans ms. fr. nouv. acquis. 22338, f. 149 (OMONT, *Catal. nouv. acq. fr.*, IV, 468.]

* Notice par D. Boudier, *Recueil d'hommes illustres*, t. V, f. 69; Bibl. Mazarine, ms. 1621. *

[Notes biographiques sur Mabillon à la Bibl. Victor-Emmanuel à Rome, Fondo Gesuitico, 1005, f. 353 (*Revue des bibliothèques*, 1906, p. 54).

La vie de Mabillon par D. Ruinart fut traduite en italien par le P. Nicolas Ceppi, religieux augustin; elle se trouve en ms. à la Bibl. Angelica à Rome Cod. D. 8. 1. * L. Pélissier a décrit ce ms. in-4° de 214 ff. dans *Archives histor. et littér.*, t. II, 1890-1891, Paris, p. 522, et publié la préface de la traduction, pp. 523-525. *

Anecdote inédite sur D. Mabillon (*Messager des fidèles, revue bénédictine*, III, 1886-87, pp. 335-336).

D. Claude de Vic, dans son *Journal*, expose les raisons qui l'ont déterminé à faire imprimer en 1714 à Padoue la traduction latine de la *Vie* écrite par D. Ruinart (*Revue Mabillon*, II, 1906, pp. 31-32).]

* Mercier de Saint-Léger, dans ses annotations à l'*Hist. litt.* de D. Tassin, renvoie (p. 214) pour la longévité des parents de Mabillon à l'*Histoire des personnes qui ont vécu plusieurs siècles* par de Longeville-Harscouet. Paris, 1715, 129-130.

p. 215. Vers latins de La Monnoye sur Mabillon, t. I, p. 252, et t. II, p. 86 de ses *Œuvres choisies*, Paris, 1770.

p. 220. Correspondance avec L. Sergardi, à qui Mabillon écrivit 38 lettres sur les nouvelles littéraires du temps, que ce prélat communiquait au cardinal Ottoboni (FABRONIUS, *Vitae Italorum doctrina excellentium*, X, 74).

p. 267. C'est dans la *Vie et ouvrages* (= lettres) de Lazare-André Bocquillot, prêtre, chan. d'Avallon (par M. le Tors) s. l. ni libraire (= Auxerre, chez Fournier), 1745, in-12 de 503 pp., que se trouvent aux pp. 454-468 les lettres de Bocquillot avec les réponses de Mabillon.

p. 747. Denis Camusat, dans son *Histoire critique des journaux*, I, 74-75, rapporte que Ch. d'Angeville, grand-prieur de l'abbaye de Saint-Claude en Franche-Comté lui avait donné des lettres de D. Mabillon (1696), de D. Ruinart et de D. Guesnié. « Il rapporte même un morceau de celle de D. Mabillon écrite en 1696, où il écrivait que la condamnation faite en Espagne et en Portugal des *Acta Ss.* des Bollandistes faisait hausser les épaules aux habiles gens, ajoutant que le grand inquisiteur a été carme et qu'on le dit bien ignorant ».

H. JADART, *La maison natale de Dom Mabillon à Saint Pierremont (Ardennes), son état actuel, sa conservation dans l'avenir* avec 3 grav. (*Revue d'Ardenne et d'Argonne*, XVII, 1910. p. 34-41). * *La Maison natale de Mabillon (Nouv. revue de Champagne et de Brie*, 1926, p. 60-61).

Sur le voyage de Mabillon en Allemagne et en Italie voir notes dans le ms. lat. 14187 de la Bibl. nat. Paris ; — *Jo. Mabillonii Iter germanicum et Jo. de Launoii de scholis celebribus*, praemissa est praefatio Jo. Alberti Fabricii. Hamburgi, Liebezeit, 1717, 103 p. ; — JOS. ULLRICH, *Die deutsche Reise Mabillon 's aus dem Lateinischen übersetzt und mit Bemerkungen versehen (Programm der K. Studien-Anstalt zu Landshut im Schuljahre 1866-67)*. Landshut, Thomann, 20 pp. in-4°. — ARTHUR BAUCKNER, *Mabillons Reise durch Bayern im Jahre* 1683. Diss. Munich, 1910. 4°, 79 pp.]

* Sur le voyage de Lorraine et d'Alsace voir les lettres de Mabillon à D. Estiennot des 7 août, 30 août et 12 novembre 1696 (ms. fr. 19659, ff. 156, 159, 160-161). — Sur ce voyage en Alsace et sur les œuvres de Mabillon, il y a d'intéressantes notes dans les papiers du P. Léonard de Sainte-Catherine, augustin déchaussé du couvent de Paris (Bibl. nat. Paris, ms. fr. 22589, ff. 1ᵛ, 4, 5-6). Il parle du voyage d'Alsace dans le ms. 24472, f. 53 et 62). *

[Sur le même voyage en Alsace, et les traductions du récit de D. Ruinart par Matter et l'abbé Marchal, voir A. M. P. INGOLD, *Voyage littéraire en Alsace de Dom Mabillon*. Colmar, Jung, 1893, 16 pp. 8°, et plus particulièrement l'ouvrage du même auteur : *Mabillon en Alsace*. Colmar, Hüffel, 1902, 109 pp. 12° (Extrait de la *Revue catholique d'Alsace*, XX, 1901, pp. 484-486, 721-732, 801-806, 875-880 ; XXI, 1902, pp. 114-119, 214-230, 276-287.) et D. U. BERLIÈRE, *Mabillon en Alsace (Revue d'Alsace*, 1912, p. 310-316).

* Lettre de Mabillon, datée de Moyenmoutier 3 octobre 1696, relative aux mss. de Murbach (vente Coll. Lucan de Montigny, 30 avril 1860) *

[Sur le voyage en Belgique en 1672, en compagnie de Dom Estiennot, v. D. U. Berlière, *Mabillon et la Belgique (Revue Mabillon*, IV, 1908, pp. 4-38, 231-242, 289-323). Ligugé, 1909, 8°, où l'on trouvera 45 lettres adressées de Belgique à Mabillon. — J. Kerssemakers, *Mabillon over godsvrucht in de zuidelijke Nederlanden (Ons geestelijk Erf*, II, 1928, 100-103).

Sur les voyages en France, voir Uzureau, *Mabillon à Angers, 1698 (L'Anjou historique*, nov.-déc. 1912, p. 236-238) ; — *Passage de Mabillon à Lyon (Bull. histor. du dioc. de Lyon*, VIII, 1907, 84-86) ; — Abbé Barlet, *Dom Mabillon en Savoie, notes de voyage (Mém. Acad. de Savoie*, 4ᵉ série, t. XI, p. 177-187) ; c'est la traduction du passage de l'*Iter Italicum* concernant la Savoie.

— Voyage en Italie, v. Nicol. Barone, *Giovanni Mabillon a Monte Cassino (Casinensia*, I, 1929, pp. 89-95) ;] * Ch. Louandre, *Mabillon, les Bénédictins français et la cour de Rome au XVII s. (Revue des Deux-mondes*, 1 janv. 1847, pp. 325-344).*

[Sur les relations de D. Mabillon avec Bossuet, voir Vanel dans *Revue Bossuet*, t. V, p. 219-225 ; *Œuvres*, éd. Vivès, t. XXVI, p. 178, 349-350, 442 ; t. XXVII, p. 112, 292 ; t. XXX, p. 507 ; l'ouvrage de D. Serrant cité dans la bibliographie et A. M. P. Ingold, *Histoire de l'édition bénédictine de S. Augustin*. Paris, 1903.

* La lettre sur la mort de Mabillon (Bibl. Mazarine, ms. 2205, f. 113 : *Cat. mss. Mazarine*, II, p. 386) publiée dans le *Cabinet historique*, XIII, 1ʳᵉ partie, p. 70-73, et par Jadart, *Dom Mabillon* (p. 256-257), l'a été de nouveau par Maur. Lecomte, *Lettre de Dom Constant à Dom Martène sur la mort de Mabillon (Revue Mabillon*, XIII, 1908, p. 337-340).

— Lettres à D. Ruinart sur la vie de D. Mabillon (Bibl. nat. Paris, ms. fr. 19639).

La lettre du P. Germon à D. Ruinart sur la mort de Mabillon, Paris, 22 janvier 1708 *(Bibl. Ecole des chartes*, 1906, p. 588-589), avait déjà été publiée par Jadart (*D. Ruinart*, p. 164-165).

Lettre de Fontanini à D. Ruinart sur la mort de Mabillon du 18 janvier 1708 (de Vic, *Vita Joannis Mabillonii*, Padoue, 1714, p. 234-236 : *Revue histor. Ardennaise*, juillet 1908, p. 171-173, d'après le texte conservé par D. Martène, avec traduction française de ce dernier (p. 173-175).].

* « Epistola consolatoria ad *** scripta in obitum doctissimi

piissimique viri Mabillonii » à la Bibl. nat. Paris, N.a.l. 1559, f. 52.

Reverendi Patris D. Johannis Mabillon. Epitaphia cum aliquot epigrammatibus. Paris, De Bats, 1708, 4° (Bibl. nat. Paris, Ln²⁷ 13106). *

[« In obitum R. P. D. Joannis Mabillon epigrammata » (Bibl. nat. Paris, F. F. 19231, f. 122) ; — Épitaphes latines et pièces de vers diverses en l'honneur de Mabillon (F. F. 19639, f. 302).

— On trouve à la Bibl. de l'Université de Gand l'épitaphe latine : *Memoriae viri… consecrabat Franciscus Pinssonius.* Paris, Robustel, 1708, placard in-fol. ; voir plus haut p. 3.

Mémoire relatif à la sépulture de D. Mabillon et de D. de Montfaucon, par D. Brial ; voir plus haut, t. I, p. 78. — HYRVOIX DE LANDOSLE, *L'ancienne épitaphe de Mabillon (Revue Mabillon, IV, 1908 p. 89-90).*

Autographe (H. STEIN, *Album d'autographes de savants et érudits…* Paris, 1907, pl. XXVII).

Sur les portraits de Mabillon, voir HENRI MENU, *Recherches sur l'authenticité du portrait de Mabillon (Chronique des arts, 1873, 10 oct., p. 285-286 ; 20 oct., p. 293-295) : H. JADART Mabillon,* pp. 264-265, et *Revue Mabillon, VIII, 1912, p. 190.?*

* Sur un tableau représentant Mabillon placé dans le réfectoire des religieuses de l'Hôpital Saint-Marcoul à Reims, v. H. JADART, *L'Hôpital Saint-Marcoul de Reims, 1645-1900. (Travaux de l'Acad. de Reims, I, 1903, p. 203). *

[Le deuxième centenaire de la mort de Mabillon a donné lieu à une série de publications, dont la principale est le volume « *Mélanges et documents publiés à l'occasion du 2ᵉ centenaire de la mort de Mabillon.* Paris, Poussielgue, 1908, gr. 8°, XLVII-374 p. » publié par Dom J. M. Besse. On y relève pour Mabillon :

D. FERN. CABROL. *Panégyrique de Mabillon prononcé en l'église Saint-Germain-des-Prés le 27 déc. 1907 (p. I-XXXII).*

H. STEIN. *Bibliographie chronologique des ouvrages relatifs à Mabillon (p. XXXIII-XLVII).*

H. JADART. *L'origine de D. Mabillon à Saint-Pierremont. Sa jeunesse, ses études et sa profession religieuse à Reims (1632-1656). Sa liaison avec D. Thierry Ruinart, 1682-1707 (p. 1-47).*

L. DELISLE. *Dom Jean Mabillon : Sa probité d'Historien (p. 93-104).*

H. OMONT. *Mabillon et la Bibliothèque du Roi à la fin du XVIIᵉ siècle (p. 105-123) (1).*

(1) *Le tableau des envois (p. 109)* avait déjà été donné par l'abbé J. GILLET,

J. DEPOIN. *Une expertise de Mabillon. La Filiation de la Tour d'Auvergne* (p. 126-143)

D. F. CABROL. *Mabillon et les Etudes liturgiques* (p. 145-167).

ALB. PONCELET S. J. *Mabillon et Papebroch* (p. 169-175).

A. M. P. INGOLD. *Un document inédit sur la querelle de Mabillon et de l'abbé de Rancé* (p. 177-191).

L. LEVILLAIN. *Le « de re diplomatica »* (p. 193-252).

M. LECOMTE. *La publication des « Annales ordinis S. Benedicti »* (p. 253-278).

A. VIDIER. *Un ami de Mabillon. Dom Claude Estiennot* (p. 279-312).

A. DE BOISLISLE. *Dom Jean Mabillon et l'Académie des inscriptions* (p. 313-353).

D. J. M. BESSE. *Le premier ouvrage de Mabillon* (p. 354-372).

A ces travaux il faut ajouter :

D. FERN. CABROL. *Panégyrique de Dom Mabillon prononcé.... le 27 déc. 1907 à l'église Saint-Germain-des-Prés.* Paris, Oudin. 1907, 8°.

Du même : *Science et foi d'après Mabillon (La foi catholique,* janv. 1908), qui est un extrait du panégyrique.

A. CORBIERRE. *Prières liturgiques composées par D. Jean Mabillon.* publiées à l'occasion de son deuxième centenaire. Paris. 1908, in-32 de 35 pp.

A. CORBIERRE. *Pensées et conseils de Dom Mabillon.* Paris, 1908, in-32 de XII-141 pp.

D. PAUL DENIS. *Mabillon jugé par le savant italien Fontanini (Revue hist. ardennaise,* XV, 1908, p. 169-187).

D. A. DU BOURG. *Dom Jean Mabillon (Bull. de littérature eccl.,* 1908 p. 181-204). Poitiers, Blain et Roy. 1908, in-8°, 24 p.

D. A. GUÉPIN. *Dom Jean Mabillon (Bull. de Saint Martin et de Saint Benoît.* XVI, p. 145-149, 161-167).

F. SAVIO. *Pel secondo Centenario del Mabillon (Civiltà cattolica,* 17 juillet 1909, p. 213-217).

G. SORDINI. *La pretesa Descrizione del palazzo ducale di Spoleto scoperta e publicata dal Mabillon (Bull. della R. Dep. di storia patria per l'Umbria,* XIII, 1908, p. 455-467).

Il II. Centenario della morte di don Giovanni Mabillon 1632-1707-1907 (Rivista stor. Benedettina, XIII, p. 369-373 — *Le deuxième centenaire de Mabillon (Bull. de S. Martin et de S. Benoît,* XVI,

Camille Le Tellier de Louvois bibliothécaire du roi. (Travaux de l'Acad. Reims, LXXIV). Paris. 1884, p. 202-203 n.)

p. 73-77) ; — Léonard Fischer. *Le IIe centenaire de Mabillon (Revue cathol. d'Alsace,* t. XXVII, 1908, p. 31-40 ; — H. Jadart et O. Guelliot. *Le second centenaire de la mort de Mabillon à Paris et à Reims (Revue hist. ardennaise,* 1908, p. 109-112). — J. Doizé, *L'œuvre érudite des Bénédictins de Saint-Maur à propos du deuxième centenaire de Mabillon (Etudes,* CXIV, 5 janvier 1905, p. 94-115).]

* M. F. Rohault, à propos du *Deuxième centenaire de Mabillon,* a publié dans *Le Dimanche. Semaine religieuse du dioc. d'Amiens :*

Mabillon à Corbie (t. 73, 1907, p. 527-530 ; t. 74, 1908, p. 77-80).

Mabillon et D. Germain (p. 117-118).

Mabillon et du Cange (p. 118-120).

Mabillon et la Picardie (p. 257-258, 317-319, 396-398).

Mabillon et les saints de Picardie (t. 75, p. 43-46, 68-71, 93-95, 436-438). *

[D. Paul Denis dans son étude : *Dom Mabillon et sa méthode historique.* Mémoire justificatif sur son édition des Acta Sanctorum O. S. B. *(Revue Mabillon,* VI, 1910, p. 1-64) a publié un des mémoires écrits par D. Mabillon pour justifier sa méthode, contre les accusations portées par D. Ph. Bastide et D. J. Mège, d'après les manuscrits L 810 n° 5, f. 1-19 ; L 810 n. 7 p. 23-33 des Archives nationales à Paris et mss. f. 19660, f. 68-78 ; 17696, f. 245-270 de la Bibl. nat. de Paris.]

* Réfutation de deux propositions avancées par le R. P. Mabillon dans son livre des Actes des Saints... par M. Aubin, docteur en Sorbonne, chanoine de Saint-Martin de Tours. ms 1295 de Tours, p. 427 sq. *(Catal. gén. mss. Dép.,* t. XXXVII, 2, p. 886).

« *Notitia brevis partis secundae sacculi IV Benedictini.* Impr. 4 pp. in-16, prospectus. (Bibl. nat. Paris, Coll. Picardie, ms. 225, f. 121 ; Lauer, II, 160). *

[Papiers de Mabillon à la Bibl. nat. de Paris, F.F. 17696-17700.

On trouve dans le ms. fr. 19660 une « Response aux Remarques que le R. P. Bastide a faicte sur la préface du IVe siècle bénédictin », qui se trouve en brouillon dans le ms. 15790.

Les mss. fr. 15477-15479 contiennent la traduction des *Annales ordinis S. Benedicti* jusqu'à l'année 1151, traduction faite ou copiée entre 1740 et c. 1752 ; v. plus haut, Dom Bonnaud, t. I, p. 52.

M. Léop. Delisle a publié le « *Dépouillement alphabétique du Monasticon Benedictinum* » d'après les mss. lat. 12658-12704 de la Bibl. nat., matériaux recueillis pour les *Annales ordinis S. Benedicti (Revue des bibliothèques,* t. VII, 1897, pp. 241-267). Paris,

1897, pp. 7, 10, 12, 18, 19, 23, 27, 31. Voir L. DELISLE, *Invent. des mss. de Saint-Germain-des-Prés.* Paris, 1868, 21-23).]

* La circulaire au sujet des *Acta Sanctorum*, dont parle Tassin (p. 221, n. 4) : Universis S. P. Benedicti discipulis et alumnis verisque sanctorum quibuscumque cultoribus.. IV cal. martii 1667, signée par F. Luc d'Achery et Jean Mabillon, se trouve en copie à la Bibl. nat. Paris, ms. fr. 17689, f. 86).

Vie de S. Adalhard et Wala, avec les notes de Mabillon et une réponse au 8e discours de l'abbé de Fleury sur l'Hist. eccl. (Bibl. nat. Paris, Coll. de Picardie, ms. 30, f. 183 ; LAUER, *Catalogue*, II, 89) *

[Les mss. L. 810, 5-19 aux Archives nationales de Paris renferment une série de pièces relatives aux *Acta Sanctorum O. S. B.* et aux difficultés soulevées par le P. Bastide *(Cat. des mss. conservés aux Archives nat.* pp. 253-255) ; v. DANTIER p. 358-367 ; et plus haut p. 8.]

* Le Ms. L. 815 n. 12 est l'« Avis pour ceux qui travaillent aux histoires des monastères de la Congrégation de Saint-Maur », oct. 1677, 6 pp. in-fol. *(ib.*, 258). On lit au dos, d'une écriture du temps : « on a envoié à coppier aux R. P. visiteurs, je dis une pour chaque province le 20 octobre 1677 ». *

[Note autographe sur un Pontifical de Poitiers, ms. 227 de la Bibl. de l'Arsenal *(Cat. mss. Arsenal*, I, 118) et sur le 1er feuillet de garde d'un Sacramentaire de Worms, du Xe s., ms. 610, 1er février 1707 *(ib.*, p. 459).] * Ces notes ont été reproduites dans le *Dict. d'archéol. chrét.*, I, 2e part., 2922, 2925. Celle sur le ms. de Worms a été reproduite en facsimilé par H. STEIN, *Album d'autographes de savants et érudits français*, 1ere série, 1907, pl. XXVII.

Remarques de l'abbé Lebeuf sur le tome VI des *Annales (Mercure de France*, juin 1739, p. 1290 ; v. *Hist. de la ville et du dioc. de Paris*, éd. Cocheris, t. I, 1883, Introd., p. 94. *

[Index chronologique et notes sur les évêques de Toul, ms. aux Archives départementales des Vosges à Saint-Dié, G. 240 *(Inventaire.* Série G, p. 86).

Le Dr Lauselle, dans son article : *Dom Mabillon et le magistrat de Saint-Omer (Bull. Soc. Antiquaires de la Morinie*, 1926, pp. 338-339), a publié une consultation sur le sens du mot « praepositus ».

Discours sur les anciennes sépultures de nos rois (Bibl. Arsenal, ms. 3718, f. 236 *(Cat. mss. Arsenal*, III, p. 480). * Ce travail se trouve dans les *Mémoires de littérature* tirés des registres de l'Acad. royale des Inscript. et Belles-Lettres, t. II. Paris, 1717, p. 634 et suiv., et republié dans la *Bibliothèque académique* ou choix fait par une société de gens de lettres de différents mémoires... 1810-1811. *

[Dissertationes duae de epocha Dagoberti primi et Chlodovaei junioris, impr. 22 pp. 8°. (Bibl. Mazarine, ms 1999, n° 9; *Cat. mss. Mazarine*, t. II, p. 302).]

* D. Bouquet a reproduit dans son *Recueil des Historiens des Gaules*, t. III, pp. 708-713, ces Dissertations publiées dans les *Vetera Analecta*, t. III, p. 514 sqq., ainsi que celle « de anno et die ordinationis itemque obitus Desiderii episc. Cadurcensis », donnée dans les *Analecta*, t. III, p. 528 sqq ; ed. Paris, 1723, pp. 516-521). *

Le ms. 649 d'Orléans renferme (fol. 283) : Abrégé de la vie de feu M. Desmahis, chan. de Sainte-Croix d'Orléans, 1694, avec son éloge et son épitaphe composés par Delaunay, Mabillon, son frère et un de ses amis *(Cat. gén. mss. Dép.*, XII, p. 265).

Le ms. 20 de la Bibl. de Remiremont contient f. 54, « Consultation sur l'estat de chanoinesse faite au R. P. D. Jean Mabillon »; f. 85, Lettre de D. Jean Mabillon à un de ses amis touchant le premier institut des dames de Remiremont ;

f. 98, Sentiment de D. Jean Mabillon touchant l'état de l'église collégiale des dames de Remiremont *(Cat. gén. mss. Dép.*, XXI, p. 167).

* On trouve dans le ms. 177ter d'Epinal, à la suite de l'Histoire de l'abbaye de Remiremont par Dom Georges, « Sentiments de Dom Mabillon touchant l'état de l'église collégiale des Dames de Remiremont » *(Cat. gén. mss. Dép.* Coll. 4°, III, p. 462). *

Notice sur la pierre d'Isis à Soissons (Bibl. de Soissons, Coll. Périn, n. 4327 ; *Cat. gén. mss. Dép.*, III, p. 167).

* Le ms. fr. 17071 contient des notes sur les Conciles.

Catalogue des mss. latins de la Bibl. du Roi par Mabillon et autres bénédictins n°s 3561-4669, 4671-6681 (Bibl. nat. Paris, n. a. l. 1709-1710).

Témoignage de Mabillon sur D. Claude Martin (MARTÈNE, *Vie de D. Cl. Martin*, Tours, 1697, p. 388). *

A propos de l'*Eusebii Romani epistola de cultu SS. ignotorum*, signalons les éditions suivantes : *Eusebii Romani ad Theophilum Gallum epistola... nova ed. recognita, emendata et aucta*. Paris, Robustel, 1705, 12° ; — *Vetera Analecta*, Paris, 1723, p. 552-573; *Eusebii Romani sive Joannis Mabillonii ad Theophilum Gallum epistola de cultu sanctorum ignotorum*. Utrecht, Broedelet, 1705, in-12 (B. M.) et 1722 ; — *Dissertation sur le culte des saints inconnus... trad. du latin. Paris, 1698, in-12 ; Paris, Allier, 1705, in-12 (trad.

de l'abbé Le Roy, v. RUINART, *Mabillon*, p. 208 ; inconnu à THUIL-
LIER, *Œuvres posth.*, I, p. 314. — *Réponse à une lettre de Dom Jean
Mabillon, bénédictin de la Cong. de Saint-Maur sur les Saints des
Catacombes.* Seconde édition. Cologne, Marteau, 1698, 36 pp. in-32,
(cf. TASSIN, p. 256 ; RUINART, p. 202). — Sur cette controverse,
voir IRAILH, *Le P. Mabillon avec la cour de Rome (Querelles littéraires*,
IV, 234-243). — Lettre au sujet de la réponse, qu'un inconnu a
publiée contre la lettre de R. P. Jean Mabillon sur les saints inconnus, ms. 2184 à l'Arsenal *(Cat. mss. Arsenal*, II, 442)̈.

* Réponse à une lettre de D. Jean Mabillon sur les saints inconnus (Bibl. nat. Paris, f. fr. 19231, f. 256 ; *Cat. ancien Saint-Germain français*, t. III, p. 283).

« De cultu sanctorum ignotorum epistola ad Emin. cardinalem
Colloredum » auctore Joanne Mabillon (Bibl. nat. Paris, n. a. fr.
7484 — Collection Renaudot, t. 29, f. 338 ; *Cat. n. acq. fr.*, t. III,
p. 140).

Aux Archives nationales de Paris (L. 23, n° 3) se trouve un
« Recueil de pièces concernant les saints que l'on tire des Catacombes et l'honneur qu'on leur rend :

1° Fr Joh. Mabillon commonitoria Epistola ad domnum Clau-
dium Estiennot, procuratorem generalem Congregationis S. Mauri
in curia romana, super epistolam de cultu sanctorum ignotorum »
7 ff. *(Catalogue*, pp. 242-243).

2° Response à une lettre de Dom Jean Mabillon rel. bén. de la
Cong. de Saint-Maur sur les saints des Catacombes (lettre imprimée à Cologne en 1698, 18°, 35 pp., 7 ff.)

3° « Lettre (de l'abbé des Tuilleries) où l'on examine celle d'un
bénédictin à M. l'évesque de Blois au sujet de la Dissertation de
M. Thiers contre la Sainte Larme de Vendôme », 4 mai 1700, 10 ff.

4° « Lettre (de l'abbé des Tuilleries) au sujet de la réponse qu'un
inconnu a publiée contre la lettre du R. P. Dom Jean Mabillon
sur les saints des Catacombes », 20 oct. 1698, 10 ff. *(Cat. mss.
Arch. nat.* 1892, p. 242, n° 1438).

Sur la réponse du P. Hardouin S. J. v. DE BACKER, *Bibliothèque
des Écrivains de la Comp. de Jésus.* 1ere série, 1853, p. 375-376 ;
2e éd. par C. Sommervogel. IV. col. 89-90. *

[Ajoutons : ALEX. PLOUVIER, Tornac. presb. *De cultu sanctorum
ignotorum apocrisis in qua contra Eusebium defenduntur reliquiae
e catacombis Romanis erutae.* Romae. 1700, 8° (Bocca. Catal. 282,
n. 751), et

In Epistolam Eusebii Romani ad Theophilum Gallum de cultu

*sanctorum ignotorum apocrisis in qua contra Eusebium defenduntur
reliquiae e catacumbis Romanis erulae.* Auctore Alexandro Plovvierio
Tornacensi presbytero et Sacrae Theologiae Doctore. Sanctissimo
DD. P. N. Innocentio XII. Pont. Max. Romae, Typis Joannis
Francisci Buagni, 1700, 8º, 4 ff. + 134 pp. (B. M.)

Sur l'édition bénédictine de S. Augustin et la part qu'y prit D.
Mabillon, voir la notice de D. Heurtebize sur D. Blampin dans le
Dict. de théol., t. II, col. 903-907, et RICH. KUKULA, *Die Mauriner-
Ausgabe des Augustinus. Ein Beitrag zur Geschichte der Litteratur
und der Kirche im Zeitalter Ludwigs XIV (Sitzungsberichte der
K. K. Akad. der Wissenschaften in Wien.* Phil. hist. Cl., 3 parties,
Bd. CXXI-CXXII, CXXVII-CXXVIII, 1890-1892, 1898 ; — D.
ODILO ROTTMANNER, *Bibliographische Nachträge zu Dr Richard
C. Kukula's Abhandlung : Die Mauriner-Ausgabe des Augus-
tinus (Sitzungsberichte der K. K. Akad. der Wissenschaften in Wien
Phil.-hist. Cl. Bd. CXXIV,* 1891, 12 pp., 8º — H. DIDIO, *Mabillon et l'opportunité d'une nouvelle édition des œuvres de saint
Augustin (Revue des sciences ecclésiastiques,* LXXVII, 1898, pp.
5-32) ; H. DIDIO, *L'édition bénédictine de S. Augustin (ib.,* p. 115-
145) ; H. DIDIO, *Mabillon et l'édition bénédictine de S. Augustin,*
(*ib,* LXXVIII, 1898, pp. 193-212), travail brusquement interrompu
à la suite des réclamations de personnalités qui se croyaient
atteintes indirectement par cette page d'histoire, et repris par
M. INGOLD, *Histoire de l'édition bénédictine de S. Augustin ... avec
le Journal inédit de D. Ruinart (Documents pour servir à l'hist.
relig. des XVIIe et XVIIIe siècles).* Paris, 1903, 8º ; voir aussi
A. M. P. INGOLD, *Bossuet et l'édition bénédictine de S. Augustin*
(*Revue Bossuet,* 1900, t. I, p. 159-177) ; — E. LEVESQUE, *Notes
de Bossuet sur la préface de Mabillon à l'édition bénédictine de S.
Augustin (ib.,* V, 145-150) ; — F. H. REUSCH, *Der Index der ver-
botenen Bücher,* II, Rome, 1885, p. 685 ; — G. LEPREUX, *Gallia
typographica,* I, 448-449 ; — Note de D. Odilon Rottmanner sur
le fameux « vellet » de l'édition de S. Augustin (*Theologische Revue,*
6 oct. 1903, col. 478-480), qui donne raison aux éditeurs ; — J.
DE GHELLINCK S. J., *L'édition de Saint Augustin par les Mauristes*
(*Nouvelle revue théologique,* nov. 1930, p. 746-774). Tournai, Caster-
man, 1930, 30 pp. in-8.

On trouvera dans DE BACKER, *Bibliothèque des Ecrivains de
la Compagnie de Jésus,* 3º série, p. 437-438, à l'art. Langlois (J. B.);
nouv. éd. par C. Sommervogel, t. IV, col. 1484-1486, les titres des
écrits publiés à l'occasion de l'édition de S. Augustin.]

* *Epître dédicatoire de la nouvelle édition des Œuvres de S. Augustin en latin et en français*. Paris, Fr. Muguet, 1679, 4°, 20 pp. n. n (Bibl. Mazarine A. 11110, 20ᵉ pièce et A. 11191, 12ᵉ pièce. *

[Les travaux des Mauristes sur l'*Imitation* sont conservés dans les mss. 12434-12437 de la Bibl. nat. de Paris. Voir l'étude de D. CÉLESTIN WOLFSGRUBER O. S. B. *Drei Mauriner Studien zur Imitatio (Studien und Mittheilungen aus dem Benedictiner-Orden*, 1882 t. I, pp. 232-262 ; t. II, 26-48, 249-270 ; 1883, t. I, p. 24-29).

Sur la controverse au sujet de l'auteur de l'*Imitation de J. C.*, voir IRAILH, *Gabriel Naudé et les Bénédictins (Querelles littéraires*, IV, 205-210) et les travaux de Mgr P. E. PUYOL, *L'auteur du livre de Imitatione Christi*. 1ʳᵉ section. La contestation. Paris, Retaux. 1899, 8° et A. M. P. INGOLD, *Les Bénédictins de Munster en Alsace et la question de l'auteur du livre de l'Imitation de Jésus-Christ (Revue bénédictine*, XIII, 1896, 49-65).

Aux travaux connus ajoutons : *Basis firma aedificii Gerseniani … posita*. 1762, 8° ; voir plus haut, t. I, p 154 ; et Francisci Delfavii et Johannis Mabillonii e congregatione S. Mauri, *Dissertationes quibus libri quatuor de Imitatione Christi Johanni Gersen ex authenticis monumentis asseruntur*. Tertia ed. Paris, Jac. Vincent, 1712, 18°, CLI pp.

— Dom J. B. MONNOYEUR, *L'argument de Mabillon contre Thomas a Kempis. auteur de l'Imitation (Revue Mabillon*, XX, 1930, pp. 69-110)]

* Les ms. 1501-1502 de la Bibl. de Sᵗᵉ-Geneviève à Paris contiennent des documents sur l'auteur de l'Imitation. On y trouve notamment, t. II, f. 34 une lettre du P. Anselme de Paris, génovéfain, du 3 avril 1679, à D. Mabillon ; f. 35 la réponse de celui-ci, du 19 avril suivant ; f. 36 la réplique du P. Anselme, du 20 avril, et f. 40 une lettre de D. Dachery à ce dernier *(Cat. mss.*, II, p. 65-66).

L'opuscule sur l'ordre qu'il faut tenir pour apprendre l'histoire ecclésiastique (Bibl. nat. Paris, ms. lat. 12301, f. 160 ; Bibl. Mazarine, ms. 3839 ; *Catal.*, III, 195) n'est qu'une reproduction de la lettre de D. Mabillon à D. Fr. Le Moyne, prieur de l'abbaye de Sᵗ-Thierry, 12 nov. 1672, publ. par JADART dans *Relations de D. J. Mabillon avec le pays Laonnais (Bull. Soc. acad. de Laon*, XXIV, 1879-80, p. 30-32). *

Le *Traité des études monastiques*, Paris, Robustel, 1691, parut avec un titre spécial pour Bruxelles, mais c'est la même édition (B. M.).

La traduction latine de D. Joseph Porta fut faite à la demande D. Gattola, de même que la traduction italienne de D. François Lepori (VALERY, t. III, pp. 114-115). Celle du P. Nicolas-Jérôme Ceppi, augustin, parut sous le titre de *La Scuola Mabillona*. Rome, De Rossi, 1727. 4 ff. n. p., 264 pp. in-12 (B.M.). Il y a eu une traduction espagnole : *Tratado de los estudios monasticos*. Madrid, 1679, 4°.

* La traduction latine de D. Joseph Porta comprend trois volumes, dont le premier parut en 1705, et eut une seconde édition en 1729. C'est à l'occasion de cette seconde édition du 1er volume que furent publiés les tomes II en 1730 et III en 1732. Le t. II comprend les Remarques de D. Mabillon, la traduction latine de l'histoire de cette controverse écrite par D. Thuillier et les lettres qui s'y rapportent. Le t. III est la traduction de la Réponse de l'abbé de Rancé.

Le *Catalogue des imprimés du Cabinet de Reims* (t. I, p. 228, n. 577) signale un exemplaire portant : Tomus primus .... Editio altera, Venetiis, Poletti. 1745, 4°.*

A propos du catalogue de livres donné dans ce Traité, voir ALF. HESSEL, *Mabillons Musterbibliothek* dans *Festgabe Degering*. 1926, pp. 119-122.

* D. Bernard Pez a publié dans la *Bibliotheca ascetica antiquonova*, t. IX, 1726, p. 648-661 : Joan. Mabillonii ... Breve scriptum *de monasticorum studiorum ratione* ad juniores studiososque Congregationis suae. Editio altera ad fidem editionis Parisiensis anni 1724. Cet opuscule a été réimprimé par Porta dans la 2e édition latine du *Traité des Etudes* de Mabillon 3 vol. 4°, 1729-1732, t. II, 1730, p. 291-296 ; et également à Paris en 1767, 4° (voir circulaire de D. Boudier, du 17 janvier 1768, dans DANTIER, *Rapports*, p. 367-368).

On le trouve aussi dans le ms. fr. 15790 de la Bibl. nat. Paris, f. 78. *

Nic. Ceppi en donna une traduction italienne : *Gli stimuli Mabilloni per muovere li religiosi ad applicare agli studi*. Rome, 1725, 8°. * On trouve à Reims : *Stimuli A. R. P. Joannis Mabillonii Benedictini, ad excitandos et animandos religiosos ut sese studiis applicent* ex ejusdem tractatu de studiis monasticis gallice conscripto desumpti ac idiomate italico donati ab admodum Reverendo et eximio P. Nicolao Hieronymo Ceppi... nunc autem in linguam latinam translati et quibusdam additionibus locupletati a P. M. Theophilo Frahamer, ejusd. ord. Erem. S. P. Augustini professo...

Ratisbonae, Englerth, 1763, 4° *(Cat. des imprimés du Cabinet de Reims*, t. I, n. 576, p. 227-228).

Sur la controverse avec l'abbé de Rancé, voir « Remarques de M' Nicole sur la Réponse de M' de Rancé, abbé de la Trappe, au Traité des Études monastiques du Père Mabillon », n° 12 d'un portefeuille in-4°, Ecrits théologiques mss. (abbé GOUJET, *Catal. de sa bibliothèque*, t. II, p. 287; Bibl. nat. Paris, ms. n. a. fr. 1010).— Deux lettres de M' Nicole, de 1692 *(Recueil des Lettres de Nicole.* Liége (Amsterdam); 1718 (GOUJET, *ib.*, t. III, ms. 1011, p. 13).

Abbé BELLET, *Hist. du card. Le Camus,* 331-333. *

A consulter également, « *Histoire du livre de l'abbé de la Trappe contre dom J. Mabillon et réponse à ce livre* ». Bibl. de Grenoble, ms. 900, t. III, 45 pp. *(Cat. gén. mss. Dép.,* VII, 275) ; — « *Remarques sur la réfutation du « Traité des études monastiques » par le P. Mabillon, écrite par l'abbé de la Trappe* », Bibl. Ste-Geneviève, Paris, ms. 1570, f. 89 *(Cat. mss.,* II, 86) ;

IRAILH, *Dom Armand-Jean Le Bouthillier de Rancé, abbé de la Trappe avec les Bénédictins (Querelles littéraires,* IV, 224-233) ; — H. DIDIO, *La querelle de Mabillon et de l'abbé de Rancé.* Lille, Bergès, 1892, XVII-464 pp. 8° (ouvrage d'abord publié dans la *Revue des sciences ecclésiastiques de Lille,* 1891, 1892) ; — D. MARIE-LÉON SERRANT, *L'abbé de Rancé et Bossuet.* Paris. Téqui, 1903, 233-247, 356-411 ; — H. BRÉMOND, *L'abbé de Rancé et Dom Mabillon. (La vie intellectuelle,* II, 1929, 472-505 ; du même, *L'abbé tempête, Armand de Rancé.* Paris, 1929, p. 148-185.

D. J. M. BESSE, *Les études ecclésiastiques d'après la méthode de Mabillon ;* 1re éd. Paris, 1900 ; nouv. éd. Paris, Bloud, 1902, XV-213 pp. in-18° ; D. BASILE TRIFONE, « *Votum* » *du Cardinal Tamburini au sujet du « Traité des Études monastiques » de D. Jean Mabillon (Revue Mabillon,* VI, 1910, p. 97-107), en faveur de l'édition italienne par le P. Ceppi.

* Dans le ms 1531 n. a. fr. : Mélanges sur le Jansénisme, on trouve f. 292 : Sentiments du frère Colomban (= D. Claude de Vert, cf. Tassin, p. 255) au sujet du différend de Mabillon et de l'abbé de Rancé » *(Cat. nouv. acq. fr.,* t I, p. 230).

Le ms. fr. 13845 contient : « Remarques sur la réponse de M l'abbé de la Trappe au Traitté des Études monastiques de Dom Jean Mabillon par M. N. », 18e s., 68 ff.

Le ms. inédit de la dernière réponse de l'abbé de Rancé : « Examen des réflexions que le R.P. Mabillon a faites sur la réponse à son traité des Études », in-fol., 1 f. n. c. 464 pp., est renseigné dans le

Catalogue de la Bibl. de M. de ia Sicotière, t. I. 1902. n. 348, p. 41).

Un « Abbrégé du traitté des études monastiques du R. P. dom Jean Mabillon, bénédictin » fait par Mr Michel Vincent, chanoine soupletier dans l'église de Saint-Martin de Tours l'an 1709, 96 ff., Tours (*Cat. gén. mss. Dép.*, XXXVII, 1, p. 445). *

[Au sujet de la *Diplomatique* il y a lieu de signaler les réponses qui lui furent faites et les titres des ouvrages auxquels cette polémique donna lieu, en outre des travaux du P. Germon (DE BACKER, *Bibl. des Écrivains de la Compagnie de Jésus*, 1ère série, pp. 333-335 ; nouv. éd. par C. SOMMERVOGEL, t. III, col. 1353-1356, 1390).

Histoire des contestations sur la Diplomatique, avec l'Analyse de cet ouvrage composé par le P. Mabillon. Paris, Delaulne, 1708, in-12 ; 2e éd. Naples, Gravier, 1767, 191 pp. 8°, travail du P. Jacq.-Phil. Lallemant, S. J. (BARBIER, *Dict. des ouvrages anonymes*, II, 744 ; voir SOMMERVOGEL, t. IV, col. 1490, n. 9].

* E. BABELON, *Une querelle scientifique entre Jésuites et Bénédictins. Origine de la Diplomatique 1675-1750*. (*Le Contemporain*, 1er fév. 1878, p. 297-320); * [H. BRESSLAU, *Handbuch der Urkundenlehre*, I. Leipzig, 1889, pp. 24-29 ; W. WATTENBACH, *Das Schriftwesen*, 3e éd., 13-22 ; — A. GIRY, *Manuel de Diplomatique*. Paris, Hachette, 1894. pp. 62-66, où l'on trouvera la bibliographie du sujet ; RICHARD ROSENMUND, *Die Fortschritte der Diplomatik seit Mabillon vornehmlich in Deutschland-Oesterreich*. Munich. Oldenbourg, 1897, 8° ; — L. TRAUBE, notes dans le *Neues Archiv. f. aelt. d. Gesch*, t. XXVI, p. 249 et *Vorlesungen und Abhandlungen*. Munich, Beck, I, 1909, p. 16-33).

Remarques critiques sur la Diplomatique de Mabillon et l'ouvrage du P. Germon (Bibl. nat. de Paris, n. a. fr. 7426, 7428).

Signalons encore : *Il Collegio Mabilloniano sostenuto nelle sue vere regole diplomatiche e garantito da' sofismi de' Pirronici Germoniani, esposti nelle due edizioni delle critiche annotazioni su d'uno stromento del 1233 dei monaci Cassinesi di S. Michele Arcangelo di Montescaglioso*. S. L. n. d. — Naples, 1773, in-4°), ouvrage du P. Pierre Rosini, olivétain.

Le baron G. de Mitis, dans son article : *Eine Fälschung Ceccarelli's und ihre Nachwirkung* (*Mitteil. des Instituts f. oesterr. Geschichtsforschung*. XXIII, 1902, pp. 273-289) publie une lettre de D. Mabillon et de D. Germain contenant la condamnation de deux actes d'Otton I (962) et d'Otton IV (1211) dont copie leur avait été adressée de Rome, qui sont des falsifications d'Alphonse Ceccarelli en faveur des Carpegna.

Pour les actes du duc d'Epernon voir *Cabinet historique*, XXIII, 1re partie, 19-20.

Sur Mabillon et la maison d'Auvergne, voir ms. 1961 de Reims (*Catal. gén. mss. Dép.*, XXXIX, 1009) ; *note de Mr de Boislisle : Le cardinal de Bouillon, Baluze et le procès des faussaires (*Mém. de Saint-Simon*, ed. de Boislisle, t. XIV, 1899, p. 533-558) * ;

TH. LORIQUET. *Le cardinal de Bouillon, Baluze, Mabillon et Th. Ruinart dans l'affaire de l'Histoire générale de la maison d'Auvergne (Travaux de l'Académie de Reims, t. 47, 265-308).* Reims, 1870, in-8o de 48 pp. ; TECHENER, *Bibl. Champenoise*, no 1609, p. 467), et GIRY, *Manuel de Diplomatique*. Paris, 1894, 880-881.

Dans son exemplaire du travail de Loriquet (Bibl. Colmar), M. Wilhelm a inséré la note suivante : « M. Loriquet ne cite jamais et paraît n'avoir pas connu à moins, ce que j'ignore, qu'il ne se trouve réimprimé dans le volume intitulé : *Pièces pour et contre la maison de Bouillon avec des remarques*. A Cologne, chez Pierre Marteau, 1700, in-4o, le petit volume in-12 qui a pour titre : *Actes et titres de la maison de Bouillon*. Cologne, 1698. Dans ce petit volume anonyme, mais qui a été composé par M. La Croze, ci-devant bénédictin de la congrégation de S. Maur sous le nom de Dom Mathurin Veyssière, on attaque sur la question des titres de la maison de Bouillon, Mabillon, Ruinart et surtout Baluze. On trouve de curieux détails sur cette dispute et sur la composition du petit volume de 1698 dans l'*Histoire de la vie et des ouvrages de M. La Croze* par Jordan, Amsterdam, 1741, pages 64-71. On y trouve notamment citée textuellement une lettre écrite par La Croze à M. de Saint-Gelais, le 12 juillet 1737, dans laquelle il lui fait connaître que ce petit livre, bien que portant Cologne comme lieu d'impression, a été véritablement imprimé à Berlin à l'instance et aux dépens de M. de Gagnières, qui avait épousé contre la maison de Bouillon la haine de l'archevêque de Paris et de la maison de Noailles qui lui étaient unis par ces liens de parenté. »

Le ms 572 de Clermont-Ferrand contient (fol 93) : Remarques sur le jugement rendu par M. Baluze et les RR. PP. Mabillon et Ruinart sur les titres qui prouvent incontestablement l'origine de Géraud de la Tour Ier du nom, septembre 1695 (*Cat. gén. mss. Dép.*, XIV, 135). Ce jugement, du 23 juillet 1695, imprimé à Paris, chez Muguet 1695, 2 ff. pref. + 7 pp., et un autre de 22 pp. se trouvent avec les « Remarques » dans le ms. 88 du Mans (*Cat. gén. mss. Dép.*, XX, p. 76-77).

* Le « Procès-verbal contenant l'examen et discussion de deux

anciens cartulaires et de l'obituaire de l'église de Saint-Julien de Brioude en Auvergne... » Pièce imprimée, Paris, Muguet, 1695 (Bibl. Ste-Geneviève, ms. 861, no 11, f. 86 ; *Cat. mss.*, I, 419) a été réimprimé en 1698 à la fin du tome I de l'*Histoire générale de la maison d'Auvergne*, et, en 1700, dans les *Pièces pour et contre la maison de Bouillon* avec des remarques à Cologne, chez Pierre Marteau, in-4º .*

[D. Johannis Mabillonii presbyteri ac monachi ordinis S. Benedicti e cong. S. Mauri *Dissertatio de monastica vita Gregorii papae primi cognomento Magni.* Luteciae, Billaine, 1676, 71 pp. in-12.

La mort chrétienne a été réimprimée à Ligugé, 1893, in-18º.

L'Instruction pour le Renouvellement de vie adressée aux Bénédictines de Dieppe, publiée par M. de Bouis. Rouen, 1874, 8º, se trouve en ms. dans le ms. fr. 12703, pp. 320-339.

Sur la controverse au sujet de la préséance des Bénédictins et sa répercussion au pays de Liége, et la réimpression des opuscules de Mabillon, v. X. DE THEUX, *Bibliographie Liégeoise*. 2e éd. Bruges, 1885, col. 504 ; DOYEN, *Bibliographie Namuroise*, Iere partie, 3e livre, 1886, p. 444-445. — Sur cette question, voir les travaux de D. Mathieu Petitdidier (J. GODEFROY, *Bibliothèque*, p. 159), et de BENED. STOTTE, O. S. B., *Tractatus historico juridicus de praecedentia controversa monachos Benedictinos inter et canon. regulares S. Augustini*. Erfurt, 1730, 8º.]

* Recueil de pièces sur la préséance entre les Bénédictins et les chanoines réguliers de S. Augustin. A partir du fol. 180 se trouvent différentes lettres originales la plupart des Bénédictins sur le même sujet, adressées à D. Michel Germain, D. Mabillon, D. Ruinart etc. (Bibl. nat. Paris, ms. fr. 17667 ; *Catal... ancien fonds St-Germain français*, t. II, p. 143). *

Les réflexions sur les prisons des ordres religieux (*Œuvres posth.*, II, 321-335), ont été rééditées à Caen-Paris, 1845, in-16 de 55 pp. par M. CH. W(OINE)z ; voir le travail de M. H. JADART. *D. Mabillon et la réforme des prisons. Etude historique et morale d'après la correspondance inédite de D. Mabillon avec M. Marquette, conseiller au Présidial de Laon (1689-1699).* Reims, Michaud, 1885, in-8 de 20 pp. (Extrait de la *Revue de la Société des Etudes historiques*, 4e sér., III, juin 1885, p. 335-352) et THORSTON SELLIN, *Dom Jean Mabillon. A prison reformer of the Seventeeth Century. (Journal of the American Institute of Criminal Law*, 1927, février, pp. 581-602], et * *Un moine criminaliste au XVIIe s.* par M. A. Rivière, ancien magistrat (*Le Monde*, 15 janvier 1889). *

[D. Paul Denis a publié : *Trois dissertations de Dom Mabillon* *(Revue Mabillon*, V, 1909, p. 271-289) : 1° Réflexions sur l'ordre de S. Lazare, d'après le ms. fr. 18540, f. 61-65 ; 2° Procès verbal d'expertise d'un titre de 1132 produit dans un procès et récusé par le chapitre de Chartres, d'après le ms. fr. 17698, f. 262-264 ; 3° Observations sur l'article XVIII de l'Édit nouveau du mois d'avril 1695, à propos de l'exemption, d'après le ms. fr. 18036, f. 262.

La dissertation sur la canonisation des Saints, dont parle D. Tassin (p. 233) a été retrouvée par D. A. Dubourg dans le ms. lat. 11778, ff. 212-225 (brouillon), 198-211 (net) ; elle a été composée par Dom Jean Jessenet à l'aide des notes de Mabillon *(Revue Mabillon*, V, 1909, p. 271-272).

Zaccaria a reproduit différentes dissertations de Mabillon dans son *Thesaurus theologicus*, 1762-63, IX, 364-368 ; X, 864-908, 984-1009 ; XII, 755-760.

Mabillon est l'auteur de la préface mise en tête de l'édition de Pierre de Celle publiée par D. Janvier. Le ms. se trouve à la Bibl. nat. Paris, F. F. 12694, f. 31-46 (L. DELISLE, dans *Mélanges Mabillon*, pp. 101-103).

D'après Dom Martène, Mabillon avait préparé un travail sur Ratramne et son traité de l'Eucharistie, mais l'autorisation de l'imprimer ne lui fut pas donnée par les supérieurs. Certains « endroits durs » de l'écrit de Ratramne semblaient une raison suffisante pour l'écarter du recueil de D. Martène *(Revue bénéd.*, XXVIII, 1911, p. 403-404).

D. Maur Jourdain a pris la défense de Mabillon contre Mille à propos de la sainte Larme de Vendôme (*Éclaircissements*, p. 267-269) et de la Diplomatique (p. 292-318).

D. Mabillon fut pris à partie par F. SPANHEIM. *De papa foemina... disquisitio historica qua... Mabillonii adversus Papissam praesidia excutiuntur.* Leyde, 1691 8°.]

* Jean Schilter a publié un commentaire de Mabillon sur une ancienne acclamation germanique d'après un ms. de Saint-Amand dans Επινικιον *rhytmus teutonico Ludovico regi acclamatum cum Nortmannos an. DCCCLXXXIII vicisset. Ex codice ms. monasterii Elnonensis sive S. Amandi in Belgio per domnum Johannem Mabillon... descriptum,* interpretatione latina et commentatione historica illustravit Jo. Schilter. Argentorati, sumptibus Joh. Reinholdi Dulsseckeri, 1696, 4° (Bibl. Reims n. 261 ; *Catalogue des imprimés*, t. III, p. 105).

Propositiones nonnullae ex libris Jo. Mabillonii S. Benedict monachi, cong. S. Mauri, excerptae, nempe ex Actis SS. ord. S. Benedicti et Analectis, ex Itinerario Italico et ex Epistola Theophili Galli ad Eusebium Romanum. (Bibl. nat. Paris, ms. lat. 12655, f. 200. 221) ; 127 propositions d'une écriture italienne.

De quibusdam factis R^{mi} *P. D. Vincentii Marsolli, Cong. S. Mauri superioris generalis* ; brouillon de Mabillon avec nombreuses annotations (Bibl. nat. Paris, ms. fr. 19678, f. 39-44 ; cf. TASSIN, p. 267, n. 37 ; THUILLIER, *Œuvres posthumes*, II, 33-42).

Vie de d'Achery par Mabillon (Bibl. nat. Paris, Coll. Picardie, ms. 150, f. 114 ; LAUER, *Catalogue*, II, 135). *

[La correspondance de D. Mabillon est dispersée dans de nombreux recueils. Aux lettres publiées par D. Thuillier dans les *Œuvres posthumes*, il faut ajouter celles qui sont éditées dans les ouvrages de Dantier, Gigas, Valery, Vanel etc. (1) M. H. Jadart, dans son ouvrage sur *Dom Thierry Ruinart*. Reims, 1886, a indiqué les recueils où il y a des *lettres de Mabillon* (p. 177-179) et a publié une importante correspondance de Mabillon (pp. 87-92, 95-96, 100-103, 121-124, 133-134, 136-138, 147-148, 161-162) et dans *Mélanges Mabillon* (p. 38-41). On trouvera aussi des indications dans la Bibliographie de M. H. Stein, indiquée plus haut, p. 6.   (1)

E. DE BARTHÉLEMY. *Dom Mabillon et quelques-unes de ses correspondances (Cabinet historique*, t. XXIX, p. 116-120.] * A noter que la lettre de la duchesse de Guise, du 18 sept. 1692, avait déjà été publiée par D. Thuillier *(Œuvres posthumes*. t. I, p. 406) et par Dantier *(Rapports*, p. 324-326 avec la date du 15 septembre) ; celle de juin 1692 est aussi dans D. Thuillier (p. 376). On les trouve toutes deux dans la *Vie de Rancé* par Dubois. Paris, 1860, t. II, pp. 307, 335 ; voir une note de D. Piolin *(Polybiblion*, t. XI., 1884, p. 179) *

[Ajoutons les publications plus récentes : le Dr A. Goldmann a publié la correspondance de D. Mabillon avec le cardinal Léandre Colloredo d'après un ms. de la Vallicellane à Rome *(Dom Jean Mabillons Briefe an Cardinal Leander Colloredo (Studien und Mittheil. aus dem Benedictiner-und dem Cistercienser Orden*, X, 1889, p. 65-81, 244-254, 454-473 ; XI, 1890, 602-604), et avec d'autres personnages, tels que Ciampini, Frescobaldi, Salvini,

---

(1) Les lettres signalées par M. H. Stein dans sa Bibliographie (*Mélanges Mabillon*) ont été omises dans notre liste, sauf pour rectification ou complément.

Laderchi *(Beiträge zum Mauriner-Briefwechsel ; ib.*, XI, p. 597-612).

A. J. CORBIERRE. *Premier inventaire des lettres imprimées de Dom Mabillon (Mémoires de la Soc. d'Emulation des Côtes-du-Nord*, 1907, t. XLV, p. 129-161). Paris, 1907, 36 pp. 8° ; voir BERLIÈRE, *Bullet. d'hist. bénéd.*, dans *Revue bénéd.*, avril 1909, n° 938.

On a aussi de Corbierre « *Lettres inédites de D. Mabillon* » publiées dans son *Almanach bénédictin*, 1910, Paris, p. 47-49) : à D. Ruinart (d'après ms. fr. 19659, f. 73 ; ms. fr. 19649, f. 449-450), à Mme Germain, religieuse de l'Hôtel-Dieu à Péronne, après 1682 (ms. fr. 19649, f. 447), à D. Etienne Govinot, procureur à Chelles (ms. 19649, f. 453), à Magliabecchi, après 7 février 1693 (sans indication de provenance), à l'archevêque de Paris Louis-Ant. de-Noailles, après 19 août 1695 (ms. fr. 19649, f. 440).

La correspondance avec D. Erasme Gattola et le Mont-Cassin a été publiée par E. D. Petrella, *Lettere inedite del Mabillon, del Germain, dell'Estiennot, del Ruinart et del Fontanini (Riv. storica benedettina*, t. VII, 1912, p. 229-296).

La correspondance des mauristes avec le Mont-Cassin (D. Erasme Gattola) comprend 133 lettres de 1671 à 1737 : 17 de Mabillon, 17 de D. M. Germain, 36 de D. Estiennot, 11 de D. Guillot, 20 de D. de Montfaucon, 7 de D. Ruinart, 15 de D. Laparre, 10 de D. de Vic, 2 de Massuet. Valery en avait publié 45 et 12 lettres de Gattola à Mabillon et à Ruinart. Deux lettres de Mabillon datées de Rome 4 id. dec. 1685, et non. dec. 1685, non publiées par Valery, ont été insérées dans l'introduction à la *Bibliotheca Cassinensis* (I, p. XLIII-XLIV.) — D. Angelo Ettinger a publié l'inventaire de cette correspondance et édité les 64 lettres inédites : *La corrispondenza dei Benedettini Maurini con Monte-Cassino (Riv. stor. Benedettina*, t. VIII, 1913, p. 29-48, 133-140, 283-289, 358-372, 435-456). Rome, S. M. Nuova, 1914. 8°, 100 p.

A. Paulowski a publié : *L'esprit critique d'un savant chrétien ; Lettres de Mabillon...* (*La Raison catholique*, III, avril-juillet 1908, p. 100-106, 139-143, 180-183, 203-205). C'est une série de lettres à D. Christophe Daubin, D. Hilarion Monnier, D. Placide Porcheron, dont l'édition laisse à désirer. Chose curieuse, on retrouve ces mêmes lettres et les mêmes procédés d'édition dans l'article d'ALBERT RADOUX, *Un Mabillon inconnu (Revue générale*, avril 1913, p. 434-452).

D. URSMER BERLIÈRE, *Lettres inédites de Mabillon (Revue bénéd.*, XVI, 1899, 514-522, 328-333 ; XVII, 1900, 128-142, 316-318 ; *Mélanges d'histoire bénédictine*, 3e série, 74-96, 199-201)]

* A propos des lettres publiées dans la *Revue Bénédictine*, t. XVII, 1900, pp. 131-135, il faut remarquer que la première attribuée à Chastelain est du chanoine Estienne de Chartres. Sa lettre, datée du 22 octobre 1703, se trouve dans le ms. fr. 19652, ff. 215-216 de la Bibl. nat. de Paris, et elle provoqua les réponses du 29 octobre 1703. Celle du 23 novembre est une réponse à une lettre d'Estienne du 8 novembre 1703 (F. F. 19658, ff. 235-236). Des fragments de cette correspondance ont été publiés par Doublet dans son article sur « le tombeau de St Chaletric » dans la *Revue de l'art chrétien*, t. I, 1857, pp. 113-119. Des lettres d'Estienne à D. Mabillon se trouvent encore dans le ms. fr. 19652, ff. 217-218 et 19649, ff. 375-376 (*Revue bénéd.*, XVII, 1900, p. 316-318).*

[D. PAUL DENIS, *Lettres de Bénédictins français (Revue Mabillon*, V, 1909, p. 66-105), a publié seize lettres de Mabillon : au prévôt d'Afflighem (19 oct. 1671), à Pierre-Daniel Huet (19 sept. 1681), à D. Thierry Ruinart (24 déc. 1685, 15 janv. 1686), à D. Pierre Thibault (11 mai 1689), à un prélat (8 août 1691), à D. Thomas Ducrocq (av. le 23 janv. 1694), à D. Martène (25 nov. 1694, 28 oct. 1695, 17 août 1696) et extraits de lettres (17 nov. 1697, 6 avril 1704) ; au chanoine Etienne de Nully (25 févr. 1695, 4 oct. et 4 nov. 1707), à D. Claude Boistard (déc. 1696), à D. Claude Estiennot (4 fév. 1697), à D. Hyacinthe Alliot (11 oct. 1698, 11 juin 1700), à D. Hilarion Monnier (19 janvier et 11 juin 1705).

Dans ses *Lettres de bénédictins français* d'après les autographes de la Collection de Troussures, D. Paul Denis a publié dans la *Revue Mabillon* (t. V, 1910) : Lettres de Mabillon au chan. Et. de Nully du 14 février 1691 (p. 508-509), de D. Maur Fombert, au même, au nom de Mabillon, du 6 février 1695 (p. 509-513), de Mabillon à Madame de Caumartin, d'un vendredi 2 avril (p. 517-518), de D. Fr. Lamy à Mabillon 23 oct. 1689 au plus tard (p. 526-533).

Ces lettres ont été reproduites dans le volume de D. Paul Denis : *Lettres autographes de la collection des Troussures*, classées et annotées (*Publ. de la Soc. Acad. de l'Oise* III), Paris, Champion, 1912, XV-661 pp. 8º. — A noter p. 253 que la lettre de Mabillon à Et. de Nully, 14 fév. 1691, avait déjà été donnée par Dupont-White (*Mém. de la Soc. Académ. de l'Oise*, 1847, I, p. 22-23) ;

P. 264-267, lettre de D. Fombert ; p. 425, lettre à Mme de Caumartin ; p. 608-614, lettre de D. Fr. Lamy.

L'abbé Guéry a publié : *Correspondance de Bénédictins normands avec dom M. et dom de Montfaucon de Roquetaillade (Recueil des travaux de la Soc. libre de l'Eure*, 7e série, II, 99-116).

D. J. M. Besse, *Les correspondants cisterciens de Luc d'Achery
et de Mabillon (Revue Mabillon*, t. III, 1907, p. 225-238, 341-356 ;
t. IV, p. 485-497 ; t. VIII, 1912, p. 311-325 ; t, IX, 1913, p. 19-32,
157-186, 216-241, 360-372 ; t. X, 1914, p. 40-54) a fait connaître
la correspondance échangée par ces deux Mauristes avec D. de
Lannoy et D. Charles de Visch.]

* Lettres d'Hyacinthe Alliot, abbé de Moyenmoutier, publiées
par Huillard-Bréholles dans l'*Investigateur*, journal de l'Institut
historique (Soc. des études historiques), t. 7, 2e série, 14e année,
Paris, 1857, p. 110 sqq, 154 sqq, 186 sqq. *

[Lettres à D. Hyacinthe Alliot, abbé de Moyenmoutier, de 1695
(*Revue bénéd.*, XVI, 1899, p. 331-333 ; XVII, 1900, p. 128 ;
Berlière, *Mélanges*, t. II, p. 190-193.)

Lettres à D. Angelo Arcioni, Rome, 4 cal. aug. 1685 (Armellini,
Bibl. Cassinensis, t. I, pp. 21-22).

Lettre au card. d'Aguirre du 22 janvier 1692 en tête de la traduction du *Tractatus de studiis monasticis* par Jos. Porta, éd. 2ᵃ,
Venise, 1729, f. a²-a³.

Lettres à D. Benoît Bacchini (Armellini, *Bibliotheca Cassinensis*, I, p. 88 ; *Spicilegium Benedictinum*. Rome, I, 94-95 ; II,
119 ; III, 250, 283 ; v. Valery, et Tiraboschi, *Storia della badia
di Nonantola*. Modène, 1784, t. I, p. 188.

Lettre à Baluze du 9 octobre 1685 (H. Quentin, *J. B. Mansi
et les grandes collections conciliaires*, 266-267) ; v. Tamizey de
Larroque, *Un portrait de Dom B. de Montfaucon et un billet de
Baluze à Mabillon (Revue de Gascogne*, XXXII, 1891, 456).

Lettre de Baluze du 21 juin 1673, minute (Bibl. nat. Paris, Coll.
Baluze, 354, f. 232 ; *Catalogue*, p. 403).]

* Une autre lettre à Baluze, datée de Strasbourg le 2 oct. 1683,
a été publiée par Félix Chambon, *Une lettre inédite de Mabillon
(Correspond. hist. et archéol.*, 1ᵉʳᵉ année, 1894, p. 376-377).

Lettre au P. E. Besancenot, à Luxeu, (27 mars 1697) relative à l'ancien cérémonial, à certains vieux titres de l'abbaye
(*Invent. des autographes composant la collection de M. Benjamin
Fillon*, 1877, in-4°, 1ᵉʳᵉ série, n° 28, p. 12, 3 pp.in-4° ; Catal. autogr.
marquis Quercy de Sᵗ-Hilaire, vente 5-6 janvier 1891, p. 27, n. 159).

Lettre à un prélat, 16 nov. 1699, 2 pp. in-4° (*Inventaire... B.
Fillon*, n. 29, p. 12; *Revue de Champagne et de Brie*, 1877, p. 235).

Fragments de lettres de Bigot à Mabillon, 21 octobre 1671 et
20 janvier 1680, d'après le mss. fr. 17678, ff. 56 et 60 publiés par
L. Delisle (*Bibl. Bigotiana Ms. Rouen*, 1877, pp. VIII-X).

Lettres de Mr L. A. Bocquillet à D. Mabillon, 9 mai 1693, 13 avril 1695, avec les réponses de Mabillon *(Vie et ouvrages de M. L. A. Bocquillet.* 1745, in-12, p. 386-387, 454-464) *

[Correspondance avec le card. Bona *(Rerum liturg.,* t. II, app. Turin, 1749; *Epistolae selectae,* ed. Robertus Sala. Augustae Taurin. 1755.)

Lettre de D. Paul Bonnefons à Mabillon du 19 août 1668 (GRE-NIER, *Hist. de Corbie.* Amiens. 1910, p. 182-183).

Lettres à Bossuet (v. VANEL, et *Revue Bossuet)* du 28 mai 1675 (BOSSUET, *Correspondance,* I, p. 362-363, n° 117 *(Grands Ecrivains de France.)*

Lettres de D. Jacques Boyer des 5 nov. 1695 et 10 février 1707 (VERNIÈRE, 422-426.)

Lettres à D. Calmet des 6 juin 1703 et 19 mai 1704 (FANGÉ, *Vie de D. Calmet,* 464-467 ; v. *Annal. de l'Est,* 1897, p. 270 ; *Revue des Autographes,* n° 182, nov. 1895).

Lettre à D. Calmet du 6 juin 1703, au Séminaire de Nancy *(Annales de l'Est,* 1897, 270).

Correspondance avec le cardinal Jérôme Casanate, 9 lettres de Mabillon et 18 du cardinal (MARIA D'ANGELO, *Il cardinale Girolamo Casanate* (1620-1700). Con appendice di lettere inedite. Rome, Grafia. 1923, 8°, 216 p. — Lettre du card. Casanate à Mabillon. Rome 26 mai 1685. (Bibl. nat. Paris, f. fr. 19651, f. 28 ; H. STEIN, *Album d'autographes,* 1ere série, 1907, pl. XXIII).

Lettre à Ciampini du 15 mars 1686 (PIERRE DE NOLHAC, *Une lettre inédite de Mabillon à Ciampini (Mélanges Em. Chatelain.* Paris 1910, p. 13-14).

Correspondance de l'abbé Chatelain avec Mabillon au sujet de la découverte de tombeaux dans la chapelle de S. Serge et de S. Bacche et notamment de celui de l'évêque Caltri (Bibl. de Chartres, ms. 1017, ff. 45-46, 115-131 ; *Cat. gén. mss. Dép.,* XI, 315).

Lettre au card. Coloredo, du 6 janvier 1689 (ZIEGELBAUER, II, 152-153).]

* Lettre à M. de Gastenel, commissaire général de l'armée navale à Brest, 24 août 1701 *(L'Amateur d'Autographes,* 7e année, 1-16 mai 1868, p. 122) *

[Lettre du chan. Armand de Gérard-Latour publiée par Gast. Gérard *(Bull. de la Soc. histor. du Périgord,* VI, 1879, 338.)

Lettre à D. de la Grange, abbé de Munster, 1695 (INGOLD. *Miscellanea alsatica,* I, 103-106)]

* Lettre de D. M. à l'abbesse de N. D. d'Yerres, Mme de Crussol

d'Uzès, en 1706, au sujet du Cartulaire de cette abbaye, XIIIe s, placée auj. en tête du dit ms. aux Arch. nat. Paris, LL. 1599 B (J. M. ALLIOT, *Hist. de l'abbaye de N. D. d'Yerres.* Paris, 1890, p. 88, 259.) *

[Lettres à Philibert de la Mare (Coll. Moreau, 846, ff. 213, 214 ; OMONT, *Inventaire*, 62).]

* Lettre à M. de Nully, chan. de Beauvais, 1er juillet 1694 (Vente Collection Tarbé, 6-7 nov. 1863, n. 290).

Lettre à la Sr Marie-Denise de Pichard, religieuse de la Visitation de Bordeaux, 14 mars 1696 (ANT. DE LANTENAY = L. BERTRAND, *La Dévotion au S. C. dans la ville de Bordeaux...* Bordeaux, 1900, p. 22-23, note 2.)

Lettre de M. de Pontchartrain à Mabillon (15 juillet 1701) et réponse de Mabillon (18 juillet) publiées par l'*Amateur d'Autographes*, 7e année, 1-16 mai 1868, p. 120-122. La première avait été déjà publiée par D. Thuillier, *Œuvr. posth.*, I, 526 ; la seconde par Jadart (*Ruinart*, 147-148).

Fragments de lettres à Mr de Riencourt, doyen du chapitre de la cathédrale d'Amiens sur S. Firmin et S. Gratien, 27 janvier 1707 et publ. par F. Rohault (*Le Dimanche. Semaine religieuse du dioc. d'Amiens*, t. 74, 1908, p. 397-398).

Correspondance avec du Cange (Bibl. nat. ms. fr. 9502) *

[Lettre à D. Jacques Du Chemin, du 12 janvier 1680, publiée par A. Corbierre, *Dom Mabillon, astronome (Almanach bénédictin publié par l'abbé A. Corbierre.* Paris 1911, p. 23-24) ; voir nos remarques dans *Bull. d'hist. bénéd.*, avril 1901, n. 2157).]

* Lettre à M. du Fourny, généalogiste. 3 mai 1697, analysée dans *Lettres autogr. composant la collection de M. Alfred Borel*, décrites par Th. Charavay. Paris, 1885, 4°, p. 249, avec fac-simile de la signature.

La lettre de J. Durand (GIGAS, I, n. XIX, p. 46-65) est adressée à D. Mabillon et datée du 10 mars 1683. M. Vanel en a retrouvé le commencement et la fin à la Bibl. nat. de Paris (VANEL, *La littérature française à l'étranger*, compte rendu de Gigas, I, dans *La France catholique*, 12 août 1893).

La lettre de D. Mabillon (n. XI du suppl. t. II, p. 300-301) n'est pas adressée à Montfaucon (*ib.*, 9 déc. 1893). *

[Lettres à D. Estiennot (*Revue Bossuet*, t. IV, p. 30-38 ; t. V, p. 221-224).

* Lettre de Fénelon, Versailles 28 janvier 1694, condoléances sur la mort de D. Michel Germain (*Collection Morrison. Catal. of*

the collection of autograph letters, t. II, p. 117) — Lettre à Fénelon 1695 (GRISELLE, *Fénelon*, Paris, 1911, p. 280).

Lettre de D. M. à D. Martin Filand, prieur de Jumièges, 28 fév. 1692 ; il lui envoie l'épitaphe de Pierre Le Guerchois décédé le 11 févr. 1692 (Bibl. nat. Paris, ms. lat. 11866, f. 256-257). *

[Lettre de D. Guillaume Fillastre à D. Mabillon du 12 avril 1684 (COCHET, *Notice sur D. Guill. Fillastre*, p. 13-16), du 29 nov. 1672 (*ib.*, 19-20) ; — Lettre de Mabillon à Fillastre du 31 janvier 1699 (*ib.*, 18).]

* Lettre à D. Gabriel Flambard à Rome, datée du 5 oct. 1682, relative à la collation d'un ms. de S. Bernard au Vatican (vente du 25 mai ou 4 juin 1852, n. 1103). *

Lettre à l'abbé Cl. Fleury (L. TECHENER, *Bibl Champenoise*, n° 1622, p. 471).

Le volume de Juste Fontanini, *Vindiciae*, Rome, 1705, contient en tête : lettres de Mabillon à Fontanini (31 oct. 1705), de Fontanini à Mabillon (5 janv. 1706), de Mabillon à Lazzarino (27 août 1707).

Lettre à Fontanini, Paris, prid. kal. nov. 1705 et réponse (Rome, nonis januarii 1706) dans ZIEGELBAUER, II. 448-449

La correspondance avec Fontanini se trouve à la Bibliothèque St-Marc à Venise, L. XI. Plusieurs lettres ont été publiées par D. U. Berlière (*Revue bénéd.*, XVII. 1900. p. 135-141).]

*Lettres à la sœur de D. Michel Germain · 20 mars 1694 (DANTIER, *Rapports*, 317-318) ; 9 juin 1694 (COURAJOD. Le *Monasticon Gallicanum*, p. 6, note ; VANEL, *Nécrologe*, 52) ; 17 juillet 1695, *Revue des autographes*, Charavay, Catal. 221, n° 180).

Lettre de Godefroy Hermant à ·M., 1673 (Bibl. nat. Paris, Coll. Picardie, ms. 203, f. 71 ; LAUER, *Catalogue*, II, 153).

Lettres à Huet, inédites, contenues dans le ms. fr. 15188 de la Bibl. nat., signalées par L. Henry : *Un érudit homme du monde, homme d'église, homme de cour* (1630-1721). Lettres inédites. — Paris, Hachette, 1879, p. 107. — Lettre de Mabillon à Huet (10 nov...) indiquée dans *Mélanges curieux et anecdotiques* tirés d'une collection... ayant appartenu à Mr Fossé-Darcosse. Paris, 1861, p. 422, n. 1022. — Lettre de Huet à Mabillon (?) (Bibl. nat. Paris, ms. fr. 19653, f. 210ᵇ ; H. STEIN. *Album d'autographes*, 1ᵉʳᵉ série, 1907. pl. XXV). *

[Lettre de D. Fr. Lamy à Mabillon du 23-24 oct. 1694 (DENIS. *Coll. des Troussures*, 608-614).]

* Lettre à D. Laparre, du 18 août 1704 (CHARAVAY, *Bulletin*,

sept. 1871, n. 24997 ; *Bulletin du bibliophile*, 1870-71, p. 124 ; JADART, *Ruinart*, 161-162).

Lettre à l'abbé Ledieu du 6 août 1700 *(Revue Bossuet*, suppl. VII, 25 juillet 1909, p. 57-58). Cette lettre avait été publiée dans *Collection Morrison. Catalogue of the collection of autograph letters*, t. IV. M. 1890 p. 1-2), ainsi qu'une lettre du même au Card. de Bouillon (Paris, 3 avril 1703) relative aux affaires de l'abbaye de Cluny et de l'histoire généalogique de la maison d'Auvergne (p.2-3).*

[Lettre de Le Laboureur de St-Denys, avocat général à Colmar, du 1er mai 1706, adressée à Mabillon (GASS, *Ein Brief aus Colmar an Mabillon*, dans *Strassburger Diôcesanblatt*, 1900, 392-394, 460-461, d'après le ms. lat. 12688, f. 438).]

* Lettres de l'abbé Camille Le Tellier de Louvois, bibliothécaire du Roi, à Mabillon, datées de Reims 27 déc. 1705 (p. 134), Rome, 1700 (p. 152-153), Reims 12 oct. 1703 (p. 154-155), Reims 27 déc. 1705 (p. 155-156), Reims 4 mars 1707 (p. 156) dans GILLET, *Camille Le Tellier... (Travaux de l'Académie de Reims*, LXXIV). Paris. 1884. *

[Lettre à Magliabecchi (PÉLISSIER, *Documents*, X, p. 4-5). Celle qui a été publiée par VALERY, II, 40 (v. JADART, *Ruinart*, p. 35, n. 2) doit être non de 1687, mais de 1698-1699 *(Studien und Mitteil.*, X, 458 ; *Hist. pol. Blätter*, CXLIV, p. 506, n. 1).]

* Lettre de Magliabecchi à Mabillon (?), Firenze 23 agosto 1684 (Bibl. nat. Paris, ms. fr. 19655, f. 23 ; H. STEIN, *Album d'autographes*, 1ere série, 1907, pl. XXII). *

[Lettres à M. Marquette dans ms. fr. 19649, f. 99 ; voir JADART, *Mabillon*, p. 189-190 ; JADART, *Ruinart*, p. 133-134 ; DE BROGLIE, *Mabillon*, t. I, p. 242-243 ; fragments dans JADART, *Mabillon et la réforme des prisons*, pp. 8-9]. — * Lettre au même, 31 août 1701 *(Revue des autographes*, Catal. 102, déc. 1886, n. 76).

[Lettre à D. Pierre Michon (= Misson) s. d. *(Mém. Soc. Antiq. de France*, 5e série, t. V, p. 187 ; *Revue bénéd.*, XVII, 1900, p. 129).

* Lettre à D. Hilarion Monnier du 19 janvier 1705 (Charavay, Catal. de la vente des autographes de la Coll. Dubrunfaut, avril 1884, n. 233 ; *Revue de Champagne et de Brie*, août 1884, p. 184-185; *Revue Mabillon*, V, 97-100) ; une autre du 11 juin 1705 (100-101) *.

[Lettres de Montfaucon 1699-1701 (A. J. CORBIERRE, *Correspondance inédite entre Dom Mabillon et Dom Montfaucon 1699-1701 (Mélanges offerts à M. Emile Picot*, Paris, Morgand, 1913, t. II, p. 459-475).]

* Lettre à D. J. B. Mouly, prieur de St-Médard de Soissons,

Paris 2 juin 1668, où il est prouvé que saint Médard et saint Gildard n'étaient pas jumeaux (Bibl. nat. Paris, Coll. Picardie, ms. 243, f. 68 ; LAUER, *Catalogue*, II. 168 ; Abbé POQUET *Une lettre de Dom Mabillon* dans *Bull. hist. et philol. du Comité des travaux hist. et scientif.* Paris, 1892, p. 240-243).

Lettre à D. Jean Navière, prieur de Noaillé, du 17 août 1701, publ. par Louis Redet (*Bull. de la Soc. de l'hist. de France*, 8e année, 1839, p. 5) et Mgr Barbier de Montault (*Revue de Champagne et de Brie*, t. XX, 1886, p. 316-318), d'après Coll. Fonteneau, t. 70, p. 275-276 ; *Catal. gén. mss. Dép.*, t. XXV, p. 171 ; *Bibl. Ecole Chartes*, 1910, p. 241-242 *.

Lettre à Noris, 16 juin 1690 (*Bibliographe moderne*, 1903, p. 199).

Lettre de Papebroch à Mabillon du 20 juillet 1683 (*Œuvres posthumes*, I, 459-460) avec réponse de Mabillon, des id. nov. 1683 (*ib.*, 460-461 ; voir *Revue bénéd.*, XVI, 1899, p. 328-329 ; BERLIÈRE, *Mélanges d'hist. bénéd.*, II, 188-189) ; — lettre de Papebroch, du 20 juillet 1683 (*Annales O. S. B.* Lib. XVIII, n. 78) ; autres lettres, du 16 mai 1671 (*Revue Mabillon*, IV, 1908 p. 30-31), 21 fév. 1673 (p. 44-45), 1 sept. 1676 (p. 297), 17 juillet 1679 (p. 302-303), 8 janvier 1682 (p. 303-304), 6 févr. 1682 (p. 305-306), 23 mars 1682 (p. 307), 9 avril 1682 (p. 308), 10 août 1682 (p. 309), 29 nov. 1682 (p. 310-311), 8 déc. 1682 (p. 312), 20 juillet 1683 (p. 314-315), 4 nov 1686 (p. 315-319), 9 janvier 1687 (p. 319-320), 16 juin 1687 (p. 320-321).

Lettre de D. Joseph Perez O. S. B., 1er sept. 1683 (*Annales O. S. B.*, Lib. XIX, n. 71. ed. Paris, 1704, p. 35-36 ; éd. de Lucques, t. II, p. 33 ; ZIEGELBAUER, t. II, p. 419-421).

Lettre à D. Petitdidier, 20 août 1691, au Séminaire de Nancy (*Annales de l'Est*, 1897, p. 268).

Lettres à D. Ruinart, de 1672 à 1709 (JADART, *Ruinart*, p. 83-179) ou à lui adressées (*Revue Mabillon*, t. V, 1909, pp. 71-74) — Fragment d'une lettre du 29 août 1687 (*ib.*, II, 1906, p. 59). — Lettre au même, du 27 oct. 1687. Bibl. nat. Paris, ms. fr. 19649, fr. 81 (H. STEIN, *Album d'autographes*, 1ere série, 1907, pl. XVII).

Deux lettres inédites de Mabillon à la princesse Dorothée de Salm, abbesse de Remiremont (des 13 nov. 1696 et 28 oct. 1697) publiées par J. FAVIER (*Annales de l'Est*, 1893, 446-450).

Correspondance avec J. Schilter en 1701 (SCHELHORN, *Amaenitates litter.*, VIII, 638-643 ; *Revue bénéd.*, 1900, 130-131).

Correspondance avec L. Sergardi (*Sergardi opera*, éd. L. Jannelli, Lucques, 1783 et VALERY).

Lettre de D. Mabillon à D. Pierre Thibault du 11 mai 1684 (*Revue Mabillon*, V, p. 75-76). La lettre de D. Th. à M. du 28 avril 1689 se trouve dans le ms. lat. 12301, p. 154-156 ; Circulaire du 22 déc. 1725 (*ib.*, 89-90).]

* Lettre à Nicolas Thoynard, du 24 février 1681 (E. N. Jovy. *Lettre de Mabillon à Nicolas Thoynard, 24 février 1681, conservée dans la coll. de M. Gaston Périn* (Soc. des Sciences de Vitry-le-François. Compte-rendu des séances, 19 mars 1908, volume publié en 1911, p. III) ; — du même, *Quelques lettres inédites à Nicolas Thoynard conservées dans une collection de province* (Bull. du bibliophile, 15 janvier 1912, p. 16-30) ; lettres de Mabillon du 24 février 1687 (p. 19-22).

Lettre de Sr Louise de la Miséricorde (la duchesse de la Vallière) à Mabillon 30 juillet (Bibl. nat. Paris, Nouv. acq. fr. 6237, f. 30 ; DE BROGLIE, *Mabillon*, I, 260-261).

Lettre de M., 3 juillet 1697, à Mr Vauquet, curé de St-Etienne de Corbie, sur la découverte de tombeaux dans l'église de St-Acheul, pabl. par F. Rohault (*Le Dimanche. Semaine religieuse du dioc. d'Amiens*, t. 74, 19 avril 1908, p. 318-319); v. *Catal. gén. mss Dép.*, XIX, ms. 521, p. 266).

Lettre du curé de St-Etienne de Corbie à D. Mabillon au sujet d'un monument découvert dans l'église de St-Michel-lez-Amiens en 1697, avec croquis (Bibl. nat. Paris, Coll. de Picardie, ms. 4, p. 145 ; LAUER, *Catalogue*, II, 78.) *

[Lettre de D. Ildeph. Vrayet, 23 nov. 1667 (Coll. de Picardie, vol. 213, f. 304 ; LAUER, II, 155).]

* Lettre de A. Vyon d'Herouval à M. (?), ce vendredi 7 aoust (Bibl. nat. ms. fr. 19653, f. 185 : H. STEIN, *Album d'autographes*, 1ere sér., 1907, pl. XVIII} *.

[Lettre du 29 juillet 1699 (*Bull. de la Soc. d'arch. et d'hist. de la Moselle*, 2e année, Metz, 1859) ;

Lettre à l'évêque de Châlons (*Revue de Champagne et de Brie*, sept. 1878, p. 236), et de l'évêque de Châlons, L. de Noailles (*Cabinet historique*, 1883, p. 116-120.)]

* Lettre à un ami d'Allemagne, 19 oct. 1699, relative au *Nodus praedestinationis* de *Sfondrati*, publiée en partie par D. François (*Bibl. gén.*, III, 57-58).

Lettre [à un abbé de monastère] : Benedicite. Mon très Révérend Père. Je vous auray un surcroît d'obligation si V. R. veut bien me faire la grâce de me communiquer la copie du titre Eberhard, fondateur de Murbach ... Paris, ce 23 may 1698 » (Coll.

de Mr Cheppe, reproduite en facsimile dans *Biographie des hommes illustres*, Paris, 1828-30, t. II, in-4°.) *

[La correspondance manuscrite de Mabillon est conservée à la Bibl. nat. de Paris, F. F. 17667, 17678-17681, 18036 f. 281, 19231 f. 256 ; 19649-19659, 19700, f. 16 ; 20941, 23209 ff. 138-145 ; Nouv. acq. fr. 31 f. 104 ; 1531 f. 292 ; coll. de Bourgogne ms. 92 (LAUER, I, 48) ; Coll. de Picardie ms. 27 ; (LAUER, II, 87) ; à la Bibl. de l'Arsenal, mss. 3542-3543 correspondance avec Du Cange *(Cat. mss. de l'Arsenal*, III, 426).

Il s'en rencontre à la Bibl. royale de Bruxelles, ms. 8943, ff. 146-147^v (J. VAN DEN GHEYN, *Cat. des Mss.*, V, 555).

A la Bibl. de Reims, ms. 1932 *(Catal. gén. mss. Dép.*, XXXIX, 992-993, 1092) ; au Mans, du 23 février 1689 dans le ms. 377, f. 67^v *(Cat. gén. mss. Dép.*, XX, 215); à Besançon, de 1696, ms. 1444 *(Catal. gén. mss. Dép.*, XLV, p. 169); à Beauvais, du 25 fév. 1695 *(Cat. gén. mss. Dép.*, III, 332) ; à Amiens, du 3 juillet 1697, sur les tombeaux de St-Acheul ms. 521, f. 2 *(Cat. gén. mss. Dép.*, XIX, 266) ; à Nantes, de 1698, autogr. 673, 193 *(Cat. gén. mss. Dép.*, XXII, 383).]

* Lettre datée de Moyenmoutier, 3 oct. 1696, relative à sa visite à Murbach (vente Coll. Lucas de Montigny, 30 avril 1860, n. 1889).

Lettres des 10 sept. 1681, 8 août 1691. (Bibl. nat. Paris, n. a. fr. 6198 ; *Cat. nouv. acq. fr.*, II, 413) .

Lettre à un bénédictin de Tours, 11 oct. 1698 *(ib.*, 6237, f. 34 ; *Catal.*, II, 423).

Deux lettres avec signature 1691 (Catal. Autogr. Collection Jules Desnoyers, vente 18-19 avril 1889, p. 27, n. 183).

Lettre du 15 juillet 1698 à un bénédictin de Senones : remerciement pour le livre de l'abbesse de Lindau et copie des titres de Murbach (Charavay, *Revue des autographes* 185, mars 1896, n° 205).

Lettre s. d. au R. P. ** (il est arrivé à l'an 811 des *Annales*). (Bull. Charavay, 143, nov. 1865, n. 19876).

Lettres de D. Mabillon et de religieux minimes contre l'usage des oiseaux aquatiques durant les jours maigres (Bibl. Tours, n. 1490, n°s 42, 47, 48, ff. 163, 194, 196 ; *Catal. gén. mss. Dép.*, XXXVII, 978).

Lettre au sujet d'un acte de 638 relatif à S. Gervais d'Avranches (Bibl. nat. fr. 11934, f. 1 ; *Cat. anc. f. fr.*, II, 422).

Lettre relative à une charte originale de Robert Stuart, grand sénéchal d'Écosse (Bibl. nat. Paris, fr. 15520, f. 28).

Lettre du 22 avril 1691 à un ecclésiastique relative à une chapelle fondée à St-Martin-des-Champs avec l'autorisation de l'évêque de Paris, Barthélemy, 1224-1227 *(Revue des Autographes* 131, nov. 1890, n. 137.)* *

[Lettres autographes dans le ms. fr. nouv. acq. 22435 (OMONT, *Catal. nouv. acq. fr.*, t. IV, p. 483).]

* Lettre à une comtesse, Paris, 1er oct. 1697, 3 pp. in-4°, condoléances au sujet de la mort de sa fille *(Catal. d'une précieuse réunion de lettres autogr.* Vente Hôtel Drouot 8 juin 1914. Charavay, n. 69). *

[*Il Baretti* (IV, 1877, p. 75 s) signale un : autografo inedito del Mabillon du 31 janvier 1695. De ce jour on a une lettre à Gattola (VALERY, II, 374), et une au card. d'Aguirre *(ib.,* II, 376-377).]

* D. Mabillon composa les leçons propres de la dédicace de l'église de St-Germain-des-Prés avec celles de S. Droctovée, approuvées par le chapitre général du 14 mai 1693 (D. RUINART, *Annales de l'abbaye de St-Germain-des-Prés,* Bibl. nat. Paris, f. fr. 18816. f 183 ; texte de Mabillon et approbation *(ib.,* f. 179-180) *

[Liste des principaux ouvrages de Mabillon publ. par D. Heurtebize (MARTÈNE, *Vie des Justes,* t. III, pp. 224-228).]

Analecta juris pont., XVI, 935 ; Anonyme, *Mabillon (St-John's University record,* fév. 1900, 46-56); S. BAEUMER, *Dom Mabillon und die Mauriner-Kongregation (Histor.-polit. Blätter,* CV (1890), 263-277, 341-351, 413-421, 561-576, 717-739, 836-852 ; CVI, 81-95, 161-181, 397-416 ; et *Johannes Mabillon. Ein Lebens-und Literaturblatt aus dem 17 und 18 Jahrh.* Augsbourg, Huttler, 1892, XI-270 pp. 8° ; BAILLET, II, 488-490 ; BÉRENGIER, *Vie de D. Malachie d'Inguimbert.* Avignon, 1888, 11 ; BERGKAMP, J. U. *Dom Jean Mabillon and the Benedictine historical School of St-Maur.* Diss. doctorale, Washington, 1928 ; BOUILLART, 271-272 ; BOUILLOT, II, 150-164 ; C. BUTLER, *Mabillon (Downside Review,* 1893, 116-132) ; CHAVIN DE MALAN, *Histoire de D. Mabillon et de la Cong. de S. Maur,* Paris, 1843, 8° ; DANTIER, *Rapport,* 77-78, 83-86, 92-94, 118-127, 196-207, 235-238, 255 ; DARRAS, *Hist. de l'Eglise,* XXXVIII, Paris, 1886, 467-554 ; CL. GROS DE BOZE, *Eloge de D. Mabillon.* Paris, Cot, 1708, 19 pp. 4° *(Hist. de l'Acad. royale des Inscriptions et Belles-Lettres,* t. I, pp. 344-368 ; par de Boze et Goujet, Paris, 1740, t. I, pp. 69-102, suivi du catalogue des ouvrages de Mabillon, pp. 103-109 ; E. DE BROGLIE, *Mabillon et la Société de St-Germain-des-Prés.* Paris, 1888, 2 vol. 8° ; DE LA BORDERIE, *Corresp. bretons,* 85-87 ; L. DELISLE, *Cat. des actes de Philippe-Auguste,* XXXVII-XXXVIII ; et *Cabinet,* I, 292, 296, 304, 324, 413, 461, 476 ; II, 63, 65, 67, 69, 101 ; *Dict. archéol. et liturgie,* 427-724 ; *Dict. de théol. cath.,* IX, 1425-1440 ; H. DIDIO, voir plus haut p. 15 ; Du BOUT, *Orbais,* 607-608 ; DUPIN, XVIIe S., 5e part., 16-

159 ; D. FANGÉ, *Vie de D. Calmet*. Senones, 1762, p. 464-467 ; FRANÇOIS, II, 88-138 ; III, 473-479 ; FRANKLIN, I, 117 ; II, 190 ; GALLETTI, *Passionei*, 33-34 ; GIGAS, passim ; GIRAUD (Jean). *Malebranche et Mabillon. A propos d'une pensée du « Journal d'un poète »* de Vigny (*Revue d'hist. litt. de la France*, XXXIII, 1926, 630-631) ; A. GOLDMANN, voir plus haut, p. 10 ; GOUJET, *Eloge de Passionei*, La Haye, 1763, 29-30 ; GUILLAUME, *Docum. inédits*, 69-70, 80-82 ; HŒFER, XXXII, 437-449 ; HURTER, *Nomenclator*, II, 803-827 ; A. M. P. INGOLD, voir plus haut, p. 12 ; A. S. IRAILH, *Querelles littéraires*, IV ; 205-210, 224-243 ; H. JADART. *Savants champenois*, 103-104 ; du même, *Monument commémoratif de D. Jean Mabillon dans son pays natal* (*Revue de Champagne*, 1878, 349-354) ; du même, *La maison natale de D. Mabillon et son monument dans l'église de Saint-Pierremont* (*Bulletin monumental*, 6º série, t. I - 51), 1885, p. 487) ; du même, *Les relations de Dom J. Mabillon avec le pays laonnois* (*Bull. de la Soc. acad. de Laon*, t. XXIV, 17-32) ; du même, *Dom Jean Mabillon (1632-1707). Etude suivie de documents inédits sur sa vie, ses œuvres, sa mémoire*. Reims, Deligne, 1879, 8º. (Extrait des *Travaux de l'Académie de Reims*, vol. LXIV (1877-78), 49-324) ; F. JEANROY, *Fauteuils contemporains de l'Acad. française*, 64-65 ; Bern. JUNGMANN, *Dom Johannes Mabillon* (*Der Katholik*, 1893, I, 357-368) ; F. X. KARKER, *Dom Jean Mabillon*. Paderborn, 1889, 8º ; *Kirchenlexikon*, II, 394-403 ; J. KŒSTERS, *Studien zu Mabillons römischen Ordines*. Freiburger Diss. 1905, 100 pp. in-8º ; KUKULA, *Maur. Ausg.*, III, 2, p. 28, 29, 30, 31 ; J. LABOUDERIE, *Notice historique sur Mabillon*. Paris, 1825 ; LAMA, 164-191, 204, 413 ; LE CERF, 213-242 ; LE LONG, V, 607 ; LE ROY, *Correspondance de Quesnel*, I, 190, 213, 231 ; II, 22 ; MARTÈNE, *Vie des justes*, III, 24-27, 224-228 ; MASSUET, *Domni Johannis Mabillon vitae synopsis* (*Annales ordinis S. Benedicti*, t. V, Paris, 1713, pp. I-XL) ; *Mémoires de Trévoux*, janv. 1701, p. 177 ; mai 1702, p. 33 ; juin 1702, p. 43 ; oct. 1702, p. 285 ; nov. 1702, p. 140 ; mai 1704, p. 722 ; fév. 1705, p. 215 ; juin 1705, p. 951 ; janv. 1709, p. 70 ; juill. 1709, p. 1264 ; mars 1710, p. 384 ; nov. 1713, p. 1890 ; juill. 1724 p. 1195 ; août 1724, p. 1360 ; nov. 1724, p. 1942 ; MICHAUD, XXV, 581-584 ; NICERON, VII, 336-371 ; NOEL, 187-188 ; PAPILLON, I, 77, 399-400 ; PÉLISSIER, *Documents*, VII, 48 ; VIII, 6 ; XII, 29 ; PEZ, 98-217 ; QUÉRARD, V, 403-404 ; *Realencyclopädie*, XII, 30-32 ; ROSENMUND, voir plus haut, p. 16 ; O. ROTTMANNER, *Geistesfrüchte*. Munich, 1908, 313-316 ; D. RUINART, *Abrégé de la vie de D. J. Mabillon, prêtre et religieux bénédictin de la Congrégation de St-Maur*. Paris, Muguet, 1709, in-12 ; *Vita Joannis Mabillonii* trad. et augmentée par D. Claude de Vic. Padoue, Manfré, 1714, 8º ; *Vita* en tête des *Annales O. S. B.*, éd. Lucques, t. I, 1739, p. I-XXVIII et des *Vetera Analecta* de Mabillon. Paris, Montalant, 1723, pp. I-43 ; TASSIN, XVI, 101, 105, 117, 127, 143, 152-154, 178, 180-181, 184, 202, 205-269, 274, 280, 281-282, 306, 309, 418, 471, 526, 527, 500, 630, 695, 735, 736, 794 ; TASSIN, G. G., I, p. XXI, 152, 158, 179, 193, 218, 231-234, 271, 273, 276, 277, 282, 310, 314-410, 475, 479 ; II, 33, 115, 199-201, 303, 467, 532, 533, 621 ;

J. Turmel, *Mabillon* (*Revue du clergé français*, 1902, 468-492, 617-633); Uzureau, *Mabillon à Angers*, 1698 (*L'Anjou historique*, 1912, 236-238); Valenti, 9-146 ; Valery, III, 391-397 ; Vanel, *Nécrologe*, 68-78; Vanel, *S.L.*, 1-24, 68-89, 90-91, 116-126, 130-160, 168-170, 175, 196-211, 216-221, 228-232, 372-373 ; Vernière, passim ; Vigneul, I, 83-84, 86-87, 252-253 ; X. *La maison natale de Mabillon* (*Nouv. revue de Champagne*, 1926, p. 60-61 ; *Bull. du dioc. de Reims*, 2 janvier 1926); Ziegelbauer, I, 416-425 ; II, passim ; III, 426-439 ; IV, passim.

MACARTY (J.-B.-Nicolas).

* Né à Cork (Irlande), profès à Vendôme à 18 ans le 4 juillet 1703, décédé à St-Denis le 20 février 1744.

Étant directeur du Collège de Pontlevoy (1725-1733), il envoya à ses supérieurs un mémoire à l'occasion d'une lettre écrite de la part du Roy par M. de Maurepois datée de Versailles le 19 mars 1732 (A. Dupré. *Notes sur l'Ecole de Pontlevoy du temps des Bénédictins* dans le *Loir-et-Cher histor.* 1897, col. 145-146). *

François, II, 140.

MAGNAN, MAIGNEN (Jean).

Auteur d'une « *Chronologia abbatum Sancti Guillelmi de Deserto* 1700 », d'après la signature de la dédicace : F. J. m. d. S. G. D. (Abbé L. Vinas, *Visite rétrospective à Saint-Guilhem du Désert. Monographie de Gellone.* Montpellier-Paris, 1875, p. XIII). Elle a été publiée par Louis Roche, *Une chronologie inédite des abbés de St-Guilhem du Désert* (*Mélanges de Cabrières.* Paris, 1899, t. I, pp. 194-229).

Delisle, *Monasticon*, 17 ; Robert, 67.

MAGNIN (J.-B.-Henri).

Bénédictin de St-Benoît-sur-Loire, a composé : *Concordia regulae S. Benedicti*, ms. in-fol. daté de 1739. Le ms. autographe est signalé par Haenel sous le n° 202 de son Catalogue des Mss. de la Bibliothèque d'Orléans.

[Cette Concordance composée en 1724 fut offerte en 1739 à la bibliothèque de St-Benoît-sur-Loire lors de la diète provinciale qui se tint dans ce monastère. Il s'en trouve un double exemplaire à Orléans, mss. 202 A et B (n°s 231-232 du *Cat. gén. mss. Dép.*,

XII, p. 118-119). La Bibliothèque d'Orléans conserve sous le n°
987 des Pièces concernant le jansénisme, par D. Magnin, 1724,
64 ff. *(Cat. gén. mss. Dép.,* XLII, p. 581.)

Sur une nouvelle édition de la *Defensio Arnaldina* par D. Magnin,
disciple de D. Gesvres, publiée à Genève, v. VALERY, III, 52 ;
LAMA, 519, 156j.

* On remarquera que tous ces auteurs ne fournissent aucun
détail sur cette réédition, pas même la date, et on est en droit
de se demander s'ils n'ont pas fait une confusion. La « *Consultation
de MM. les avocats du Parlement de Paris au sujet du jugement
rendu à Ambrun contre M. l'évêque de Senez,* du 30 oct. 1727, à la
suite : Question nouvelle : a-t-on droit d'accuser MM. les Avocats
du Parlement de Paris d'avoir passé leur pouvoir etc. Paris, 1728,
in-4°, 94 + 15 pp. est probablement la brochure que D. Magnin
fit réimprimer à Genève en 1729, édition connue de D. Tassin
(p. 694, n° 9).

La « *Description de la magnifique église de N. D. de Brou...*»
(TASSIN, 694) se trouve à la Bibl. nat. Paris, F. F. 19825, XV-63
p. (OMONT, *Catalogue,* III, 412, sans nom d'auteur).

Lettre de D. Jean Magnin, religieux de N. D. de Bonne Nouvelle
d'Orléans, adressée le 24 nov. 1741 à D. Montfaucon au sujet de la
découverte d'objets antiques dans les fouilles entreprises pour la
reconstruction de l'église de ce monastère en 1741, publiée par
JOLLAIS, *Mém. sur les antiquités du dép. du Loiret.* 1836, p. 89-92.*

FRANÇOIS, II, 141-143 ; LAMA, 156, 519 ; LE CERF, *H. C.,* 253, 330 ;
TASSIN, 556, 691-694 : TASSIN, *G. G.,* II, 247, 461-465.

MAHEUT (Jean).

Né à Auvray, dioc. de Séez, profès à 25 ans à St-Evroult le 28
février 1742, décédé le 18 mai 1788 à Fécamp *(Matricule)*. Il fut
correspondant du dépôt des chartes (CHARMES, *Comité,* I, 54).

Lettre de D. Tassin à D. Maheu, cellerier de Fécamp, du 10
novembre 1766 (COCHET, *Notice sur D. Guillaume Fillastre,* p.
29-30.)

Lettre de 1783 (Coll. de Picardie, vol. 231, f. 40 ; LAUER, II,
163).]

* Deux lettres du D. Tassin à ce religieux (1766) ont été publiées
par LÉON FALLUE, *Hist. de Fécamp.* 1841, p. 231-434. D. Maheut
avait rédigé un mémoire sur un ancien camp près de Fécamp, que
D. Tassin montra à M. de Caylus. Celui-ci s'en servit pour son ou-

vrage sur les camps de la Gaule. Il communiqua aussi à D. Tassin des notes pour l'*Histoire littéraire de la Cong. de S. Maur.**

MAHOT (Jacques).

[Né à Argenton, dioc. de Séez, profès à St-Faron de Meaux, à l'âge de 20 ans, le 13 avril 1670, obiit extra *(Matricule)*.

Ce religieux transcrivit en 1678 le *Graduale ecclesie Corbeiensis,* enrichi de peintures remarquables, ms. 177 d'Amiens *(Cat. gén. mss. Dép.,* XIX, p. 75-76)].

MAILLARD (Gérard).

[Né à Nevers, profès à 19 ans à Vendôme le 24 oct. 1707, mort aux Blancs-Manteaux le 26 oct. 1747 *(Matricule)*.

Il a consigné les choses notables de l'abbaye de Flavigny de 1734-1735 (GRIGNARD dans *Mém. de la Soc. Eduenne,* N.S. XIV, 1885, p. 36).]

MAILLARD (Hubert).

[Lettres à D. Jean Gelé des 8 avril, 28 septembre et 16 novembre 1707 *(Revue bénéd.,* XXVIII, 1911, p. 45-46).

Lettre à D. Mabillon datée du Tréport le 28 février 1702 (Bibl. nat. Paris. F. F. 18951, f. 336)]

FRANÇOIS, II, 144 ; LAFFLEUR DE K., *Cartul. du Tréport,* XCII ; LAMA, 211 ; MARTÈNE, *Vie des Justes.* III, 48-49 ; PAPILLON, II, 9 ; TASSIN, 782 ; TASSIN, G. G., II, 602.

MAILLEFER (François-Élie).

Il est mort à St-Remi de Reims le 30 octobre 17.., les deux derniers chiffres sont illisibles sur la matricule de Solesmes [et sur celle de M. Wilhelm ; il faut lire 1761].

[Fils de Jean Maillefer et de Marie de la Salle, sœur de S. Jean Baptiste de la Salle, François-Élie se fit plus tard le biographe de son oncle (J. GUIBERT, *Histoire de S. Jean-Baptiste de la Salle.* Paris, 1900, p. XXXIX, 692-693). Son ms. est conservé à la Bibl. de Reims sous le n° K. 801 *(Cat. gén. mss. Dép.,* XXXIX, 665-666), et la copie de M. Guibert à la Bibl. nat. de Paris (Nouv. acq. fr. 7557).

M. Henri Jadart a publié dans les tomes 82 et 84 des *Travaux de l'Académie de Reims* les « *Mémoires de Jean Maillefer* » grand-père de notre bénédictin et donné le passage du Nécrologe de St-Remi de Reims qui concerne D. François-Élie (t. LXXXIV, 304-305). Voir une courte notice de D. Noel *(ib.,* CVII, 197-198).

Il y a en tête de l'Avertissement des *Entretiens spirituels en forme de prières sur le livre de Job* (Bibl. nat. Paris, F. F. 17677), une lettre, sans prénom, de D. Maillefer. Ne serait-elle pas de D. Simon-Louis Maillefer, frère du D. Fr. Élie, mort sous-prieur à St-Denis le 14 juin 1752 (NOEL, p. 197, n° 4525) ?]

* M. Jadart a publié dans la *Revue de Champagne et de Brie,* 1888, un article sur : *La famille de la Salle à Reims au XVIIe siècle;* tirage à part, Reims, 1888, 8°. On y trouve p. 252-254 l'épitaphe du P. Joseph de La Salle, chan. rég. de Ste-Geneviève, mort curé de Chauny le 29 mars 1723, par son neveu D. Fr. Élie Maillefer, (ms. K. 801 de Reims, f. 313, 318). M. Jadart a complété son article par un autre paru en 1892 : *La famille de la Salle à Reims du XVIe au XVIIIe S. Nouveaux Documents...* (même Revue). *

D. Fr. Élie, étant bibliothécaire de St-Remi de Reims, communiqua au marquis Maffei un ms. de S. Zénon qui servit aux frères Ballerini pour leur édition de S. Zénon (Pat. lat., XI, col. 14-15) (1)

GIVELET, 319; JADART, 142; NOEL, 197-198; ROBERT, 67.

MAILLET (François-Michel).

BOUILLART, 261; DU BOUT, 414, 602; *Revue Mabillon,* XIX, 1929, 329; ROBERT, 67.

MALARET (André).

J'ignore ses prénoms, son lieu de naissance, la date, l'âge et le monastère de sa profession. Son prénom était André et il est mort subitement à Versailles vers le 22 décembre 1793 après avoir été

(1) [Il y avait à St-Quentin-en-l'Isle un religieux du nom de Maillefert, dont on conserve des mss. à St-Quentin : ms. 46. Disputationes theologicae et philosophicae *(Cat. gén. mss. Dép.,* III, 233) et diverses pièces datées de 1631-1632, mss. 101-103 *(ib.,* 144-245). Quand l'abbaye de St-Quentin-en-l'Isle fut réunie en 1634 à la congrégation de St-Maur *(Gall. christ.,* IX 1085), ce religieux ne fit point partie de la nouvelle communauté. * Sa thèse *Selectae ex universa philosophia conclusiones,* soutenue en 1635 au collège des Jésuites de Reims se trouve à la Bibl. nat. Paris. lat. 11925. p. 164 *. Voir GOMART. *L'abbaye de St-Quentin-en-l'Isle.* p. 350-351. 364-365.

successivement prieur et doyen de l'abbaye de St-Denis, ainsi qu'on le sait par le *Journal d'un bourgeois de St-Denis* sur les événements de la Révolution publié dans le tome I du *Cabinet historique*, année 1875. Dom Malaret mérite une place dans ce supplément depuis que Guiffrey a publié sa correspondance avec M. d'Augivilliers dans son livre intitulé : *Un chapitre inédit des tombes royales de St-Denis 1781-1787*. On y voit que D. Malaret demanda la destruction de toutes les tombes royales dans un but d'embellissement de la basilique et que ce projet eût été accompli par Louis XVI lui-même sans la Révolution qui en arrêta l'exécution.

⌐ Dom André Malaret est né à Narbonne et a fait profession à la Daurade à l'âge de 23 ans le 23 février 1743 (*Matricule*)⌐.

* Dom Malaret est mort à Versailles le 21 septembre 1793.

« *Un chapitre inédit de l'histoire des tombes royales de Saint-Denis* d'après les documents conservés aux Archives Nationales par J. J. Guiffrey, avec un plan et deux Fac-simile de dessins du temps, 1781-1787. Paris, 1876, 8°, 121 pp. et 2 planches, est le tirage à part de l'article intitulé, *Les tombes royales de St-Denis à la fin du XVIIIe siècle* dans le *Cabinet historique*, XXII, 1ere partie, pp. 1-31, 49-77, 97-149 ; on y a publié des lettres de D. Malaret. Voir Journal de l'organiste de l'abbaye de St-Denis.(Bibl.nat. Paris, p. 61, 103). *

D'Ayzac, *Hist. de l'abbaye de St-Denis*, t. I, p. CXXII, 103 ; t. II, 193, 356, 398, 423 ; Vanel, *Nécrologe*, 287, 351, 369.

MALHERBE (Joseph-François-Marie).

Je possède une pièce manuscrite autographe de Dom Malherbe fort curieuse. C'est le projet d'une pétition qu'il présenta au gouvernement républicain pour obtenir une place de bibliothécaire ou de conservateur de la Bibliothèque du Panthéon en remplacement de feu le citoyen Le Monnier. Cette pièce, qui n'est pas datée, est une véritable autobiographie dans laquelle Malherbe expose quels ont été ses travaux pendant et depuis qu'il fut bénédictin. Il y rappelle qu'il fut chargé par un diplôme des ci-devant États de Languedoc de continuer avec pension l'histoire de cette ancienne province et qu'il consacra à cet ouvrage son temps et ses veilles depuis 1783 jusqu'en 1790, ce qui lui a valu des Législateurs constituants et conventionnels qui ont pris connaissance de son travail par des Commissaires, qui ont examiné ses nombreux manuscrits, d'être compris dans la distribution des gratifications accordées par ces législateurs à un certain nombre de littérateurs. Il rappelle en outre qu'en l'an III il a reçu le maximum des récompenses nationales pour avoir inventé en 1777 et communiqué à l'ancien et au nouveau gouvernement un procédé simple et économique de séparation de la soude du sel marin, procédé au moyen duquel on peut établir et multiplier des soudières artificielles et rivaliser avec l'Espagne pour cette denrée nécessaire, dont l'importation coûte annuellement plusieurs millions à la France. Il rappelle encore que lorsque le comité de salut public chargea les citoyens Darcet, Pelletier et Lelièvre de faire des expériences suivies sur la combinaison des différentes huiles avec la soude pour la fabrication des savons, ces commissaires requirent son adjonction à leurs travaux et qu'il s'y prêta d'autant plus volontiers que la majeure partie des essais furent faits avec de la soude de sa composition et qu'il vacqua pendant plusieurs mois à cette tâche honorable avec succès et sans émoluments ; qu'à la suite de ce travail et sur l'invitation de la commission d'agriculture et des arts, il établit à Paris une fabrique de savon de 1re qualité pour subvenir à la disette de cette substance nécessaire, et qu'il ne cessa cette fabrication qu'après le retour abondant du savon de Marseille et depuis que la dépréciation du papier monnaie l'a mis hors d'état de continuer. Il rappelle enfin qu'il est employé depuis quelques années en qualité de commissaire-adjoint au triage des livres dans les dépôts littéraires de la République Française et qu'il a été appelé à la rédaction de la première constitution ; il est aussi, dit-il, l'auteur de divers ouvrages sur le droit public et d'une traduction de la physique souterraine de Becker.

Cette autobiographie nous révèle un fait intéressant. Malherbe y raconte qu'en 1774, année de son arrivée à Paris, le maréchal Du Muy le chargea d'une commission importante en Alsace ; il s'agissait, dit-il, de concert avec les officiers du Conseil souverain de Colmar de fixer les limites de cette province et de terminer des discussions avec le comté de Fribourg en Brisgau. Il ajoute que le comte de Saint-Germain, qui succéda au maréchal Du Muy, et le décès du premier Président de Colmar, qui précéda celui du maréchal, furent cause que cette commission n'eut pas son entière exécution.

Je possède encore une autre pièce autographe de Malherbe très curieuse ; c'est le discours qu'il prononça devant une assemblée de Francs-maçons, dont il était président, pour leur demander de le décharger des fonctions de vénérable. Il termine sa petite harangue par ces mots : « Je vous déclare avec franchise et avec reconnaissance que je ne peux pas continuer de remplir cette fonction, et que personne n'a de meilleures raisons que moi pour s'en démettre absolument. » Il s'écrie quelque part dans le cours de cette allocution : « Zélés comme vous l'êtes, mes frères, pour la gloire de la maçonnerie, éclairés par le flambeau de la vérité, je ne me propose pas de vous faire un discours pour vous développer les mystères et les avantages de l'ordre sublime qui nous réunit, vous les connaissez comme moi. »

Je possède enfin le bref original sur parchemin du pape Pie VI, en date du 16 avril 1792, qui autorise Joseph-François-Marie Malherbe, moine de la Cong. de S. M., à sortir du cloître et à vivre désormais en prêtre séculier, sous la juridiction de l'archevêque d'Alby, François de Pierre de Bernis, à qui le bref est adressé. J'ai communiqué ces documents à Tamizey de Larroque, qui les a publiés en 1885 dans ses *Reliquiae Benedictinae* [p. 32-37]. [Il avait fait profession le 21 février 1752] à l'âge de 18 ans.

Abrégés de l'Histoire de Languedoc (Coll. de Languedoc, mss. 66-67 ; LAUER, I, 207) ; — Documents relatifs à cette histoire, ms. 150, 151 *(ib.,* 229-230), 181(*ib.,* 234-239) et correspondance de 1791 à 1813 *(ib.)*]

* Autographes dans *Archives des dépôts littéraires*, t. 18. (Bibl. Arsenal, ms. 6504 ; *Catalogue*, VI, p. 216).

Sur sa continuation de l'Histoire de Languedoc, v. *Hist. de Languedoc*, nouv. éd., t. I, 1872, Introd., p. 79-82 ; Pièces justificatives, 2e série, nos 24, 25, 28, pp. 163-166 ; 3e série, nos 195, 197, 198, 201, p. 244-249. — Lettres inédites publiées dans les *Chroniques de Languedoc*, oct. 1877 ; *Revue Mabillon*, XVIII, 1928, p. 304-305.

Le clergé de Languedoc ou Tableau historique et chronologique des archevêques, évêques, abbés, abbesses et chefs des chapitres principaux de la province depuis la fondation des Eglises jusqu'à nos jours avec la notice de tous les conciles qui se sont tenus dans la Narbonnaise première, par Dom Fr. Malherbe (Bibl. nat. Paris, Coll. de Languedoc, t. 46-50 ; v. note de M. Em. Molinier dans *Hist. gén. de Languedoc*, nouv. édit., t. IV, p. 242).

Catalogue de la collection de Dom Malherbe (Languedoc), f. 1 et suiv. du ms. nouv. acq. fr. 5534 *(Catal. nouv. acq. fr.,* II, p. 346)*.

DELISLE, *Cabinet*, II, 71, 288 ; HOEFER, XXXIII, 58-59 ; LAMA, 704 ; M. LECOMTE, *Les Bénédictins et l'hist. des provinces.* Ligugé, 1928, p. 61-62 ; QUÉRARD, V, 467 ; ROBERT, 67-68 ; VANEL, *Nécrologe*, 337, 368, 374.

MALINGHEN (J.-B.).

François, II, 149-150 ; Le Cerf, 292-293 ; Tassin, 371 ; Tassin, G. G., I, 595 ; Ziegelbauer, IV, 105.

MALOËT (Pierre).

[Maur. Lecomte. *Les deux derniers procureurs des Bénédictins à Rome. Dom Conrade et Dom Maloët (1716-1735) d'après leur correspondance (Revue Mabillon*, IV, 1908, 366-379 ; XI, 1921, 291-312 ; XII, 1922, 173-180 ; XIII, 1923, 69-76, 147-166).

Lettre au supérieur-général de la Congrégation (janvier 1727 racontant l'audience qu'il a eue du pape le 15 janvier 1727 (Perreau, 43-52).

Cinq lettres à D. Calmet adressées de Rome 1728 (Guillaume, *Doc. inédits*, 70 ; *Annales de l'Est*, 1897, 270).

Lettres au cardinal de Noailles du 23 février 1734 (ms. 691 de Carpentras ; *Cat. gén. mss. Dép.*, XXXIV, 396) et à D. Malachie d'Inguimbert (ms. 1683 ; *ib.*, 837).

Bérengier, *Correspondance*, 28, 52 ; De Broglie, *Montfaucon*, II, 114, 133 et passim ; Gigas, II, 108-114 ; Guillaume, *Doc. inéd.*, 70-72 ; Le Cerf, *H. C.*, 125, 193, 248, 262, 292, 298, 301, 306 ; Mangenot, *Travaux (Rev. Sciences eccl.*, LVIII, 1888, p. 103) ; Vanel, *Nécrologe*, 340 ; Vernière, 43, 136, 138, 411, 413, 415, 420.

MARAN (Prudent).

* Article sur ce bénédictin dans recueil de notes historiques et biographiques concernant principalement la ville de Troyes et la Champagne méridionale par Grosley (Bibl. de Troyes, ms. 2788 ; *Cat. gén. mss. Dép.*, XLIII, 589).

Mercier de Saint-Léger, qui ne manque jamais une occasion de déprécier les travaux des Bénédictins, dans ses annotations ms. à l'Histoire litt. de D. Tassin, dit p. 746 : Ces deux livres (n. 6 et 7. *Divinitas D. N. J. C.* et *La Divinité*) n'ont eu aucun succès, puisque J. Th. Hérissant, imprimeur et libraire à Paris, proposa en 1764 100 exemplaires du 1er au prix de 6 liv. au lieu de 12, et 300 exempl. du 2e au prix de 3 liv. au lieu de 6. Voyez l'annonce que j'ai faite de cet avis de Hérissant dans les *Mémoires de Trévoux*, mars 1764, p. 748 et suiv., où je rappelle (p. 754), les deux extraits de l'ouvrage latin de D. Maran donnés par les Jésuites dans leurs *Mémoires de 1748*, mois d'août p. 572 et de sept., 2e vol. p. 1941 et suiv.

De même dans une lettre adressée à François Töpsl, abbé des chan. rég. de Polling, Paris, 2 août 1769, il dit : « Voir sur la Dissertation de Louis Vallée, chan. rég., que j'enverrai, qui est très rare et qu'il faut joindre à l'édition de S. Basile des Bénédictins, voir dis-je la Préface du tome 3e de S. Basile § IV. [Pat. Gr. XXXI, col. 23-30], D. Prudent Maran adoptant le fond de cette Dissertation, mais n'en approuvant pas toutes les raisons, ainsi que les journalistes de Trévoux (déc. 1721), le P. Vallée fit pour confirmer ses preuves et répondre aux objections plusieurs lettres en français, dont une seule, qui est très étendue, a été imprimée dans le 3e vol. des *Mémoires de littérature et d'histoire* du P. Desmolets de l'Oratoire.

N. B. Je parle cy-dessus de D. Prudent Maran, parce que c'est ce bénédictin qui a achevé l'édition de S. Basile commencée par son confrère Julien Garnier. Celui-ci avait adopté les raisons de Vallée, et Maran, en publiant le tome 3e de S. Basile, fit des difficultés, etc. (Bibl. nat. Paris, N. a. fr. 816, f. 255). *

Une nouvelle édition de la *Divinitas D. N. J. C.* parut à Würzbourg en 1859, 8°.

Zaccaria dans son *Thesaurus Theolog.* reproduit quelques dissertations de Maran (t. III, 427-454 ; VII, 609-613 ; IX, 793-888).

Les mss. 1184-1187 de la Bibl. Mazarine semblent renfermer la première rédaction de l'ouvrage sur la Divinité de J. C. *(Cat. Mss. Mazarine*, II, 28-29).

Sur son dernier volume des ouvrages de S. Jérôme et son projet d'une nouvelle édition de S. Grégoire de Nazianze, voir une lettre de D. Toustain publiée par M. Tougard *(Mélanges*, Société de l'Histoire de Normandie, 3e série, pp. 198-199, 213].

* Sur la traduction italienne de son ouvrage : *La grandeur de N. S. J. C. ; Le grandezze di Gesù Cristo e la difesa della sua divinità*. Roma, 1857, v. DE BACKER, *Bibl. des Ecrivains de la Comp. de Jésus*, 3e série, 1856, p. 150 ; C. SOMMERVOGEL, I, 1363-1364).

Sur l'affaire Borach-Levi, dont parle D. TASSIN, p. 747-748, voir l'article d'Isid. Loeb, *Borach Levi* (procès à propos d'une demande en dissolution de mariage 1752-1758) dans *Annuaire de la Soc. des Etudes juives*, 3e année, Paris, 1884, p. 273 et suiv.

D'après D. Tassin (p. 389), D. Maran préparait une nouvelle édition de S. Jérôme et l'avait annoncée par un Programme. Il allait faire paraitre en 1720 l'édition de S. Cyprien laissée imparfaite par Baluze et qu'il avait achevée, lorsque M. du Maharet fut informé qu'on avait retranché du livre *de Unitate ecclesiae* le passage : *Primatus Petro datur... se esse confidit.* Il rédigea aussitôt une savante et vigoureuse dissertation sous le titre : « Lettre d'un savant d'A... (Angers) aux auteurs des *Mémoires de Trévoux* pour réclamer un passage important de saint Cyprien, prêt à être enlevé par de célèbres éditeurs », et insérée dans les *Mémoires de Trévoux*, oct. 1726, p. 1877-1904, et en outre dans les « *Mémoires d'une société célèbre* », t. I, p. 222 et suiv. Les Jésuites rédacteurs des *Mémoires de Trévoux* ayant communiqué cette dissertation au cardinal de Fleury avant de l'imprimer, celui-ci, après en avoir pris connaissance, la fit examiner et, sur le rapport qui lui en fut fait, chargea le duc d'Antin de cette affaire. Dom Maran reçut ordre de conférer à ce sujet avec l'abbé de Targny : on conclut que le passage serait rétabli, ce qui fut exécuté au moyen d'un carton. Baluze avait fait une assez longue note pour appuyer son opinion ; D. Maran l'abrégea (L. BERTRAND, *Bibliothèque sulpicienne*, t. I, p. 410-411, n. 2).

Note sur la possibilité de l'état de pure nature (*Analecta juris pontificii*, 22e série, 1883, col. 766-768). *

Prospectus de l'édition de S. Justin, Paris, 1733, 4 pp., in-4° (Coll Picardie, vol. 225, f. 116 ; LAUER, II, 160).

Lettre de Le Brun, de l'Oratoire, à D. Maran, datée de St-Magloire le 10 juin 1725 (Bibl. nat. Paris, ms. lat. 11618, f. 1-1 bis).

— Lettre du P. Pelletier, chanoine-régulier des Deux-Amans, au Père Maran, bénédictin, pour prouver que S. Prudence n'est pas l'auteur des Annales de St-Bertin, publiées par L. DE BAECKER (*Bull. de la Soc. des Antiq. de la Morinie*, VII, 387-390).

— Lettre de Dom P. Maran à Dom Ch. Toustain du 27 oct. 1729 (Bibl. nat. Paris, ms. suppl. grec 276, p. 495-498), publiée par l'abbé Tougard (v. *Polybiblion*. 2e série, t. 4 (= 17), 1876, p. 159).

Lettre de D. Maran au cardinal de Gesvres, du 30 janvier 1739 (*Revue bénéd.*, 1890, 354-355).

— Correspondance avec les Bénédictins de St-Emmeran de Ratisbonne (ENDRES, 42-70).

— Lettres (Bibl. nat. Paris, F. F. 13200) et Orléans (*Cat. gén. mss. Dép.*, XII, 329).

* Deux lettres à M. de St-Hilaire, conseiller au Parlement de Bourges, des 14 et 21 mai 1754 (Catal. Voisin, n° 11 fév. 1874, n° 1546). *

BÉRENGIER. *Correspondance*, 31 ; *Dict. théol. cathol.* IX, 1933-1936 ; FRANÇOIS, II, 155. HOEFER, XXXIII, 351 ; *Kirchenlexikon*, VIII, 638-640 ; HURTER, II, 1328-1331 ; LAMA, 543-550 ; LE CERF, H. C.,

292-294, 332 ; Le Cerf, *Hist. litt.*, 293-298 ; *Mémoires de Trévoux*, fév. 1723, p. 277 ; mars 1723, p. 365 ; juin 1728, p. 1035 ; sept. 1728, p. 1667 ; déc. 1728, p. 2279 ; nov. 1743, p. 2791 ; déc. 1743, p. 2893 ; août 1748, p. 1572 ; sept. 1748, p. 1941 ; juill. 1752, p. 1458 ; Michaud, XXVI, 411-412 ; Prz, 400-401 ; Quérard, V, 500-501 ; Quirini, *Commentarii*, I, 93 ; *Realencyklop.*, XII, 244-245 ; *Revue Augustinienne* 1902, 225-226 ; ; Robert, *Doc. inéd.*, 36 ; Tassin, XVII, 404, 407, 473, 541, 741-749 ; Tassin, *G. G.*, I, p. XXII ; II, 8, 15, 110, 222, 541-553 ; Valenti, 278-284.

MARCAULT (Etienne).

Né à Chably (dioc. Langres), profès à 20 ans à St-Remi de Reims le 25 mai 1649, mort à Ferrières le 6 août 1689.

'Auteur d'hymnes latines et de plusieurs livres sur Saint Étienne et sur les mérites de la Sainte Vierge.]

Jarossay, *Ferrières*, 394.

MARCAULT (Jacques-Pierre).

Né à Blois, profès à Vendôme le 6 juin 1672, décédé à St-Lomer de Blois le 10 août 1708.

Il a recueilli les choses notables de l'abbaye de Flavigny de 1693 à 1699 (Grignard, *Mém. de la Soc. Eduenne*, N. S., XIV, 1885, 36).

Prieur à Pontlevoy 1692-1693 (*Revue de Loir-et-Cher*, 1901, p. 76).

MARCHAIS (Charles).

Né à Fresnes, dioc. de Chartres, âgé de 19 ans, profès à St-Wandrille le 25 août 1723, décédé à St-Germain-des-Prés le 13 octobre 1788. Il fut un des principaux rédacteurs du nécrologe de l'abbaye (Vanel, *Nécrologe*, LIX, 283-284).

MARCHON (François).

François, II, 158 ; Martène, *Vie des Justes*, III, 1 ; Tassin, 781 ; Tassin, *G. G.*, II, 601.

MARCLAND (Antoine-Gabriel).

Ajouter à la notice de Dom Tassin sur ce bénédictin, p. 725 de l'*Hist. litt.*, que Dom Marcland a fait imprimer : *Projet de l'histoire*

de Languedoc, in-4, de 10 pages, sans date, ni lieu d'impression.
Dom Marcland avait été avec Dom Auzières chargé d'écrire l'histoire de Languedoc avant qu'on en chargeât définitivement Dom
Vaissette et Dom Devic, qui dans la préface de leur grand ouvrage
rendent justice aux travaux préparatoires de leurs deux prédéces-
seurs. Le *projet de l'histoire de Languedoc* de Dom Marcland doit
donc être du commencement du XVIIIe siècle. Cette pièce doit
être fort rare, car Thomas, qui a publié une histoire complète des
travaux des Bénédictins sur l'histoire du Languedoc, paraît en
avoir ignoré l'existence, qui ne m'est connue que par les *Anonymes*
de Barbier, tom. III. col. 1071 de la dernière édition. Dom Charles
Rigault, dans sa *Bibl. des Ecriv. de la Congr. de Saint Maur*, ne l'a pas
connue non plus, car il ne consacre pas de notice à Dom Marcland.
L'abbé Bertrand, qui a publié en 1884 à Bordeaux *les Prieurs
claustraux...*, dans sa notice sur Dom Gabriel Marcland, paraît
aussi ignorer l'attribution à ce bénédictin d'un projet de l'histoire
du Languedoc. Une note de Dom Dubourg, bénédictin de Solesmes,
qui m'est communiquée par M. Tamizey de Larroque, porte que le
Project de l'histoire du Languedoc, in-4° de 10 pages, sans lieu ni
date, serait bien de Dom G. Marcland et que cette pièce aurait
été imprimée en 1720. Elle existe à la Bibl. nat. (*Catal. de l'Hist.
de France*, L.Kr. N. 832), et a été réimprimée dans la nouvelle
édition de l'*Hist. gén. du Languedoc*, tome I de l'édition de 1872,
aux pièces justificatives 2e série N. 5, pages 107-116. M. Dulaurier, dans l'introduction historique de cette nouvelle édition,
a publié d'intéressants détails sur Dom Marcland, ses travaux relatifs à l'histoire du Languedoc et sa rivalité avec Dom Vaissète.
Ms. autographe du Projet d'Histoire de Languedoc dans la
Coll. du Languedoc, Mss. 55-59; *Catal.*, I, 206).

* On trouve aussi dans l'introduction historique de la nouvelle
édition de l'Hist. de Languedoc (Pièces justif. 2e série, pp. 128-
139) des observations (de D. Vaissete en 1725 ou 1726) sur le projet
imprimé par D. Marcland.

Lettre de D. Gabriel Marcland, du 3 oct. 1708, adressée à D.
Robert Marcland, prieur de St-Germain-des-Prés, accompagnant
un exemplaire de son Projet. Il y indique les religieux qui pour-
raient travailler à cette histoire : D. Pierre Auzières, D. Jean-
Raymond de la Gorrée et D. Jean Lombard (Arch. nat. Paris
L. 816). * Voir au sujet de cette lettre les remarques de D. Paul
Denis (*Revue Mabillon*, t. V, p. 42, 47)].

A. DE LANTENAY, Ste-*Croix*, 80-81, 168; DU BUISSON, *Historia*

S. *Severi*, 111-113 ; *Europe savante*, XII, 158 ; François, III, 172 ; Martène, *Vie des Justes*, III, 109 n. 2 ; Tassin, 725 ; Tassin, G. G., II, 514-516 ; Vernière, 61, 416.

MARCLAND (Achille-Robert).

[Cinq lettres de D. de Vic 1707-1708 à D. R. Marcland signalées par Kukula, III, 2, p. 32.]

* Lettre autographe au prieur de St-Pierre en Vallée à Chartres, 12 juin 1712 (Bibl. Arsenal, ms. 6467, n° 38, f. 150 ; *Catal. mss.*, VI, 183). — Epitaphe latine de Mabillon (Bibl. nat. Paris 19639, f. 378, publ. par Jadart, *Ruinart*, 81)*

Bresse (*Bull. de la Soc. scient. de Corrèze*, XXIV, 1902, 560-566) ; Guillaume, *Docum. inéd.*, 76 ; Le Cerf, *H. C.*, 46,74 ; Martène, *Vie des Justes*, III, 107-112 ; Tassin, 501 ; Tassin, G. G., II, 161 ; Valery, III, 203 ; Vanel, *Nécrol.*, 89, 91, 98, 137-138, 348 ; Vernière, 61, 75, 80, 81, 415.

MARQUET (Alphonse-J.-B.).

* Né le 6 janvier 1745 à Unverre, dioc. de Chartres, profès à Jumièges le 4 septembre 1761, décédé à Senlis le 12 octobre 1817. Vers la fin de 1816 il prit la direction du collège établi à Senlis pour les enfants des chevaliers de Saint Louis. Le contrat passé le 19 juin 1817 porte les signatures des anciens bénédictins de Saint-Maur D. Alphonse Marquet, D. M. J. Leveaux, D. Etienne de Village, D. Bonteleux A sa mort il fut remplacé comme supérieur par D. Groult (Arch. nat. Paris, Série AB. XIX. 65). *

MARQUET (Pierre-Jean).

[Né à Montpellier, profès à l'âge de 18 ans à La Daurade le 6 mars 1765 (*Matricule*), prieur de Pontlevoy, puis bibliothécaire à Marmoutier en 1786 et 1787 (Martène, *Marmoutier*, II, 582-583), directeur du collège de Pontlevoy en septembre 1788 (*ib.*, 586 ; *Revue de Loir-et-Cher*, 1901, col. 34).]

MARS (Jean-Noël).

* Son *Histoire de l'abbaye de St-Lomer de Blois*, mss. à la Bibl. de Blois (*Cat. gén. mss. Dép.*, XXIV, 399 ; XL, 565) a été publiée par A. Dupré, *Histoire du royal monastère de St-Lomer de Blois*,

Blois, 1869, gr. 8°, V-474 pp. Dans le compte rendu de cet ouvrage (*Bibl. Ecole des chartes*, XXXI, 1870, pp. 103-110), M. L. Delisle a publié quatre lettres de cet auteur relatives à cette histoire, deux adressées à D. Brachet et à D. Mabillon (Ms. fr. 19678, f. 31 ; 19655, f. 118) et deux à D. Anselme Le Michel (ms. lat. 12678, ff. 109, 111).*

⸢ A propos de la rédaction de cette histoire dans le ms. lat. 12678, voir *Moyen Age*, XXI, 1908, p. 271-274.

Briefve généalogie des comtes de Bloyes tirée de... l'hist. de S. Lomer... (Coll. de Picardie, vol. 176; LAUER, II, 147).

AUG. LEMASSON. *Histoire du royal monastère de St-Jacut de l'Isle-de-la-mer*... composée en 1649, par F. D. Noël Mars, religieux bénédictin de la dicte abbaye avec une introduction de Barth. Pocquet. St-Brieuc, Fr. Guyon, 1912, 8°, 132 pp.

Nouv. éd. Nantes, Durance, 1917, 8°, 108 pp. (*Recueil de documents pour servir a l'hist. de l'abbaye de St. Jacut*, publ. par A. Lemasson. Iere partie).

M. Jourdan de la Passardière a publié d'après le ms. fr. 22358 l'*Histoire de l'abbaye de Landevenec par D. Noël Mars (Bull. dioc. d'hist. et d'archéol. de Quimper et Léon*, XII, 1912, p. 97-101, 129-137, 161-169, 193-204, 235-236) ; v. *Annales de Bretagne*, t. XXIII, 260-262.

Sur les manuscrits de Tours (*Cat. gén. mss. Dép.*, XXXVII, 45-46, 395, 440, 827, 847, 936).

Le ms. 1379 de Tours renferme une série d'opuscules, de lettres et d'extraits de D. J. N. Mars, dont quelques-uns se retrouvent dans le ms. 1387 (*ib.*, 936-337, 940).

Vie de François Binet, à la fin de l'Hist. ms. de Marmoutier, de D. Anselme Le Michel. t. I (TASSIN, 190 ; Bibl. Tours, ms. 1387, f. 236 et suiv.; *Cat. gén: mss. Dép.*, XXXVII, p. 940 ; LELONG, IV, S. 14033).

Sur le ms. 19831 du F. F. à la Bibl. nat. de Paris, voir la notice sur D. Germain Morel.]

* Un Catalogue de bouquiniste a signalé sous le n° 36677 : *Les Heures de dom Noël Mars*, par Pierre Dufay. Blois, 1892, 15 p. 8°.

Témoignage de D. N. Mars, confesseur du Vén. D. Claude Martin (MARTÈNE, *Vie de D. C. Martin*, p. 385-387).

Lettre de D. N. Mars à D. Michel Germain, datée de Marmoutier ce 10 may..., annonçant l'envoi du Pouillé du monastère : « j'ay faict ce pouillé que l'on appelle Pastorallier tout de nouveau »; (Bibl. nat Paris, ms. lat. 11814, f. 395). *

[Liste des travaux de D. Noël Mars (MARTÈNE, *Vie des Justes*, éd. Heurtebize, III, 223, note).

DELISLE, *Cabinet*, II, 62, 63 ; DELISLE, *Monasticon*, 23 ; FRANÇOIS, II, 167-168 ; LAMA, 150, p. 224 ; LE LONG, I, 11648 ; LE CERF, 298 ; MARTÈNE, *Marmoutier*, II, 543-544 ; MARTÈNE, *Vie des Justes*, III, 12, 223-224 ; ROBERT, 69-70 ; TASSIN, 189-190 ; TASSIN, G. G., I, 289-291.

MARSOLLES (Vincent).

Mémoires biographiques par D. Mabillon *(Ouvrages posthumes*, II, 33-42), par D. Martène, (*Vie des Justes*, III, 127-133 ; et Histoire ms. de la Cong. de St-Maur (Archives de Solesmes, ad ann. 1681) ; par D. Mommole Geoffroy dans *Relation des actions mémorables des quatre premiers supérieurs généraux de la congrégation de Saint-Maur* (Bibl. nat. Paris ms. fr. 19622, f. 57-64 et ms. fr. 17675, p. 498-514) ; par D. Jean Cornette(?) dans *Le ramast des délices monastiques* (ms. fr. 17675, p. 664-686) ; circulaire nécrologique par Dom Bougis (Bibl. nat. Paris, L n°° 13577).

D. Paul Denis lui a consacré une notice : *D. Vincent Marsolle, 4° supérieur général de la congrégation de Saint-Maur (Revue bénéd.*, XXVIII, 1911, p. 391-414) ; résumé dans *L'Anjou historique*, XII, 1912, p. 449-452). On y trouvera des fragments de sa correspondance avec D. Luc Dachery.

Sa naissance doit être fixée au 14 juin 1616 (d'après les archives communales de Doué).

D. P. Denis croit que les « Règles pour le Supérieur général » et les « Règles pour les Pères Visiteurs », publiées dans la *Revue Mabillon* en août et novembre 1910 (p. 213-235, 329-353, 454-479), ont été rédigées ou du moins fortement inspirées par lui.

Lettre à Colbert, 1672 (Bibl. nat. Paris, Mélanges Colbert, 161, f. 155 ; *Catalogue*, I, p. 455).

Lettres du cardinal Bona à D. Marsolles des 14 sept. 1672 et 16 janvier 1674 *(Epistolae selectae*, éd. Sala, 212, 264-265).

Lettre de D. Emilien Van Hoyvorst, bénédictin d'Afflighem, du 27 oct. 1672, à D. Marsolles (BERLIÈRE, *Lettres des Moines d'Afflighem aux Bénédictins de St-Maur* dans *Annales de l'Acad. royale d'archéologie de Belgique*, LXIII, 1913, p. 225-226.]

BRAUNIER, *Introduction*, 108 ; BOUILLART, 273-274 ; CERVEAU, *Nécrologe*, III, 192-193 ; DU BOUT, 416-417 ; DUBUSQ, *Hist. de l'abbaye de Jumièges*, éd. Loth, III, 112-113, 120-122, 134-142 ; Kukula, III, 2, p. 24 ; Martène, *Vie des Justes*, III, 127-133 ; Port, II, 603 ; Tassin, 145, 146, 159, 169, 170, 183, 206, 267, 287, 288, 312, 353, 368, 369 ; Tassin, G. G., I, 222, 223, 243, 258, 260, 280, 315, 413, 445, 446, 484, 551, 575, 576 ; Vanel, *Nécrologe*, 35-36, 340 ; Ziegel-bauer, I, 397.

MARTÈNE (Edmond).

Ajouter à la notice de D. Tassin que l'histoire manuscrite de l'abbaye de Marmoutier par Dom Martène a été publiée en 1874 et 1875 par l'abbé Chevalier en 2 volumes grand in-8°, qui forment les tomes XXIV et XXV des *Mémoires de la Société archéologique de Touraine*.

Les manuscrits 13107-13110 du fonds latin de la Bibliothèque nationale, ensemble 4 volumes, renferment des papiers divers de Martène et quelques autres Bénédictins, XVIIe et XVIIIe siècles.

Martène, comme Montfaucon, entretenait une correspondance savante avec le baron de Crassier, de Liége, savant antiquaire. Ulysse Capitaine, dans la note de la première page de sa correspondance de Montfaucon avec le baron de Crassier, qu'il a publiée en 1855, annonce l'intention de donner encore au public la correspondance de ce savant avec Martène. Je ne sais si ce projet a été exécuté. Martène parle du Cabinet de M. de Crassier dans le tome 2 de son *Voyage littéraire* [t. II, p. 177-178].

Cette correspondance vient d'être publiée (1898) à Bruxelles par M. Halkin, in-8°. D'après une lettre de Martène à Crassier, à la page 155 de sa correspondance publiée par Halkin, il serait l'auteur anonyme du *Mémoire pour les Dames abbesse et religieuses du Val-de-Grâce à Paris à laquelle est unie la mense abbatiale de l'abbaye royale de Saint Corneille de Compiègne contre Monsieur l'évêque de Soissons.* Paris 1725.

[M. de Rivière a publié l'extrait du *Voyage littéraire* concernant la région de Toulouse (*Bulletin de la Soc. arch. du Midi de la France*, 1900, 101-107) ; le chanoine Jail, sous le titre de «*Souvenirs de l'Église de Vienne* » celui qui concerne Vienne, avec annotations (*Annales Dauphinoises*, I, 1900, 101-106, 135-141) ; M. Breghot du Lut avait donné jadis l'extrait relatif à Lyon (*Ann. hist. et stat. du dép. du Rhône*, VI, 1827, 317)]

* M. de Rivière a également donné « *L'Albigeois au commencement du 18e siècle d'après le Voyage littéraire de deux religieux*

bénédictins » (*Revue hist. scient. et litt. du Tarn.* 26e année, t. XVIII, p. 38-42 ; Albi, 1901, 8º)*.

[A propos de son voyage en Allemagne et des défiances qu'excitait cette excursion littéraire de deux bénédictins français, soupçonnés par le nonce de Cologne, Jérôme Archiuti, d'être infectés de jansénisme, voir U. BERLIÈRE, *Zur literarischen Reise Martènes in Deutschland* dans *Studien und Mitteilungen zur Gesch. des Bened. Ordens,* 1913, p. 343-347.

A propos de son *Voyage littéraire,* voir la protestation adressée au chapitre général de la Congrégation de St-Maur par la Congrégation des Exempts de Belgique, 25 avril 1720 (*Revue bénéd.,* XIII, 1906, p. 223-224 ; BERLIÈRE, *Mélanges d'hist. bénédictine,* I, Maredsous, 1897, p. 113-114).

Autographe d'une lettre (H. STEIN, *Album d'autographes de savants et érudits.* Paris, 1907, pl. 29).

Sur la part prise par D. Martène à la rédaction du plan des *Historiens des Gaules,* voir une lettre de D. Boudier du 5 août 1769 (CHARMES, *Comité,* I, 298).

Prospectus du *De antiquis ecclesiae ritibus.* Ed. 2ª, t. I, Anvers, 1736, 4 pp. in-fol. (Coll. de Picardie. vol. 225, f. 118 ; LAUER, II, 160.)

Prospectus des *Veterum Scriptorum... Amplissima Collectio.* Paris, 3 pp. 8º (*Ib.,* vol. 125, f. 83 ; LAUER, II, 159).

Mémoire pour faire voir que les élections du supérieur général faites par compromis ne sont pas contraires aux usages du Royaume, publié par D. Paul Denis (*Revue Mabillon,* V, 1909, p. 444-449).

Sur les mémoires réunis par lui sur l'histoire de la Congrégation de St-Maur, qui ont servi à D. Fortet pour composer son histoire de la Congrégation de St-Maur, voir une lettre de D. Patert (*Revue bénéd.,* XXVIII, 1911, p. 212).

L'édition de l'*Histoire de la Congrégation de Saint-Maur* de Dom Martène a été entreprise par Dom G. Charvin dans les *Archives de la France monastique.* Quatre volumes ont paru, t. XXXI-XXXIV, Ligugé, 1928-1930, t. I (1612-1630) ; t. II (1630-1645), pp. XXXIV-286, IV-295 ; t. III (1645-1655), pp. III-285 ; t. IV (1656-1667), pp. 247. — Sur la paternité des textes, voir les remarques de E. G. Ledos dans *Revue des quest. hist.,* 1er janvier 1929, pp. 229-232.

Son histoire de Marmoutier est conservée dans les mss. 1383-1384 de Tours (*Catal. gén. mss. Dép.,* XXXVII, 938-939). On trouve des notes et des copies dans les mss. 1390 et 1400 (*ib.,* 941, 944).]

* Le ms. autographe avec les preuves est conservé à la Bibl. nat. Paris, ms. 12876-12880. *

[Autographe de la vie de D. Claude Martin, ms. 1442 de la Bibl. de Tours et copie dans le ms. 1488 (*Cat. gén. mss. Dép.*, XXXVII, 960, 975).

La vie de D. Claude Martin a été traduite en allemand par D. Colomban Luz, de l'abbaye d'Elchingen : *Leben des P. Claudius Martin O. S. B., Cong. S. Mauri.* Linz, 1741, 4º, 251 p. (*Bibliotheca principalis ecclesiae et monasterii ad S. Emmeramum Ratisbonae* P. III, 1748, p. 49).

Récit de la translation d'une relique de S. Martin à Marmoutier, 1641 (*Bull. de St-Martin et de St-Benoît*, 1911, p. 269-271).

Notes pour servir au *Monasticon Benedictinum* dans les mss. lat. 12662, 12663, 12665, 12671, 12677, 12679, 12681, 12683, 12688, 12690, 12691, 12695, 12696, 12697 (DELISLE, *Monasticon*, 6, 8, 10, 14, 18, 22-27).

Le ms. 1537 (L. 818, nº4) des Archives nationales à Paris contient des « Notes sur la vie des religieux bénédictins de la Congrégation de Saint-Maur adressées à Dom Martène par D. Abraham Feray (*Catal.*, p. 256). C'est une lettre dont il a été question plus haut (t. I, p. 216).

La Bibl. nationale de Paris conserve de lui : *Vies des Saints choisies pour tous les jours de l'année* (F. F. 17234-17237), son *Voyage littéraire* (F. F. 15254), la copie de lettres spirituelles de Dom Claude Martin (F. F. 15793), des correspondances (24416, 25537-25538).

Note sur l'antiquité d'un cérémonial de Montiéramey aux Archives départ. de l'Aube (*Catal. mss. arch. Départ.*, 25).

Le ms. 533 de la Bibl. de Tours contient la copie faite par D. Martène du Traité de l'oraison de Jacques Laynez (*Catal. gén. mss. Dép.*, XXXVII, I, pp. 439-440).

Le *Mémoire pour les Dames abbesse et religieuses du Val-de-Grâce ...* 1725 se trouve à la Bibl. de Compiègne, ms. 42, f. 83 (*Cat. gén. mss. Dép.*, XXIV, 568).

La *vie de la Noble dame Florence de Werquignœul* par Marguerite Trigault (extrait de la 2e partie du *Voyage litt.*, I, 1717, 219-257) a été publiée à Douai en 1733, in-8 (DUTHILLŒUL, *Bibliographie Douaisienne*, n. 956, p. 267].

* Mercier de St-Léger, dans ses annotations à D. Tassin, fait les remarques suivantes : p. 542. D. Martène avait un frère carme à Dijon, sous le nom de P. Remi.

On trouve deux Étienne Martène avocats généraux en la Chambre des comptes de Dijon, le 1er reçu le 11 août 1617, le 2e le 2 août 1652.

p. 556 — Mercier proteste contre l'anecdote rapportée par D. Tassin, anecdote réfutée dès 1718 (NICERON, *Mémoires*, XXXVII, 184-185 ; v. *Acta eruditorum Lipsiae* 1718, 491 ; MICHAULT, *Mélanges hist. et philol.*, Paris, 1754, II, 266). La théologie du card. Augustin Oregio, archev. de Bénévent, imprimée à Rome en 1637, in fol., est à la Bibl. du Roi, D n° 316. N'est-ce pas le même ouvrage qui était en ms. aux Minimes de Dijon ? *

[Sur la polémique de D. Martène avec J. I. Roderique au sujet de la priorité de Stavelot sur Malmédy, il y a lieu de noter que l'*Imperialis Stabulensis monasterii jura propugnata*, Coloniae Agripp., 1730, fut imprimé à Liége et que l'impression en fut surveillée par le baron de Crassier. La correspondance de ce dernier, celles de Schannat et de Louvrex avec D. Martène fournissent des renseignements à ce sujet. Voir HALKIN, *Invent. des archives de Stavelot-Malmédy* dans *Bull. de la Comm. royale d'hist. de Belgique*, 5e série, t. VII, p. 287-288, 447-448 ; tirage à part, Bruxelles, 1897, p. 60,219 ; DE BACKER, *Bibl. des Ecriv. de la Comp.*, 7e série, p. 270 ; nouv. édit. par C. SOMMERVOGEL, IV, 126-127, et plus spécialement J. Van den Gheyn dans *Biographie Nat.* de Belgique, XIX, 596-600 ; ainsi que l'article de L. HALKIN, *Deux lettres inédites de Jean-Ignace Roderique à Matthieu-Guillaume de Louvrex* (*Leodium*, 1906, p. 25-28) et BERLIÈRE, *Monasticon belge*, t. II, pp. 60-61.]

* Le mémoire du P. Fr. Oudin S. J. signalé par D. Tassin (p. 556), se trouve aussi dans les *Mémoires de Trévoux*, juillet 1718, p. 109-153 ; cf. DE BACKER, *Bibl. des Ecrivains de la Comp. de Jésus*, 1re série, 1853, p. 531, 556 ; C. SOMMERVOGEL, t. VI, 20.

Dans son histoire ms. de la Congrégation de St-Maur (t. III, ann. 1728), D. Martène donne quelques détails sur la contestation qui durait depuis plusieurs années entre l'évêque de Soissons et l'abbaye de St-Corneille de Compiègne et qui fut terminée par une transaction le 26 février 1728 : « Le prélat ayant obtenu un arrêt d'évocation de l'affaire au privé conseil... le procureur du monastère produisit tous ses titres avec un mémoire ou plutôt un inventaire. M. l'évêque prit le parti de s'inscrire en faux contre tous et fit un factum d'un style si brillant qu'il ne restait plus qu'à condamner les religieux comme faussaires. Ils y répondirent par un autre factum très solide, que le sieur Cochin, avocat du Conseil de la Congrégation, composa sur les mémoires qui lui furent fournis par D. Bernard de Montfaucon, D. Joseph Vaissette et D. Edmond Martène. M. l'évêque de Soissons en fit un second qui ne cédait en rien au premier, et l'on y répondit avec la même solidité que la première fois. La mémoire de Cochin a été publié dans ses *Œuvres*, t. VI, 1757, 4°, p. 216-443 ; une note imprimée en marge du titre rappelle que les matériaux furent fournis par D. B. de Montfaucon et D. J. Vaissette ; il n'y est pas question de D. Martène. Voir plus loin, s. v. Montfaucon.

D. Tassin (*Hist. litt.*, p. XV) reconnait que l'histoire manuscrite de la Congrégation par Dom Martène lui « a fourni beaucoup de choses, principalement pour la vie de plusieurs anciens auteurs. » Dom Tassin lui a en effet emprunté quelques notices à peu près textuellement et en abrégé ou résumé plusieurs autres. Il a aussi reproduit un grand nombre d'appréciations de Dom Martène sur les auteurs et sur leurs ouvrages.

On en trouve des extraits :

1625. Introduction de la réforme à St-Savin de Tarbes (p. 37-40) ; vie et éloge de D. Maur Barres † 5 août 1653 (p. 40-42) dans C. DOUAIS, *L'arrivée des Bénédictins de St-Maur à St-Savin de Lavedan*, 1891, 8° — Introduction de la réforme de St-Maur à Orbais et vie de D. Guillaume Jamet † 1er mars 1704 (DU BOUR, *Hist. de l'abbaye d'Orbais*, 1890, p. 660-661, 665-666) et autres notices sur divers religieux (p. 660-668).

D. Ant. Dubourg a donné, d'après le même ouvrage : *Mission pour la conversion des protestants* (en Saintonge) en 1686 (*Bull. de la Soc. des Archives hist. Revue de la Saintonge et de l'Aunis*, t. IX, 1886 p. 337) et *Le monastère de Cornillon converti en hôpital pour les soldats* (1691) dans *Bull d'hist. eccl. et d'archéol. du dioc. de Valence, Gap...* t. X, 1890, p. 141.

Introduction de la réforme de St-Maur à Mauriac, 1630, publié par l'abbé Poulbrière dans *Semaine cathol. du dioc. de St-Flour*, 12e année, 24 juill. 1889, p. 354-358.

Son ouvrage : *Vie des Justes de la Congrégation de Saint-Maur* conservé à la Bibl. nat. Paris (ms. fr. 17671) a été édité par D. B. Heurtebize dans les *Archives de la France Monastique*, vol. XXVII, XXVIII, XXX. Liguge, t. I, 1924, XXIV-128 ; t. II, 1925, 171 ; t. III, 1926, 231 pp. gr. in-8°.

Des extraits de sa *Vie des Justes de la Congr. de St-Maur* ont été publiés par D. Besse : *Bénédictins de St-Augustin de Limoges* (*Bull. de la Soc. scient., hist. et archéol. de la Corrèze*, t. XXIII, 1901, p. 549-573 ; t. XXIV, 1902, p. 87-108, 411-431, 559-567) ;

dans *Les fondateurs de la Congrégation de St-Maur (Revue des sciences eccl.*, 9e série, t. VI, 1902, p. 143-153, 230-242, 522-541 ; tirage à part 8°, 36 p. ; dans « *Moines du vieux temps (Bull. de St-Martin et de St-Benoît.* Ligugé, X° année, 1902, p. 85-88, 164-170, 202-209, 261-265 ; XI° année, 1903, p. 84-87). La notice sur *Un bénédictin saintongeois D. Mommole Geoffroy*, avait déjà paru dans *Revue de Saintonge et d'Aunis*, t. XXII, 1902, p. 37-42.

Le ms. 1535 (L. 814, n° 2) des Archives Nat. Paris (*Cat. mss.*, 255) est un fragment autographe de cet ouvrage de D. Martène.

« Réflexions sur le premier mémoire de M. Brunet sur les titres de Remiremont, entre autres celui de l'empereur Henri IV et sur le monachisme de S. Romain » (ms. autographe appartenant à M. Richard, bibliothécaire de Remiremont, signalé par D. Pitra dans ses notes manuscrites sur Remiremont.

« Certificat donné par les RR. PP. Martène et Durand sur l'authenticité de quelques titres de l'archive de Remiremont, 13 mai 1728 » (coll. Vuillemin à la Bibl. de Remiremont ; *Cat. gén. mss. Dép.*, XXI, p. 161).

Voir Aug. BERNARD, *Une assertion de dom M. sur les manuscrits de Cluny que les Huguenots auraient emportés à Genève (Bull. Soc. Hist. du Protestantisme français*, XI, 1862, p. 105 sq.).

Les manuscrits suivants de la Bibl. nat. Paris se rapportent à D. Martène.

Lat. 11731. Recueil de chroniques principalement formé par D. Martène et D. Durand.

Lat. 11892. Documents sur le grand schisme copiés par D. Martène.

Lat. 11894-11895. Chartes et lettres copiées la plupart par D. Martène.

Lat. 11903. Papiers divers de Martène et Durand.

Lat. 12089. Papiers de Mabillon, Martène, etc., sur les anciens rites.

Lat. 12876-12880. Histoire de Marmoutier par D. Martène, avec les preuves.

Lat. 13107-13110. Papiers divers de D. Martène et de quelques autres bénédictins, 17e et 18e s.

Lat. 17183. Épreuves corrigées d'une partie du t. II de l'*Amplissima Collectio*.

Lat. 17184-17194. Pièces diverses la plupart recueillies par D. Martène.

Lat. 17556. Extraits et chroniques par le même.

Catalogus codicum mss. bibliothecae S. Germania Pratis Parisiensis, écrit par D. Martène 1712 (Cat. des mss. de la Bibl. de l'École de médecine de Montpellier, ms. 28, Fonds de Bouhier A. 79 ; *Cat. gén. mss. Dép.*, XL, t. I, p. 295)

ONÉSIME LEROY, *Sur deux manuscrits de Dom Martène relatifs à la vie de S. Martin conservés à la Bibl. de Tours (Congrès scient. de France,* 15e session tenue à Tours en sept. 1847, t. II, 1848, p. 103 et suiv.)

Correspondance avec le président J. Bouhier (Bibl. nat. Paris, fr. 24416 ; OMONT, *Cat. anc. petits fonds français*, II, 349.*

[Lettre de D. Jacques Boyer à D. Martène (VERNIÈRE, 440-442).

41 lettres à D. Calmet, 1731-1739 au Séminaire de Nancy (*Annal. de l'Est*, 1897, 270).

Lettre à Coquebert du 29 mars 1715 (*Cat. gén. mss. Dép.*, XXXIX bis, p. 308 ; *Travaux Acad. Reims*, CXXIII, I, 274).

Lettres à D. Coustant du 18 juin 1696 et s. d. (*Analecta juris pontif.*, 22e série, 1883, col. 375-376), du 1er janvier 1702 (*ib.*, X, 1869, 418). — Lettre de D. Coustant à D. Martène du 9 janvier 1708 (*Cabinet hist.*, XIII, 1ere part., 70-73). Voir plus haut, t. I, p. 142.

Lettres à D. Ursin Durand du 24 février 1735 (*Revue Mabillon*, IV, 1908, 347-348) ; du 5 avril 1735 (*Analecta juris pontificii*, t. X, 1869, 318).

Lettre à D. M. Germain, datée de Tours 26 juin 1693 et (à D. Mabillon) de Tours 25 oct. 1707 (D. PIOLIN dans *Revue hist. et archéol. du Maine*, VIII, 1880, p. 172-180)]* La réponse de Mabillon, du 7 nov. 1707, a été publiée par Dantier. (*Rapports*, 93-94).*

Lettre d'Antoine Germeau des 9 avril, 30 juillet, 31 août, 2 nov. 1721, 6 fév. 1722, 27 déc. 1725 et de Martène à Germeau du 27 août 1724, publiées par D. U. Berlière (*Leodium*, XII, 1913, 23-24, 26-34).

Lettre de D. Etienne Henrion, abbé d'Orval, du 16 juin 1719 (*Leodium*, XII, 1913, p. 22-23).

MM. Quantin et Cherest ont publié des lettres de l'abbé Lebeuf à D. Martène du 10 janvier 1721 (I, 210-212), du 10 février 1722 (I, 289-292), du 23 janvier 1727 (II, 23-24) du 29 juin 1721 (II, 576-577). M. E. Petit a publié des lettres de l'abbé Lebeuf à Martène (*Bulletin de la Soc. des sciences hist. et natur. de l'Yonne*, 1896, t. L).

Lettre de D. Légipont à D. Martène du 1er novembre 1730 et réponse de Martène du 29 novembre (Bibl. de Metz. *Analecta*

Oliveriana, I, 169-172 ; v. ZIEGELBAUER, I, 650, où la réponse de Martène est quelque peu modifiée.]

* Lettre à D. Louvard (Bibl. nat. Paris, ms. suppl. grec 837, f. 260)*.

[Une lettre de Martène à Louvrex, du 31 juillet 1724, a été publiée dans *Le Bibliophile belge*, 1845, II, 401 (voir *Leodium*, 1906, p. 26, n. 2) ainsi qu'une autre de Crassier à Martène, du 13 septembre 1729 (*ib.*, 2e série 1855, 209-210). Dantier a aussi publié quatre lettres de Martène à Louvrex des 29 octobre 1725, 29 mars 1720, 28 avril 1727, 29 juin 1727 (*Rapports*, 496-500 ; tiré part, 256-260).

La *correspondance de M. G. de Louvrex avec Dom Edmond Martène* a été éditée par Léon Halkin (*Bulletin de la société d'art et d'histoire du diocèse de Liége*, XII, 1909, p. 1-19). L'éditeur a reproduit les quatre lettres publiées par Dantier et signalées ci-dessus.

Le même a publié la *Correspondance de Dom Edmond Martène avec le Baron G. de Crassier* (*Bulletin de l'Institut archéologique liégeois*, XXVII, 1898 p. 19-308 ; tiré à part, Bruxelles, Soc. belge de librairie, 1898, 294 pp. 8°). En appendice l'éditeur a donné des lettres de D. Gérard de Potesta, de l'abbaye de Stavelot, 19 avril 1723, 13 avril, 29 avril, 26 juin 1729, 25 août 1731, une de Schannat à Martène du 30 août 1728, une de D. Martène à D. Célestin Lombard, de l'abbaye de St-Laurent de Liége, du 26 décembre 1722.

Lettres de Mabillon des 25 nov. 1694, 28 octobre 1695, 9 août 1696 (*Revue Mabillon* V, 78-83), du 7 juillet 1696 (*Revue bénéd.*, XVII, 1900, 141-142; BERLIÈRE, *Mélanges d'hist. bénéd.*, III, 95-96). Fragments de lettres (*Revue Mabillon*, V, 102-105).

Le ms. 1096 des nouv. acq. fr. de la Bibl. nat. renferme une lettre de D. Martène à Mabillon, de 1705 (*Catalogue*, I, 144).

D. Thierry Réjalot a publié, d'après le ms. 1932, n° 19 de Reims, une *Lettre de Dom Edmond Martène à Dom Claude-Martial Mance, prieur de l'abbaye de St-Thierry*, au sujet d'un envoi de reliques de S. Poppon, abbé de Stavelot et ancien moine de Saint-Thierry », Paris 11 avril 1733 (*Almanach Matot-Braine des trois Dép. de la Marne, de l'Aisne et des Ardennes*, 1931, p. 336-338).

M. L. Halkin a également publié la *Correspondance de J. F. Schannat avec G. de Crassier et D. Martène* (*Bull. de la Soc. d'art et d'hist. du dioc. de Liège*, t. XIV, 1903, p. 1-159 ; Bruxelles, 1903, 164 pp. 8°) qui contient 25 lettres de Martène à Schannat et 14 de celui-ci à Martène.

Douze lettres de D. Martène à D. Bernard Pez (Bibl. de l'abbaye
de Melk en Autriche ; KATSCHTHALER, 37, 92-93).

Lettre de D. Ruinart du 8 juillet 1696 (*Revue bénéd.*, XVII,
1900, 142 ; BERLIÈRE, *Mélanges d'hist. bénéd.*, III, 96) ; du 18 mai
1708 (*Revue Mabillon*, V, 102); de Martène à Ruinart, du 27 février
1704 (*Revue bénéd.*, XXVIII, 1911, 42).

Lettre de D. Anselme Vast, de l'abbaye de St-Denis en Broque-
roie près de Mons, du 14 mars 1714, demandant de publier les
œuvres de la Mère Jeanne de St-Mathieu, prieure des Bénédictines
de Poperinghe (D. BRUNO DESTRÉE, *Une mystique inconnue du
XVIIe S. La Mère Jeanne de St-Matthieu Deleloë*. Bruges, 1905,
p. XIII-XVII ; D. BONAV. SODAR, *Une mystique bénédictine du
XVIIe siècle. La mère Jeanne Deleloë. Reliquiae* (Coll. Pax, XIX.
Maredsous, 1925, p. 295-299)].

* La lettre (Paris, 2 nov. 1714) publiée par M. L. Brière (*Revue
histor. et archéol du Maine*, t. 43, 1898, p. 106-109 ; *Mélanges hist.
et litt.* Mamers, 1898, p. 25-27) doit avoir été adressée au supérieur
général de la Congrégation de St-Vanne.

Lettre de D. Martène, signalée dans *Bibliophile Français*, IV,
1870, p. 557 (Cf. *Cat. gén. mss. Dép.*, XXXVII, 736).*

Lettres (Bibl. nat. Paris, m. fr. 19662, 20941).

Lettres dans le ms. 680 de la Bibl. de l'Arsenal (*Catal. mss. Arsenal, II, 34*).

Lettres dans le ms. 1444 de Besançon (*Catal. gén. mss. Dép.*,
XLV, 169).

Aux Archives de l'État à Munster (Westphalie), il y a des lettres
de Martène provenant de l'abbaye de Corbie, B. III, a. nº 14 Corveyer Akten (PHILIPPI, *Abhandlungen über Corveyer Geschichts-
schreibung*, 1907, 110).

BOSSUET, éd. Vivès, XXVII, 91 ; BRÉMOND (H.), *Dom Martin et
Dom Martène (Les Lettres*, 1er nov. 1921, pp. 629-678) ; CHARMES.
Comité, I. p. LXXIV, 298 ; DE BROGLIE, *Mabillon*, passim ; DE LA
BORDERIE, *Corresp. bretons*, 39-41 ; *Dict. théol. cath.*, IX, 179-181 ;
DUPIN, XVIIe S., 5e part., II, 223-255 ; FRANÇOIS, II, 169-191 ;
GIGAS, passim ; GUILLAUME, *Docum. inédits*, 71-72 ; HOEFER, XXXIII.
1003-1006 ; HURTER, *Nomencl.*, II, 1058-1064 ; *Kirchenlexikon*. VII,
911-913 ; LAMA, 73, 148, 190, 439-450 ; LE CERF, 298-307 ; LE CERF.
H. C., 222-224, 298, 301-302; LE LONG, V, 617; LIRON, *Singul. histor.*,
III, 104-232 , MARTÈNE, *Marmoutier*, II, 545, 554-556 ; *Mémoires de
Trévoux*, janv. 1701, p. 32 ; juillet-août 1701, p. 195 ; sept.-oct. 1701,
p. 303; fév. 1718, p. 109 ; juin 1718, p. 1047 ; oct. 1721 p. 1825 ;
janv. 1722, p. 143 ; avril 1722, p. 673 ; oct. 1731, p. 1695 ; MICHAUD,
XXVII, 93-94 ; PAPILLON, II, 30-39 ; PEZ, 353-362 ; QUÉRARD, V.

569 ; Quirini, *Commentarii*, I, 93-94 ; *Realencyklop.*, XII, 371-373 ; Robert, *Doc. inéd.*, 43 ; Tassin, XV, 173, 266, 418, 445, 461, 542-571, 695, 707 ; Tassin, *G. G.*, I, p. XIX, 264, 410 ; II, 32, 75, 99, 225-270, 467, 707 ; Valenti, 208-218 ; Valery, III, 402-403 ; Vanel, *Nécrologe*, LIX, 191-193 ; Vanel, *S. L.*, 91-92, 96-157 ; Vernière, passim ; Ziegelbauer, I, 443-446 ; IV, passim.

MARTIANAY (Jean).

M. Tamizey de Larroque a fait en 1873 chez Lefèvre à Bordeaux un tirage à part à 100 exemplaires de la *Revue de Gascogne* (t. XIV) de *Lettres inédites de Dom J. Martianay*, [Bordeaux, Lefebvre, 1873, 8º, 32 pp] très importantes pour l'histoire des ouvrages et du caractère ombrageux de ce savant Bénédictin.

Le ms. 11936 des manuscrits latins de la Bibliothèque nationale est une édition de la Bible préparée par Dom Martianay.

Je possède une très curieuse lettre autographe et inédite de Dom Martianay, datée de St-Germain-des-Prés, 9 août 1706, dans laquelle le Bénédictin explique en en adoucissant le sens, les expressions vives et rudes dont il s'est servi en combattant Baillet dans la Vie de S. Jérôme. Comme toujours la lettre se termine par des plaintes contre les exils et les mauvais traitements dont, dit-il, ses envieux et ses ennemis l'ont menacé depuis quelques jours. C'est dans le chapitre IV du livre X de la Vie de S. Jérôme que Dom Martianay avait vivement relevé Baillet en disant : « Il ne suffit pas d'avoir la tête pleine de critique pour composer la vie des saints, il faut surtout avoir le cœur plein de piété et de respect pour ne rien avancer d'injurieux à la mémoire de ces amis de Dieu. Je laisse aux lecteurs à juger si l'on peut allier le respect et la piété avec l'idée que M. Baillet nous donne du caractère et de l'esprit de S. Jérôme ». Cette lettre au président de Lamoignon a été publiée par Tamizey de Larroque, *Reliquiae bened.*, 7-8).

A propos de Martianay voyez à la page 34 supra (t. I, p. 138-139) une note sur Dom Coustant.

Ajouter à la note ci-dessus sur Dom Martianay que Dom Lecerf, à la page 322 de sa *Bibliothèque*, dit que le dernier ouvrage que Martianay a publié en français est en faveur de la Constitution *Unigenitus*. D. Tassin, à la page 396 de son *Histoire littéraire*, rapporte cette assertion de Le Cerf, mais en ajoutant qu'il n'a pas vu cet ouvrage, que cependant il est certain que Martianay, sur le refus de Ste-Marthe et de D. Roussel d'écrire sur cette matière, se chargea de le faire. Enfin Laurent-Josse Le Clerc écrit le 23

déc. au président Bouhier dans une lettre donnée à la page 99 de
l'ouvrage de Bertrand sur Le Clerc : « D. Martianay avait écrit
pour la Constitution (*Unigenitus*) un ouvrage que la mort ne lui
a pas permis d'achever ». Mais Le Cerf, à la page 18 de son *His-*
toire de la Constitution Unigenitus, en ce qui regarde la congrégation de St-Maur, publiée en 1736, dix ans après sa *Bibliothèque*,
se borne à dire que Martianay, après le refus de D. Roussel et sur
la demande du cardinal de Bissy répondit à cette Eminence que
ce qu'il pourrait faire, ce serait d'examiner la version du Nouveau
Testament que la bulle accusait de corrompre le texte sacré et
de faire ses remarques ; mais il semble résulter de la suite du récit
de Lecerf qu'à cette promesse se borna le prétendu travail de Martianay. Il est donc certain qu'il n'a jamais rien publié sur la Constitution *Unigenitus*, et même douteux qu'il ait commencé un
travail sur cette matière.

   * La source de ce renseignement est l'*Histoire ms. de la Congr.*
de St-Maur par D. Martène. On y lit (t. III, an. 1715), que le P.
Général ayant été présenté au Roi à Versailles par M. de Pontchartrain le 11 juin 1715. Sa Majesté le pria d'appliquer quelques-
uns de ses religieux à écrire en faveur de la constitution *Unige-*
nitus ; il y fut aussi exhorté par M. de Pontchartrain, qui désigna
entre autres les Pères J. Martianay et Guillaume Roussel.

   « D. G. Roussel s'excusa auprès des cardinaux de Rohan et de
Bissy de se charger de cette commission, parce que les occupations
auxquelles il s'était appliqué toute sa vie, comme la prédication
et quelques traductions, ne lui avaient pas permis de se mettre au
fait des contestations présentes.

   Le P. Martianay fut aussi conduit par le P. Général chez les
mêmes cardinaux et leur dit que n'ayant lu aucun livre fait contre
la constitution, il n'était pas en état d'entrer dans le fond de la
dispute ; mais comme il avait fait toute sa vie une étude particulière de l'Écriture sainte, il s'offrait, si on l'agréait, de faire voir
que le P. Quesnel n'avait pas traduit exactement dans sa version
plusieurs endroits du Nouveau Testament. Son offre ayant été
acceptée, il eut ordre de M. de Pontchartrain d'envoyer le projet
de son ouvrage et tous les quinze jours ce qu'il aurait fait. Mais le
P. Martianay étant tombé sur les journalistes de Trévoux et sur
un anonyme qui avait critiqué quelques endroits de sa version
comme trop favorables aux sentiments de MM. de Port-Royal, on
lui marqua qu'il pouvait se tenir en repos ».*

   ∟ Le Card. Quirini dans son Voyage littéraire (1711-1714) parle de D. Martianay (*Commentarii de rebus pertinentibus ad Ang. Mar. S. R. E. Card.* Pars I, Brixiae, 1749, p. 89-91, 232-233 ; v. *A. M. Quirini et le P. Martianay* (*Revue de Gascogne*, XLII, 1901, p. 374).

* *Les Pseaumes de David et les cantiques de l'Eglise, traduits nouvellement en François, avec des courtes notes, ou Explications littérales, historiques et morales tirées des Auteurs sacrés et de S. Jérôme.* (par Dom Martianay). A Anvers, et se vend à Paris, chez Guillaume Cavelier le fils, rue St-Jacques... MDCCXV, 2 ff. n. num. + 504 pp. + 4 ff. n. num. L'ouvrage est disposé sur trois colonnes : Notes, texte latin, traduction (TASSIN, n° 35, p. 396).

Réponse aux difficultez qu'on a faites contre le Traité de la vérité et de la connoissance des Livres de la Sainte Ecriture. Avec la défense de la Bible de Saint Jérome contre la critique de Mr Simon, ci-devant prestre de l'Oratoire, par Dom Jean Martianay, rel. bén. de la Congr. de S. M. A Paris, chez Pierre Witte, à l'Ange gardien, rue St-Jacques, MDCCIII in-12 de 6 ff. n. num + 180 pp. + 2 ff. n. num et 195 pp.

Même texte, sauf le titre que : *Continuation du I traité des Ecritures où l'on répond aux difficultez qu'on a faites contre ce même Traité et où l'on défend la Bible de Saint Jérôme contre la critique de Mr Simon, ci-devant prestre de l'Oratoire.* A Paris, chez Gabriel Huart, MDCXCIX, in-12 de 6 ff. n. num + 180 + 195 pp. et 2 ff. n. num. (TASSIN n. 19, p. 391). *

La Collection Wilhelm à Colmar possède :

Traité de la vérité et de la connoissance des livres de la Ste Ecriture. Paris, Huart, 1697, 12°.

Traité historique du canon des livres de la Sainte Ecriture depuis leur première publication jusqu'au Concile de Trente par D. Jean Martianay. Paris, Witte, 1703, 12°].

* D. Tassin, sous le n° 28 (p. 394) a reproduit inexactement le titre de *La Vie de la sœur Magdeleine du St Sacrement, religieuse...* de *Bourdeaux* (et non de Beaune). A Paris, chez la Veuve d'Antoine Lambin, rue St-Jacques, 1711.*

L'édition des œuvres de S. Jérôme entreprise par Dom Martianay a fait l'objet de nombreuses critiques. Dom Morin dit que ce mauriste fut inférieur à sa tâche sous presque tous les rapports (cf. *Revue d'hist. et de littér. religieuse*, I, 1896, p. 396). Déjà en 1700 Martianay devait répondre à l'ouvrage de Jean Le Clerc, *Quaestiones Hieronymianae, in quibus expenditur Hieronymi nupera editio Parisina.* Amsterdam, De Lorme, 1700, 517 pp. 12°.

Le ms. 18816 du Fonds Français (fol. 181) contient le prospectus de la *Divina Bibliotheca* de St Jérôme par les PP. Jean Martianay et Antoine Pouget, 1693, in-8°, imp. (*Catal. Ancien St-Germain français*, II, 73). Le ms. 19663 du même fonds contient sa correspondance (*Catalogue*, ib., p. 373).]

* Dans le ms fr. 7036 de la Bibl. nat. Paris, Recueil de pièces diverses, on trouve : « Lettre de M. l'Abbé xxx sur le livre de Dom Martianay », novembre 1627 ; on ne dit pas quel livre ni quel abbé. *

Le ms. 579 de la Mazarine contient la « Critique du livre publié par les moines Bénédictins de la Congrégation de Saint-Maur, sous le titre de Bibliothèque divine de S. Jérome » Ce sont les lettres publiées en 1699 par Richard Simon (*Catalogue*, I, 246).

Le ms. 4340 de la Bibliothèque de l'Arsenal renferme les « Censures du Nouveau Testament de D. Jean Martianay par M. Pastel, avec les réponses de l'auteur. » 19 pp. (*Catalogue*, III, 309).

M. Jadart a publié trois lettres de D. Martianay à D. Ruinart des 2 oct. 1686, 26 juin et 31 juillet 1688 (*Ruinart*, 124-126, 128-132 ; *Catal. gén. mss. Dép.*, XXXIX, 992).

M. Gigas a publié une lettre de Martianay à Mabillon du 5 nov. 1684 (I, 41-42), une à D. Ruinart du 27 août 1685 (I, 118-122) et une à D. Estiennot du 1 octobre 1690 (I, 165-167).

* « Deux lettres concernant l'abbaye de Granselve par M. l'abbé A. Quilhot » (*Bull. arch. et hist. de la Soc. archéol. de Tarn-et-Garonne*, XV, 1887, p. 193-202), sont adressées à D. Ruinart, la 1ere datée de La Grasse 20 juillet 1686 ; la 2e datée de Bourdeaux 2 oct. 1686 avait déjà été publiée par Jadart (*D. Ruinart*, p. 125-126) La lettre de D. Ruinart à ? 11 août 1684 (GIGAS, I, n. XIII, p. 35-40) est adressée à D. Martianay, ce qu'on peut établir par la lettre suivante, n° XIV, p. 41-42, du 5 nov. 1684 (VANEL, *La littérature française à l'étranger* dans la *France catholique*, 12 août 1893).*

[Lettre à D. Ruinart du 31 juillet 1688 (VANEL, *Savants Lyonnais*, 68-70).

Correspondance ms. avec Fontanini (Bibl. St-Marc à Venise, L. XI, 95-132).

Le ms. 7055 de l'Arsenal contient une lettre autographe (*Catal. mss.*, VI, 373).

Lettres du 4 mai 1684 et s. d. à la Bibl. royale de Bruxelles, ms. 3518, n. 45, f. 155-156 ; n. 47, f. 161-164 (J. VAN DEN GHEYN, *Catal. des mss.*, V, 607).]

* Mercier de St-Léger, dans ses annotations à D. Tassin, men-

tionne p. 388 les critiques adressées à l'édition des œuvres de S. Jérôme par Jean Le Clerc (*Quaestiones Hieronymianae*, 1700, 517 p. in-12 ; *Bibliothèque choisie*, t. XVII), et celles de D. Louis Le Pelletier dans son *Dict. de la langue bretonne* (TASSIN, 512).

P. 391. A propos des critiques de Richard Simon, Mercier renvoie à un manuscrit de cet écrivain conservé dans la Bibl. de la cathédrale de Rouen, et à la notice sur les mss. de cette bibliothèque par l'abbé Saas (Rouen, 1746, pp. 46, 47, 49, 64).

P. 397. On lui attribue encore l'édition faite en 1718, in-12 avec des notes, des *Epistolae selectae* de S. Jérôme.*

L. COUTURE, *Lettres inédites de D. MARTIANAY* (*Bull. du Bouquiniste*, 1er oct. 1874, p. 487-491) ; DE LANTENAY, *Sainte-Croix*, 79-80 ; *Dict. de la Bible*, IV, 827 ; *Dict. Théol. cath.*, X, 181-182 ; DUPIN, XVIIe S., 5e part., I, 481-521 ; II, 302-334 ; FRANÇOIS, II, 191-202 ; GIGAS, passim ; GOUJET, *Eloge de Passionei*, 12 ; HOEFER, XXXIV, 1-4 ; HURTER, *Nomenclator*, II, 770-777 ; INGOLD, *Essai de bibliographie oratorienne*, 138, 154-155 ; *Kirchenlexikon*, VIII, 914-916 ; LAMA, 191, 297-320 ; LE CERF, 307-322 ; LE CERF, *H. C.*, 18 ; MANGENOT, *Travaux des Bénédictins*, 11-31, 33 ; *Mém. de Trévoux*, sept. 1703, 1563 ; déc. 1704, 2034 ; janv. 1707, 3 ; fév. 1707, 297 ; déc. 1707, 2198 ; oct. 1708, 1743 ; MICHAUD, XXVII, 102 ; NICÉRON, *Mémoires*, 1729, I, 100-111 ; PRZ, 309-337 ; QUÉRARD, IV, 224 ; V, 573-574 ; XI, 290-291 ; QUIRINI, *Commentarii*, I, 89-90 ; *Realencyklop.*, XII, 379-380 ; *Revue Mabillon*, V, 1909, p. 352 ; TAMIZEY DE LARROQUE, *Lettres inédites de D. Martianay*, Bordeaux, Lefebvre, 1873, 32 pp. 8° ; T. DE LARROQUE, *Dom Martianay et D. B. de Montfaucon* (*Revue de Gascogne*, XXIX, 1888, 421) ; TASSIN, 185, 374, 384-397, 461, 512, 670 ; TASSIN, G. G., I, 182, 584, 596-620 ; II, 99, 179, 427 ; VALENTI, 175-183 ; VALERY, III, 403 ; VANEL, *Nécrol.*, 112-115, VANEL, *S. L.*, 68-70 ; VERNIÈRE, 352 ; VIGNEUL, I, 89 ; ZIEGELBAUER, II, 58, 500, 536 ; IV, passim.

MARTIN (Antoine-Vincent).

Quatre lettres à D. Calmet, Paris, 1742 (Sémin. de Nancy ; *Annal. de l'Est*, 1897, p. 270).

ROBERT, 70.

MARTIN (Claude).

L'ouvrage capital sur la vie et les œuvres spirituelles de D. Claude Martin est le travail de D. Albert Jamet, bénédictin de la Congrégation de France : *Ecrits spirituels et historiques de Marie de l'Incarnation ursuline de Tours, fondatrice des Ursulines de la Nouvelle France*, publiés par Dom Claude Martin de la Congrégagation de St-Maur, réédités par D. A. J..., avec des annotations critiques, des pièces documentaires et une biographie nouvelle. Paris, Desclée, t. I, 1929, 424 pp. gr. in-8°; t. II, 1930 512 pp. (v. L. ROURE, *La Ven. Marie de l'Incarnation*, dans ÉTUDES, 5 janvier 1931, pp. 64-79). C'est à cet ouvrage qu'il faut se rapporter pour trouver la liste des éditions de la vie de la Mère Marie de l'Incarnation et de ses écrits spirituels.

Les *Méditations chrétiennes* ont été traduites en latin par D. François Mezger, bénédictin de Salzbourg : *Meditationes christianae pro Dominicis, feriis et praecipuis festis*. Salisburgi, Mayr. 1695-1696, 4 parties in-8° (P. LINDNER, *Professbuch der Benediktiner-Abtei St-Peter in Salzburg* (1419-1856). Salzbourg, 1906, 57).

Oraison funèbre de M. Pompone de Bellièvre ; Bibl. de l'Arsenal, ms. 6591, n. 15 (*Cat. mss. Arsenal*, VI, 271).

La *Conduite pour la retraite du mois* a eu de nombreuses éditions. La collection Wilhelm à Colmar possède la 4e. Paris, Billaine, 1680, in-12, 4 ff, n.n. 134+2 pp. et la 6e. Paris, P. De Bats, 1691, 4 ff. 130 + 2 pp. — La Bibliothèque de Maredsous possède la 7e éd., Paris, P. De Bats, 1700, 4 ff. 130+2 pp. et la 8e. Paris, Vincent, 1755, dans le *Manuel bénédictin* de Dom Pernetty].

* La 5e éd. Paris, P. De Bats, 1690 a 4 ff. n.n. 134 + 2 pp.

Il y a une 7e éd. Paris, Pierre De Bats, 1701, 4 ff. 130 + 2 pp. et une autre 7e Paris, Jacq. Vincent, 1712, 12°, 108 pp.

Cet ouvrage fut traduit en latin : *Manuductio ad secessum s. recollectionem menstruam*. Monast. S. Blasii, 1757, 8°. *

. La collection Wilhelm à Colmar possède : *Pratique de la Règle de S. Benoît*. 4e éd. Paris, De Bats, 1690. 322+6 pp. 16°; 5e éd. Paris, P. De Bats, 1700 ; dern. éd. Paris, 1740, 322+6 pp. La Bibliothèque de Maredsous possède celle de Bruxelles, Marchant, 1675, 16°; la 5e éd. Paris, De Bats, 1700 ; la dern. édit. Paris, De Bats, 1734, 322 pp. + 3 ff. 16°.]

* Il y a des exemplaires de 1690 qui portent : nouvelle édition ; une 5e éd. chez Imbert De Bats, Paris, 1700. *

[Cet ouvrage a été traduit en latin par D. Augustin Dornbluth, de l'abbaye de Gengenbach : *Praxis regulae S. P. Benedicti*. Mayence, Varrentrapp, 1749, 16° (B. M.) Il y eut une autre traduction latine faite par D. Martin Gerbert, *Praxis regulae SS. Patris Benedicti. E Gallico in latinum sermonem transtulit P. M. G. O. S. B.* Typis monast. S. Blasii, éd. 2ª, 1772, 11 ff. + 293 pp. + 2 ff. Suivi de *Manuductio ad secessum seu recollectionem menstruam*, 3 ff. + 136 pp. + 2 ff. (B. M. et Beuron.)

Il parut à Vienne en 1745 une autre traduction latine due au P. Frédéric Hueder de l'abbaye des Ecossais : *Regula practica bipartita, seu Exercitia spiritualia qua communia, qua particularia E Regula SS. P. Benedicti, ad usum juxta hujusce spiritum vivere efflictim anhelantibus facilem et expeditum reddendum eruta* gallicoque ex idiomate in latinum genuine traducta opera et studio P. Friderici Hueder, in celeberrimo et antiquissimo ordinis SS. P. Benedicti asceterio B. M. V. Viennae Austriae ad Scotos professi. Viennae Austriae, Impensis Joannis Pauli Kraus... anno 1745, in-16, de 13 ff. + 236 pp. (Bibl. Beuron). Le même traducteur donna aussi le *methodus solitudinis menstruae* (E. Hauswirth, *Abris einer Geschichte der Benedictiner-Abtei U. L. F. zu den Schotten in Wien.* Vienne, 1858, p. 128).

Il y eut une autre traduction latine faite par D. Herman Schenk de l'abbaye de St-Gall : *Modus S. Regulam S^{smi} P. N. Benedicti practice in opus et effectum reducendi.* Ex Gallico in Latinum translatus, 8°, d'après le catal. dans le vol. 233 du Stiftsarchiv (Rud. Henggeler, *Professbuch der fürstl. Benediktinerabtei zu St Gallen* (Monasticon-Benedictinum Helvetiae. Zug, 1929. p. 339).

La traduction italienne : *Pratica della regola del gran patriarca S. Benedetto nella guisa che vien'osservata dalli monaci benedettini della Cong. di S. Mauro.* Naples, Valiero, 1723, 78 pp. gr. in-8, est faite en vue de religieuses cloitrées (B. M.)

Il y eut une édition à Venise : *Pratica della regola di S. Benedetto* corretta ed accresciuta di due altre operette del medesimo autore. Nuova traduzione dal Francese d'altro monaco Casinese. Venise, Recurti, 1744, XXXVI-242 pp. in-16°. Cette traduction est suivie de la *Parafrasi ovvero esposizione sopra quelle parole della Professione... Suscipe me* (pp. 243-290) attribuée à D. Claude Martin, par erreur, car cet opuscule est de D. François Lamy. erreur qui a été reproduite, dans l'édition de Padoue des *Scritti monastici,* n° 1 ; puis pp. 290-403 de : *Metodo per il ritiro da farsi una volta ad mese* (B. M.)

Cet ouvrage fut republié sous le titre de *Exercices spirituels tirés de la Règle de S. Benoît,* Paris, Vincent, 1712, et on attribue cette réimpression à D. Simon Bougis (Lama, n° 287 ; voir plus haut t. I, p. 59) ; erreur, car il s'agit des « *Exercices spirituels ou pratique de la règle de S. Benoît à l'usage des religieuses bénédictines* ». Paris, Remy, 1687, 16°, édités par la mère Mechtilde du Saint-Sacrement avec l'autorisation du supérieur général de Saint-Maur, D. Benoît Brachet, 10 juin 1686 (B. M.) ; voir Hervin, *Vie de la*

Mère Mechtilde du S. Sacrement. Paris, 1883, p. 687-688. — D. Pernetty le donna sous le même titre d'*Exercices spirituels* dans son *Manuel bénédictin* en 1755.

Il importe de faire remarquer que ces *Exercices spirituels tirés de la Règle de St Benoît* sont différents des *Exercices spirituels tirés de la Règle de Saint Benoît pour ceux qui viennent du monde à la Religion.* Paris, Veuve Ch. Chastellain, 1625, 98 pp. in-32, qui sont une réplique des *Exercices quotidiens* de D. Philippe François de la Congrégation de St-Vanne (v. J. E. Godefroy, *Bibliothèque des Bénédictins de la Congrégation de Saint-Vanne et Saint-Hydulphe.* Ligugé, 1925, p. 87). Outre l'édition de Paris, 1625, Maredsous possède celles de Mons 1626, de Paris, Billaine 1639 et 1656, 1667 2 ff. + 117 pp. in-32 ; 1701, Paris, Imp. De Bats, 107 pp. in-32.

(Rousselle, *Bibliographie montoise,* n° 167; Duthillœul, *Bibliographie Douaisienne,* n. 1642 ; *Revue Mabillon,* IV, 489 ; IX, 218-221, 230).

Ouvrages manuscrits :

Le pasteur solitaire ou retraite pour les prélats, pasteurs, supérieurs et toutes les personnes qui sont chargées de la conduite des âmes, par un pasteur solitaire, 1686 (Bibl. nat. Paris, F. F. 17063, f. 24).

Questions ascétiques, proposées, examinées et résolues en conférences par le R. P. D. Cl. M. (*ib.* F. F. 17105).

Lettres spirituelles (1657-96), copie de D. Martène (*ib.* F. F. 15793).

Lettres et fragments ascétiques (*ib.,* F. F. 19659, 19661).

Le ms. F. F. 17694 f. 190 contient une « Disquisitio de variis ad symbolum additionibus » qui lui est adressée.

Lettres de Sœur Marie de l'Incarnation, 4 sept. 1641, et de Sœur Marie de St-Joseph à fr. Claude Martin, novice à Vendôme (Bibl. Mazarine, ms. 2467, ff. 357, 359 ; *Catal. mss. Mazarine,* II, 451).

Ces lettres ont été publiées par le P. Griselle (*Etudes par des Pères de la Comp. de Jésus,* 5 juin 1906, 577-599).

Approbation de la vie. (Bibl. nat. Paris, F. F. 19455, f. 243).

Correspondance ms. (Bibl. nat. Paris, F.F. 19661).

Lettres de D. Claude Martin à D. Antoine Pouget (26 oct., 7 déc. 1685, 29 mars, 15 et 19 juillet, 13 sept 1686, 7 février 1687, et à D. Bernard de Montfaucon 29 mars, 8 juin, 8 juillet, 9 août, 13 sept. 1686, 1 févr., 20 mars 1687 ; 8 juin, 16 août 1690, s.d. (c. 1690) relatives aux éditions de S. Athanase et de S. Jean Chrysostôme publiées par D. Philibert Schmitz (*Revue bénéd.,* XLI, 1929, pp. 262-267, 358-366) ; v. t. III, Additions.

Lettre à D. Claude Martin du P. Joseph Poncet, S. J. du 25 juin 1647 (Bibl. nat. Paris, n. a. fr. 6561 ; *Bibl. Ecole Chartes*, 1896, p. 342.)

Lettre du 19 mai 1678, au nom du chapitre général (D. BLAN-CHARD, *St-Etienne de Caen*, p. 26-27).

Le ms. 1379 de Tours (f. 141) renferme la «copie d'une lettre envoyée à la Rév. Mère Marie de l'Incarnation, religieuse ursuline de Tours, au sujet de la vie et de la mort du P. Dom Claude Martin, religieux de St Benoît et prieur de Marmoutier» ; elle est datée de Marmoutier le 9 octobre 1696 et signée par D. Noël Mars (*Cat. gén. mss. Dép.*, XXXVII, 937)].

* D. Claude Martin composa : *a*) *Mémoire sur le dessein de la Cour d'unir la Congrégation de St-Maur à l'ordre de Cluny*, 1672 (TASSIN, p. 170), reproduit par D. Martène, *Hist. de la Congr. de St-Maur*, t. II, ann. 1672) ; *b*) *Plaidoyers dans l'affaire des cinq abbayes de Chezal-Benoît en* 1686 : « D. Martin avait préparé 4 plaidoyers dont il envoia les copies aux 5 abbayes, mais il n'y eut que le premier qui fut prononcé et qui donna gain de cause à la Congrégation (D. Martène, *ib.* ann. 1686 ; v. D. TASSIN, p. 170-171) ; *c*) *Mémoire sur les prieurés possédés par la Congrégation de St-Maur précédé d'une lettre au Roi par D. Claude Martin* 1687 (*ib.* s. a. 1687 ; cf. D. TASSIN, p. 171).*

BEAUNIER, *Introduction*, 135 ; BRÉMOND, *Hist. du sentiment religieux en France*, t. VI, 177-226 ; du même, *Dom Martin et Dom Martène (Les Lettres*, 1er nov. 1921, 629-678) ; CALMET. *Bibl. lorr.*, 644 ; CARRÉ DE BUSSEROLLE, IV, 207 ; CERVEAU, III, 299-300 ; *Dict. de théol. cathol.*, X, 215 ; FRANÇOIS, II, 204-205 ; GIGAS, I, 18-24, 130-132, passim ; HORFER, XXXIV, 31-32 ; INGOLD, *Hist. de l'édit. bénéd. de S. Augustin* ; *Kirchenlexikon*, VIII 1073 ; KUKULA, III, P. II, 23-25 ; LAMA, 138-148, 444 ; LE CERF, 323-327 ; MARTÈNE, *Vie du vén. P. D. Claude Martin*, Tours, 1697; ; MARTÈNE, *Hist. de Marmoutier*, 538-540 ; MARTÈNE, *Vie des Justes*, II, 140-141 ; MICHAUD, XXVII, 120-121 ; PEZ, 89-93 ; QUÉRARD, V, 574-575 ; TAMIZEY DE LARROQUE, *Bénéd. mérid.*, 5-8 ; TASSIN, 84, 134, 148, 160, 163-176, 319, 356, 368, 369, 543, 545-546, 579, 587, 645 ; TASSIN, G. G., I, 116, 203, 226, 243, 249-269, 496, 556, 575, 576 ; II, 226, 229-231, 284, 295, 388 ; VALERY, II, 128 ; VANEL, S. L., 159-160 ; VIGNEUL, I, 84-85 ; ZIEGELBAUER, IV, 384, 404-405.

MARTIN (Jacques).

Ajouter à la notice de Dom Tassin sur ce bénédictin, que Dom Jacques Martin a composé un *Mémoire sur les Galates* pour le

concours de l'Académie des Inscriptions de 1742. Ce mémoire n'a
sans doute pas été imprimé, car Dom Tassin n'en parle pas et
paraît même ignorer le fait. Cette circonstance de la vie littéraire
de Dom J. Martin nous est révélée par une lettre à son ami Fenel,
chanoine de Sens, qui était un des concurrents, par le savant abbé
Lebeuf. Il lui écrit le 8 mars 1742 : « C'est M. Simon Pelloutier,
auteur de l'Histoire des Celtes, qui a remporté le prix pour son
mémoire sur les Galates, nation gauloise établie en Asie mineure.
On a déclaré un accessit qui n'est pas moins célèbre sur cette
matière dans la littérature, mais comme on ne sçait s'il sera bien
aise qu'on sache qu'il a écrit et succombé, on n'en dit pas davantage. C'est un français ». Le chanoine Fenel a mis en marge de ce
passage : *c'est un français*, c'est Dom Martin auteur de la *Religion
des Gaulois* (Voyez *Correspondance de l'abbé Lebeuf*, II, 367).

[Biographie par un anonyme dans *Mémoires de la Soc. des Arts
et des Sciences de Carcassonne*, I, 1849, 442.

D. Jacques Martin était jugé assez sévèrement par ses propres
confrères ; voir les appréciations de D. Doussot et de D. Tassin
(ROBERT, *Documents*, 26, 62) et de D. Charles de la Rue, 14 mars
1735 : « une tête brûlée de notre maison, gascon et nommé Dom
Jacques Martin, écrivit il y a sept mois, malgré nous, une lettre
folle et trop vive contre cinq docteurs de Sorbonne » (BÉRENGIER,
Correspondance, 649.)]

* Serait-ce D. Jacques Martin qui est désigné sous le surnom
de D. Jacquemart ? (Voir une lettre de D. Le Sueur dans DE BRO-
GLIE, *Montfaucon*, II, 239 ; VANEL, *Nécrologe*, 244).

Dans l'*Histoire des Gaules*, t. II, publiée par son neveu D. de
Brézillac, il y a une notice sur D. Jacques Martin ; on y lit qu'il
travailla au S. Ambroise avec D. Carré et qu'il prépare une édition
de Théodoret. « Il a travaillé avec Dom Carré à la nouvelle édition
de S. Ambroise. Il avait entrepris une nouvelle édition de Théodoret et formé le dessein d'une nouvelle édition des Septante »
(Liste alphab. des auteurs bénédictins de la Cong. de St-Maur et de
leurs ouvrages en 1765 ; Coll. Moreau ms. 1696, p. 110-111 ; voir
aussi PERREAU, 35-36).*

[*Lettres nouvelles de S. Augustin*, trad. en français, Paris,
Mazières, 1734, 8° (B. W.).

Prospectus de l'Histoire des Gaules (Bibl. nat. Paris. F. F. 18817,
f. 415 et 17510).]

* Mercier de St-Léger, dans ses annotations à D. Tassin (pp.
ajoutées 765-767), a complété les renseignements de D. Tassin sur

la controverse relative aux Lettres de S. Augustin (TASSIN, 686).
En 1734 cinq docteurs de Sorbonne, MM. Salmon, de St-Aubin,
de la Lande, Digaultroy et Villevieille adressèrent une lettre au
marquis Scipion Maffei au sujet d'un ouvrage auquel ils travail-
laient depuis quatre ans sous le nom d'*Index Sorbonicus* ou Bibliothèque alphabétique qui devait renfermer une table générale des
pièces anciennes éparses dans une infinité de Recueils et compi-
lations modernes, de collections, d'Analectes, Anecdotes, Spicilèges
etc... Leur but était de faire connaître les pièces déjà imprimées
afin qu'on ne les fit plus reparaître comme inédites dans les Recueils
qui paraîtraient dans la suite. Ils donnaient plusieurs exemples
de ces doubles emplois. Le P. Mabillon, dans ses *Analecta*, avait
donné sous le nom de S. Laurent, évêque de Novare, une homélie
sur la Cananéenne ; on l'a réimprimée depuis sous le même nom
et le P. de Montfaucon, ignorant ces éditions, l'a fait reparaître en
grec et en latin dans l'édition de S. Chrysostôme sous le nom de
ce Père de l'Église. Dom Martène dans le *Thesaurus anecd.* donna
11 homélies sous le nom de Bède, comme nouvelles, tandis qu'elles
avaient déjà été imprimées. En 1732 on imprima deux épîtres de
S. Augustin tirées du monastère de Gottwick (Göttweig) ; la
seconde avait déjà paru en grande partie dans les extraits
d'Eugyppius et d'une manière plus correcte.

Dom Jacques Martin, qui avait été l'éditeur des deux épîtres
de S. Augustin, crut que l'objet des cinq docteurs avait été d'atta-
quer la Congrégation de St-Maur et les éditions qu'elle avait données
des Pères de l'Église. Dans une lettre adressée au corps des docteurs
de Sorbonne il prit la défense de ses confrères, et après avoir parlé
avec mépris de la latinité de ses adversaires, il chercha à répondre
à leurs critiques, surtout à celle qui regardait les deux épîtres de
S. Augustin.

Au mois de janvier 1735, M. Delalande, l'un des cinq docteurs,
répliqua par une lettre in-4° de 48 pages, adressée au Général de
la Congrégation de St-Maur, aux Prieur et religieux de l'abbaye de
St-Germain. Cette lettre est aussi polie que solide. M. de la Lande
y attribue la lettre de Dom Martin à tous les religieux de l'abbaye
de St-Germain, il se plaint de l'amertume qui y règne, etc. et annonce
qu'il est bien éloigné de prendre le même ton. Il relève les assertions
de Dom Martin, il triomphe surtout sur une réponse de celui-ci qui
avait accusé S. Chrysostôme de plagiat. Il cite de nouvelles fautes
de Dom Mabillon, Dom Martène et Durand.

Avant cette réplique, M. de Bacques, ancien recteur de l'Université et ancien professeur du Collège des Quatre Nations, avait écrit une lettre de 9 pages in-4° adressée au Supérieur général de la Congrégation pour se plaindre de la réponse injurieuse de Dom Martin ; il y prenait la défense des cinq docteurs, mais sa réponse n'était pas aussi détaillée que celle de M. de la Lande. D'un autre côté, M. Prévost, auteur du *Pour et du Contre* avait attaqué les cinq docteurs et les accusait d'avoir franchi les bornes de la modestie, de la bienséance et de la religion !

On allait lui répondre, lorsque Dom Bernard de Montfaucon écrivit à M. de Salmon une lettre de 4 pages, dans laquelle il déclare que lui et tous ses confrères sans exception ont blâmé Dom Martin, seul auteur de la lettre. Il donne de grands éloges à l'utile entreprise des cinq docteurs et leur offre même ses services, en promettant même de répondre dans le 13ᵉ tome de Sᵗ Chrysostôme à ce qui a été dit au sujet de quelques ouvrages de ce Père. Il ajoute : « nous attendrons le jugement des gens de lettres : nihil curantes Trivultianos illos qui officinam nostram a multis jam annis frustra lacessunt ».

Ce trait lancé contre les journalistes de Trévoux les choqua et ils le relevèrent depuis dans leur journal.

La guerre paraissait terminée entre la Sorbonne et l'abbaye de St-Germain par la lettre du P. de Montfaucon, lorsque D. Martin ayant appris que l'abbé Desfontaines travaillait à l'extrait des pièces du procès, lui envoya une lettre qu'il avait reçue de D. Martène. Cette lettre était conçue en ces termes : « Mon R. P. Je ne scai personne que D. Bernard ait consulté quand il a écrit sa lettre à M. Salmon. Je scai bien, qu'il ne m'a pas consulté et s'il m'avait demandé avis, je lui aurais conseillé de ne le pas faire. Je ne vois pas que sa lettre lui fasse honneur. Ce 2 août 1735. MARTÈNE ». (*Revue bénéd.*, XXVIII, 1911, p. 205).

Nous ignorons ce que produisit cette lettre un peu dure de D. Martène contre le P. de Montfaucon qui avait alors plus de 80 ans ; (Martène en avait un de plus). On peut lire le *Journal de Trévoux* sur toute cette dispute et balancer ce qu'on y en dit, parce que nous rapportons ici d'après l'abbé Desfontaines.

Sur cette querelle, voir TOUGARD, *Trois lettres de D. Toustain*, p. 221-222 ; *Revue bénéd.*, XXVIII, 1911, p. 205.

Mercier de Sᵗ-Léger signale avec sa malice accoutumée (p. 684) la lettre anonyme datée de Rochefort le 15 juin 1740 et publiée dans les « *Observations sur les écrits modernes* » par Desfontaines et Granet, t. XXII, p. 112-117, contre la *Religion des Gaulois*.

*Idées nouvelles sur quelques endroits du fragment de Sanchonia-
ton* par le R. P. Jacques Martin (Arch. nat. Paris R L 825 (olim D
20804) ; Papiers du duc d'Orléans ; *Catal. mss. Arch. Nat.* n.
2525, p. 386).

Papiers la plupart relatifs à l'explication de passages difficiles
de l'Écriture sainte (Bibl. nat. Paris, fr. 15399 ; *Catal. fonds St-
Germain*, I, 6). *

[Papiers, Bibl. nat. Paris, F.F. 17503-17510].

Lettre à M. Hérault du 3 sept. 1730 (*Revue bénéd.*, XXVI, 1909,
p. 364-365).

Quatre lettres à D. Calmet, Paris, 1742, (au Séminaire de
Nancy ; *Annales de l'Est*, 1897, 270).

Lettres à Légipont des 1 oct. 1748, 14 mars 1749, 29 août 1753
(*Analecta Oliveriana*, Ms. à la Bibl. de Metz, I, 740-741, 751-754 ;
II, 563 ; v. *Revue Bénéd.*, XV, 1898, p. 325).

Lettre à D. Bernard Pez (Bibl. de l'abbaye de Melk en Autriche).

Lettre au Cardinal Quirini, imp. in-4° (F. F. 17555, f. 399 ;
ZIEGELBAUER, *Hist. litt.*, II, 156-158 ; ROBERT, *Documents*, 62).

Lettres (Bibl. nat. Paris, F. F. 10610) ; Bibl. d'Orléans (Coll.
d'autographes ; *Cat. gén. mss. Dép.*, XII, p. 329, n° 379).

BÉRENGIER, *Corresp. littér.*, 64 ; DE BRÉZILLAC, Éloge en tête de
l'*Hist. des Gaules*, 11 ; DE BROGLIE, *Montfaucon*, I, 27-29 ; II, 243-
244, 300-301 ; *Dict. de la Bible*, IV, 828 ; *Dict. théol. cathol.*, X, 217-
218 ; FRANÇOIS, II, 205-211 ; GIGAS, II, 157, 159, 346 ; HOEFER,
XXXIV, 37-38 ; HURTER, *Nomenclator*, II, 1313-1325 ; LAMA, 390,
509-518 ; LEBEUF, *Lettres*, II, 367 ; LE CERF, H. C., 219-221, 271 ;
Mémoires de Trévoux, août 1728, p. 1478 ; sept. 1728, p. 1738 ;
déc. 1728, p. 2261 ; oct. 1730, p. 1844 ; janv. 1731, p. 54 ; avril
1734, p. 719 ; nov. 1734, p. 2090 ; sept. 1736, p. 2105 ; sept. 1743,
p. 2460 ; fév. 1745, p. 220 ; MICHAUD, XXVII, 126-127 ; MURATORI,
Vita, 101 et *Opere minori*, I, 97 ; NISARD, *Corresp. de Caylus*, I,
15, 24, 39, 52 ; QUÉRARD, V, 575-576 ; *Revue Mabillon*, II, 275 ;
ROBERT, *Documents*, 26-27, 62 ; TASSIN, 498, 614, 616, 683-690 ;
TASSIN, G. G., II, 156, 339, 342, 447-457 ; VANEL, *Nécrologe*, 219-
220 ; ZIEGELBAUER, I, 521, 523 ; IV, 60, 64, 105, 456, 493.

MARTIN (Jean).

ROBERT, 70 ; VANEL, *Nécrologe*, 354.

MARTIN (Joseph).

ARBELLOT, 23 ; ROBERT, 71.

MARTIN (N. = Joseph).

Ce *Martin* (N), dont parle Robert p. 71 ne serait-il pas Jean Martin sur lequel il y a une notice incomplète dans ma matricule ms. ? S'il y a identité, il aurait fait profession le 2 août 1722 et serait mort le 24 février 1782 au monastère de St-Julien de Tours. Dom Dubourg m'apprend que c'est Joseph Martin qui a fait profession à la Daurade le 27 août 1746. D'après la matricule d'Eure-et-Loir, Joseph Martin a fait profession non le 27 août, mais le 27 octobre 1746 à l'âge de 16 ans. Il est né à Pézenas (dioc. d'Agde) et est mort le 15 octobre 1788 in castello Tresneaux sacerdos [M. Wilhelm a mal déchiffré la date du 27 octobre à lui transmise, par D. Dubourg].

Les droits de la charité vengés, petit in-12 de 65 pages sans lieu d'impression, mais imprimé à Avignon en 1759, publié à l'occasion d'un sermon prononcé par le P. Jésuite Chapelain sur l'amour de Dieu le 11 septembre 1759 sont l'œuvre de D. Pierre Daniel Labat, mais n'ont pas été publiés par lui, ainsi qu'il l'a écrit à Dom Brunet, bénédictin de la Daurade, dans une lettre inédite dont je possède l'autographe : « Mon R. P. vous avez fait au petit ouvrage *Les droits de la vérité vengés* plus d'honneur qu'il ne mérite en prenant la peine de le lire ; la forme de cette petite brochure n'est pas de moi, le rédacteur y a inséré quelques traits répréhensibles contre mon sentiment, il en a laissé d'autres que j'aurais supprimés moy-même, si j'avais retouché l'ouvrage après le premier feu de la composition. J'aurais fort souhaité qu'avant de le rendre public on eût mieux digéré la matière et qu'on eût châtié le style sous la direction d'un homme de lettres... je trahirais ma conscience si en désavouant la forme du petit ouvrage sur la charité, j'en désavouais également le fonds et surtout les principes de morale qu'il contient » [Voyez les notes sur D. Labat]. D. Labat se reconnaît aussi l'auteur du fonds de cette brochure dans une lettre à l'archevêque de Toulouse publiée page 3 de l'*Eloge historique de Dom Labat* par Dom Brial.

[A la fin de la notice d'Ul. Robert, M. Wilhelm ajoute] : Cela résulte d'un mémoire de Joseph Martin, qui avait obtenu un indult de sécularisation.

Mémoire contre le général de la Congr. de St-Maur. * Mémoire sur l'appel comme d'abus interjeté par le supérieur général de la Congr. de St-Maur d'un indult de sécularisation obtenu par M. Joseph Martin, ci devant bénédictin de la même Congrégation.

Montauban, Impr. Fontanel, 8°, 61 pp., après 1772.

On y lit qu'en 1766 D. Joseph Martin fut désigné pour écrire
l'histoire de la Saintonge, mais ce projet échoua.*

Correspondance (Coll. Moreau, vol. 322 ; OMONT, *Invent.*, 15).]

CHARMES, *Comité*, I, 104, 124 ; DAUX, *Mas-Grenier*, 86-88 ; LAMA,
640-642 ; G. MUSSET, *Cartul. de l'abbaye de St-Jean d'Angely*, II,
p. CXVIII ; *Revue de Saintonge et d'Aunis*, t. III, 276 ; IX, 409 ;
X, 72, 144-154 ; XI, 279 ; ROBERT, 71.

MARTINET (Gaspard).

* « Dom Gaspard Martinet a composé des Tables sur l'apostre
S. Paul et S. Augustin, sur tout le Droit Canon, sur S. Thomas
d'Aquin et sur la sainte Règle, œuvres considérables » (DE
MAROLLES, 157).

« Son étude n'était que de l'Écriture Sainte et des SS. Pères
qu'il méditait sans cesse et qu'il réduisait en tables par lesquelles
on voyait d'un coup d'œil dans une feuille de papier tout ce qui
était dans ce livre. Ses amis qui voiaient le fruit que le public
pourroient tirer de ses Tables le prièrent plusieurs fois de les faire
imprimer, mais son humilité et sa modestie ne permirent jamais
qu'il en fit la proposition aux supérieurs. » (MARTÈNE, *Hist. ms.
de la Congr. de St-Maur*, t. II, ann. 1683). *

MARTÈNE, *Vie des Justes*, II, 66-68 ; VANEL, *Nécrologe*, 38-39,
351-356.

MARYE (Pierre).

* Né à Mortain, dioc. d'Avranches, le 31 juillet 1740, profès à
St-Martin de Séez le 23 octobre 1760, prieur du Bec en 1790.

Lettre de D. Marye, prieur de Jumièges, relative à la mort
d'Agnès Sorel, Jumièges 16 nov. 1778 (CHAMPOLLION-FIGEAC, *Docum.
histor. inédits*, t. I, Paris, 1841, 4°, p. 418-422). *

ALLAIRE, *Le duc de Penthièvre*, 129-145 ; PORÉE, *Histoire de l'abbaye
du Bec*, 531, 533, 544, 554, 629-634.

MASSANES (Joseph-Pierre-Xavier de).

Ajouter à cette notice que Dom Massanes s'occupa de terminer
et publier les dissertations restées mss. de Dom Galbaut sur
l'Écriture-Sainte, dont Tassin, pp. 749-751 de son *Hist. litt.*, donne
la nomenclature et le sujet. On connait cette particularité par

le célèbre Dom Martin Gerbert, abbé de St-Blaise dans la Forêt
Noire qui, à la page 522 de son *Iter Gallicum*, écrit ceci après
avoir blâmé quelques-uns des ouvrages de Dom Pernetty : « Sanc-
tius opus suscepit P. Massane, dissertationes in scripturam sacram
a P. Galbaut inceptas absolvendo. » Son projet ne fut pas exécuté.

Le *Parallèle du régime actuel...* de Dom de Massanes n'est pas,
comme on pourrait le croire d'après Robert, qui paraît ne pas
l'avoir vu, un volume ou ouvrage in-fol., c'est un simple feuillet
in-folio imprimé sur le recto en forme de placard et présentant en
4 colonnes les modifications du régime de la Congrégation de Saint-
Maur. Dom J. M. a aussi publié une défense de son *Parallèle du
Régime actuel de la Congrégation de S¹-Maur* sous le titre de : *Lettre
au R. P. O' Sullivan*, moine bénédictin de la Daurade, pour être
par lui communiquée à l'auteur d'un libelle anonyme dont le
titre : Observations sur une pièce à quatre colonnes intitulée :
parallèle du régime actuel de la Congrégation de S¹-Maur... les dites
observations précédées d'une lettre également anonyme et sédi-
tieuse, le 15 décembre 1764. Signée F. P. Massanes M. B. s. l. in-4⁰
de 31 pp.

* Dom Limairac a reproduit le *Parallèle* de Massanes dans son
ouvrage : *Justification de l'appel comme d'abus*, in-12, avec 3
tableaux in fol. Le 1ᵉʳ, p. 84-85, n'est autre que le placard de D.
Massanes. On y voit sur 4 colonnes : le Régime de la Congrégation
de S¹-Maur ; le Régime de la Congrégation de S¹-Vannes ; — le
Régime de la Congrégation du Mont-Cassin ; — le Régime actuel
et arbitraire.

Lettre à D. Bourotte, Narbonne 17 mai 1762, dans *Hist. gén. de
Languedoc*. Nouv. éd. 1872, t. I, Introd., pp. 76-77 ; Pièces justif.,
3ᵉ série, correspond. n⁰ 177, p. 239*-240*.

BEAUNIER, Introd., 115 ; LAMA, 637 ; ROBERT, 71.

MASSIOT (Léonard de).

⸗ Une note qui se trouve sur le feuillet de garde de l'exemplaire
(1708) de la Bibl. de Maredsous, dit qu'il était fils d'Antoine de
Massiot et de L^de de Labiche, et petit-fils de Léonard, seigneur
du Mureau et de Madeleine de Jumilhac, qu'il fut baptisé le 26
avril 1643 et qu'il eut pour parrain Ld de Massiot, Sr du Terrail
et pour marraine Catherine Brunet (d'après les archives municipales de Saint-Léonard).

Son *Traité* eut une seconde édition à Poitiers, 1714 (ARBELLOT, 27)].

Annales de la Haute-Vienne, 1812, p. 253 ; ARBELLOT dans *Sem. rel. de Limoges*, 2ᵉ année, p. 134-135 ; ARBELLOT, 24-27 ; FRANÇOIS, II, 215 ; M. HOUSSAYE, *Le Père de Bérulle et l'Oratoire de Jésus*, p. 52, n. 2 ; LAMA, 296 ; LE CERF, 327 ; *Mémoires de Trévoux*, nov. 1709, p. 1995-2008 ; PEZ, 295-296 ; QUÉRARD, V, 607 ; TASSIN, 380-381 ; TASSIN, G. G., I, 594-595 ; VERNIÈRE, 76 ; ZIEGELBAUER, IV, 169.

MASSUET (René).

D. Tassin, à la fin de la notice de ce Bénédictin, ajoute qu'il y a dans le tome XIII des *Amoenitates litterariae* de Selhorn 5 lettres latines de Dom Massuet à D. Bernard Pez, bénédictin allemand [278-310]. Il faut ajouter à cette mention que Dantier a publié pages 208-234 de son recueil de lettres inédites, onze lettres latines de Massuet à D. Maurice Müller de l'abbaye de St-Gall, plus une lettre française au même. Ces 12 lettres sont aussi intéressantes au point de vue bibliographique et littéraire qu'au point de vue historique et politique, Massuet écrivant ses lettres au moment du Congrès d'Utrecht et de Baden en 1714.

Dom Tassin dit que D. Massuet, malgré ses grands travaux, composa divers factums et mémoires soit sur l'ordre des supérieurs, soit pour répondre à plusieurs personnes qui le consultaient, mais il ne donne le détail d'aucun de ces écrits. On en conserve un ms. dans les Archives de la Seine Inférieure G. 1308 ayant pour titre : *Exposition sommaire de l'exemption de l'abbaye de Bec-Hellouin et de la juridiction ecclésiastique ordinaire qui appartient aux religieux d'icelle sur la paroisse, curé et paroissiens dudit lieu*, rédigée par ordre en 1692 par Dom Massuet. A la fin de ce mémoire on trouve une lettre de D. Massuet au Prieur du Bec relative à la pénitence publique et à l'absolution des cas réservés en ce qui concerne les privilèges du Bec méconnus par les archevêques de Rouen. Cette lettre, dit D. Massuet, a été approuvée dans toutes ses parties par Dom Mabillon qui est du même avis que moy ». (Voy. *L'abbaye du Bec au XVIIIᵉ siècle*, par l'abbé Porée, pp. 73-74).

Dom Massuet a été un des correspondants de Dom Jacques Boyer. Voyez le *Voyage litt.* de Dom J. Boyer publié par Vernière qui, indépendamment d'une lettre de Dom Boyer à Massuet, a encore imprimé dans le même volume pp. 442-446 [435-436] la lettre circulaire de Massuet à ses confrères datée du 21 juillet 1710, pour leur demander les renseignements nécessaires à la continuation des *Annales O. S. B.* C'est la lettre autographe envoyée à l'abbaye de Chanteuge. Quant à la lettre de Dom Boyer à Massuet, elle se trouve dans le ms. 19644 p. 77 du Fonds lat. de la Bibl. Nat.

D. Lecerf, à la page 18 de son *Hist. de la Constitution Unigenitus*, raconte que Louis XIV ayant demandé à D. L'Hostallerie, général de la Congrégation, de faire écrire par un de ses religieux en faveur de la Constitution, proposa à D. Massuet de s'en charger, mais que ce célèbre Bénédictin refusa de prêter sa plume pour autoriser des maximes si contraires à l'Évangile (!). Le ms. 17260 du F. F. est un ouvrage inédit de D. Massuet inconnu à D. Tassin ; son titre est : *Mémoire sur l'histoire des Patriarches* [*Mémoires sur les patriarches de l'Église d'Occident et d'Orient*].

Consulter sur D. Massuet : *D. Massuet et ses correspondants*, par le Chan. Porée (*Mém. de la Soc. libre de l'Eure*, 5e sér., II, 36-46 ; tiré à part, Evreux, II p. 8o)].

Note sur la date du 19 janvier 1716 comme vraie date de sa mort (*Literar. Rundschau*, 1896, 56-57).

D. Massuet fut professeur de théologie à St-Étienne de Caen en 1695 et y fit soutenir des thèses (D. BLANCHARD, pp. 72-73, 82-83, 326).

Éloge dans une lettre de D. de L'Hostallerie (*Revue Mabillon*, V, 23.)

Contrat pour l'impression de S. Irénée (Bibl. Nat. Paris, F. F. 17674, f. 18).

Il existe aux Archives Nationales à Paris un porte-feuille provenant du P. Lequien, et contenant diverses pièces relatives à l'ordination des évêques anglicans depuis la réforme du XVIe siècle (L. 6, n° 10). La première de ces pièces est une dissertation autographe de D. Massuet écrite en 1713. En marge on lit : « cette dissertation est du P. Massuet, bénédictin de St-Germain des Près et est escrite de sa main » : *De l'ordination des évesques en Angleterre depuis le changement de religion arrivé en cette isle* (*Cat. mss. Arch. Nat.* p. 212-213)].

* Ms. de Massuet, Apparatus in S. Irenaeum (Bibl. nat. Paris, Suppl. grec, ms. 278, f. 1-547)*

Circulaire du 21 juillet 1710 pour la continuation des *Annales O. S. B. (Studien und Mitteil. aus dem Bened. Orden.*, X, 260-262 ; VERNIÈRE, 442-446.) L'exemplaire transmis à l'abbaye de Malmédy est accompagné d'une demande d'envoi de manuscrits par l'intermédiaire de D. Eugène Massart, bénédictin de St-Gérard, et de la minute d'un mémoire destiné à D. Massuet du 15 juillet 1711 (Archives de l'abbaye de Stavelot, B. 212 au Staatsarchiv à Dusseldorf (*Bull. de la Comm. royale d'hist. de Belgique*, 5e sér., VII. 286). — Exemplaire à Maredsous (provenant de l'abbaye de St-Gérard).

Annales de l'abbaye de St-Germain à partir de 1709 (Bibl. Nat. Paris, F. F. 18817).

D. Massuet fut pris à partie par DEYLINGIUS : *S. Irenaeus evangelicae veritatis confessor ac testis a Renati Massueti... pravis explicationibus vindicatus*. Lipsiae, 1717, 4º (B. M).]

* Notes de Mercier de St-Léger sur D. Tassin ; p. 376 : L'abbé Goujet, dans son premier supplément à Moreri, à l'article Massuet, n'a pas publié cette part qu'eut le bénédictin aux Hexaples. Cet article est un de ceux auxquels l'abbé Thierry, chancelier de N. D., fit mettre des cartons ; p. 377, ligne 8. Le Jésuite, auquel la lettre de Massuet est adressée est le P. Emeric Langlois ; Tassin avait écrit : Étienne.

La *lettre d'un ecclésiastique* (Tassin, p. 375, nº 2) a eu une nouvelle édition corrigée et beaucoup augmentée. A Liége, chez Jean Hoyoux, 1700, in-12, 219 pp. (X DE THEUX, *Bibliographie liégeoise*, 2e éd. col. 394). Dans cette seconde édition l'initiale E a disparu du titre. C'était d'ailleurs une erreur, puisque le P. Émeric Langlois avait vécu aux missions étrangères, et que le véritable correspondant est le P. J. B. Langlois (DE BACKER, *Bibliothèque*, 3e série, 1856, p. 437-438 ; C. SOMMERVOGEL, t. IV, 1485).*

Correspondance (F. F. 19664). Une partie a été publiée par Vanel (*Savants lyonnais*).

Lettres à D. Claude de Vic, Paris 14 juin 1714 (*Revue histor. Ardennaise*, XV, 1908, p. 178-179 ; 26 avril 1714 (VANEL, *S. L.*, 369 ; *Revue Mabillon*, V, 55, n. 3).

Lettre à D. Erhard de St-Emmeran de Ratisbonne (ENDRES, *Emmeramer*, 41-42).

Correspondance avec Fontanini (Bibl. St-Marc à Vienne, L.XI).

Lettres à D. Er. Gattola du Mont-Cassin, voir plus haut, p. 21

Lettres de D. Eugène Massart, de l'abbaye de St-Gérard (5. déc. 1710, 6 févr. 1711) dans le *Leodium*, 1912, p. 116-118 ; de D. Bernard Pesteau, de St-Gérard, du 26 nov. 1711 (*ib.*, p. 119-120).

Les lettres à Pez publiées par SCHELHORN, *Amoenit. litter.* XIII, 278-310 sont datées du 7 mars 1710, 1 décembre 1711, 13 cal. feb. 1712, non. jul. 1715, 4 non. oct. 1715 (v. ZIEGELBAUER, II, 422).

Neuf lettres à D. Bernard Pez (Bibl. de l'abbaye de Melk en Autriche ; v. KATSCHTHALER, 26-29, 38-39). Une de 1715 et une autre du 7 oct. 1715 sont en partie publiées par Ziegelbauer (I, 271 ; II, 422).]

* La lettre publiée par Gigas (II, 303-305) n'est pas de D. Montfaucon, mais de D. Massuet (VANEL, *La littérature française à l'étranger* dans la *France cathol.*, 9 déc. 1893). La lettre de Massuet à ? (GIGAS, II, 14-17) est adressée à de Vic, comme Gigas l'avait supposé (VANEL, *ib.*)*

Lettre à D. Ruinart du 27 février 1704 (*Revue bénéd.*, XXVIII, 1911, p. 42).

D. BLANCHARD, 72-73, 75, 82-83, 326 ; CERVEAU, *Nécrologe*, I, 33-34 ; DANTIER, *Rapports*, 448-474 ; *Dict. théol. cathol.*, X, 279-280 ; DUPIN, *XVIIIe S.*, I, 833-837 ; ENDRES, *Emmeramer*, 41-42 ; FRANÇOIS, II, 216-219 ; FRÈRE, II, 289 ; GIGAS, II, 14-17, 26-30, 38-45, 303-305 ; GOUJET, *XVIIIe S.* I, 314-316 ; HOEFER, XXXIV, 217 ; HURTER, II, 768-770 ; *Kirchenlexikon*, VIII, 978 ; LAMA, 166, 190, 292-294 ; LE CERF, 327-344 ; LE CERF, *H. C.*, 18 ; *Mémoires de Trévoux*, avril 1711, p. 557 ; MARTÈNE, *Thesaurus*, II, 442-443 ; V, 631 ; MICHAUD, XXVII, 239-240 ; OURSEL, II, 245 ; PEZ, 376-391 ; PORÉE, 73-75 ; PORÉE, *Abbaye du Bec*, II, 436, 479 ; QUIRINI, *Commentarii*, I, 89, 231 ; QUÉRARD, V, 613-614 ; *Realencyclop.*, XII, 412 ; RIVIÈRE, II, 11-21 ; ROBERT, *Documents inéd.*, 19 ; TASSIN, 265, 271, 304, 305, 375-379, 461, 617, 621, 626, 736, 737 ; TASSIN, G. G., I, 409, 419, 472-473, 585-592 ; II, 99, 344, 350, 358, 533-534 ; VALÉRY, III, 404 ; VALENTI, 257-264 ; VANEL, *Nécrologe*, XLI, LIX, 108-111 ; VANEL, *S. L.*, 289-375 ; VERNIÈRE, passim ; ZIEGELBAUER, II, 416, 418 ; IV, passim.

MATHOUD (Claude-Hugues).

Ajouter à la notice de D. Tassin que le N. 12335 des mss. lat. de la Bibl. Nat. (Mss. de St-Germain des Prés) renferme de D. H. Mathoud : *Observationes in octo libros Sententiarum Roberti Pulli*, et le ms. 12650 : Hugonis Mathoud, *Dissertatio de monachatu clericorum regularium S. Augustini et de clericatu Benedictinorum a prima ordinis institutione*. D. Tassin, p. 194, parle de ce dernier ms., qui, dit-il, est conservé à St-Germain-des-Prés.

Responses à l'escrit contre les reliques de S. Valérien. Châlon-sur-Saône, 5 sept. 1696 (Bibl. de Tournus, ms. 2 f. 11 ; *Cat. gén. mss. Dép.*, VI, 383).

Inventaire des sainctes reliques et thrésor de l'abbaye de St-Pierre-le-Vif-lez-Sens (*Livre des reliques de St-Pierre-le-Vif*, I-II).

L'exemplaire du *Catalogus archiep. Senonen.* de la Bibl. de Maredsous, porte la dédicace autographe : « Pro clarissimis viris Dominis Taffoureau-de Fontaines jurati ab auctore obsequii, gratique animi monimentum. D. Hugo Mathoud B. »].

* Extrait du catalogue latin des archevêques de Sens (TECHENER, *Bibliothèque Champenoise*, n° 427, p. 134).

Lettres à la Bibl. d'Auxerre (*Cat. gén. mss. Dép.*, VI, 100).

Lettre à D. B. Audebert du 26 février 1654 (D. GUILLORREAU, *Mémoires du R. P. D. Bernard Audebert*. Paris, 1911, p. 316-317).

Lettre de Papebroch à D. Mathoud et réponse au sujet de Ste Théodechilde (Bibl. nat. Paris, Coll. de Champagne 42, f. 213; LAUER, I, 81).*

AUDEBERT, *Mémoires*, 306 ; BLANCHARD, 20 ; BOUVIER, *St-Pierre le-Vif*, 170, 174-177 ; *Catal. gén. mss. Dép.*, XII, 164 ; DACHERY, *Spicil.*, ed. 4°, II, pref. p. 31 ; V. préf. p. 14 ; *Dict. théol. cathol.*, X, 334-335 ; DUPIN, *XVIIe S.* 4e part., 440-450 ; FRANÇOIS, II, 220-223 ; HOEFER, XXXIV, 265 ; LEBEUF, *Lettres*, II, 526 ; LE CERF, 344-346 ; LELONG, I, p. 259, n° 4069 ; p. 656, n° 10022 ; PAPILLON, II, 39-40 ; PEZ, 95-97 ; ROBERT, *Doc. inéd.*, 140 ; TASSIN, 192-195 ; TASSIN, G. G., I, 294-295 ; TECHENER, n° 427 ; ZIEGELBAUER, II, 106, 187 ; IV, 116, 365, 405.

MAUBAILLARD (Pierre-Siméon).

Voyez à la page 616 de son édition de Guibert de Nogent ce que dit d'Achery de l'état déplorable où les ravages des Calvinistes avaient réduit les archives de l'abbaye de Ste-Marie de Nogent sous Coucy, puis il ajoute : « cura nihilominus permaxima, ingenti labore ac studio R. P. Domnus Simeon Maubaillard nostrae congregationis illo in cœnobio prior, vir non mediocriter eruditus, chartarum reliquias quae ab excidio tanto evaserunt, eripuit ; earum nonnullas nostris observationibus inseremus infra ».

[P. S. Maubaillard né à Boulogne, profès à l'âge de 17 ans à Vendôme le 4 septembre 1634, est mort à Corbie le 12 mars 1686.

Lettre datée de Soissons du 4 décembre 1670 (KUKULA, III, P. II, 23).]

AUDEBERT, *Mémoires*, 237.

MAUBREUL (Claude de).

Abigail ad pedes David seu typus animae vere pœnitentis, 1661, 66 ff (ms. 18 de St-Quentin ; *Cat. gén. mss. Dép.*, III, 229).

Considérations pieuses ou méditations tirées des sainctes évangiles pour toutes les festes particulières des saincts et toutes celles qui se rencontrent en toute l'année avec leurs octaves (*ib.*, n° 19, 354 pp.; *Catal.*, III, 229).

Commentarius theologicus *in Evangelium secundum Johannem*. Dédié à Ch. de Bourbon, év. de Soissons (*ib.*, n° 20, 73 ff., *Catal.*, III, 229).

Commentarius in regulam sanctissimi patris Benedicti, 1665, 1668, 258 + 454 ff. (*ib.*, n° 21-22) précédé de 3 lettres à l'auteur de D. Ant. Espinasse et de D. Audebert, et suivi d'un « *Tractatus de spiritu, fine et scopo regulae Benedictinae* (*Catal.*, III, 229-230).

Tractatus theologicus cœnobitarum, 14 août 1657 (*ib.*, n. 46, 190 ff. ; *Catal.*, III, 233).

Tractatus de summa et adoranda Trinitate, cahier de cours sous le professorat de D. Gabriel Souyn 20 août 1652 (*ib.*, n° 47, 1714 pp.; *Catal.*, III, 233).

Traité de théologie en latin (*ib.*, n° 48, 217 ff., *Catal.*, III, 233).

Le Protecteur de la couronne de France ou la vie du glorieux S. Wallery... 1660 (*ib.*, n. 94, 96 ff. ; *Catal.*, III, 241).]

GOMART, *Histoire de l'abbaye de St-Quentin-en l'Isle*, 349-350, 363-364 ; ROBERT, 71-72.

MAUBREUL (Jean de)

[Né à St-Quentin vers 1610, décédé le 11 octobre 1673.]

GOMART, 363-364.

MAUGENET (Gilbert).

Né à Viplaix, profès à 22 ans à St-Augustin de Limoges le 9 nov. 1679, mort à St-Jouin de Marnes le 1er décembre 1726 (*Matricule*) et non 1766 (ROBERT, 72).

* « Mémoire des actions les plus remarquables que le R. P. Dom Thomas Blampin, visiteur de la province de Bourgogne, a fait pendant le cours de ses visites » (Bibl. nat. Paris, F. F. 17676, f. 30-37).*

Cat. gén. mss. Dép., IV, 44 ; *Revue de Loir-et-Cher*, 1901, col. 86 ; ROBERT, 72.

MAUGER (Étienne-Joseph).

D'après ma Matricule ms., Dom Mauger (Étienne Joseph) est

né à Rouen et fit profession à l'âge de 22 ans à l'abbaye de Jumièges le 27 novembre 1775, comme le dit Robert.

[*Nostradamus*]. Cette comédie a bien été imprimée à Caen,
mais porte Leyde, comme lieu supposé d'impression, de 59 pages
non compris la préface de 5 pages qui n'est point paginée. Le
titre porte : par M. E. M. B. C. S. M. (Monsieur Étienne Mauger
bénédictin Congrégation de St-Maur). Sur mon exemplaire de cette
pièce, une main contemporaine a écrit en marge les noms des deux
acteurs Nostradamus et Ergotin : Adam, professeur de philosophie,
et Vitrel, professeur de philosophie, qui sont mis en scène sous les
noms des deux personnages cités. Il paraît qu'ils avaient plus de
prétention que de mérite, car la pièce qui les joue est dédiée aux
ennemis de la Charlatanerie littéraire. Peut-être la dénonciation
et la mort de Dom Mauger ont-elles été la vengeance des deux
professeurs joués et ridiculisés.

Ode couronnée au Palinod de Caen en 1786 (Coll. Mancel à Caen,
ms. 92, f. 124 ; imp. in-4° ; *Cat. gén. mss. Dép.*, XLIV, 213).

Lettres (*ib.*, f. 126 ; *Catal.*, XLIV, 213).

Notice (*ib.*, ms. 120, f. 153 ; *Catal.*, XLIV, 257).

[Sur ses travaux poétiques couronnés aux Palinods de Caen
et sur sa fin malheureuse, voir les notices de Ph. Lamare, qui
l'appelle D. Martin (G. VANEL, *Lamare*, 258-259) et de Guiot
(TOUGARD, *Siècles palinodiques*, II, 105), et surtout D. FERNAND
LOHIER, *Dom Etienne Mauger (1753-1794), d'après les pièces de son
procès devant le tribunal révolutionnaire* (*Revue Mabillon*, VIII,
1913, p. 339-380) ; Abbé GUEUDEVILLE, *Un fédéraliste normand, victime du tribunal révolutionnaire : Dom Mauger, religieux bénédictin
de l'abbaye de St-Etienne de Caen* (*Revue cathol. de Normandie*,
XXXV, 1925, 152-164 ; 197-210, 257-272, 330-337).

FRÈRE, II, 293 ; HIPPEAU, 322-323 ; LAMA, 674 ; LEBRETON, Biogr.
Normande, III, 61 ; OURSEL, II, 250 ; QUÉRARD, V, 635 ; ROBERT, 72-73.

MAUGER (Louis-François).

* L'article que lui consacre Robert, p. 73, convient à Jean-
Louis de Mongé, décédé en 1749, et non à Louis-François de Mauger
décédé en 1771. La graphie *Mau* pour *Mon* est assez usitée : Maugé
pour Mongé, Maubaillard pour Montbaillard, Maugenot pour Mon-
genot ; v. Mongé. *

MAUGER (Simon).

* Né à Châteaudun, profès à Vendôme le 27 février 1704, âgé
de 18 ans, mort à St-Gildas-des-Bois le 8 décembre 1743.

Les *Nouvelles ecclésiastiques* du 23 avril 1744, pp. 65-68, publient
deux écrits jansénistes de ce religieux : « copie de la réitération
de mon adhésion à M. de Senez », St-Malo 19 mai 1727, et son
testament spirituel, fait au Mans, abbaye de la Couture au mois
d'octobre 1741. *

CERVEAU, *Nécrologe*, II, 69-70 ; *Lettres de Jean Soanen*, II, 524.

MAUMOUSSEAU (Jacques-Nicolas).

[Né à Luynes, près Tours, profès à Marmoutier le 20 juillet
1703, âgé de 18 ans, fut élu supérieur général de la Congrégation
le 20 mai 1754 et mourut le 12 décembre 1755.

Lettre à D. G. Bugniâtre du 1er août 1755 (D. THIERRY RÉJA-
LOT, *Dom Gédéon Bugniâtre* dans *Almanach Matot-Braine des
trois départements de la Marne, de l'Aisne et des Ardennes*, t. LXII,
1929, pp. 5-6).

Lettre de D. Fonteneau à D. Maumousseau à la Bibl. de Poitiers (*Cat. gén. mss. Dép.*, XXV, 160).

Lettre à D. Rivet du 16 mars 1744 (ROBERT, *Documents inéd.*,
78-79, v. 88).]

Cat. gén. mss. Dép., IV, 64 ; TASSIN, 751 ; TASSIN, G. G., II, 556 ;
VANEL, *Nécrologe*, 237-239, 341.

MAUPEL (Paul).

Le ms. de Dom Maupel (Sancti Petri de Regula... autrement
dit Histoire du monastère de St-Pierre de la Réole) est conservé
aux archives municipales de la Réole. Voyez aussi la note à la
notice sur Dom Ducasse [t. I, p. 178].

[*L'Histoire du prieuré conventuel de St-Pierre de la Réole* a été
publiée par MM. Ch. Grellet-Balguerie et Paul Courteault (*Archives histor. du dép. de la Gironde*, XXXVI, (1901). pp. 1-115.]

DE LANTENAY, *Ste-Croix*, 8, 173-175, et *Eysses*, 52 ; DU BUISSON,
Historia monasterii S. Severi, II, 119-121 ; PROU ET VIDIER, *Recueil
des chartes de St-Benoît-sur-Loire*, LXVIII, XCII ; ROBERT, 73.

MAURY (Joseph).

[Né à Castelsarrasin, dioc. de Montauban, profès à l'âge de 18 ans à La Daurade le 13 juillet 1739.

Voir à son sujet : « Mémoire, consultation, précis pour Dom J. Maury, religieux bénédictin de la Congr. de St-Maur, pourvu du prieuré de N. D. de Grâce de Sérignan, dioc. de Béziers, contre le chevalier de Crillon, abbé commendataire de l'abbaye de St-Thibéry. — Mémoires pour le chev. de Crillon contre Dom J. Maury... — Observations pour les religieux de St-Thibéry. Paris, 1779, 10 pièces in-4°, 375 pp. » (Catal. Ernest Dumont, 167, 1910, n° 1242).]

MAZET (Hugues).

Est mort à Poitiers le 1er mai 1817, conservateur de la bibliothèque de cette ville depuis sa création en 1792. M. Beaussire, dans sa notice sur un manuscrit de Dom Deschamps appartenant à la bibliothèque de Poitiers, dit que cet établissement peut être considéré en grande partie comme l'œuvre de Dom Mazet qui, indépendamment des nombreuses acquisitions dont il avait pris l'initiative pour la bibliothèque confiée à ses soins, avait réuni dans son cabinet particulier une précieuse collection d'imprimés, de manuscrits, de médailles et de toutes sortes d'objets rares. Ce Cabinet, acheté en totalité par la ville de Poitiers, à la mort de Dom Mazet, est devenu le premier noyau de ses musées d'antiquités et d'histoire naturelle. La bibliothèque de Poitiers y a puisé, ajoute Beaussire, d'inappréciables richesses ; il suffit de mentionner les recueils de Dom Fonteneau et le manuscrit inédit de Dom Deschamps, qui est analysé p. 37 supra dans la notice de ce bénédictin [t. I, p. 158-160]. Michelet, pp. 2-3 de son rapport imprimé en 1836 sur les bibliothèques et archives du Sud-Ouest de la France dit : Je demandai à voir les manuscrits de Dom Mazet que vante Millin dans son *Voyage archéol.*, mais Dom Mazet n'avait rien laissé de semblable, ces mss. ne sont autres que ceux de Dom Fonteneau... » Dugast-Matifeux, à la page 428 du n° 30 de mars 1859 de la *Revue des provinces de l'Ouest*, est encore plus sévère que Michelet sur le compte de Dom Mazet. « Le successeur, dit-il, auquel Dom Fonteneau souhaitait d'être plus heureux et de mieux faire que lui, fut Dom Mazet, dont le nom de triste augure indique assez ce qui devait en sortir... Comme le serviteur fainéant de l'Évangile, Dom Mazet enfouit le précieux dépôt que Dom Fonteneau lui avait confié... Son seul mérite est de nous l'avoir conservé et transmis ».

Je possède une curieuse lettre autographe de Dom Mazet.

Dom Mazet est né le 15 février 1743. Voy. sur Dom Mazet, qui était un des disciples de la philosophie antéhégélienne de Dom Deschamps, une note de la page 205 du volume si curieux de BEAUSSIRE sur les *Antécédents de la philosophie hégélienne dans la philosophie française*. Avec D. Mazet il faut compter D. Patert et D. Brunet.

[La Bibliothèque de Poitiers conserve sous le n° 148-150, *Etudes philosophiques*; sous le n° 343, additions à la bibliographie du Poitou de Dreux-Duradier ; sous le n° 358, Dictionnaire des familles du Poitou ; dans la collection D. Fonteneau LVIII, 3 lettres de D. Mazet ; LXIV, p. 53 Mémoire contre l'établissement des missionnaires du St-Esprit et des filles de la Sagesse à St-Laurent sur-Sèvre ; LXX, dissertation sur le miracle des Clés ; LXXXIV, f. 89, Généalogie de la maison de Lambertie (*Catal. gén. mss. Dép.*, XXV, 49, 99, 103, 160, 162, 171, 182).

Aux archives départementales de la Vienne à Poitiers se trouve l'*Armorial du Poitou* par Dom Mazet (*Cat. mss. Arch. Dép.*, 291).

M. Vernière a eu l'obligeance de me communiquer un renseignement sur Mazet :

« La note suivante tirée d'un catalogue d'autographes, publié par Clouzot, libraire à Niort, n'aurait-elle pas échappé à M. Wilhelm?

Mazet (Hugues), bén. de l'abbaye de St-Cyprien de Poitiers, continuateur de D. Fonteneau, fondateur de la Bibl. de Poitiers, né à Sury-le-Comtal (Loire) le 15 fév. 1743, mort à Poitiers le 1er mars 1817 : *Etat descriptif des tableaux qui forment le Museum du district de Poitiers. Poitiers 6 nivôse an III, 1 page double in-f°, aut. sign.

E. GINOT, *Une lettre inédite de Dom M. sur des monuments antiques découverts à Aulnay en 1785 (Bull. Soc. Antiquaires de l'Ouest, 1920. 408-418).

C. PÉRATHON, *Les correspondants de Joullietton (Mém. de la Soc. des sciences naturelles et archéol. de la Creuze, 2e série, t. X, 2e part., 1906, pp. 497-508) publie des lettres de Dom Mazet].

* Voir *L'Athénée de Niort par L. Desaivretans (Mém. de la Soc. de Statist. des Deux-Sèvres, 1889, p. 162.*

Mémoire sur les origines et les antiquités de Poitiers par D. Mazet (Bibl. Poitiers, Coll. Fonteneau, ms. t. LXXIV, f. 13 et suiv. ; Cat. gén. mss. Dép., XXV, 174).

Deux lettres d'Élie de Beaumont à D. Mazet (14 sept. et 12 nov. 1785) et minutes de la réponse de ce dernier (*ib.*, LXIV, f. 216 ; *Cat. gén. mss. Dép.*, XXV, 162-163).

BERNARDY (*Affiches de Poitiers*, 1817, nᵒˢ 21, 22, 24) ; PRESSAC (*Bull. de la Soc. des Antiq. de l'Ouest*, 1848, 230-255) ; *Revue bénéd.*, 1898, 447 ; ROBERT, 73.

MAZOYER (Philippe).

[Profès le 13 novembre 1714, décédé le 1ᵉʳ novembre 1767 à St-Lomer de Blois (*Matric.*, 5217). M. H. Stein a publié « Lettre d'un bénédictin sur l'abbaye de Ferrières en Gâtinais » de 1744 (*Annal. de la Soc. hist. et archéol. du Gâtinais*, X, (1892), 387).

Ne pas confondre avec Honoré Mazoyer, fusillé le 12 août 1794 (*Bull. de la Soc. d'Agric. du Puy*, I, 1899-1900, p. 11-20).]

MÈGE (Antoine-Joseph).

D. Tassin, à la page 140 de son *Hist. litt.*, parle de ses *Annales Congr. S. Mauri ab anno* 1610 *ad annum* 1653, qui sont conservées, dit-il, en 3 vol. in-fol. mss. à la Bibl. du régime de St-Germain-des-Prés. Serait-ce le ms. inscrit au nom de D. Mège sous les nᵒˢ 13859-13861 du Fonds lat. de la Bibl. Nat. ? Les mss 12789, 12790 et 12791 sous le titre *Annales de la Congr. de St-Maur* (1600-1730) et (1610-1651) font sans doute partie de la même collection continuée. * Les mss. 12789-12790 sont de D. de Vic.* Je possède la lettre circulaire datée de St-Germain-des-Prés 16 décembre 1671, par laquelle Dom Mège demande le concours de tous ses confrères pour l'histoire de la Congr. de St-Maur, qui avait d'abord été confiée à D. Robert Quatremaires.

En 1685 parut in-12 à Cologne, Marteau, un livre satyrique intitulé : *Les véritables motifs de la conversion de M. l'abbé de la Trappe*. Cet écrit est ordinairement attribué à Daniel de Larroque, mais sur un exemplaire qui appartient à la Bibl. de Carpentras, on lit la note suivante : « Ce libelle a été fait par les auteurs suivants : M. Thiers curé, le Père *Joseph Mège* bénédictin, un jésuite précepteur des enfants de M. de Cressy, le P. Boissard, sacristain des chartreux de Paris, qui a manqué une abbaye de S. Bernard qu'il avait demandée ». Il est certain que cette note est inexacte en ce qui concerne Thiers, le fougueux apologiste de l'abbé de la Trappe contre les Bénédictins ; il est bien probable aussi qu'elle n'est pas fondée en ce qui concerne Dom Mège, bien qu'il ait vigoureusement combattu Rancé sur la question des études monastiques. D'un autre côté une note du président Bouhier sur son exemplaire des *Véritables motifs* dit que l'auteur en serait un moine blanc qui avait poursuivi avec une chaleur scandaleuse un bénéfice, ce qui l'avait fait appeler l'abbé B... Ce moine blanc désigne assez clairement le chartreux Boissard, dont il est question dans la note de Carpentras. Quoi qu'il en soit, Dom Mège paraît hors de cause, et on a à choisir entre le P. Boissard et Daniel de Larroque qui est généralement regardé comme l'auteur du libelle (Voy. sur ces questions les pages 279-283 du tome III des *Mélanges crit. et philol.* de Chardon de la Rochette).

[Les Archives Nationales à Paris conservent de D. Mège, sous le n° L. 810 n° 12 « Petites notes sur la réponse du R. P. dom Mabillon aux remarques du R. P. dom Phil. Bastide » ; sous le n° 13, Lettre à Dom Bastide au sujet de sa polémique contre Mabillon ; sous le n° 17, Lettre adressée au chapitre général de la Congrégation de St-Maur contre les *Acta Sanctorum* ; sous le n° 21 Mémoire contre un écrit de P. Gal[lois] au sujet de l'Eucharistie (*Cat. gén. mss. Dép.*, 254-255). Ce « Mémoire » a été imprimé par M. Lemaire (*Dom Robert Desgabets*, 387-410).

D'après le P. Batterel (*Mémoires domestiques pour servir à l'histoire de l'Oratoire* publiés par A. M. P. Ingold et E. Bonnardet, t. III, Paris, 1904, p. 273) *la vie et les révélations de Ste Gertrude*, Paris, Billaine, 1673, publiées sous le nom de D. Mège, seraient l'œuvre de Louis-Henri de Loménie, comte de Brienne, qui fut membre de l'Oratoire de 1663 à 1670 ; la préface et la traduction du cinquième livre sont « du sieur Bulteau, ci-devant secrétaire du roi et à présent, tant il a d'humilité, frère donné dans l'abbaye de . St-Germain-des-Prés »] ; * Michaud (*Biogr. gén. s. v. Loménie*) fait le même récit que Batterel. *

Sur les mésaventures auxquelles la publication du « *Commentaire sur la règle de S. Benoît* », ouvrage dirigé contre l'abbé de Rancé, exposa D. Mège, voir le récit contenu dans le ms. du F. F. 16816, p. 173, donné dans la *Revue Bossuet*, V, 217-219 ; v. IV, 29-30. Cet ouvrage a été traduit en italien.

L'*Histoire de la réforme de l'ordre de S. Benoît* (Bibl. nat. Paris, ms. fr. 17670) est de D. Mège et non de D. Ange Nalet (v. *Revue Mabillon*, 1910, p. 173).

La requête publiée par L. Delisle (*Mélanges Mabillon*, p. 96-101) sous le nom de D. Bastide, est de D. Mège (*Revue Mabillon*, VI, 1910, p. 6 note 1).

La *Vie de S. Benoît* a été traduite en italien par D. Jacques Carrara, profès de Ste-Justine de Padoue, sous le titre de : *Vita del patriarca San Benedetto scritta da San Gregorio il Grande*. Venezia, Zane, 1733, in-4° (B. M) ; v. ARMELLINI, *Bibliotheca Cassinensis*, II, 2. — Son Commentaire sur la Règle l'a été par un bénédictin cassinien : *Commentario sopra la regola di S. Benedetto*. Venezia, Recurti, 1740, 4°, LXVIII-748 + 11 ff. (B. M.)]

* A propos des ouvrages de D. Mège sur Ste Gertrude, voir D. PAQUELIN, *Revelationes Gertrudianae et Mechtildianae*, t. I, praef. n. 13, p. LIII, n°15, p. LIII-LIV. — Sur l'édition des *S. Gertrudis... Exercitia*, 1664, v. *Epistolae selectae* du Card. Bona, Turin, 1755, lettre de D. Audebert à Bona du 31 juillet 1665, p. 72 réponse de Bona 1er sept. 1665 (*ib.* 73), et lettre de Dachery à Bona 4 sept. 1665 (p. 73).

La *Vie et les Révélations de Ste Gertrude*, trad. par Mège, ont été souvent réimprimées de nos jours.

N. D. de Rochefort, Histoire de sa chapelle, de son pèlerinage et de son couvent depuis leur origine jusqu'à nos jours, par un Père Mariste. Avignon, 12°, 1861, XIV-382 pp. reproduit de nombreux passages de l'ouvrage de D. Mège sur la Sainte Montagne de Rochefort. — Fragments de l'histoire de la chapelle de N. D. de Rochefort dédiée au card. Bona 1672 ; lettre de remerciement dudit cardinal à D. Mège en italien (Archives dép. du Gard, à Nîmes, Série H, n° 248 ; *Invent. sommaire, Gard.* Série H, 1877, p. 70).

La *Morale Chrétienne*. Paris, 1661, in-12, 7 ff. + 584 pp., eut une autre édition à Paris, 1664, in-12, 589 pp. (B. M.). — L'édition de Liége, P. Danthez, 1689, 584 pp. 8°, reproduit la copie de Paris (DE THEUX, *Bibiographie liégeoise*, col. 351-352).]

* La Bibl. d'Épernay conserve sous le n° 25 (20) « La prédication évangélique... pour l'usage de frère Joseph Mège 1665 (*Cat. gén. mss. Dép.*, XXIV, 334).*

¨ Lettre du cardinal Bona du 3 mai 1672 (*Epistolae selectae*, éd. Sala, 196)].

Allusion dans une lettre de D. Antoine Durban, du 22 mars 1672 (*Revue Mabillon*, VII, 1911, 12.].

AUDEBERT, *Mémoires*, 310 ; BOUILLART, 285 ; DUPIN, *XVIIe S.*, 4e partie, 152-155 ; *Esprit des journaux*, 1778, t. 7, 144-146 ; FRANÇOIS, II, 231-237 ; HURTER, *Nomenclator*, II, 424 ; HOEFER, XXXIV, 718-719 ; LAMA, 96-105 ; LE CERF, 346-355 ; MICHAUD, XXVII, 501.

502 ; Prz, 56-58 ; Quérard, VI, 14 ; *Revue Mabillon*, VI, 4 ; Tassin, 132-140, 208 ; Tassin, *G. G.*, I, 200-213, 319 ; Thiers, *Apologie*, 77-78 ; Valéry, I, 64 ; II, 126 ; Vanel, *Nécrologe*, 47-49, 356 ; Ziegelbauer, IV, 31, 91, 348, 384, 398, 531, 685.

MÉNARD (Hervé).

[Correspondance avec D. Malachie d'Inguimbert, ms. 1683 de Carpentras ; *Cat. gén. mss. Dép.*, XXXIV, 837.

Sur sa conduite en 1735, v. D. Paul Denis, *Les Bénédictins de St-Germain-des-Prés et la cour de Rome en 1735* (*Revue Mabillon*, VI, 1910, 324-366).]

* Lettre sur la vie de Dom Hervé Ménard, bénédictin de la Congrégation de St-Maur, datée du 13 août 1735 (commençant par ces mots : on m'a écrit que dans le dessein où vous étiez...) s. l. n. d. in-4° (Bibl. Nat. Paris ; *Catal. de l'Hist. de France*, t. X, p. 40.)*

Achéry, *Spicil.* IV, pr., p. 14 ; Beaunier, *Introd.*, 108 ; Bérengier, *Corresp. litt.*, 4 ; *Gallia christ.*, VII, 489 ; Le Cerf, *H. C.*, 85, 170, 181-182, 211, 239, 251, 260-296, 307, 309 ; Tassin, 567, 742 ; Tassin, *G. G.*, II, 263, 543 ; Vanel, *Nécrologe*, 192, 325, 341 ; Vernière, 384-385.

MÉNARD (Hugues).

En tête de l'édition de *S. Barnabae apostoli ut fertur epistola catholica*, Paris, 1645 (Bibl. Colmar), M. Wilhelm a inséré la note suivante : « D. Ménard avait eu l'intention de dédier son édition de l'épître de S. Barnabé à Guillaume Laud, archevêque de Cantorbéry, ainsi qu'on le voit à la page 28 de l'*Hist. litt. de la Congr. de St-Maur* par D. Tassin. Voyez encore sur la correspondance qu'il entretint avec le savant archevêque le premier volume des *Patres Apostolici* de Cotelier et les rapports de Dom Pitra sur la mission littéraire qu'il a accomplie en Angleterre en 1849 et 1850 dans les *Archives des missions scientifiques*. D. Pitra remarque que cette précieuse correspondance est conservée dans les Archives du palais archiépiscopal de Canterbury. Il y a lieu de s'étonner du silence de Luc d'Achery sur l'archevêque Laud dont il connaissait certainement les relations épistolaires avec D. Ménard, et de se demander pourquoi dans son Avis au lecteur, où il expose les travaux de ce savant bénédictin pour donner le plus de perfection possible à son édition princeps de Barnabé, il ne dit pas un mot de l'intention qu'avait D. Ménard de dédier cette édition à l'illustre archevêque anglican, ni de la lettre que celui-ci écrivit au bénédictin pour le remercier et lui faire connaître son acceptation. On trouve au premier abord qu'il y a dans ce silence quelque chose de déplacé et comme un manque de respect envers la grande et noble infortune de l'archevêque qui fut poursuivi et ensuite exécuté par les Puritains à cause de son attachement à son Roi Charles I, et aussi parce qu'il était l'ardent défenseur du système épiscopalien, que les Puritains attaquaient comme entaché de papisme. Je crois au contraire qu'il faut voir dans les réticences de d'Achéry une marque touchante de l'intérêt qu'il portait au vénérable archevêque de Cantorbéry, qui au moment où le volume fut publié n'avait pas encore péri victime de la haine et du fanatisme des Puritains. La dédicace à Mathieu Molé et l'avis au Lecteur a certainement été écrit à la même date et probablement avant. Or alors Laud était en prison, son procès s'instruisait et d'Achéry a sans doute pensé que s'il exposait au grand jour de la publicité les rapports d'amitié et d'estime que l'archevêque anglican et le moine bénédictin entretenaient ensemble, cette révélation exaspérerait davantage le fanatisme puritain et lui fournirait même des armes pour donner plus de crédit aux accusations de tendances romanistes qui étaient un des chefs de la prévention. La réticence si délicate de d'Achery n'a pas sauvé Laud qui fut exécuté le 10 janvier 1645, mais elle fait honneur au bénédictin ; 30 ans après, la divulgation des relations de Laud avec D. Ménard ne présentait plus aucun inconvénient et rehaussait au contraire la mémoire du noble archevêque et du bénédictin, et c'est en 1672 que Cotelier, le premier, publia dans ses *Patres apostolici* la lettre par laquelle Laud écrivit à Dom Ménard qu'il acceptait la dédicace de son épître à Barnabé ».

" Le ms. de la *Concordia regularum*... que D. Ménard a publiée à Paris en 1628, in-4°, est conservé sous le n° 13794 dans le fonds des mss. lat. de la Bibl. nat.]

* S. Barnabae epistola... 1644, 250 pp. (Bibl. nat. Paris, Suppl. grec. ms. 830.)*

" Le ms 1761 de la Bibl. Mazarine contient « la vie de Dom Hugues Ménard, de l'ordre des Chartreux », ms. venant de St-Germain-des-Prés.

Un éloge de D. Nicolas-Hugues Ménard par Dom Luc d'Achery se trouve en tête de *S. Barnabae... epistola*, Paris, 1645, de même que dans une lettre du même à D. Constantin Cajetan (voir plus haut, t. I, p. 7).

Lettre de D. Benoît Van Haeften, prévôt d'Afflighem, à D. H. Ménard du 29 oct. 1642 (BERLIÈRE, *Lettres des Moines d'Afflighem* dans *Annales de l'Acad. royale d'archéol. de Belgique*, LXV, 1913, p. 126-129).]

* Mercier de St-Léger, p. 26 de son exempl. de l'*Hist. litt.* fait remarquer à propos du *De unico Dionysio Areopagita*, auquel D. Ménard n'avait pas mis son nom, que l'auteur étant mort en janvier 1644, on renouvela le frontispice pour y mettre le nom de Ménard et la date 1644 (NICERON, XXXII, 98-99).

Extraits des observations de D. H. M. sur le martyrologe bénédictin (Bibl. Amiens ms. 521, f. 138, 143 ; *Cat. gén. mss. Dép.*, XIX, 271).*

[Sur les travaux relatifs à S. Benoît d'Aniane, voir H. PLENKERS, *Untersuchungen zur Ueberlieferungsgesch. der ältesten lateinischen Mönchsregeln.* Munich, 1906, p. 23-25.]

BAILLET, II, 445-446 ; BOUILLART, 236-237 ; CALMET, *Biblioth. lorraine*, Suppl. 51-52 ; DE BACKER, *Bibliothèque*, 2ᵉ série, 1854, 563 ; DE LA SAUSSAYE, *Martyrol. Gallican.* I, p. XCII ; DELISLE, *Cabinet*, II, 63 ; *Dict. de théol. cath.*, X, 548-349 ; DUPIN, *XVIIᵉ S.*, 2ᵉ part., 247-248 ; FÉLIBIEN, *St-Denis*, 443-444 ; FRANÇOIS, II, 140-147 ; HAEFTEN, *Disquisitiones monasticae*, Anvers, 1644, p. 1064 ; HOEFER, XXXIV, 913 ; HURTER, *Nomenclator*, I, 879-874 ; *Kirchenlexikon*, VIII, 1243-1246 ; LAMA, 9-13 ; LE CERF, 355-360 ; LELONG, I, p. 258, n. 4042 ; MARTÈNE, *Vie des Justes*, I, 45-48 ; MARTÈNE, *Hist. Cong. S. Maur*, I. 260-265 ; MÉNAGE, *Anti-Baillet*, 119 ; MICHAUD, XXVII, 610 ; PEZ, 1-5 ; SOMMERVOGEL, s. v. Sirmond ; TASSIN, 7, 18-28, 29, 106 ; TASSIN, G. G., I, 10, 27-42, 45, 160 ; VALENTI, 147-154 ; VANEL, *Nécrologe*, 3-4, 354-355 ; VIGNEUL, I, 75-76 ; ZIEGELBAUER, IV, passim.

MERCIER (Charles).

[Né à Corbie, dioc. d'Amiens, profès à St-Faron le 28 juillet 1700 à l'âge de 21 ans (*Matricule*), mourut à St-Germain-des-Prés le 5 novembre 1759 (VANEL, *Nécrologe*, 249,357).

Transcriptions des Graduel et Antiphonaire faites en 1734 (*Cat. gén. mss. Dép.*, XXXVIII, 256-257)], * pour St-Eloi de Noyon en 1738 (Bibl. Douai, ms. 1041 ; *Cat. gén. mss. Dép.* in-4°, t. VI, 718). *

ROBERT, 74.

MERLAC (François).

Né à Aigues-Vives, dioc. S. Pons de Tomières, profès à 22 ans à Toulouse, séminaire de St-Louis, le 7 juin 1638, décédé à Montolieu le 15 septembre 1684.

ꞁ Lettre à D. Claude Chantelou, datée de Cannes le 11 déc. 1663 (GIGAS, I, 8-10).

MERLE (Zacharie).

Dom Merle est mort le 28 juillet 1789 aux Blancs-Manteaux. Ajouter aux ouvrages de D. Merle mentionnés dans sa notice : Mémoire sur la ville de Saulieu, 1776, in-8° (*Bibliographie gén. des Gaules*, par Em. RUELLE, I, col. 368, n° 5455).

Il résulte d'une requête autographe adressée par Dom Merle aux États de Bourgogne le 18 janvier 1789, que je possède dans ma collection, que l'histoire de Bourgogne devait être augmentée d'un cinquième volume qui devait comprendre l'histoire des grands fiefs sur la demande même des États ; que le plan de ce que devait contenir ce cinquième volume a été exposé dans un prospectus qui fut communiqué aux États et ensuite imprimé sous les auspices du prince de Condé en 1781 et distribué aux États. Dom Merle donna même à ce sujet un avis au public dans la *Gazette de France* du 17 janvier 1781. Déjà en 1776 D. Merle avait fait imprimer un prospectus en vue seulement d'un abrégé des Grands fiefs.

Voyez sur Dom Merle les notes autographes de Dom Dubourg

ꞁ. Le même catalogue (de la *Bibl. hérald. et généal.* de M. E. de Rozière, Paris, Champion, s. d. in-8°) n° 479 bis donne le titre du *Prospectus de l'histoire des grands fiefs et des terres titrées du gouvernement général de Bourgogne, précédé d'une notice des gouvernements gaulois et romains...* publié... pour être distribué à MM. de la Noblesse, par un religieux bénédictin de la congrégation de Saint-Maur. Dijon, 1781, in-folio.

ꞁ Observations sur la dignité de « vergobret » ou de « vierg » et sur le titre de citoyen d'Autun, aux Archives nationales de Paris, K. 1149, n° 1 (*Cat. mss. Arch. Nat.*, 144).

Correspondance avec Moreau (Coll. Moreau, 291, f. 267 ; OMONT, *Inventaire*, 12), et lettres relatives à la collection des *États-Généraux* Vol. 307, f. 92 (*ib.*, 13).

Lettres à Bréquigny (Coll. Bréquigny 163, f. 63, à la Bibl. Nat. de Paris ; POUPARDIN, *Coll. Duchesne-Bréquigny*, 181).

CHARMES, *Comité*, I, 409, 410 ; DELISLE, *Cabinet*, I, 573 ; X. GIRAULT, *Lettre au rédacteur sur Dom Merle et le P. Fourcaud* (*Journal de Dijon*, 5 janvier 1819) ; LAMA, 506-508 ; LELONG, t. IV, S. 35842, p. 486-487 ; QUÉRARD, VI, 70 ; ROBERT, 74.

MÉRY (François).

Dom Tassin, à la page 430 de son *Hist. litt.*, attribue avec raison à Dom Méry la *discussion critique et théologique des remarques de M... sur le dictionnaire de Moreri de 1718* par M. Thomas, docteur de Louvain, que D. Lecerf avait attribuée à tort à Dom Billouet, mais on trouve la preuve positive que cet ouvrage est bien de Dom Méry dans le très remarquable livre du Sulpicien Bertrand sur la *Vie, écrits et correspondance de Laurent-Josse Le Clerc*, pages 59-61. Il n'est pas inutile d'ajouter que la *discussion critique et théologique* est un in-8 de 96 pages imprimé au mois d'août 1720 à Orléans sans nom de libraire ni de lieu, et tiré à 200 exemplaires seulement.

! Tausserat. *Les Méry de Valan, Dom François Méry, bénédictin, et Jean Méry, chirurgien de la reine* (*Revue du Berry*, XXXVII, 1908, p. 25-30).

D. Méry rédigea le catalogue des mss. de la bibliothèque de Bonne-Nouvelle à Orléans (*Cat. gén. mss. Dép.*, XII, p. XXIX), catalogue complété par D. Verninac et publié par D. L. Fabre XXIV-XXV (voir plus haut, t. I, p. 212).

Il commença une Bibliothèque des auteurs du Berry (Robert, *Documents*, 99, 167).

Lettres à D. Montfaucon des 26 juin 1720 (*Cabinet histor.*, 1857, t. III, p. 187-188 ; *Revue bénéd.*, XXVIII, 1911, p. 54), 29 nov. (*ib.*, 56-57), 15 et 31 déc. 1720 (*ib.*, 58-59), 21 janvier 1721 (*ib.*, 60-61)]

Bertrand, *L. J. Le Clerc*, 59-60 ; Cuissard dans *Mém. de la Soc. arch. d'Orléans*, XXV, 167-169 ; François, II, 249-250 ; Lama, 336-337 ; Quérard, VI, 81 ; *Revue Mabillon*, II, 236, 258 ; XVIII, 128-129 ; Robert, *Documents*, 13, 99, 167 ; Tassin, 429-430, 654, 766 ; Tassin, G. G., II, 50-51, 401, 579.

MESANGE (François).

* Né à Breteuil, dioc. d'Évreux, profès à 20 ans à Lyre le 6 nov. 1689, décédé le 1er février 1745 à Bonneval (Bigot, *Bonneval*, 206).

Il préparait une édition des œuvres de S. Grégoire de Nysse (Gigas, II, 255).*

MESNILGRAND (Jean-François-Gallis).

Né à Yvetot (dioc. de Coutances) le 21 décembre 1739, a fait profession à St-Martin de Seez à l'âge de 17 ans le 7 décembre

1756, mourut à Valognes le 5 février an VII (1798). Voir la liste
de ses ouvrages qui sont tous des oraisons funèbres et des discours
de bénédictions de drapeaux, dans la lettre de Dom Dubourg à la
fin de ce volume.

* Cette lettre de Dom Dubourg, datée de Solesmes le 1er mai
1892, renseigne les ouvrages suivants à la suite de la note donnée
ci-dessus :

*Oraison funèbre de Louis le Bien-Aimé XVe du nom, roi de
France et de Navarre*, prononcée dans l'église de l'abbaye royale
de Marmoutier le 27 mai 1775... par Dom Mesnilgrand, religieux
de la Congrégation de St-Maur. Tours, Vauques-Lambert, 1775, 4º
(Bibl. Nat. Lb 38 1596 suppl.)

*Oraison funèbre de Anne Pierre, duc de Harcourt, pair et maré-
chal de France et ancien gouverneur de la Normandie*, prononcée
dans l'église de St-Pierre de Caen le 23 mars 1784 par Dom Mesnilgrand, prieur de l'abbaye de St-Etienne. Caen, G. Leroy, 1784,
in-4º de 25 pp. On en trouve des fragments dans J. A. GUIOT. *Les
Trois siècles palinodiques*... publ. par l'abbé Tougard, Rouen, 1898,
t. II, p. 10-12.

*Discours prononcé dans l'église de l'abbaye royale de St-Etienne
de Caen le dimanche 2 mai 1784, lors de la bénédiction des drapeaux
du régiment de l'Isle en France*, par Dom Mesnilgrand, prieur de
la même abbaye. Caen, G. Le Roy, s. d. (1784), in-4º (Bibl. nat.
L. f. 877).

*Discours prononcé dans l'église de l'abbaye de St-Etienne de Caen
lors de la bénédiction des étendards des volontaires nationaux* par
Dom Mesnilgrand, prieur de la même abbaye. Caen, 13 septembre
1789, in-4º de 4 pp.*

Il fut professeur de théologie et prédicateur à St-Étienne de
Caen, et écrivit les Actes mémorables du monastère de 1755 à
1774 (D. BLANCHARD, 203, 206, 212, 236, 329-330).

Notice dans le ms. 120 de la Collection Mancel à Caen (*Cat.
gén. mss. Dép.*, XLIV, 257].

FRÈRE, II, 305 ; HIPPEAU, *St-Etienne de Caen*, 322-323, 348-350 ;
OURSEL, I, 388-389 ; PORÉE, *Hist. du Bec*, II, 516 ; *Revue Mabillon*,
VIII, 1912, 348 ; G. VANEL, *Lamare*, 23, 88, 219, 224, 257.

MESSEIX (Mathieu).

* Né à Riom, profès à St-Allyre à 21 ans le 10 février 1776. Religieux de St-Jean d'Angely en 1790, déporté en Espagne pour

refus de serment à la Constitution civile du clergé, il partit avec Dom J. B. Deforis, curé unique de la ville de St-Jean d'Angely, et Dom Menpontet. D. J. B. Deforis, frère de D. Jean-Pierre Deforis, mourut à Burgos pendant la Révolution. D. M. Messeix, rentré en France, fut nommé curé de St-Eutrope de Saintes au Concordat et il gouverna cette paroisse jusqu'à sa mort à 75 ans le 16 août 1829 (AUDIAT, *St-Eutrope et son prieuré* dans *Arch. histor. de la Saintonge et de l'Aunis*, t. II, p. 251, n. 1 ; P. D. RAINGUET, *Biographie Saintongeoise*. Saintes, 1851, s. v. Deforis N. (J. B). *

[P. LEGRAND, *Protestations de Dom Mathieu Messeix, bénédictin de la Congrégation de St-Maur (29 octobre 1784)* [contre le chapitre général] (*Bull. et Mém. de la Soc. archéol. de la Charente*, 1904-1905, pp. XCIII-XCV ; v. *Revue Mabillon*, II, 421).

C'est celui qui est appelé D. Thomas M. (*Revue de Saintonge et d'Aunis*, 1901, 270 ; G. MUSSET, *Cartul. de l'abbaye de St-Jean d'Angely*, II, p. CXXIV-CXXV.]

MICHEL (Anatole-Rupert).

* Né à Mignovillard, dioc. de Besançon, profès à l'âge de 29 ans à Cluny le 10 février 1633, mort à St-Seine le 24 février 1672.

Lettre à D. Jean Huynes, datée de St-Germain d'Auxerre le 2 déc. 1650, pour lui annoncer l'envoi d'un « catalogue des bénéfices qui dépendent » de ce monastère et qu'il a extrait « d'un vielx manuscript » (Bibl. nat. Paris, lat. 11814, f. 69)*

MICHON, v. MISSON.

MILLET (Simon).

Ajouter à la notice que D. Tassin consacre à ce bénédictin à la page 28 de son *Hist. litt.*, que Dom Simon Millet a traduit en français la chronique de St-Germain-des-Prés de Dom Jacques du Breul, conservée dans le Fonds lat. de la Bibl. nat. sous les nos 12837-12844 en 8 exemplaires soit autographes soit en copie. La traduction française, que Dom Millet a faite de cette chronique et qui est mentionnée par Dom Bouillart à la page 189 de son *Hist. de St-Germain-des-Prés* est conservée parmi les mss. du F. F. de la Bibl. nat. sous le no 19848. Il y en a une copie dans le même fonds sous le no 18815.

[Au chapitre général tenu à St-Vincent du Mans, 1624, D.

Simon Millet offrit son « traité de la translation de S. Benoît d'Italie en France » ms. 148 de la Bibl. du Mans (*Cat. gén. mss. Dép.*, XX, 104).

Les Notes de voyage à Subiaco par D. Simon Millet 1605-1606 (Autogr. Bibl. nat. Paris, f. fr. 17504, f. 217-246 ; *Cat. Anc. fonds St-Germain fr.*, II, 110) ont été publiées par H. OMONT, *Un bénédictin français à Subiaco : Dom Simon-Germain Millet*, 1605 (*Miscellanea Ceriani*. Milan, Hoepli, 1910, p. 375-387).

Le Ms fr. 19270 renferme « *Le Dialogue de Saint Grégoire, surnommé le Grand...* divisé en quatre livres,... traduit du latin en français par F. Symon Millet, religieulx »].

* Bulteau dit, p. CX de son ouvrage : *Dialogues de S. Grégoire le Grand*, trad. nouv., 1689 : « Un auteur dont le nom n'est marqué que par ces trois lettres T. B. D. donna au public en l'an 1601 une traduction française des Dialogues de S. Grégoire, laquelle fut revue et réimprimée à Lyon en 1611 par les soins du P. Michel Coyssard, jésuite... ; Dom Simon Millet, religieux de St-Germain-des-Prés fit réimprimer en 1624 cette traduction de 1601 avec des Notes... » ; p. CIV, il avait dit : « La traduction française imprimée pour la troisième fois l'an 1624 n'étant presque plus d'usage à cause du changement arrivé en notre langue, j'en donne ici une nouvelle... »

Dans un article sur les histoires manuscrites de la Sainte Larme de Vendôme (*Bull. de la Soc. arch., scient. et litt. du Vendômois*, 1890 p. 90-93), M. l'abbé Métais mentionne (p. 90-91) : 1º Histoire de la Sainte Larme écrite en 1633 et qu'il attribue à D. G. Millet. Ce travail conservé à la Bibl. nat. Paris lat. 11778, f. 240-275, a été publié par M. Métais dans les *Annales Norbertines*, XXVI, 1889, p. 225-233, 250-255, 264-271 ; XXVII, 1890, p. 5-10, 27-32, 55-63, 76-82, 101-106, 130-136, 176-181, 198-202, 220-229, 243-246 ; XXVIII, 1891, p. 6-12, 28-33, 55-56, 77-79. D'après une note de la p. 362 du IIIe vol. du *Cartul. de l'abbaye... de Vendôme*, il a également publié ce travail dans ses *Etudes et Documents*, t. I, 1891. Il a paru à part : *Histoire de la sainte Larme de Vendôme* par Dom Germain Millet avec une préface et des notes par l'abbé Ch. Métais, Paris, 1891, 8º, 92 pp.*

DE BACKER, *Bibliothèque*, 2e sér. 1854, p. 562 ; FRANÇOIS, II, 258-259 ; HOEFER, XXXV, 529 ; JADART, *Savants champenois*, 99 ; LAMA, 15-18 ; LE CERF, 360-362 ; LELONG, I, 257, nº 4030, 4040 ; MICHAUD, XXVIII, 299 ; NICÉRON, XXXII, 98 ; PEZ, 17-18 ; C. SOMMERVOGEL, VII, 1246 ; TASSIN, 26, 28-30 ; TASSIN, G. G., I, 40,

42-45 ; Trchener, *Bibl. Champenoise*, n⁰ˢ 1667-1669, pp. 485-487 ;
Ziegelbauer, IV, 402, 423, 612.

MINIAC (Joseph).

* Né à St-Malo, profès à 19 ans à Sᵗ-Melaine de Rennes le 3
juillet 1670, décédé prieur à Marmoutier le 13 juillet 1719.

Notes adressées le 5 janvier 1694 à D. Germain sur le prieuré de
S. Jean de Château-Gontier pour le *Monasticon Benedictinum* (Bibl.
nat. Paris, lat. 12664, f. 264.)*

Delisle, *Monast. Gall.*, préf., XI. Martène, *Marmoutier*, II, 559.

MISEREY (J.-B. Charles).

* Né à Évreux, profès à 22 ans à Jumièges le 3 sept. 1748, mort
à N. D. de Bernay le 11 mai 1786.

« En l'an 1757 Plan général de l'église, des bâtiments et jardin
tant anciens que nouveaux et projettés de l'abbaye royalle de St-
Étienne de Caen. Delineata a Domno J. B. C. Miserey rel. bened. »,
Plan conservé aux Arch. Dép. du Calvados. L'abbé Porée (*Guillaume
de La Tremblaye sculpteur et architecte*, 1644-1715, Caen 1884, p.
13-14) croit que D. Miserey a simplement reproduit un projet plus
ancien de Guill. de la Tremblaye (*ib.*, 14, note).*

MISSON (Pierre).

Lettre de D. Mabillon à D. Pierre Michon (= Misson) relative
à l'histoire de S. Remi de Reims (*Mém. Soc. Antiq. de France*,
1884, t. XLV, 187 ; *Revue bénéd.*, XVII, 1900, 129.)

Deux épigrammes latines en l'honneur de N. D. de Montserrat
sont signées de D. Pierre Michon, moine de St-Sulpice de Bourges,
s. d. (J. Collell, *La musa latina en Montserrat*, Barcelona, 1893,
p. XLI et app. n⁰ V).

Noel, 191 ; Robert, 74.

MOISNEL (Antoine-Michel).

* Né à St-Valéry, dioc. d'Amiens, profès aux Blancs-Manteaux
le 29 sept. 1632, décédé à Montmajour le 10 janvier 1663 (*Matricule*). Mémoires sur l'abbaye de St-Valéry-sur-Somme de l'an
613 jusqu'à 1630, par Dom Michel Moisnel, rel. de la Cong. de St-

Maur, autrefois ancien de St-Valéry (Bibl. Nat. Paris, lat. 12701, f. 90-213).*

MOISNEL (Philippe).

* Né à St-Valéry, profès à Jumièges le 30 déc. 1661, âgé de 19 ans, décédé à St-Georges de Boscherville, le 22 déc. 1708.*

[Professeur de philosophie à St-Étienne de Caen en 1671 (D. BLANCHARD, 16)].

MOMMOLE (Geoffroy) v. GEOFFROY (Mommole).
. t. I, p. 240.

Bien que M. Vanel semble prendre le nom de Mommole pour celui de famille de ce religieux (*Nécrologe*, 11, 69, 107, 192, 404) et que M. Stein l'appelle François Mommole (*Mélanges Mabillon*, 51), il n'y a pas de doute que son nom de famille soit Geoffroy, comme en font foi la Matricule, Martène, Tassin et les procès-verbaux des chapitres généraux (MARTÈNE, *Vie des Justes*, II, 84-91)].

MONCEAUX D'AUXY (Guy).

Né à Hanvoile, dioc. de Beauvais, profès à Lyre, âgé de 19 ans, le 20 octobre 1681, mort à Aumale le 9 janvier 1735 (*Matricule*). Lettre de D. Guy d'Hanvoille, sur le psautier de St-Maur (Bibl. Nat. Paris, F. F. 20.000, f. 14 ; *Cat. Ancien St-Germain français*, III, 456). Je dois à D. Dubourg l'identification du personnage. Il me signale que Montfaucon appelle aussi simplement Benoît d'Anvoille le religieux D. Benoît de Monceaux d'Auxy, né également à Hanvoile (VANEL, *Nécrologe*, 154].

CERVEAU, *Nécrol.*, I, 251-252 ; *Nouv. ecclés.* 28 fév. 1743.

MONGÉ (Jean-Louis-Pierre de).

Le nom de ce religieux est parfois orthographié *Mauger, Maugé, Monger*.
* Il s'occupa pendant quelque temps des recherches pour l'Histoire de Picardie (Liste des auteurs bénédictins, Coll. Moreau, ms. 1096, p. 110).*

[La Collection de Picardie conserve ses portefeuilles, vol. 90 et suiv. (LAUER, II, 120-125).

Titres concernant la famille Grenier (*ib.* vol. 108 ; LAUER, II, 128-129).

Lettre à d'Aubigny sur les usages d'Amiens (Bibl. de l'Arsenal, ms. 5263, ff. 235-238 ; *Cat. mss. Arsenal*, V, 182).

Lettre de fr. Louis Demongé à M. du Fresne d'Aubigny, Corbie 23 nov. 1745 (Bibl. de l'Arsenal, ms. 3870, f. 182 ; *Cat. mss. Arsenal*, IV, 26]

CHARMES, *Comité*, I, 119 ; DELISLE, *Cabinet*, II, 73 ; FRANÇOIS, II, 267-268 ; JADART, *Ecrivains Champenois*, 111 ; TASSIN, 676-677 ; TASSIN, *G. G.*, II, 437.

MONGÉ (Pierre).

[Lettre à D. Vincent Marsolle du 23 mai 1673 (*Revue bénéd.*, XXVIII, 1911, p. 406-407]

DU BOUT, *Orbais*, 412-500, 524-525, 667-668 ; MARTÈNE, *Vie des Justes*, III, 67-69 ; *Revue Mabillon*, XI, 1921, 185.

MONGIN (Athanase de).

Ajouter pour rendre plus complète la liste des ouvrages de piété demeurés mss. donnée par Dom Tassin à la page 17 de son *Hist. litt.*, que les mss. 13619, 13620 et 13625 du Fonds lat. de la Bibl. nat. sont entièrement composés des ouvrages de piété et d'ascétisme de Dom A. Mongin. Ulysse Robert, probablement parce que D. Mongin était franc-comtois, a donné une description détaillée du contenu et de la forme extérieure de ces mss. aux pages 54-56 de son *Catalogue des mss. relatifs à la Franche-Comté qui sont conservés dans les bibliothèques de Paris*, Champion, Paris, 1878, in-8.

[Il y a une notice sur lui dans la « Vie des justes de la Congr. de St-Maur », Archives nat. Paris, L. 814, n° 2 (*Catal. mss. Arch. Nat.* 255) ; MARTÈNE, *Vie des Justes*, éd. Heurtebize, I, 28-38, avec liste de ses écrits spirituels.

Le ms 17103 du F. F. contient « Manuel du religieux intérieur » ; le ms. 19360 « Flammes eucharistiques du R. P. Athanase », et le ms. 19455 divers « petits traités » du même auteur]

* Divers ouvrages en français sont conservés dans le ms. 529 de Tours (*Cat. gén. mss. Dép.*, XXXVII, 437-438).

Dans une lettre à Bona du 10 déc. 1671 D. Audebert annonce qu'on se propose d'imprimer les œuvres de D. Athanase de Mongin, mort en odeur de sainteté (SALA, *Epist. selectae*, 177).*

BESSE (*Revue des sciences eccl.*, 190., II, 532-539) ; CALMET, *Bibl. lorr.*, 667 ; FRANÇOIS, II, 268 ; GODEFROY, *Bibliothèque*, 147 ; *Kirchenlexikon*, VIII, 1062 ; LAMA, 8 ; LE CERF, 362-363 ; MARTÈNE, *Vie des Justes*, 28-38 ; MARTÈNE, *Marmoutier*, II, 523, 524 ; MARTÈNE, *Hist. Cong. St-Maur*, II, 54-60 ; TASSIN, 3, 4, 5, 13-17, 56, 69, 96, 128, 793 ; TASSIN, G. G., I, 5, 6, 8, 20-26, 86, 105, 144, 194 ; II, 620 ; VANEL, *Nécrologe*, 2-3, 346.

MONIOT (Jean).

* Né à Bèze, profès à Vendôme à 18 ans le 30 septembre 1699, décédé à Corbie le 20 août 1742 (*Matric.*)

Correspondance avec Montfaucon (ms. fr. 17710, f. 265-270 ; *Revue bénéd.*, XXVIII, 1911, p. 194, n. 2 et 196). La lettre du 20 mai 1718 datée de St-Seine est relative à la collation de mss. de Cassien à St-Bénigne de Dijon (f. 265-266). Celles des 13 juin et 29 oct. 1722, datées de St-Bénigne, concernent l'envoi de ses dessins de l'église du monastère (ff. 267-270). Le 28 octobre 1722 il avait prêché à la Sainte Chapelle (f. 269).*

MONNIOTTE (Pierre-François).

Sur l'attribution du *Facteur d'orgues* à Dom Moniotte, voy. la note sur Dom Bedos de Celles à la page 13 supra [t. I, p. 33-35]. Ma Matricule ms. ne donne à Moniotte d'autre prénom que celui de *Pierre* (Petrus Moniotte). D'après la même matricule, il a en effet fait profession à St-Allyre. C'est à tort qu'on écrit quelquefois Moniot au lieu de Moniotte. Il est question de Dom Moniotte dans une lettre de Dom Clément à Dom Grappin (*Rapport* de Dantier, pag. 176).

Nul doute que l'auteur de l'*Art du facteur d'orgues* ne soit D. Bedos (A. DE LANTENAY, *Ste-Croix*, 101-102).

Autographe à la Bibl. d'Orléans (*Cat. gén. mss. Dép.*, XII, 329) ; — Pièces relatives à sa bibliothèque à la Bibl. de l'Arsenal, 6498 (*Cat. mss. Arsenal*, VI, 214).

Deux lettres à la Bibl. de Laon (*Cat. gén. mss. Dép.*, XLI, 424].

* Mercier de St-Léger, dans ses annotations à D. Tassin (Table, p. XXVII) le dit auteur de l'*Art du facteur d'orgues* inséré dans

l'Encylopédie et mal à propos attribué à D. Bedos de Celles. —
Vers latins à la louange de ce bénédictin par M. Guiot, prieur de
St-Guénaut à Corbeil, dans le *Magasin encyclop.*, 3e année, t. I,
p. 267.

Manuscrit qui a été à son usage. Paris 10 sept. 1771; Bibl. d'Arras,
Fonds Advielle ms. 105 (*Cat. gén. mss. Dép.*, XL, suppl., 197-198.*

CHARMES, *Comité*, I, 302 ; DE LANTENAY, *Ste-Croix*, 101 ; HOEFER,
XXXVI, 1 ; LAMA, 675 ; MICHAUD, XXVIII, 640 ; QUÉRARD, VI,
215 ; ROBERT, 75 ; VANEL, *Nécrologe*, 359, 368, 373 (1).

MONSIRE (Jean).

* Né à Orléans, profès à St-Florent de Saumur, âgé de 21 ans,
le 8 décembre 1677, décédé à Fleury le 3 janvier 1717.*

Vers 1711, étant prieur de Molôme, il transmit à St-Germain-
des-Prés l'histoire de ce monastère (s. d. dans ms. lat. 12684 ; *Rev.
Mabillon*, V, 1909, 10).]

MONTAGNE (André).

Voyez à la page 13 les notes sur Bedos de Celles [t. I, p. 34].
D. André Montaigne, né à Grenoble, fit profession à 18 ans à
St-Augustin de Limoges le 10 juillet 1652, et mourut à Coulombs
le 6 décembre 1707 (*Matricule*).

MONTETY (Pierre).

Né à St-Georges de Luzençon, dioc. de Vabres, le 21 sept. 1736,
profès à l'âge de 20 ans à La Daurade le 20 février 1755 (*Matric.*).
On a de lui trois lettres à D. Brial (voir plus haut t. I, p. 79)]* avec
lequel il travailla au Recueil des Historiens des Gaules. Pendant
la Révolution il fut emprisonné à Rodez ; délivré à la chute de
Robespierre, il se retira dans sa famille à St-Georges de Luzençon
(Aveyron), où il est mort le 2 mai 1811.*

VANEL, *Nécrologe*, 369.

(1) [Le ms. 156 de Bourges contient « *Varia SS. Patrum dicta ad moralem
collecta a me subsignato anno Domini* 1683. F. H. de Monsigot, religiosus
Benedictinus, 62 + 266 pp. in-8o (*Cat. gén. mss. Dép.*, IV, 38). Je ne sais à
quelle congrégation il appartenait.]

MONTFAUCON (Bernard de).

Ajouter à la notice de Dom Tassin que le *Diarium italicum* devait être le premier volume d'un grand ouvrage en dix ou onze tomes que Montfaucon se proposait de publier sous le titre de *Monumenta italica* (VALERY, III, 133-140).

Indépendamment des lettres de Montfaucon qu'a publiées Dantier dans sa correspondance inédite des Bénédictins, et de la correspondance inédite de Montfaucon publiée par Tamizey de Larroque en 1879, on a imprimé : *Correspondance de Bernard de Montfaucon bénédictin avec le Baron G. de Crassier archéologue liégeois*, publiée par Ulysse Capitaine, secrétaire de l'Institut archéologique liégeois à Liége. Typographie de J. C. Carmanne, 1855, in-8° (82 pp. et 1 pl.).

Les N°⁸ 11904-11920 des mss. lat. de la Bibl. nat. contiennent les papiers de Montfaucon, entre autres les pièces relatives au *Diarium Italicum*, qui forment 3 volumes de cette collection, où l'on trouve également au n° 11919 des mémoires pour la biographie de Montfaucon.

Le recueil de Dantier se termine par une lettre importante de Montfaucon au cardinal Paolucci, qui existe à la Bibl. de Bourgogne à Bruxelles ; elle a pour objet le jansénisme et la congrégation de St-Maur. (Publiée aussi par Valery, III, 210-213).

Dom Tassin dit que Montfaucon est né le 13 janvier 1655, mais Montfaucon écrit, le 7 juillet 1740, au baron de Crassier : « quoique je sois né l'an 1655 le 16 janvier, et que je sois au milieu de ma 86ᵉ année, je me porte bien Dieu merci ». (Voyez page 77 de la corresp. de Montfaucon avec Crassier). Le 18 juin 1740, Montfaucon avait déjà écrit au baron de Crassier, page 75 de la Correspondance : « Je suis au milieu de ma 86ᵉ année, né l'an 1655, le seizième de janvier. » (Voyez encore page 79 de la correspondance Crassier, la lettre du 12 octobre 1740).

Outre les lettres de Montfaucon citées ci-dessus, il faut encore signaler dans le recueil de Dantier celles données aux pages 68-77, 82 et 106, 108-113, surtout les deux lettres des pages 72 et 106 qui peignent si bien la généreuse indépendance de caractère et le patriotisme si français de Montfaucon resté soldat sous la robe du Bénédictin.

On attribue à Montfaucon un ms. conservé à la Bibl. de Compiègne sous le titre de *Projet d'histoire de Compiègne jusqu'au règne d'Henri II avec dessins d'écussons des chevaliers de S. Michel créés à Compiègne*, mais il n'est pas de Montfaucon (voyez DE MARSY, *Mss. de la Bibl. de Compiègne*, p. 554.)

Consulter encore sur Montfaucon les pages VII, 60, 75, 76 de l'histoire d'un « *Voyage littéraire fait en 1733 en France, en Angleterre et en Hollande* ». La Croze et Jordan, quoique protestants, y parlent avec la plus profonde admiration du caractère et de l'érudition de Montfaucon, de l'*incomparable* Montfaucon.

Montfaucon, à la page 605 de sa « Dissertation sur la plante appelée Papyrus, sur le papier d'Égypte, sur le papier de coton » (*Mémoires de l'Académie des Inscriptions*, VI), raconte qu'en 1700 il fit à Rome, à la prière du général de l'ordre de S. Basile, une dissertation sur la question de savoir à quelle époque on a commencé à faire le papier appelé *charta bombycina*. Dom Tassin, dans son catalogue des œuvres de Montfaucon, ne parle pas de cette dissertation, et Montfaucon lui-même ne dit pas si elle a été imprimée ou n'est restée que manuscrite à l'usage de ce général qui la lui avait demandée, pour s'en servir dans un procès qui était fait à une maison de son ordre située en Sicile et qui produisait pour sa défense une pièce de 600 ans d'antiquité et dont on suspectait l'authenticité, la *charta bombycina* n'étant pas encore, disait-on, inventée, à une date si reculée. Montfaucon, dans son écrit, établissait que ce genre de papier était déjà en usage en 1100.

DD. Montfaucon et Vaissète. On doit à la collaboration de ces deux savants religieux des recherches diplomatiques fort précieuses sur l'abbaye de St-Corneille de Compiègne. Ces recherches sont entrées tout entières et ont été mises en œuvre dans un mémoire judiciaire de l'avocat Cochin pour les religieux, prieur et couvent de l'abbaye de St-Corneille de Compiègne, ordre de S. Benoît, congrégation de St-Maur, contre Monsieur l'Évêque de Soissons. Voir ce qui a été dit plus haut sur la rédaction de ce mémoire auquel D. Martène prit également part [t. II, p. 45]. On sait que Montfaucon s'était occupé de recherches sur la ville de Compiègne et qu'on conserve de lui un ms. intitulé : *Projet d'histoire de Compiègne* ... Ce ms. est conservé dans la Bibl. de Compiègne et on peut supposer que ce travail a été fait en vue de l'ouvrage inachevé des *Monuments de la monarchie française*. [Ce ms. n'est pas de Montfaucon.] Quant aux recherches diplomatiques sur l'abbaye de St-Corneille, le mémoire judiciaire de Cochin débute par la note que voici : « Nota. Les matériaux de cet ouvrage ont été fournis par les deux savants Pères Dom Bernard de Montfaucon et Dom Joseph Vaissète à M. Cochin ».

Il faut ajouter que l'attribution à Montfaucon du *Projet de l'histoire de Compiègne* est aujourd'hui formellement abandonnée. Voy. le *Catal. des Mss. de la Bibl. de Compiègne* par M. de Marsy.

[Le mémoire susdit de D. Montfaucon et de D. Vaissète se trouve dans les *Œuvres de feu M. Cochin, écuyer, avocat au Parlement, contenant le recueil de ses mémoires et consultations.* Nouvelle édition. Tome VI, Paris, Savoye, 1790, pp. 216-443 : « CLIV Instance au Conseil. Pour les Dames abbesse et religieuses de l'abbaye royale du Val-de-Grâce. Et les religieux, Prieur et Couvent de l'Abbaye de Saint-Corneille de Compiègne, Ordre de Saint-Benoît, Congrégation de Saint-Maur, contre Monsieur l'Évêque de Soissons ». Montfaucon en parle dans une lettre à un correspondant d'Allemagne en 1738 (*Revue bénéd.*, XXVIII, 1911, p. 204-205 ; v. TAMIZEY DE LARROQUE, *Bénédictins méridionaux*, X-XII ; A. CORDA, *Catalogue des factums et d'autres documents judiciaires antérieurs à 1790.* Paris, 1890, I, 514-516).

La date exacte de sa naissance est le 16 janvier 1655 (TAMIZEY DE LARROQUE, *Bénéd. mérid.*, VIII ; *Literarische Rundschau,* 1896, 57 ; *Revue des questions histor.*, 1897, LXI, 545-546).

Sur le jeton de la Société des Antiquaires de France frappé à l'effigie de D. de Montfaucon, voir le travail de M. Henri de la Tour dans le « *Recueil de mémoires* » *publié à l'occasion du Centenaire.* Paris, 1904, pp. 443-453.

Tamizey de Larroque a publié : *Un portrait de Dom B. de M. et un billet de Baluze à Mabillon (Revue de Gascogne,* XXXII, 1891, p. 456).]

* H. Omont, *Montfaucon et ses éditeurs 1712-1719 (Archives hist., artist. et litt.* Paris, t. II, 1890-91. p. 284-288), a publié des contrats pour l'impression de la *Bibliotheca Coisliniana 1712* et les *Monumens de la monarchie 1728, 1729,* d'après le ms. 11915 de la Bibl. nat. Paris.

H. OMONT, *Note sur les manuscrits du Diarium italicum de Montfaucon (Mél. d'arch. et d'hist.,* XI, 1901, 437-453) ; du même, *La paléographie grecque de Montfaucon et le P. Hardouin (Revue des études grecques,* 1905, 202-204) ; *L'édition de la Palaeographia graeca de M. (ib.,* 1891, 63-67) ; *Montfaucon et l'Imperium orientale de Banduri (ib.,* 68-69) ; *B. de Montfaucon, sa famille et ses premières années (Annales du Midi,* 1892, 84-90) ; *Deux lettres de Montfaucon et Wanley sur la bibliothèque Harléienne (Revue des* *bibliothèques*, 1891, 242-247) ; *Lettres de Dom Le Chevalier à M. relatives à des manuscrits grecs de Tours (Bibl. Ecole des chartes,* 1893, 725-278) ; *Montfaucon et l'édition des Bénédictins du Glossaire de Du Cange. (Correspond. hist. et archéol.,* juillet-août 1904, 210-211) ; à consulter aussi J. MOMMÉJA, *Dom Bernard de Montfaucon et l'archéologie préhistorique (Revue de Gascogne,* XXXIX, 1898, 5-22, 73-88) ; TAMIZEY DE LARROQUE, *D. Bernard de Montfaucon et la maison d'Ornesan (ib.,* XXIX, 1888, 95-96)) — * Du même : *L'intendant Boucher et Dom de Montfaucon (Revue de Gascogne,* XVIII, 1877, p. 295).

Carnet de voyage en Italie (Bibl. nat. Paris, N. a. fr. 4229, f. 2 ; H. STEIN, *Album d'autographes de savants et érudits.* Paris, 1907, 1ere sér., pl. XXVIII).

Annotation de Montfaucon sur le feuillet de garde du ms. 193 du suppl. grec à la Bibl. nat. Paris *(Bull. Soc. hist. Paris,* X, 80)

Attestation de l'âge d'un livre d'Heures (M. R. JAMES, *A Descriptive Catalogue of the Manuscripts in the Fitzwilliam Museum.* Cambridge, 1895, ms. 64, p. 176).

Notes sur le ms. de S. Augustin sur papyrus de la Bibliothèque Petau acquis par Ami Lullin *(Bibl. Ecole Chartes,* LXX, 1909, p. 258-259).

1703. Rapport présenté au Chapitre général sur les recherches faites par lui dans les bibliothèques d'Italie relatives aux ouvrages des Pères grecs. Diverses leçons de mss., préparation des œuvres de S. Chrysostome, S. Athanase, S. Basile, Hexaples d'Origène etc. (Pièce autogr. signée. 5 pp. 4° ; vente 1-2 mai 1844, Alliance des arts, n. 186). *

[Sur le voyage en Italie, voir plus haut t. I, p. 83 (s. v. Briois).

Le *Diarium Italicum* fut attaqué par Francesco Ficoroni dans ses *Osservazioni sopra l'Antichità di Roma descritte nel Diario Italico pubblicato in Parigi l'a.* 1702 *dal P. D. Bernardo de Montfaucon,* nel fine delle quali s'aggiungono molte cose antiche singolari scoperte ultimamente fra le rovine dell' antichità. Roma, De Rossi, 1709, 4° (exemplaires à la Bibl. de l'Univ. de Gand, Hist. 3318, et à la Bibl. royale de Bruxelles), et défendu dans l'*Apologia del diario italico* d'un certain Romuald Riccobaldi, bénédictin cassinien : *Apologia del diario italico del molto Reverendo Padre Don Bernardo Montfaucon monaco benedettino della Congregazione di San Mauro contra le osservazioni del Signor Francesco Ficoroni* composta dal Padre don Romualdo Riccobaldi monaco benedettino della Congregazione Cassinese, dedicata agl' illustrissimi ed eruditissimi i signori giornalisti di Venezia, in Venezia MDCCX, per Antonio Bartoli, 4°, 6 ff. + 100 p. + 1 f. corrig. D. Tassin (p. 594) n'a pas remarqué une note d'Armellini dans sa *Bibliotheca Cassinensis* (II, 166-167), où il montre que ce prétendu cassinien est un pseudonyme qui cache Paul-Alexandre Maffei, véritable auteur de cette *Apologia* ; celle-ci fut imprimée par D. Guillaume Laparre, procureur des Bénédictins de St-Maur à Rome (voir VALERY, III, 202).

Les planches des *Monumens de la Monarchie française* ont été publiées à La Haye : *Gedenkstukken van de fransche monarchie verbeeld in meer dan 300 kopere Konstplaten*. Graavenhage, 1745, 2 vol. fol.

Prospectus des « Monumens » (Collection Wilhelm à Colmar). Ce « Plan d'un ouvrage qui a pour titre *Les Monumens de la Monarchie française* par le R. P. Dom Bernard de Montfaucon » a été publié, d'après l'exemplaire de la Coll. Wilhelm par Tamizey de Larroque *(Bénédictins Méridionaux, 62-68)*.

Ce Prospectus « Plan d'un ouvrage » 4 pp. impr. in-4° ; et « Plan pour les souscriptions aux Monumens... », 4 pp. in-4° impr. se trouvent dans la coll. de Picardie, ms. 225, ff. 33, 35 ; LAUER, II, 258).]

* Le projet d'une nouvelle édition des « *Monumens de la Monarchie française* » a été publié en 1877 par L. Favre, Niort, L. Favre. L'ouvrage devait former 5 vol. in-4°, ornés de 400 gravures hors texte avec une introduction sur les Monuments historiques et une biographie de D. B. de Montfaucon.

Dessins, notes et gravures pour les « *Monumens de la Monarchie française* », en grande partie d'après les cartons de Gaignières, 2 vol. fol. (Bibl. nat. Paris, fr. 15634-15635 ; *Cat. anc. fonds St-Germain, I, 128*).

Catalogue des images des « *Monumens de la monarchie française* », autogr. de Montfaucon (Bibl. nat. Paris, fr. 20802, f. 97 et suiv., t. III de la Coll. de D. Poirier). *

[Prospectus de « *L'antiquité expliquée...* », 1717, 6 pp. in-fol. (Coll. Picardie, ms. 225, f. 130 ; LAUER, II, 160).

Prospectus d'un « Plan d'un supplément à l'image de l'Antiquité expliquée... » Impr. 4 pp. in-4° (*ib.*, ms. 225, f. 134 ; LAUER, l. c.)

L'*Antiquité* a été traduite en allemand : *Griechische und Römische Alterthümer welche der berühmte P. Montfaucon ehemals samt den dazu gehörigen Supplementen in zehen Bönden in-folio an das Licht gestellt hat* und in deutscher Sprache herausgegeben von J. J. Schatzen. Nurenberg, 1757, fol.]

* ALLEAUME, *Sur quelques monuments funéraires reproduits dans le t. V de l'Antiquité expliquée par D. B. de M. (Bull. de la Soc. des sciences et arts de l'île de la Réunion*, 1864, t. V., p. 53 et suiv ; DE LASTEYRIE, *Bibliogr.*, IV, n. 82991).

Dans le t. XIII des *Mémoires de l'Académie des Inscriptions*, Montfaucon a inséré une dissertation sur « Les modes et les usages du siècle de Théodose Le Grand et d'Arcadius son fils » ; elle a été reproduite à peu près textuellement, en latin, dans le t. XIII de son édition de S. Chrysostome : « Synopsis eorum quae in operibus Chrysostomi observantur. Diatribe V. sive Πάρεργα ».

Mémoire sur les armes des anciens Gaulois et nations voisines, 1734, publié par E. T. Hamy, *Matériaux pour servir à l'histoire de l'archéologie préhistorique (Revue archéol.*, 4e sér., t. VIII, 1906, p. 37-48).

Discours sur le phare d'Alexandrie et sur les autres phares bâtis depuis et particulièrement sur celui de Boulogne sur mer ; minute de la dissertation lue par Montfaucon à l'Acad. des Inscriptions (Coll. de Picardie, ms. 61, f. 17 ; LAUER, II, 104) ; v. TASSIN, 609, n. 16. Cette dissertation a aussi paru en italien : *Dissertazione sopra il faro di Alessandro... del R. P. Bernardo Montfaucon*. Venezia, 1746, 4° (B. N. Paris 4°, Z. 701) ; il en fut de même de celle sur le Papyrus (TASSIN, 610, n. 17) : *Dissertazione del R. P. Bernardo di Montfaucon sopra la pianta dinominata papiro, sopra la carta chiamata papiro d'Egitto... seconda edizione.* Venezia, appresso Antonio Groppo, 1749, 4° (Bibl. nat. Paris, 4°, Z. 704) ; — et du *Discours sur les monuments antiques* (TASSIN, 613, n. 20) : *Ragionamento intorno agli antichi monumenti, intorno a quelli della città di Parigi, e intorno ad una iscrizione ritrouata nel bosco di Vincennes, la quale prova chè à tempi dell' imperadore Marco Aurelio eravi a Parigi un collegio del dio Silvano somigliante del tutto a quello di Roma, del R. P. Bernardo di Montefaucon.* Terza ediz. Venezia, per Antonio Groppo, 1759, 4°. (Bibl. nat. Paris, Impr. 4°, Z. 709).

Notice sur la bibliothèque manuscrite de Colbert, maintenant à la Bibl. du Roi, publ. par J. Techener *(Bull. du Bibliophile*, 1835, mai, p. 13).

« Evaluation du cabinet des manuscrits de Colbert par F. Bernard de Montfaucon et Lancelot. Fait à Paris ce 18 octobre 1731. Signé F. Bernard de Montfaucon, Lancelot (*Cabinet histor.*, XIII,

1ᵉʳᵉ part., Paris, 1867, p. 121-125) sans indication de source.

Rapport de F. Bernard de Montfaucon et Lancelot sur la collection des manuscrits formée par Colbert, 1731. Copie ms. de l'époque, 3 pp. (Saffroy, Catal. mars 1912, n. 57663 ; auj. à la Bibl. de Maredsous).

H. Omont, *Catalogue des statues, bustes et vases du card. de Richelieu (Bull. Soc. Antiq. France, 1891, p. 74-78)*, d'après un carnet de notes de D. B. de M. conservé à la Bibl. nat. Paris, N. a. f. 4229 *(Cat. mss. nouv. acq. fr., II, 150)*.

H. Omont, *Le cabinet d'antiques de Sᵗ-Germain-des-Prés au XVIIIᵉ s. (Soc. nat. des Antiquaires de France. Centenaire 1804-1904. Recueil de mémoires, 1904, 8ᵒ, p. 353-356)*, publie le catalogue des antiques de ce cabinet dressé par Montfaucon, d'après le ms. nouv. acq. fr. 2614 de la Bibl. nat. *(Cat. nouv. acq. fr., I, 372)*.

« Mémoire pour servir d'instruction à ceux qui recherchent d'anciens monuments dans la Grèce et dans le Levant » par Dom Montfaucon, publié par M. Omont *(Missions archéologiques françaises en Orient aux XVIIᵉ et XVIIIᵉ s. Paris, Imp. nat. 4ᵒ, p. 414-420)*. M. Omont (p. 414, n. 2) fait remarquer qu'une rédaction différente de ce même Mémoire a été publiée dans le *Mercure de France* de janvier 1742, p. 60-73, et réimprimée dans le *Nouveau choix de pièces tirées des anciens Mercures* etc. par M. de la Place. Paris, s. d., in-12, t. LXVIII, p. 151-166 ; v. D. Tassin, p. 614. Le mémoire de Montfaucon se trouve dans le ms. fr. 19929, f. 7-17. *

[Le catalogue de Champion de mai 1903 contenait sous le nᵒ 843 la *Paleographia graeca*. rel. veau ancien, dos orné, tr. rouges, fac-similés, grand papier. « Précieux exemplaire du savant Bénédictin. Il y a joint une épître où l'enthousiasme du grand érudit bourguignon La Monnoye s'épanche en vers grecs, une correspondance en grec avec H. du Chambon, des *notae astronomicae*, des *notae chimicae sive sacrae artis*, des fragments d'incriptions de Smyrne. Cet exemplaire a appartenu au distingué helléniste Rossignol, qui a laissé une note sur des vers iambiques insérés dans la *Paleographia* ».

C. Wescher, *Note relative à un passage de la Paléographie grecque de M. corrigé d'après un ms. de la Bibl. impériale (Revue archéol.)*. Paris, Didier, 1864, 8 pp. 8ᵒ). — Sur les travaux de diplomatique, v. L. Traube, *Vorlesungen und Abhandlungen*, t. I, Munich, Beck, 1909, p. 35-42).]

* Tables alphabétiques d'un recueil de catalogues de manuscrits formé par D. B. de Montfaucon (Bibl. nat. Paris. lat. 11883).

Catalogues de mss., notes et extraits divers (*ib.*, lat. 13068-13072); ce recueil a servi de base à la *Bibliotheca bibliothecarum.* *

[La Bibl. Wilhelm à Colmar possède le Prospectus-préface de l'édition de St Jean Chrysostome, Paris, 1717, 40 pp. 8°. M. Wilhelm y a inséré la note suivante : « Pièce des plus rares ; D. Tassin en connaissait l'existence, mais il ne l'avait certainement pas sous les yeux lorsqu'il écrivit sa notice de Montfaucon, car il ne la décrit pas, n'en donne pas le titre, ni même le lieu et la date de l'impression. Il se borne à dire à la page 603 de son *Hist. litt.* que Montfaucon fit imprimer séparément in-12 la préface générale à son édition de S. Jean-Chrysostome. En réalité cette pièce est le prospectus de cette édition, ainsi qu'on le voit par l'avis aux souscripteurs qui le termine. Dom Devic, dans sa correspondance publiée par Pélissier, entretient ses correspondants à trois reprises de cette préface générale dont il leur envoie des exemplaires (pp. 28-29 de sa correspondance, dans ses lettres du 19 décembre 1717 et 3 avril 1718, pp. 32-33). »]

* La préface et le prospectus du libraire pour l'édition des Œuvres de S. Chrysostome par Montfaucon, 8°, imp. se trouve dans le ms. fr. 25557 de la Bibl. nat. Paris (OMONT, *Cat. anc. fonds fr.*, II, 644) *

[Sur la valeur de l'édition des Œuvres de S. Jean Chrysostome voir D. CHRYS. BAUR, O. S. B., *S. Jean Chrysostome et ses œuvres dans l'histoire littéraire.* Louvain, 1907, p. 85-88.]

* Assemani formula quelques plaintes au sujet de cette édition : on n'aurait pas dit que c'est lui qui avait signalé 12 homélies ; on n'avait pas envoyé à la Bibl. Vaticane un exemplaire de cette publication. Cette dernière assertion était assurément fausse, puisque les six premiers volumes parus avaient été donnés, comme l'attestent des lettres de D. Maloët et de D. Avril (GIGAS, II, 108, 110). D. Toustain répondit à ces plaintes dans une lettre à D. Athanase Peristiani, bénédictin cassinien (TOUGARD, *Mélanges de la Soc. d'hist. de Normandie*, 3e année, p. 192-194 ; déjà publ. par GIGAS, t. II, Supp. n. XVI, p. 307-316 d'après le brouillon de D. Toustain ; voir encore la lettre de D. Lemerault à D. Toustain du 20 déc. 1740 (GIGAS, II, n. 76, p. 236-237).

Sur les onze homélies provenant d'un nouveau ms. vatican et envoyées par D. Maloët et D. Avril, v. TASSIN, 606 ; lettres dans GIGAS, II, 105-108, 108-112, 112-114 ; *Pat. Grec.* t. 63 (S. Chrys., 12), col. 455.] *

[*La vérité de l'histoire de Judith*. Paris, 1692 (B. W.). Dans son exemplaire (Bibl. Colmar) M. Wilhelm a mis la note suivante : « Cette seconde édition n'est, en réalité, que la 1ere édition (1690). On s'est contenté de faire un nouveau titre et d'ajouter aux feuillets des observations quelques observations nouvelles pour répondre aux critiques des savants. Ces nouvelles observations vont à pagination continue jusqu'à page 338, c.à.d. qu'il y a 2 feuillets d'observations de plus que dans la prétendue 1ere édition.

Les *Vindiciae editionis S. Augustini* ont eu plusieurs éditions non mentionnées par Tassin : *Vindiciae...* Antverpiae, juxta exemplar editionis Romae, typis Jo. Jacobi Komarek, 1700, 8°, 92 pp. — *Défense de l'édition des Œuvres de S. Augustin* faite par les PP. Bénédictins pour servir de réponse à la lettre d'un abbé allemand, latin et français. Anvers, 1700, 8° (DE BACKER, *Bibliothèque*, 3e série, 1856, p. 437-438 ; C. SOMMERVOGEL, IV, 1484-1487) * Réimpression du texte latin dans la 3e éd. de Venise des *Opera S. Augustini*, 1797-1807, t. XVIII, 941-1006. *

Dans l'opuscule (du P. Langlois S. J.) : *La conduite qu'ont tenu les Pères bénédictins*, 1699, il est dit (p. 39) que les *Vindiciae editionis S. Augustini* (de D. de Montfaucon), publiées en 1699 étaient très rares.

Montfaucon soigna à Paris l'édition de la dissertation de Scipion Maffei : *De fabula equestris ordinis Constantiniani*. Tigari, 1712, 4°, 46 pp. (H. OMONT, *Montfaucon et l'Ordre Constantinien (Bibl. École chartes*, LXXXII, 1921, 275-278).

D. B. de Montfaucon communiqua à D. Pez un catalogue des Écrivains de la Congrégation de St-Maur (ZIEGELBAUER, IV, 105).

Catalogue des publications et travaux en cours dans la Congrégation de St-Maur dans une lettre adressée à un correspondant d'Allemagne en 1738 (Bibl. nat. Paris, ms. lat. 11920, f. 197-197 ; *Revue bénéd.*, XXVIII, 1911, p. 202-206).

Montfaucon fut chargé pendant un temps de la direction de la réédition du Glossaire de Du Cange, que devaient préparer D. Jos. Doussot et D. Nicolas Toustain (H. OMONT, *Montfaucon et l'édition des Bénédictins du Glossaire de du Cange (La Correspondance hist. et archéol.*, juillet-août 1904, p. 210-211)...

Clarissimo doctissimoque viro D. [Francisco] *Salmon inter Sorbonicos doctores conspicuo* Fr. Bernardus de Montfaucon, s. l. n. d. imprimé in-4° de 4 pp. vers 1735 (Bibl. nat. Paris, F. F. 19058, f. 155). Sur la controverse avec les docteurs de Sorbonne provoquée par D. Jacques Martin, voir plus haut t. II, p. 67-68.

Vie de S. Athanase (Bibl. nat. Paris, F. F. 17233).

Prospectus des Hexaples (Bibl. nat. Paris, nouv. acq. fr. 7483, f. 336).

ANDRÉ ROSTAND, *Quelques documents inédits concernant l'abbaye de St-Evroul conservés dans les papiers et la correspondance de Montfaucon (Bull. de la Soc. hist. et archéol. de l'Orne, XXXII, 1913, p. 394-404).*]

* Mercier de St-Léger, en signalant la lettre de Montfaucon publiée dans les *Mémoires de Trévoux* juin 1703, p. 1102 et suiv., relative aux travaux de Banduri, et à propos de la *Collectio nova* insère (entre p. 594-595 de son exempl. de Tassin), le Prospectus de la « *Collectio nova Patrum et scriptorum graecorum* », Paris, 1705, 12 pp. 8°.

On trouve à la Bibl. nat. Paris les recueils suivants de Montfaucon :

Extraits de divers auteurs grecs et latins (Suppl. grec, ms. 193),

Apparatus ad editionem operum S. Joannis Chrysostomi (ib., 266-268).

Adversaria (ib., 271).

Indices ad SS. Patres graecos (ib., 605).

Variae lectiones in V. T., (ib., 83).

Index verborum graeco-hebraicus Σ-ω (ib., 839).

Index graeco-hebraicus verborum Vet. Testamenti, A-Σ. (*ib.*, 840).

Variorum epistolae ad B. de Montfaucon ; p 122, Notae ad Diarium italicum (ib., 875).

Apparatus in editionem S. Athanasii (ib., 876).

S. Joannis Chrysostomi Expositiones in Psalmos graece et latine opera B. de M. (ib., 879).

Palaeographia graeca 1708, impr. avec notes mss. de Villoison (ib., 989).

Lexicon graecum (ib., 1007-1009). Carnet de notes de B. de M. sur des auteurs grecs, ms. provenant de M. Mille n. XLVII (ib., 1201).*

[Sur la correspondance de D. de Montfaucon voir spécialement TAMIZEY DE LARROQUE, *De la correspondance inédite de D. Bernard de Montfaucon (Revue de Gascogne, XIX, 1878). Auch, 1879, 32 pp 8°) et Bénédictins méridionaux.*

Cette correspondance se trouve dispersée dans un grand nombre de recueils, tels que ceux de Dantier, Gigas, Valery.

La correspondance de D. Montfaucon avec les savants liégeois a été en majeure partie publiée par U. CAPITAINE, *Correspondance de Bernard de Montfaucon, bénédictin, avec le baron G. de Crassier archéologue liégeois (Bulletin de l'Institut archéologique liégeois,* 1855, II, 347-424) ; par LÉON HALKIN, *Lettres inédites du baron G. de Crassier, archéologue liégeois, à Bernard de Montfaucon,* (*ib.*, XXVI, 73-146 ; tirage à part, Louvain, Peeters, 1897, 78 pp. 8º).

M. G. Huard a publié : « *Quelques lettres de Bénédictins normands à D. Bernard de Montfaucon pour la documentation des « Monuments de la Monarchie française »* (*Baiocana.* Recueil de documents pour servir à l'histoire du diocèse de Bayeux et Lisieux, III, 1912, p. 264-282 et dans *Bull. Soc. Antiquaires de Normandie,* t. XXVIII, 1913, p. 343-375) : = Lettres de D. Pierre Ellye (5 oct. 1728), D. Romain de la Londe (22 oct., 11 nov. 1728, 11 fév. 1729), D. Thomas Billouet (14 juillet 1729), D. Prosper Tassin (18 juillet 1729).

L'abbé Guéry a publié : *Correspondance inédite de Bénédictins normands avec Montfaucon (Revue cathol. de Normandie,* 1914, p. 788-812 ; 1915, p. 70-76, 122-140, 241-264, 347-364). Evreux, 1915, 8º.

Lettre de D. J. B. Alaydon, Rennes 11 août 1727 (ms. fr. Paris 19678, f. 4-5 ; *Revue hist. Ardennaise,* XVI, 1909, p. 20-21).

Lettre de D. Audren (*Cabinet hist.*, 1857, I, 187-188).

Lettres à D. Benoît Bacchini des 27 août et 6 sept. 1698 et 4 juillet 1699 (*Spicilegium Benedictinum.* Romae, 1898, n. 29, 30, 34, p. 93-96, 123-125 ; déjà publiées par VALERY, III, 30-31, 34-35, 64-66) avec réponses de Bacchini 3 sept. 1698 (*ib.*, 32-33), 11 juillet 1699 (*ib.*, 68-70).]

* Lettre à Baluze 1699 (TAMIZEY DE LARROQUE dans *Revue de Gascogne,* X, 34-36 ; Lettre de Baluze du 19 août 1711 (*Iconographie des hommes célèbres*... Al. Mesnier. Paris, 1828-30) ; *Lettres de Baluze à Dom B. de Montfaucon et à D. Charlot de L'Hostallerie* publiées par l'abbé J. Laboudere (*Mélanges publiés par la Soc. des bibliophiles français,* VI, 1829, 13 pp.) *

[Lettres à Baluze : Rome, 13 janvier 1699 (Bibl. nat. Paris, Coll. Baluze 354, f. 111 ; *Catal.*, 402), du 24 nov. 1699 (*ib.*, 203, f. 82 ; *Catal.*, 243).

D. Henri Quentin, dans son ouvrage « *J. D. Mansi et les grandes collections conciliaires* » Paris, 1900, a publié (pp. 268-269) une lettre de Montfaucon à Baluze de novembre 1698 ; elle avait déjà été imprimée par Tamizey de Larroque dans son travail «*De la cor-*

respondance inédite de Montfaucon. Paris, 1879, pp. 31-32.) sauf le post-scriptum de D. Estiennot.]

* Lettre de Baluze à Montfaucon, Tours 19 aoust 1711 ; coll. de Mr. Bérard, facsimilé dans *Biographie des hommes illustres,* t. II, 1828-30, 4º): — Paris 23 avril 1713, Lettre à Baluze ; coll. de M. Tremisot, reproduite en facsimilé *(ib.).* *

[Dom J. E. Cathrein, bénédictin de l'abbaye de Melk, a publié la correspondance de Jean-Christophe Bartenstein avec D. Bernard de Montfaucon et une lettre de Nicolas Garelli *(Studien und Mittheil. aus dem Bened. Orden,* 1902, XXIII, 111-126, 386-403, 626-631 ; 1903, XXIV, 175-184, 446-466.)

Lettre au P. Guillaume Bonjour, 1702 (Bibl. Angelica à Rome, ms. 395, f. 119).

Lettres du président Bouhier (F. F. 24416, 25540).

L. G. Pélissier, *Un collaborateur de Montfaucon. Lettres du président Bon Saint-Hilaire à Bernard de Montfaucon (Mém. de l'Acad. des sciences d'Aix,* XIX, 1908, p. 174-213). On lit dans les *Annales du Midi,* XXI, 1909, p. 103 : « Publication nulle et non avenue, le bon à tirer n'ayant pas été donné par l'auteur et la suite des lettres ayant été tronquée à son insu. Ce mémoire sera sous peu publié dans des conditions scientifiques par *le Bibliographe moderne* de M. Stein ; c'est à cette édition seule qu'il faudra se référer. » Elles ont en effet paru dans *Le Bibliographe moderne* sous le titre de : *Un collaborateur de Montfaucon ; lettres de l'archéologue Bon de Saint-Hilaire (1722-1740)* (1909, p. 93-158), en tout 43 lettres du 12 avril 1720 au 1er janvier 1739.]

* Lettre à R. Bentley 7 kal. januarii 1719 publiée dans *The correspondence of R. Bentley.* London, 1842, t. II, n. 216, p. 565-566.

Lettres à l'abbé Bertet (Bibl. Avignon, ms. 1435 ; *Cat. gén. mss. Dép.,* XXVI, 625).*

[Lettre de Bossuet du 23 nov. 1702 *(Revue Bossuet,* 25 janv. 1903, IV, 21-22).

Lettre de D. Jacques Boyer du 28 déc. 1711 (Vernière, 431-434 ; v. 156).

Lettres à D. Calmet des 19 janvier 1717, fin 1725, 6 mai 1726, vers mai 1726, 7 juin et 4 nov. 1726, 8 janvier et 21 février 1727 (J. Favier, *Choix de lettres tirées de la coll. d'autographes de la Bibl. municipale de Nancy.* (Extrait des *Annales de l'Est,* 1894, 237-244 ; Nancy, Berger, 1894, 55 p. 8º) ; voir *Cat. gén. mss. Dép.,* IV, 184).

Lettres à D. Calmet (Bibl. du Séminaire de Nancy ; v. *Annales de l'Est*, 1897, 270).]

* L. a. a. à D. Calmet, Paris, 9 oct. 1735, 2 p. pl. in-4° (CHARAVAY, *Catal. lettres autogr.*, déc. 1913. n° 76835) *

[Correspondance avec Fontanini (Bibl. S. Marc à Venise, L. XI ; v. *Mélanges Mabillon*, 42-43).]

* Lettre datée de Paris, id. de fév. 1703, adressée au pape Clément XI, relative aux travaux des Bénédictins et en particulier à la « *Collectio nova patrum graecorum* » (Vente Coll. Gauthier La Chapelle, 10 mai 1872, n. 940).*

[Lettre de Gisbert Cuper *(Lettres de critique, de littérature et d'histoire.* Amsterdam, Arkstee, 1755, p. 52-61 ; v. 63-64, 148, 313, 414, 441, 476-477).]

* Lettre au card. de Bouillon 21 nov. 1709, envoi de sa Paléographie, annonce de la mort de D. Ruinart (Catal. autogr., vente 12 mars 1886, p. 28, n. 132).

La lettre de B. de M. publiée par Dantier, *Rapports (Archives,* VI, 312-313), écrite après 1725, n'est pas adressée à l'archevêque de Reims Ch. M. Le Tellier (décédé en 1710), mais probablement au card. de Fleury (v. DE BROGLIE, *Montfaucon*, II, 220).*

[Lettre de la Monnoye, 28 nov. 1707 *(Bibl. École des chartes,* 1905, LXVI, 628-631).

Lettres à l'abbé de Louvois publiées par H. Omont *(Mélanges d'archéol. et d'hist.*, XI, 1891, 443-450).]

* Lettres au même, Rome 7 oct. 1698 (Bibl. nat. Paris, fr. 20052, f. 79), publiée par l'abbé GILLET, *Camille Le Tellier de Louvois, bibliothécaire du Roi 1675-1718.* Paris, 1884, p. 247-252), et du 3 février 1699, Rome, (même ms. 20052, f. 89), publiée *ib.* p. 252-254). Ces deux lettres ont été publiées de nouveau par M. H. Omont dans sa *Note sur les manuscrits du Diarium italicum de Montfaucon* dans *Mélanges d'archéol. et d'hist.*, XI, 1891, 437-453).

Lettre à M. Delpech de Mérinville, Paris, 19 déc., 1727, au sujet des « *Monumens de la monarchie* » (Catal. autogr. Charles Keismer, vente 12 mars 1889, p. 28, n. 123).*

[Lettres à M. de Mazaugues, ms. 151 de Nîmes (*Cat. mss. Dép.*, in-4°, VII, 602) ; de 1733, ms. 2116 *(ib.,* XXXVI, 532); — Lettre à L. de Thomassin, Sr de Mazaugues, du 1 juin 1711, publiée par Tamizey de Larroque *(Revue de Gascogne,* XXIV (1883), 139 ; *Cat. gén. mss. Dép.,* XXXIV, 226), déjà donnée par VALERY (III, 195-197) ; — Lettres au même, 1721-1731 (L. G. PÉLISSIER.

Un collaborateur provençal de Montfaucon. Paris, 1910, p. 429-439).]

* Lettre au président Mazaugues à Aix en Provence, Paris 13 sept. 1733, relative à ses ouvrages et à la formation d'une collection de sceaux anciens (Catal. Autogr., vente 12 mai 1882, p. 42, n. 200).

Lettre au même, Paris 6 mars 1732, sur des inscriptions communiquées à l'Académie (Cat. Autogr. Jules Desnoyers, vente 18-19 avril 1889, p. 30, n. 207). *

[Lettre à Emmanuel de Montfaucon de 1739, publiée par E. Jolibois (*Revue du départ. du Tarn*, mars 1888, 44).

Lettres de Demurat à DD. de Vic et de Montfaucon (Bibl. nat. Paris, Coll. de Languedoc 14, f. 172 ; LAUER, I, 196).

Trois lettres de D. Jacques de Pronsac, prieur de St-Evroul, et deux de D. Louis Le Monnier à Montfaucon, août-nov. 1715 (*Bull. de la Soc. hist. et archéol. de l'Orne*, XXXII, 1913, p. 394-404 ; *Revue Mabillon*, X, 1914, p. 93-94].

* Lettre à D. Claude de Vic du 19 août 1723 (TAMIZEY DE LARROQUE, *Reliquiae bened.*, 10-11).

Fragments de la correspondance de Montfaucon avec Fabricius 1716, 1718, 1721, 1722 (*Vie de Fabricius* par Reimar, 1737, pp. 60, 61, 300).

Lettre à Mgr Fontanini, Paris 26 mars 1714 (vente autogr. 24 avril 1862, n. 864)*

[Une correspondance de M. avec Fontanini se trouve à la Bibl. Marciana à Venise, L. XI.]

* Correspondance avec Gaignières (Bibl. nat. Paris, ms. fr. 24988 ; OMONT, *Cat. anc. petits fonds fr.*, II, 493)*.

[20 lettres à D. Erasme Gattola, du Mont Cassin ; voir plus haut, p. 21.

La lettre (17 janv. 1699) publiée par Dantier, *Monastères bénédictins d'Italie*, I, 1866, p. 517-518, l'avait été par VALÉRY, III, 55-57.

Le prof. Charles Wenck, de Marbourg en Hesse, possédait un recueil de lettres adressées à Gabriel Groddeck, entre autres 7 de Montfaucon. Il en a publié trois dans son étude : « *Drei ungedruckte Briefe von L. A. Muratori an Gabriel Groddeck, erläutert durch ebensolche von Bernard de Montfaucon, Friderik Rostgaard und anderen aus den Jahren* 1697-1702 (*Raccolta di scritti storici in onore del Prof. Giacinto Romano nel suo XXV. anno d'insegnamento.* Pavie, Fusi, 1907, p. 307-336). Voir une note du Dr G.

Richter dans *Studien und Mitteil. aus dem Bened. Orden*, XXVIII, 1907, p. 687). Ces trois lettres sont datées : Paris 19 juillet 1697 (réponse du 5 sept. dans GIGAS p. 255) ; Paris 25 décembre 1697 (v. GIGAS, 250-252 et réponse du 5 janvier 1698, p. 261-260 ; Milan 14 juillet 1698).]

* Lettre à Grosley, Paris 2 oct. 1740 relative à un ms. acquis par Grosley (Vie de S.Remy), « je me porte fort bien, dit-il, quoique je sois sur la fin de ma 86ᵉ année » (Autogr., Vente Boilly, n. 324).

Lettre à Lancelot, Paris 21 mars 1723 (Catal. Autogr. Dubrunfaut, 4ᵉ série, vente 7-8 avril 1884, publiée par Tamizey de Larroque (*Bénédictins méridionaux*, p. 29).*

[Lettres de l'abbé Lebeuf publiées par E. Petit (*Bull. de la Soc. des Sciences hist. et natur. de l'Yonne*, 1896, tome 50).

Lettres de D. Le Chevalier, voir plus haut, t. I, 349-350.

Lettre à D. Légipont du 7 mars 1739 (Bibl. de Metz, *Analecta Oliveriana*, I, 413).

Lettres à Mabillon, 25 mai 1700 (JADART, *Ruinart*, 144-145 ; *Cat. gén. mss. Dép.*, XXXIX, 992) ; — 1700 (ms. Besançon 1444, *Cat. gén. mss. Dép.*, XLV, 169) ; 1699-1701 (A. CORBIERRE dans *Mélanges offerts à M. Emile Picot*, Paris, Morgand, 1913, t. II, p. 459-475)].

* La lettre de Mabillon publiée par Gigas (II, supp. nᵒ XI, p. 300-301) n'est pas adressée à Montfaucon, et la lettre (nᵒ XIV, p. 303-305) attribuée à Montfaucon est de D. Massuet (voir plus haut p. 76).*

[Lettre à Magliabecchi (PÉLISSIER, *Documents* X, 4]

* Lettre à Martène, Paris 28 déc. 1707 (Bibl. nat. Paris, ms. fr. 17701, f. 115 ; H. STEIN, *Album d'autographes*, 1ᵉ sér. 1907, pl. XXVIII).

Onze lettres à Marti, doyen d'Alicante (*Emm. Martini epistolarum libri duodecim. Amstelodami*, 1738).*

[Lettre à D. Cl. Martin du 31 juillet 1695 (Bibl. nat. Paris, ms. fr. 12764, f. 240) au sujet des éditions projetées par la Cong. de S. Maur (H. OMONT, *Montfaucon et l'édition des Pères grecs publiée par les Bénédictins* (Bibl. Ecole Chartes, LXXXII, 1922, p. 269-271).

M. Campori, dans son *Epistolario di Ludovico Antonio Muratori. Elenco dei Correspondenti*. Modena, 1898, signale 28 lettres à Muratori et 5 de celui-ci à Montfaucon (p. 16) Celles-ci ont été éditées dans l'*Epistolario di Muratori* (I, 272-274, 302-305 ; II, 558-559, 619-621 ; III, 1147).

* Lettre au card. Paolucci, Paris, 1720 (Bibl. royale de Bruxelles, m. 2669, f. 72-73 ; J. Van den Gheyn, *Cat. mss. Bruxelles*, IV, 118) publiée, par Valéry. III. 210-213 ; Dantier, *Rapports*, 260-262. *

[Lettres de D. Pellé (1720), D. Poncet (1721) et D. Claude Patron 1727) publiées par Denis (*Lettres de bénédictins du Maine*, pp. 9-13 ; extrait de la *Revue hist. et archéol. du Maine*, 1893).

Lettre à Pellisson (Bibl. de Besançon, ms. 602 f. 207 ; *Cat. gén. mss. Dép.*, XXXII, 358.]

* Correspondance avec le card. Quirini à la Bibliothèque de Brescia (t. XI, n°45) ; v. Léon G. Pélissier, *Souvenirs de Brescia* (*Bull. du Bibliophile*, 1889, p. 562, note 1); Valéry en a publié onze, 1713-1737. t. III, 198-221.

Lettre au card. Quirini, Paris 1 juin 1731 (Lettres autogr. composant la collection de M. Alfred Bovet décrites par Charavay, Paris, 1885, 4°, p. 254-255 avec fac-similé d'écrit. et de signature.*

[Lettre au même du 24 déc. 1741 (Coleti, *Epistolae Quirini* 17-26).

Lettre à Ruinart, Rome 4 août 1699 (Kukula dans *Studien*, 1896, p. 659-660).

Lettre à Nicolas Thoynard du 30 déc. 1698, avec post-scriptum de D. Estiennot (E. Jovy dans *Bull. du Bibliophile*, 15 janv. 1912, p. 28-30].

* Lettre au même, Rome 5 janvier 1700 (*Invent. des autographes composant la collection de M. B. Killon*, 1878, in-4°, n° 696, 6e sér., p. 16 ; publiée dans *Catalogue of the collection of autograph letters by A. Morrison*. 1890, t. IV. M. p. 296-297.

Lettre à Mr. Jean Walker, chancelier de St-David à Londres auprès de M. l'archevêque de Cantorbéry à Lambeth, Paris, 4 déc. 1729 (*ib.*, IV, 297) ; autre lettre sans destinataire, probablement le même, 25 juin 1730 (*ib.*, 298)*

[Lettre à H. Wanley (7 juillet 1672) publiée par H. Omont (*Revue des bibliothèques*, 1891, 246-247) en réponse à la lettre de H. Wanley (243-246).

Lettre de Wilkins, ms. 151 de Nîmes (*Cat. mss. Dép.*, in-4°, VII, 602) ; lettre du même du 4 janvier 1722 (*Mélanges Em. Chatelain*, Paris, 1910, 432-433) ; lettre à Wilkins du 4 mars 1727 (*Bibl. Ecole Chartes*, XXXI, 1870, p. 387).

La correspondance manuscrite de Montfaucon est conservée à la Bibl. Nat. de Paris, F. F. 17701-17713 ; coll. de Picardie, vol. 163 (Lauer, II, 142) ; ms. n. a. f. 5215 f. 423 (Omont, *Catal.*, II,

308) ; sur celles du ms. n. a. fr. 22435, v. *Bibl. Ecole des chartes,* 1917, p. 245 ; Omont, *Cat. nouv. acq. fr.,* IV, 484.]

* Lettre datée de Paris 13 mars 1713, 2 pp. 8º (Catal. de la coll. d'autographes du gén. F. von Radowitz, Berlin, 1864, 8º, p. 302, n. 4333).

Lettre au card. de Fleury du 3 sept. 1734 où il rappelle qu'il lui a présenté à Compiègne le dessein qu'il avait de donner au public des catalogues de presque toutes les bibliothèques de :'Europe (vente coll. abbé Fischer, 18-19 juillet 1869 nº 106 ; publ. par E. de Barthélemy dans *Bull. du Bibliophile,* 1870-71, p. 126).

Lettre avec sign. 26 juillet 1735, envoi de deux Plans des *Monumens de la Monarchie* (Cabinet d'autogr. Dubrunfaut, nº 244, 4º série, vente 7-8 avril 1884).

Lettre autogr. 20 oct. 1735, par laquelle il sollicite le prompt envoi d'excellents catalogues de mss. pour sa *Bibl. bibliothecarum :* « mon dessein étoit de les mettre après la bibliothèque de St-Germain-des-Prés..., qui après celle du Roi et la Vaticane passe toutes les autres... Si vous attendez le retour de Dom Tuillier et de Dom Guillaume [Le Seur] il sera trop tard ». (*Mélanges curieux et anecdotiques tirés d'une coll. de lettres autogr. ayant appartenu à M. Fossé-Darcosse,* Paris, 1861, p. 318, nº 777).

Lettre avec sign. Paris 24 oct. 1735 relative à des travaux littéraires (Cat. autographes, vente 21 mai 1881, p. 29, nº174)*

[Lettres (1732) à la Bibl. de Blois, ms. 109 (*Cat. gén. mss. Dép.,* XL, 566) ; de 1733 dans ms. 2116 de Carpentras (*ib.,* XXXVI, 532).

Fragment d'un billet autographe (Bibl. Arsenal 6934, f. 57 ; *Cat. mss. Arsenal,* VI, 359).

Lettre autographe de 1729 à la Bibl. de Nantes ; autogr. 674,142 (*Cat. gén. Mss. Dép.,* XXII, 392).]

Lettre de 1702 (Rome, Bibl. Angelica ms. 395, f. 119.]

Bossuet, *Œuvres,* ed. Vivès, XXVI, 453 ; XXX, 529 ; Dantier, *Rapport,* passim ; Cl. de Boze, *Eloge du P. de Montfaucon (Mém. de litt. tirés des registres de l'Acad. des Inscript. et Belles-lettres,* XVI, 1751 320) ; E. de Broglie, *Mabillon,* II, 269-279 ; E. de Broglie, *Bernard de Montfaucon et les Bernardins. 1715-1750,* Paris, Plon, 1891, 2 vol. 8º; de La Borderie, *Corresp. bretons,* 266-271 ; Delisle, *Cabinet,* I, 356, 367, 477, 484 ; II, 63, 65, 67, 97 ; *Dict. de la Bible,* IV, 1258 ; *Dict. théol. cathol.,* X, 2388-2390 ; Dupin, *XVIIᵉ S.,* 5ᵉ part., II, 291-301 ; *XVIIIᵉ S.,* 1, 353-384 ; Endres, *Emmeramer,* 91-95 ; Fabricius, *Bibl. graeca,* XIII, 849 ; François, II, 269-293 ; Franklin, I, 112, 120, 126, 132, 170, 288 ; II, 193, 238, 342, 362 ; III, 154 ; Gigas, passim, surtout la notice 245-271 ; GOUJET, *XVIIIe S.* II, 467-508 ; GUILLAUME, *Documents inéd.*, 73 ; HALKIN, *Martène*, 41-42 ; HOEFER, XXXVI, 223-229 ; HURTER, *Nomenclat.*, II, 1323-1328 ; *Kirchenlexikon*, VIII, 1848-1852 ; KUKULA, III, 2, p. 29 ; LA CROZE, *Hist. d'un voyage littér. fait en 1733*, p. IX, 59-60, 75-76 ; LAMA, 461-476 ; LE CERF, 363-392 ; LE CERF, *H. C.*, 301 ; LELONG, V, 634 ; LE ROY, *Corresp. de Quesnel*, II, 61, 76, 119, 137 ; *Mémoires de Trévoux*, juin 1703, p. 1023 ; juill. 1703, p. 1202 ; fév. 1709, p. 275 ; mars 1709, p. 406 ; juill. 1710, p. 1119 ; juin 1712, p. 929 ; janv. 1714, p. 108 ; mars 1714, p. 447 ; janv. 1716, pp. 22, 40 ; nov. 1735, p. 1332 ; MICHAUD, XXIX, 104-106 ; NISARD, *Corresp. de Caylus*, I, p. XVI ; PAPILLON, I, 275 ; PEZ, 364-374 ; QUÉRARD, VI, 249-250 ; QUIRINI, *Commentarii*, Pars I, pref. X, 87, 239, 273 ; Pars II, lib. I, 16-17 ; *Realencyklopädie*, XIII, 431-434 ; TAMIZEY DE LARROQUE, *Bénéd. mérid.*, VII, 1-46, 62-68 (Extr. de la *Revue de Gascogne*, sept-oct. 1891) ; TASSIN, 149, 180, 284, 285, 304, 306, 461, 495, 571, 585-616, 688, 694, 762, 791 ; TASSIN, *G. G.*, I, 227, 275, 439-471, 475 ; II, 99, 152, 271, 292-343, 454, 466, 573, 616 ; TRAUBE, *Vorlesungen und Abhandl.*, I, 35-42 ; VANEL, *Nécrologe*, 199-204 et passim ; VANEL, *S. L.*, 102-114, 226-227, 230 ; VALENTI, 219-243 ; VALERY, III, 408-410 ; VERNIÈRE, 7, 156, 200 ; VIGNEUL, I, 88 ; ZIEGELBAUER, I, 394-395, 425-430 ; III, 479-481 ; IV, passim.

MONTPIÉ DE NEGRÉ (César-Joseph).

[Lettre à D. B. de Montfaucon du 25 janvier 1740, au sujet de de sa *Grammaire latine* (*Revue bénéd.*, XXVIII, 1911, p. 206-207).

FRANÇOIS, II, 296 ; LAMA, 529 ; QUÉRARD, VI, 272 ; TASSIN, 721-722 ; TASSIN, *G. G.*, II, 510-511.

MOPINOT (Simon).

D. Tassin se borne à dire que D. Mopinot écrivit une lettre imprimée in-4º sur le 1er volume des Lettres des papes. La lettre de Dom Mopinot à Dom Conrade, dont parle D. Tassin à la page 443 de *l'Hist. litt.*, est intitulée : *Epistola D. Simonis Mopinot de nova editione epistolarum summorum pontificum*, 1724, in 4º de 19 pages d'impression.

Il y a pages 52-53 des *Mémoires hist. et litt.* de l'abbé Goujet [1767] une lettre de Dom Mopinot où il exprime sa satisfaction et celle de Dom Maran de la traduction du Traité de la religion chrétienne de Grotius [Lettre du Vendredi Saint 1724].

On sait par D. Lecerf et par une lettre de Montfaucon que Simon Mopinot avait travaillé quelque temps avec D. Sabathier à l'édition de l'Italica. Voy. mes notes dans la correspondance de Dom Devic.

[Dom Mopinot fut le collaborateur de D. Coustant dans l'édition des Lettres des papes. « Resté dans l'ombre par une mort prématurée, dit le cardinal Pitra, Dom Mopinot est l'une des figures les plus attachantes de Saint-Maur. Il eut un culte filial pour son maître dont la mort semble avoir abrégé sa vie. Il a dû partager, peut-être trop à découvert, son peu d'attrait pour l'école janséniste. Il usa sa vie uniquement au service des Papes. Il possédait le latin classique à un degré supérieur. Son écriture fine et déliée reflète son goût élégant et contraste avec les traits massifs et carrément posés du maître. C'était à lui, comme on le voit par des retouches discrètes, à donner un tour gracieux aux périodes trop pesantes. On admira, même à Rome, la dédicace à Innocent XIII ; la préface, partout empreinte des traces du disciple, suffirait pour le classer parmi les modèles» (*Analecta novissima*, I, 11).

Sur les travaux de D. Mopinot voir Pitra (*ib.*, 12, 26-27, 29, 45-47, 369).

L'apologie du pape Vigile , publiée en collaboration avec D. Coustant et D. Durand, a été éditée par Pitra (370-461; voir 366-369).

Éloge de D. Mopinot dans Desmolets et Goujet, Continuation des *Mém. de litt. et d'hist.* de Sallengre (t. X. P. I, 24-35) et dans le *Mercure*, déc. 1724, pp. 2553-2565 (LELONG, I, 12537-12538).

Correspondance avrc les Bénédictins de St-Emmeran (ENDRES, *Emmeramer*, 81-85, 440-445, 560).

Voir plus haut la notice sur D. Coustant (t. I, p. 140).]

* D. Mopinot, régent de rhétorique à Pontlevoy, passait pour un excellent poète latin, étant, d'après un mémoire de ce monastère, «auteur de deux grandes odes, l'une en l'honneur de l'enfant Jésus, que l'on chante dans la Congrégation des pensionnaires, l'autre à la gloire de la sainte Vierge dans son Assomption » (A. DUPRÉ, *Notes sur l'école de Pontlevoy au temps des Bénédictins* dans *Le Loir-et-Cher historique*, 1897, col. 144).

Le titre de la lettre signalée par D. Tassin (p. 443, n°4) est : *De nova editione epistolarum summorum pontificum Epistola* R. P. Domni Simonis Mopinot Monachi benedictini ex Congregatione Sancti Mauri s. l. 1725, 4°, 19 pp. (*Catal. des imprimés du Cabinet de Reims* t. IV, Histoire p. 252, n° 1902).

Lettre de D. Mopinot et de D. P. Sabatier à Richard Bentley, Paris, X kal. nov. 1719 (*The Correspondence of R. Bentley*. London, 1842, t. II, p. 558-562) *.

[Correspondance ms. avec Fontanini à la Bibl. Marciana de Venise, L. XI].

* Correspondance dans les mss. fr. 20941, 25537-25538.

Biographie de D. Mopinot (ms. fr. 20941, f. 240).

La lettre sur Mopinot dans le *Mercure* de décembre 1724 est de D. Thuillier ; l'éloge dans les *Mémoires de littérature* de Goujet.*

DANTON. *Biogr. rémoise*, 75-76 ; DE BROGLIE, *Montfaucon*, I, 29-31 ; DELISLE, *Cabinet*, II. 67 ; FRANÇOIS, II, 297-300 ; HOEFER, XXXVI, 434 ; JADART, *Savants champenois*, 106-108 ; LE CERF, 393 ; LELONG. IV. S. 12538 ; MANGENOT, *Travaux*, 44 ; MARTÈNE, *Vie des justes*, III, 114-118 ; *Mém. de Trévoux*, janv. 1725, 182 ; MICHAUD, XXIX, 228-229 ; NOBL, 197 ; TASSIN, 381, 428, 430, 440-445, 552 ; TASSIN, G. G., I. 595 ; II. 48. 51, 67-75 ; VANEL, *Nécrologe*, 139-140, 357 ; ZIEGELBAUER, IV. 227.

MOREAU (Isaac).

GIGAS, II, p. VII . ROBERT. 75.

MOREL (Germain).

[« Défenses de la vérité contre les faulses maximes d'un certain libelle nouvellement imprimé, touchant la prétendue sécularisation de l'abbaye de Sainct-Meen » (Bibl. nat. Paris. F. F. 19831 ; Bibl. Tours, ms. 1175 ; *Cat. gén. mss. Dép.*, XXXVII, 827.]

* S. ROPARTZ, *Histoire de la sécularisation de l'abbaye de St-Méen* (*Mém. de la Soc. arch. et hist. des Côtes du Nord* t. III, St-Brieuc. 1857-60, p. 177 et suiv.) analyse le ms. de D. Morel et en donne des extraits. Il est mort à St-Sulpice de Bourges.*

LELONG, IV, S., 12062 ; MARTÈNE, *Marmoutier*, II, 513-522, 349, 555 ; *Hist. Cong. S. Maur*, IV, 101-105 ; TASSIN. 773-774 ; TASSIN. G. G.. II, 589-591.

MOREL (J. B.)

[« La vie de frère J. B. Morel, religieux bénédictin de la Congrégation de St-Maur » (Bibl. nat. Paris, F. F. 19642). Le ms. 1443 de Tours, qui contient également ce travail, ajoute ces mots qui ont été ensuite rayés : écrite par le R. P. Boucher, prieur de Bourgueil. La copie fut faite par D. Claude Vallée pour dom Louis Tasche, prieur de Marmoutier de 1696 à 1702 (*Cat. gén. mss. Dép.*, XXXVII, 960).

La Matricule de St-Maur signale J. B. Morel, né à Limoges, profés à 17 ans à St-Augustin le 13 mai 1686, mort à St-Sulpice de Bourges sous-diacre le 24 novembre 1691].

MARTÈNE, *Vie des Justes*, II, 119-120.

MOREL (Robert).

Domin. de Colonia a fait une large place à D. Robert Morel dans sa *Bibliothèque janséniste*. Bruxelles, 1744, t. I, p. 165-169, 264-268 ; II, 271-273, par esprit de parti.

Entretiens spirituels sur les évangiles. Paris, Vincent, 1716, 2 vol. 16° (BM.) ; Paris, 1719 in-12 (BM.) 1728 ; Paris 1748, 3 vol. 12° (BW).

Entretiens spirituels en forme de prières sur la passion de J. C. Paris, 1714, 6 ff. 416 pp. Paris, 1718, 16° (BM.) ; Rosenthal, Cat. 80, n° 1192) ; traduit en allemand : *Geistreiche Betrachtungen über das Leiden Christi*. Constanz, Bez, 1776, 12° (B. M).

Entretiens spirituels pour servir de préparation à la mort. Paris, 1721, 1727, 1730 (BW), 1755 (BM), traduit en allemand: *Vorbereitung zu einem glücksel. Tode.* Konstanz, Wagner, 1872, 12° (BM).

Entretiens spirituels pour la fête et l'octave du S. Sacrement. Paris, 1722, 1723 (B. M.), traduit en allemand : *Betrachtungen von den Geheimnisse des allerh. Altars-Sacrament,* trad. par le P. Sébastien Greuther O. S. B. Constance, Wagner, 1778, 16° (B. M.) et en anglais : *Devotions to Jesus-christ in the most Holy Sacrament of the Altar.* Printed from Thomas Meighan in Drury-lane, s. d., VIII-436 pp., trad. de John Philip Bets vers 1750 (*Downside Review*, XXXI, mars 1912, p. 26-27).

Imitation de N. S. J. C. Paris, 1723, 1724 2° édit. (Bibl. Wilhelm) 1731, 1754 (Bibl. Wilhelm), 1758, 1768.]

* Sur les éditions de l'*Imitation* voir DE BACKER, *Bibliographie de l'Imitation*, n°° 1204-1212. Quérard dit de celle de 1787, in-12 : c'est au moins la vingtième (IV, 290).

Los libros de la Imitacion de Nro Señor Jesu-Christo : su verdadero author Jean Gersen abad del orden de San Benito : nuevamente traducido por el P. D. Morell, religioso benedictino de la Congregacion de S. Mauro, con una oracion afectiva, o efusion de corazon al fin de cada capitulo compuesta por el mismo P. D. Morell ; y ahora traducido toto del Frances en Español por el P. Mro Fr. Alonso Olibares, abad de S. Benito el real de Valladolid, quien pone a la frente un resumen de la historia de la porsiada disputa que ha havido sobre el author de este libro... En Valladolid, En la officina de D. Thomas de Santander..., año de 1774, petit 8º, LVII-703 pp. (Bibl. Solesmes).*

[*Office de la Semaine Sainte.* Paris, Vincent, 1729, 16º (BM).

. *Du Bonheur d'un simple religieux*, Paris, 1727, 1752 ; traduit en latin, par un bénédictin de Benedictbeuern : *Tractatus asceticus de felicitate religiosi ab officiis liberi atque obligationibus et salutis suae studiosi.* Ratisbonne, v. Gartl, 1735, 8 ff. 283 pp. (BM); et *Tractatus asceticus de felicitate religiosi suae obligationis et salutis studiosi.* Sumptibus abb. Zirciensis S. O. Cist. reimpressus, Weszprem, Szammer, 1806, 8º (B.M) ; et en allemand : *Paradeys oder wahre Glückseligkeit auf Erden von einer Ordensseel* von P. Willibald Reichenberger, O. S. B., Augsbourg, Ilger, 1738, 16º (BM).

Effusion de cœur, 2ᵉ éd. Paris, Vincent, 1722, 4 vol. in-12 (BM).

Retraite de dix jours. Paris, Vincent, 1723, 1727, 1732 (BM), 1750 (BM). Une traduction allemande : *Betrachtungen über die vornehmsten Pflichten des Klosterstandes sammt einer Erklärung des Kirchengesanges vom heil. Geiste*, faite par le P. Jérôme Kumbli, de Muri, est conservée ms. à l'abbaye de Muri-Gries (*Scriptores Austriaci*, 263).

Méditations sur la règle de S. Benoît. Paris, 1717 ; Paris, Thiboust, 1752, in-12 (BM) ; nouv. éd. Bruges, Grunthuuse, 1923, XVI-444 pp. 8º.

Entretiens spirituels en forme de prières sur le livre de Job (Bibl. nat. Paris, F. F. 9618, 17677) ; v. Maillefer (t. II. p. 36).]

* Mercier de S. Léger fait remarquer (TASSIN, p. 505) que cinq opuscules de D. Morel ont été traduits en italien par le P. Ange Calogera, camaldule, lequel s'est caché sous le nom d'Eleusio Adrieo (v. *Bibliotheca mss. S. Michaelis de Murano*, col. 795-796).

Lettre en latin adressée au Pape par D. Rob. Morel, le 16 mars 1716, envoi de son livre : *Affectus cordis ex fonte psalmorum* (Bibl. nat. Paris, ms. fr. 19679, f. 251).

Autre lettre du même (*ib.* f. 281).

D. R. Morel est né à La Chaise Dieu le 20 janvier 1653.*

Dict. théol. cathol., X, 2484-2485 ; FRANÇOIS, II, 310-311 ; FRANKLIN, I, 112, 125 ; II, 368 ; GIGAS, II, 100 ; HOEFER, XXXVI, 524 ; LAMA, 392-405 ; LE CERF, 394-395 ; MARTÈNE, *Vie des Justes, III*, 178-183 ; *Mémoires de Trévoux*, mai 1753, p. 1134 ; MICHAUD, XXIX, 275 ; QUÉRARD, VI, 300 ; TASSIN, 401, 418, 435, 500-505 ; TASSIN, G. G., II, 6, 32, 59, 159-168 ; ZIEGELBAUER, IV, 36, 170.

MOREL (Silvestre)

Né à la Chaise-Dieu, profès à 18 ans à St-Augustin de Limoges le 18 mai 1643, mort prieur à St-Jean d'Angely le 7 ou le 26 septembre 1704.

Du Bout, 455 ; Gigas, I, 35-39 ; *Revue Mabillon*, V, 1909, p. 229 ; Tassin, 500 ; Tassin, *G. G.*, II, 160.

MORICE DE BEAUBOIS (Hyacinthe).

Dom Tassin, page 680 de son *Hist. litt.*, parle de l'hist. ms. de la maison de Rohan par Dom Morice, retouchée par D. Taillandier, et dit que cette histoire est conservée ms. dans l'illustre maison de Rohan. Aujourd'hui ce ms., qui a été dispersé à la Révolution avec toutes les autres richesses de la Bibl. de l'hôtel de Soubise, se trouve à peu près intact entre les mains de M. Courajod, conservateur aux Estampes nationales, qui a eu la bonne fortune d'en faire l'acquisition il y a quelques années. Le manuscrit acquis par Courajod se trouve aujourd'hui à la Bibliothèque de la ville de Nantes à laquelle il a été donné en 1880 [*Cat. gén. mss. Dép.*, XXII, 274-276]. Dom Plaine, bénédictin de Ligugé, a publié une notice sur ce ms. dans la *Revue de Bretagne et de Vendée*. Je possède le tirage-à-part de cette notice de 11 pages in-8°.

Le travail de D. Plaine a paru sous le titre de *L'Histoire généalogique de la maison de Rohan par Dom Morice, Relation du voyage de Dom Taillandier en Bretagne* (*Revue de Bretagne et de Vendée*, t. XXXII, 20-30, 89-102, 183-200) ; tiré à part in-8° de 44 pp. Nantes, Forest et Grimaud, 1872, 8°, 44 p.

Art. de la Borderie, *Lettres du cardinal de Rohan à Dom Morice, 1729-1730* (*Bull. de la Soc. des bibliophiles bretons et de l'hist. de Bretagne*, I, 1878, 56).

R. P. René de Nantes, *Quatre lettres du P. François-Marie de Belle-Ile, capucin, à Dom Morice*. St. Brieuc, Prudhomme, 1892, 29 pp. (Extrait du *Bull. de la Soc. arch. et hist. des Côtes du Nord*).

Recueil de minutes et de pièces ayant servi à Dom Morice pour son Histoire de Bretagne (Bibl. nat. Paris, F. F. 22327, 22337-22345, 22347-22351).

Les mss. 1873 à 1884 de Nantes sont relatifs à l'Hist. de Bretagne ; ms. 1873 premier travail de D. Morice, 1732 ; ms. 1874, 2ᵉ trav. 1758, autographes.

Preuves de l'histoire de Rohan par Dom Morice, Bibl. de Nantes, ms. 1878 (*Cat. gén. mss. Dép.*, XXII, 274-275) ; recueil de pièces

justificatives, ms. 1880 (p. 275) ; Lettres de Bréquigny à D.
Morice et de D. Morice sur le siège des Rohan aux États de Bretagne ms. 1881 (*ib.*) ; Discussion entre D. Morice et l'abbé Fou-
chet pour la préséance aux États de Bretagne ; Exhumations faites
à l'abbaye de Bonrepos en présence de D. Morice, ms. 1882 (*ib.*);
minutes de l'histoire de D. Morice, ms. 1884 (*ib.* 276).

Recueil de cinq pièces relatives à l'histoire de Bretagne ; lettre
autographe de D. Morice (oct. 1740) aux États de Bretagne ;
contrat du 22 juin 1741 pour l'impression, ratification par le
chapitre des Blancs-Manteaux du 13 août 1741 ; lettre de D. René
Laneau du 31 octobre 1750 sur la mort de D. Morice ; acceptation
par les États de Dom Taillandier du 17 nov. 1750 (Bibl. de Rennes,
ms. 321 ; *Cat. gén. mss. Dép.*, XXIV, 157-158).

Lettre à M. de Mazaugues (Bibl. d'Aix, ms. 1292 ; *Cat. gén. mss.
Dép.*, XL, 64).

Prospectus de l'*Hist. eccl. de Bretagne* (Collection Wilhelm).]

* A. DE LA BORDERIE, *Plan d'une carte géographique de l'Armo-
rique à l'époque gallo-romaine par Dom Morice* (*Bull. archéol. de
l'Assoc. Bretonne*, 3e série, t. XII, 1894, p. 107 et suiv.).

J. GESLIN DE BOURGOGNE, *Mémoires d'Hercules de Lescouet et
lettres de D. Morice sur les sergents féodés* (*Soc. d'Emul. des Côtes
du Nord. Bull. et Mém., XXVII, 1889, p. 161 et suiv.*).

Histoire des maisons de Porhoët et Rohan, justifiée par chartes... par D. Morice en 1740. Le tome I comprend 760 pp. + les
tables ; le t. II, 1048 pp., 430 × 279 (Arch. Nat. Paris, MM. 758-
759 ; *Cat. mss. Arch. nat.* 1892, t. 371 n° 2464).

Table des preuves de l'Histoire de D. Morice avec l'indication
des dépôts explorés par les Bénédictins, par Bizeul (Bibl. Nantes,
ms. 1290, 26 ff., 19e s. (*Cat. gén. mss. Dép.*, XXII, 176).

Copie par Bizeul, d'après les originaux du fonds des Blancs-
Manteaux, de la correspondance de divers Bénédictins relative
à l'histoire de Bretagne. On y trouve des lettres de DD. Audren,
Liron et Morice (*ib.* ms. 1294 ; *Catal.*, XXII, 176).*

[Vte H. HALGOUËT. *Les sentiments de Dom Morice sur l'origine
des armoiries, des sceaux et des devises* (*Revue de Bretagne*, mai-
juin 1910, p. 305-308).]

DE LA BORDERIE, *Correspond bret.*, 253-258 ; DELISLE, *Cabinet,*
II. 70, 241, 317 ; FRANÇOIS, II. 307-310 ; HOEFER, XXXVI, 581 ;
HURTER, *Nomenclator,* II, 1390 ; LAMA, 504 ; LELONG, V, 638 ; LEVOT,
Biographie bretonne, 510-515 ; MICHAUD XXIX, 317-318 ; QUÉRARD,
VI, 316 ; *Revue Mabillon,* II, 269 ; D. TAILLANDIER, notice sur D. M.

dans la préface du 5ᵉ vol. de *l'Hist. de Bretagne*, 1756 ; Tassin, 679-683 ; Tassin, *G. G.*, II, 441-447.

MORILLON (Julien-Gatien).

Ajouter à sa notice, qui est dans D. Tassin p. 150-151, que d'après le Catal. des mss. de la Bibl. d Orléans par Septier, les mss. autographes de la paraphrase du livre de Tobie et de Joseph ou l'esclave fidèle provenant de la Bibl. de Sᵗ-Benoît-sur-Loire, où ils ont été écrits et dont Morillon a régi longtemps les affaires temporelles, sont conservés aujourd'hui à la Bibl. communale d'Orléans sous les nᵒˢ 375 et 377. Voyez encore sur ces mss. de Morillon l'inventaire des mss. d'Orléans par Cuissard, pages 197-198 [*Cat. gén. mss. Dép.*, XII, 219.]

Ajouter... que d'après l'*Apologie de l'abbé de la Trappe* par Thiers on attribuait à Dom Morillon une petite pièce satirique en vers contre Rancé, qui se trouve à la page 84 des Lettres de Sᵗᵉ. Marthe à Mʳ l'abbé de la Trappe. Voyez la page 289-291 de l'*Apologie*.

« Adieu du P. Morillon, procureur de l'abbaye de Sᵗ-Benoît-sur-Loire, relégué au Mont-Sᵗ-Michel, à M. de Lorraine, 40 vers, (Bibl. d'Orléans, ms. 745 : *Cat. gén. mss. Dép.*, XII, 294).

* Mercier de Sᵗ-Léger (*Hist. litt. de D. Tassin*, p. 151, nᵒ 4) fait remarquer que l'impression de la Paraphrase sur Joseph se fit à Tours, lorsque l'auteur était à St-Julien. Il s'en trouve une copie dans le ms. 689 de Metz (*Cat. gén. mss. Dép.*, 4ᵒ, 1879, t. V, p. 233). *

Carré de Busserolle, IV, 340 ; de Planhol, *Un poète bénédictin du XVIIᵉ s. D. Gatien de Morillon, 1633-1694 (Revue de la Semaine*, oct. 1921, p. 61-88) ; A. D. (*Bullet. du bibliophile*, fév. 1845) ; François, II, 310-311 ; Hoefer, XXXVI, 586-587 ; Lama, 117-120 ; Le Cerf, 395-396 ; Merlet, 309 ; Michaud, XXIX, 345 ; Pez, 71-74 ; Pinsson, 5 ; Quérard, VI, 317-318 ; Tassin, 150-151 ; Tassin, G. G., 150-151 ; R. Toinet, *Quelques recherches sur les poèmes héroïques et épiques français du XVIIᵉ s.* Tulle, 1899 ; Ziegelbauer, IV, 57.

MORIN (Henri-François).

Né à Rennes, profès à St-Melaine âgé de 17 ans le 13 nov. 1709, mort à Sᵗ-Jean de Château-Gontier le 13 janvier 1786, doyen de la Congrégation (*Matricule*)

[*Gnomonique ou traité des cadrans solaires* (Bibl. du Mans, ms.

119 ; *Cat. gén. mss. Dép.*, XX, 92) ; *Principes d'horlogerie*, ms.
122 (*ib.*, 93).

MOUCHERON (al. du Moucheray) (Gilles).

*Gilles Moucheron, né à Cérancé, dioc. de Chartres, profès à
St-Melaine à l'âge de 20 ans, le 24 février 1647, décédé le 7 janvier
1685 à Blanche-Couronne.

« Mémoire sur l'abbaye de Blanche Couronne envoyé le 13 avril
1674 à D. Simon Bougis par D. Gile du Moucheray » (Bibl. nat. Paris,
ms. lat. 12679, f. 415) ; v. DELISLE, *Monast. gallic.*, pref. p. X. *

MOULY (J. B.).

* Né à Puis-Albert, dioc. Limoges, profès à St-Augustin le 22 juin
1624, âgé de 20 ans, décédé à Jumièges le 3 juillet 1687.*

> BESSE dans *Bull. Soc. scient. Corrèze*, 1902, 103-104 ; DU BOUT,
> *Orbais*, 385 ; DU BUSC, *Jumièges*, III, 167-158 ; MARTÈNE, *Vie des
> Justes*, II, 68-69 ; MARTIN DU GARD, *Jumièges*, 281 ; *Revue Mabillon*.
> VI, 1910. 231.

MOUSSO (Jean-Pierre Chartrée de).

* Né à Laon, profès à St-Faron de Meaux, âgé de 19 ans, le 18
octobre 1741, élu supérieur général le 17 mai 1781, décédé à St-
Remy de Reims le 30 juin 1787. Baptisé le 15 février 1723 à St-
Eloi de Laon (*Revue Mabillon*, XIX, 339).

Lettre de D₁₁₁ à Dom Mo(usso) a(ssistant) D. L. C. D. S. M.,
S° 15 p. imp. s. d. (Arch. nat. Paris G⁹ 30) sur la diète de 1779,
contre D. Mousso.

Lettre de Dom Mousso, vicaire général de la Cong. de St-Maur
au comte d'Angiviller, abbaye de St-Germain 11 avril 1781, publiée
dans *Un chapitre inédit de l'histoire des tombes royales de St-Denis*
par J. J.Guiffrey, 1781-1787. Paris, 1876, p. 15-26 ; réponse du comte
d'Angiviller à D. Mousso, Versailles 15 avril 1781 (*ib.*, 26-28).

« *Très humbles et très respectueuses représentations du supérieur
général de la Congrégation de St-Maur et de ses deux assistants au
Roi...* (Sire, le supérieur général et les assistants... à la fin :
la solide gloire de votre Majesté. Fr. Jean-Pierre Mousso, Sup.
Gén., F. N. Bourdon assistant, F. J. Brunet assistant, in-4° 28 pp.
[1783] = représentation contre l'arrêt du Conseil du 29 juin
fixant un chapitre général à St-Denis pour le 9 septembre [1783]*.

Cabinet histor., XXII, I, 24 ; PORÉE, *Histoire*, II, 515, 519, 520-521 ;
VANEL, *Nécrologe*, 343.

MOYNEAU (Denis).

[*Mémoires pour servir à l'histoire de Notre Dame de Molesme...*
(Bibl. nat. de Paris, Coll. de Champagne, XXI, f. 100 ; LAUER, I,
70). Ces mémoires « sont une histoire diplomatique de l'abbaye
depuis les origines jusqu'à 1722 ; leur rédaction date de 1743 »
(J. LAURENT, *Cartulaires de l'abbaye de Molesme*, t. I, Introd. Paris,
1907, p. 17).

Serait-ce D. Denis Moniot, né à Bèze, dioc. de Langres, profès
à 21 ans à St-Faron de Meaux le 6 octobre 1706, décédé le 7 déc.
1762 à S. Léonard de Corbigny ?

MULEY (Charles-Joseph).

Le ms. 9985 des mss. lat. de la Bibl. nat. est une copie de chartes
de l'Église de Soissons par Dom Muley [anc. 21 bis de la Collection
de Picardie, LAUER, II, 86).] Dom Mulley est en effet mentionné
comme chargé de travailler dans le Soissonnais dans le *Plan des
travaux litt.* Paris, Imp. royale, 1782.

D'après ma matricule ms. Charles-Joseph Mullet est mort le
31 décembre 1783 in monast Troarnensi (= Troarn, entre Caen
et St-Pierre sur Dive)

Les travaux de Dom Muley sur le chartrier de l'abbaye de St-
Père-en-Vallée sont conservés en plusieurs volumes dans les Archives du département d'Eure-et-Loir et sont souvent cités par
l'abbé Poisson dans ses *Chroniques de l'abbaye de St-Père*. Quelques
volumes des travaux de Dom Muley se trouvent encore à la bibliothèque publique de Chartres en 5 volumes in-fol.

Cartulaire de l'abbaye de St-Père de Chartres, ms. 1136 de la
Bibl. de Chartres (*Cat. gén. mss. Dép.*, XI, 352).

Glossaire des vieux mots de latinité bâtarde, ms. 1265 (*ib.*, 381).

Correspondance avec D. Grenier (Coll. de Picardie, vol. 41 ;
LAUER, II, 92).

Copies de chartes de St-Pierre de Chézy, 1063-1412 (Coll. de
Picardie, vol. 22 ; LAUER, II, 86).

Dictionnaire géographique de Picardie A-Q (*ib.* vol. 25 ; LAUER,
II, 87).

Il naquit à Bapaume le 27 février 1735, fut ordonné prêtre le

19 septembre 1761, fut chargé en 1779 par l'abbé de Troarn, de Véri, de classer les titres de ce monastère et mourut à Troarn le 2 janvier 1784 (R. N. SAUVAGE, *L'Abbaye de St-Martin de Troarn* (*Mém. Soc. Antiq. de Normandie*, 4e sér. t. IV). Caen, 1911 p. XIX-XX).

Il est auteur d'un *Mémoire succinct sur les droits de l'abbaye de Troarn et des riverains de la Dive*. Caen, 1779, 4°, 48 p.

Lettres écrites à D. Muley par de Véry (Arch. Dép. du Calvados, F. Acquisitions Voisin).

Lettres (Coll. Moreau, vol. 348 ; OMONT, *Invent.*, 18)

FÉL. BRUN, *Dom Muley, bénédictin de Saint-Crépin et sa correspondance avec divers érudits, 1764-1780* (*Bull. Soc. archéol... Soissons*, 4e série, t. I, 1920-21, Compiègne, 1924, pp. 7-36].

* A. CORLIEU, *Note pour l'histoire de Chézy-sur-Marne* (= lettre de D. Ch. Muley à D. Grenier, 1769) (*Annal. de la Soc. hist. et arch. de Château-Thierry.* XXXVII, 1902, p. 131-133).*

CHARMES, *Comité*, I, 339. 411 ; DELISLE, *Catal. actes Philippe-Auguste.* LI ; GUÉRARD, *Cart. de l'abbaye de St-Père de Chartres.* Paris, 1840, I, pp. CCLXXVII-CCLXXVIII ; MERLET, 310-311 ; ROBERT, 75-76.

MULLOT

Prieur de St-Lucien de Beauvais ; lettre à Colbert, 1669. (Bibl. nat. Paris, Mélanges Colbert 102, f. 90 ; *Catal.*, I, 97).

N

NACOT (Jean-Marie)

* Né à Rumilly, dioc. de Genève, profès à Vendôme, âgé de 27 ans, le 27 mai 1656, mort à Ferrières, prieur, le 2 octobre 1688 (*Matricule*) *

Lettre adressée de Ferrières le 28 octobre 1670 à D. Claude Martin (Bibl. nat. Paris, ms. lat. 11645, f. 229 ; KUKULA, III, 2, p. 23).

JAROSSAY, *Ferrières*, 393.

NADAL (Etienne).

* Né à Arras, profès à 17 ans à Jumièges, le 22 décembre 1717, décédé le 17 février 1759, visiteur, à St-Benoît-sur-Loire *(Matricule)*. Il fut prieur de N. D. de Coulombs de 1742 à 1748.

Lettre à D. Trablaine, jeudi-saint 1744 (L. MERLET, *Hist. de l'abbaye de N.-D. de Coulombs*. Chartres, 1861, p. 236-237, note 1) ;—lettre de Mr Delahaye, curé de Charpont à D. Nadal, 23 mai 1744 *(ib.*, 156, note 1). *

NAGEON (Denis).

D. Tassin lui consacre quelques lignes à la page 380 de son *Hist. litt.* et donne le titre exact de son poème, mais en se bornant à dire qu'il a été imprimé et qu'on en a fait une seconde édition à Besançon en 1702. C'est également cette édition qui est seule mentionnée par Dom Rigault et Lama. L'édition originale, que D. Tassin ni Lama n'ont connue, est un in-12 anonyme sans lieu d'impression et portant la date de 1699 ; il est de 9 pages seulement et je le possède.

BOUCHER DE MOLANDON, *Lettre de D. Nageon à D. Mabillon relative à deux pierres tombales de l'église de St-Benoît-sur-Loire, 1704 (Bull. de la Soc. archéol. de l'Orléanais*, VI, 205).

Sur D. Nageon et l'édition bénédictine de S. Augustin (TOUGARD, *Lettres de D. Toustain*, 285).]

DE BACKER, *Bibliothèque*, 3e série, 1856, 438 ; FRANÇOIS, II, 323 ; INGOLD, *Hist. de l'éd. bénéd. de S. Augustin*, 195-198 ; LAMA, 295 ; LE CERF, 36 ; QUÉRARD, VI, 379 ; SOMMERVOGEL, IV, 1486 ; TASSIN, 380 ; TASSIN, G. G., II, 593.

NAINVILLE (Jean-Louis de).

* Né à Paris le 28 avril 1740, y décédé le 29 février 1829, ancien religieux de St-Germain.

Il travaillait à la notice des Gaules et du Moyen-Age avec D. Lièble et au recueil des chartes et diplômes du Royaume (Communication de Mr Vernière, d'après un exemplaire de l'*Hist. litt.* de D. Tassin avec notes mss. conservé à la Bibl. des Arch. dép. de la Lozère. *

VANEL, *Nécrologe*, 75, 77, 368, 375.

NALET (Jean-François-Ange).

[Né à Bourg-en-Bresse, dioc. Lyon, célestin, puis profès à 29 ans aux Blancs-Manteaux le 18 juillet 1622, y décédé le 20 octobre 1629, prieur.

Origine de la Congrégation de St-Maur, ordre de S. Benoît et son progrès, ensemble tout ce qui s'est passé en icelle de plus remarquable, soit en l'acceptation des monastères, chapitres généraux, visites que aultres choses. » 1626 (Bibl. nat. Paris, F. F. 17669, 17670).]

FRANÇOIS, II, 324-325 ; MARTÈNE, *Marmoutier*, II, 435, 436, 439 ; MARTÈNE, *Hist. Cong. S. Maur*, I, 261-262 ; PORÉE, *Hist. du Bec*, II, 373 ; TASSIN, 570 ; TASSIN. G. G., II, 268- 269 ; VANEL, *Nécrologe*, XXIV. (1)

NAVIÈRES (Jean-Baptiste).

Né à Limoges, profès à 18 ans à St-Augustin de Limoges le 25 mai 1679, mort à St-Jean d'Angely le 2 janvier 1727 ou 1728.

Table alphabétique dressée en 1740 des matières contenues dans un recueil sur Cormery (ms. 1349 de Tours ; *Cat. gén. mss. Dép.*, XXXVII, 923).

Lettres de Mabillon à D. Navières ; voir plus haut, p. 28.

Lettres de D. Jean Navières à Mabillon du 23 sept. 1699 (VANEL, *S. L.*, 203)) * et du 12 mars 1702, relative à des antiquités de l'abbaye de Noaillé avec dessin (Bibl. nat. Paris, ms. lat. 12688, f. 409-411) *

LAMBRON DE LIGNIM, *Grands prieurs de Cormery*, 20-21.

NESDE (Jacques de).

*Né à Poitiers, profès à 19 ans à St-Allyre le 18 août 1661, mort à St-Cyprien de Poitiers le 4 novembre 1693.

Lettre à D. Michel Germain, datée de St-Jean d'Angely 20 mars 1690 (Bibl. nat. Paris, lat. 12676). *

NOEL (J. B.).

* Né à Reims, profès à St-Faron de Meaux, âgé de 18 ans le 7 mars 1739 *(Matricule)*.

(1) NAVARRE (Pierre-Etienne), de St-Omer, profès à 21 ans à St-Riquier le 1 août 1787. Il se sécularisa après la suppression des communautés religieuses ; Lettre au comte de Remusat (s. d. de 1818), comme le billet qui l'accompagne pour réclamer sa pension (Coll. de la Bibl. de Maredsous).

Les cartes géographiques de l'*Histoire des Gaules et des Gaulois*
de D. J. Martin et D. J. Fr. de Brésillac ont été faites par Dom
J. B. Noel (Bibl. nat. Paris, ms. fr. 9408, p. 8 : liste alphab. des
écrivains de la Cong. par D. Grenier, 1768 ; Voir LELONG, I, p. 6,
n. 38, et p. 243, n. 3908). *

NOËL (Nicolas).

* Décédé à Montrouge près Paris le 23 janvier 1783.
Correspondance du Père Noël, garde de physique du Cabinet
du Roi (Arch. nat. Paris, O¹154).
Lettre d'envoi d'un microscope à D. La Taste 1750 (Bibl. nat.
Paris, ms. fr. 15761). *

> DEN. DIDEROT, *Le Neveu de Rameau*, Ed. M. Tourneux. Paris,
> 1884, p. 75, 194 ; FRANÇOIS, II, 334 ; JADART, *Savants Champenois*,
> 113 ; LEBEUF, *Hist. de la ville... Paris*, éd. Cocheris, IV, 1870,
> p. 301-302 ; *Mém. du duc de Luynes sur la Cour de Louis XV* (1735-
> 1758) publ. par L. Dussieux et E. Soulié. Paris, 1873, t. XI, p. 54-55,
> 86 ; NOEL, 207-208 ; TASSIN, 798 ; TASSIN, *G. G.*, II, 627 ; VANEL,
> *Nécrologe*, 359.

NOISET (Nicolas).

* Décédé, non à St-Germain-des-Prés en 1727, comme le dit
D. Noël, mais à St-Remi de Reims le 24 décembre 1731. C'est
Henri Charlier qui est mort à St-Germain-des-Prés le 16 octobre
1727. *

> NOEL, 2367 ; VANEL, *Nécrologe*, LIX.

NOLSON (Claude).

* Né à Dijon, profès à Vendôme à 18 ans le 20 août 1736, décédé
à Molôme le 1er janvier 1791 *(Matricule)*.
Lettre datée de Molôme le 28 août 1787 (Bibl. royale Bruxelles,
ms. 8998-9000, n° 13, f. 148-149 ; J. VAN DEN GHEYN, *Catal. mss.
Bruxelles*, V, 1905, p. 640-641.) *

NOSEREAU (Thomas).

* Né à St-Maixent, dioc. de Poitiers, profès à St-Augustin de
Limoges, âgé de 24 ans, le 24 juin 1710, mort à St-Savin de Poitiers
le 13 décembre 1746 *(Matricule)*.

Histoire de l'abbaye de St-Savin par Dom Nozereau (Bibl. Poitiers, Coll. Fonteneau LXXX, p. 745 et suiv ; *Cat. gén. mss. Dép.*, XXV, 178). Mr Alfred Barbier, dans son ouvrage : « *Les intendants de province et les commissaires royaux en Poitou de Henri III à Louis XIV* (*Mém. Soc. Antiq. Ouest*, 2e série, t. 26, 1902, pp. 506-513), a publié un long fragment du ms. de Dom Nosereau *

NOVOY (Louis-Atophe).

[Né à Beauvais, profès à St-Faron de Meaux le 1 sept. 1687, à l'âge de 18 ans, mort à Paris aux Blancs-Manteaux le 18 avril 1719 *(Matricule)*.

Lettre à M. de Nully, du 19 août 1707 (D. Paul DENIS, *Coll. de Troussures*, 415 ; *Revue Mabillon*, V, 1909, 545).

O

OBELIN (François-Pierre).

D. Tassin, p. 525, dit qu'étant prieur de St-Bénigne de Dijon il a fait imprimer, sous la date du 23 mai 1726, in-4°, la lettre latine de Dom Charles Dupont présentée au chapitre général de 1723.

Dom François Obelin avait été précédemment prieur de St-Père de Chartres et avait en sa qualité et avec plusieurs de ses confrères de la même abbaye, adhéré le 23 octobre 1718 à l'appel par le cardinal de Noailles contre la constitution Unigenitus (Voy. le tome III du Recueil des appels).

* Né à Mortagne, dioc. de Séez, profès à Lyre, âgé de 21 ans, le 28 août 1697, mort à Bonne Nouvelle de Rouen le 6 février 1741 *(Matricule)*.

La lettre de D. Dupont du 13 avril 1723 est bien celle que D. Obelin a reproduite, traduite et publiée de nouveau. La date du 23 mai 1726 ne se trouve nulle part dans la publication de D. Obelin Il n'y a donc pas deux lettres de D. Dupont, et D. Tassin a donné un titre inexact. *

CERVEAU, *Nécrologe*, I, 428 ; *Lettres de Jean Soanen*, II, 415-416, 608 ; TASSIN, 525 ; TASSIN, *G. G.*, II, 198.

OLIVE (Denys d').

Né à Toulouse et religieux de St-Germain-des-Prés, a écrit la vie édifiante de Dom Joseph-Benoît Vinceans qui est imprimée à la suite du cinquième volume des *Conférences monastiques* de ce saint religieux. Voy. la page 770 de l'*Hist. litt.* par D. Tassin. Il y annonce que le R. P. Général se propose de faire imprimer ce tome V. que D. Vinceans avait laissé ms., et d'y joindre la vie édifiante de l'auteur écrite par D. Denys d'Olive. Ce V^e volume a en effet paru en 1773 avec la vie qui la termine à pagination continue. Dom Tassin mentionne encore D. Denys d'Olive à la page 751 en rappelant que le recueil des dissertations de Dom Galbaut en 4 vol. in-4. mss est entre les mains de ce religieux de St-Germain-des-Prés. Voir à la page 97 infra la note sur Dom Vinceans. Voy. encore sur les travaux de Dom d'Olive la note sur Dom Gillot à la page 51 supra [t. I, p. 252].

Denis d'Olive, né à Toulouse [en 1725], a fait profession à la Daurade le 6 novembre 1743, à l'âge de 19 ans, * est décédé à Toulouse le 27 avril 1814*.

* M. du Mège dans sa « *Notice sur les travaux de la classe des Inscriptions et Belles-Lettres de l'Académie de Toulouse depuis le mois de nov.* 1807 *jusqu'au mois d'avril* 1822 » (*Hist. et Mém. de l'Acad. royale des sciences... de Toulouse, depuis son rétablissement en* 1807, t. I, 2e partie. Toulouse, 1827, p.222-225), consacre à D. d'Olive l'article suivant : « Ainsi que quelques autres membres de la classe des Inscriptions...] D. Denys d'Olive ne fut point appelé à partager nos recherches historiques et littéraires, lorsqu'en 1807 l'administration institua de nouveau l'Académie. Peu d'écrivains méritaient cependant mieux que D. d'Olive l'honneur de faire encore partie de ce corps scientifique. Ce religieux naquit à Toulouse le 10 décembre 1725, d'une famille ancienne et qui a produit plusieurs jurisconsultes célèbres. Il entra, bien jeune encore, dans la congrégation des Bénédictins de Saint-Maur, association aussi distinguée par la piété que par l'érudition.

L'Académie de Toulouse, qui n'admettait pas facilement de religieux dans son sein, s'empressa néanmoins de placer D. d'Olive au nombre de ses associés, et il occupa, pendant plusieurs années, la chaire de grec et d'hébreu que D. Pont avait remplie avec un grand éclat. Il s'attacha d'abord à expliquer et à analyser les prophètes ; les tragiques grecs l'occupèrent ensuite, et ses leçons sur Euripide pourraient être mises au nombre des livres classiques,

si nous en possédions la collection toute entière. L'Académie de
Nîmes compta aussi D. d'Olive au nombre de ses membres, et il
professa pendant quelque temps le grec et l'hébreu dans le
sein de cette savante société. En 1770, son Ordre l'appela à Paris,
pour travailler à une édition des Pères grecs et latins. Il fut
d'abord chargé de l'édition de saint Théodore Studite. Il travailla, peu de temps après, sur saint Grégoire de Nazianze. Le premier volume a été publié ; « les suivans n'auraient pas tardé à
paraître, mais à cette époque deux confrères de D. d'Olive (D. Clémencet et D. Labat) firent imprimer, à l'insu du Général de la Congrégation de Saint-Maur, une préface des Œuvres de saint Grégoire
de Nazianze. Cette entreprise, qui compromettait l'autorité du
Général, sans la permission duquel les religieux ne pouvaient pas
faire imprimer un ouvrage, devait nécessairement contrarier D.
d'Olive, que ses supérieurs avaient seul chargé de l'édition. » La
Préface latine qu'il avait composée pour être mise en tête de l'ouvrage était d'ailleurs écrite avec un goût, une méthode qui la ren-
daient préférable à celle que les deux Bénédictins venaient de donner.
Fâché de ce contre temps, et ne voulant lutter contre personne,
il laissa tous ses manuscrits à l'abbaye de Saint-Germain-des-Prés,
et revint à Toulouse, où il fut bientôt après élu prieur de la Daurade.
Il fit bâtir pendant son administration la façade et une grande partie
de l'église de ce monastère. Il assista, en 1781, au chapitre général
tenu à Marmoutiers et il fut nommé définiteur de l'ordre. Opposé
aux principes de la Révolution, il composa, en 1791, un *Mémoire
historique sur l'origine des grands fiefs en France, sur les princes
et les seigneurs qui les avaient possédés, enfin sur la réunion de ces
fiefs à la couronne.* Cet ouvrage, qui avait pour but d'établir et
de faire connaître les droits du monarque à une époque où l'Assemblée nationale s'attachait à les détruire, fut présenté aux
princes français alors à Coblentz. Ils accueillirent avec intérêt
cette production du savant religieux, ils en ordonnèrent l'impression, et ils firent parvenir à l'auteur des témoignages touchants de
leur gratitude. « Plusieurs Toulousains, qui avaient suivi les princes,
furent félicités au sujet de l'écrit de leur compatriote, qui après
avoir consacré ses talens à la gloire de la religion, avait fait un si
noble usage de sa plume, pour défendre dans des temps orageux
les droits de son Souverain. » Invariablement attaché à l'ancien
ordre de choses, D. d'Olive refusa son adhésion à la Constitution
civile du clergé et fut longtemps retenu dans une prison. Rendu
à la liberté, il vécut dans la plus profonde retraite, recevant uni-

quement quelques anciens confrères et sa famille et formant des
vœux pour la splendeur de la religion et la prospérité de la France.
Il mourut âgé de 88 ans, le 27 avril 1814, laissant plusieurs ouvrages
estimables, et le souvenir de son érudition et de ses vertus. »

C'est au chapitre général de 1775 que D. d'Olive présenta le 1er
tome de S. Grégoire de Nazianze (Procès-verbal du chap. gén. de
1775 aux Arch. nat. Paris. L. 813, n. 1).

Sur sa collaboration à l'édition de S. Grégoire de Nazianze, voir
Pat. grecque, t. 35 (S. Grég. Naz. I (col. 33-34) ; t. 37 (t. III), col.
9-10). *

[Lettres à Seguier (1758-69) dans le ms. 147 de Nîmes *(Cat. mss.
Dép.*, in-4°, t. VII, 600).]

FRANÇOIS, II, 352 ; *Revue Augustinienne*, I, 1902, p. 226 ; TASSIN,
751, 770 ; TASSIN, G. G., II, 556-557, 585.

OLIVIER (André).

* Né à St-Cyrille de Bailleul, dioc. d'Avranches, profès à Lyre
le 4 juin 1678, à l'âge de 24 ans, décédé à St-Germain-des-Prés le
24 oct. 1724.

« Traité pour connaître l'état des biens de l'abbaye de St-Germain-
des-Prez fait par Dom André Olivier cellerier en 1710 » (Deux
exemplaires f. 32 et 118 du ms. fr. 16864 à la Bibl. nat. Paris). *

VANEL, *Nécrologe*, 140.

OLIVIER (Nicolas-Louis).

Est mort le 6 avril 1788 au monastère de Coulombs dans le
diocèse de Chartres. C'est au moins ce que je suppose d'après ma
matricule ms. qui porte à la colonne obitus : Die 6 aprilis 1788
in monast. B. M. de Columbis. C'est bien en effet le monastère
de Coulombs près Nogent-le-Roi. Il est extraordinaire que Lucien
Merlet, archiviste d'Eure-et-Loir, dans sa *Bibliothèque chartraine
antérieure au XIXe siècle*, Orléans, chez Herluison, 1883, in-8,
ait omis Dom Olivier, car il devait ne pas ignorer que son recueil
d'armoiries est conservé parmi les mss. de la Bibl. publique de
Chartres [*Cat. gén. mss. Dép.*, XI, 73] et que d'autre part il lui
était signalé par ce supplément d'Ulysse Robert. Dom Louis
Olivier figure aussi parmi les signataires du procès-verbal de l'ouverture de la châsse de S. Gratien, dont les reliques étaient conser-

vées à l'abbaye de Coulombs, procès-verbal en date du 19 novembre 1769 (Voy. *Histoire de l'abbaye de Coulombs*, par L. MERLET, pages 163-167).

ROBERT, 76.

O'SULLIVAN (Etienne).

Bénédictin de la Daurade, auteur présumé d'un libelle anonyme intitulé : *Observations sur une pièce à quatre colonnes intitulée : Parallèle du Régime actuel de la Congr. de St-Maur...* Dom Massanes, en répondant à ces observations, laisse supposer que Dom Sulivan en serait l'auteur.

Étienne O'Sullivan, du diocèse de Corck en Irlande, a fait profession à l'âge de 24 ans à la Daurade de Toulouse le 21 novembre 1753, [y décédé en décembre 1791].

* Lettre de D. Sullivan, 18 nov. 1771 (Abbé REGNAUD, *Histoire de l'abbaye de St-Polycarpe*, 1779, pp. 502-503).*

OUDIN (Jean-Philibert).

On conserve encore de Jean-Philibert Oudin à la Bibl. Nat. sous le n° 13465 du fonds lat. un ms. intitulé *Antichristus [ubi ejus potentia, impietas, tyrannis, blasphemiae et interitus declarantur,1666].*

* Les mss. 12646-12647 mentionnés par Robert contiennent deux rédactions différentes ; celle du ms. 12646 paraît la plus récente » *

[Dachery, dans une lettre à D. Odon Cambier, parle d'une « dissertationem plane singulari refertam in Vita B. Mauri a Fausto editam », que son correspondant croyait être l'œuvre de Dachery lui-même. Il ne doit pas être question d'un travail de D. Oudin, rédigé en 1642 et revu plus tard (BERLIÈRE, *Lettres des moines d'Afflighem aux Bénédictins de St-Maur dans Annales de l'Académ. royale d'archéol. de Belgique,* LXIII, 1913, p. 203).]

* Lettre à Pierre Dupuy sur la vie de Ste Eximia (auj. ms. lat. 913), St-Germain-des-Prés 1er août 1650 (Coll. Dupuy ms. 746, f. 185 ; L. DOREZ. *Catal. de la Coll. Dupuy*. Paris, 1899, t. II, p. 381.)*

ROBERT, 76.

OUTIN (Toussaint).

Voir la note complémentaire de la page 9 relative au Béné-

dictin anonyme qui a écrit l'*Histoire de l'abbaye de Jumièges.*
Dom Toussaint Outin est né à Rouen et a fait profession à Jumièges à 16 ans le 19 novembre 1751 ; il est mort à Rouen, où il
s'était retiré après la Révolution.

* Discours pour la Diète générale assemblée au Bec le 22 juin
1788 (par Dom Toussaint Outin, bibliothécaire de Jumièges).
S. l. n. d. imp. in-4°, 23 pp. (Arch. Nat. Paris G⁹ 32, exemplaire
avec notes autographes de l'auteur).*

J. A. GUIOT, Les trois siècles palinodiques, éd. Tougard, I, 145 ;
MARTIN DU GARD, Jumièges, 57.

P

PACOTTE (Joseph).

Voyez sur la publication faite en 1878 de *Précis historique sur
la ville d'Aigues-Mortes* par Dom Pacotte, les notes autographes
de Dom Dubourg : « *Annales d'Aigues-Mortes d'après des recherches
nouvelles précédées d'une histoire inédite de cette ville par Dom
Pacotte, bénédictin,*» complétées par L. Lacour de la Pijardière,
archiviste de l'Hérault, in-4° à 2 col., IV-68 pp. à Montpellier,
1878. L'histoire d'Aigues-Mortes par D. Pacotte avait paru dans
la revue : *Les Chroniques du Languedoc* 1877-78.

[Profès en 1755 (*Matricule*).

Correspondance avec le Cabinet des chartes (Coll. Moreau,
vol. 334 ; OMONT, *Invent.*, 16).

Pièces copiées (Bibl. nat. Paris, ms. lat. 9173-9183 ; notes et
extraits, ms. 9184)].

DELISLE, Cabinet, II, 28, 39 ; Revue Mabillon, XX, 1928, 304-305 ;
ROBERT, 77-78 ; TAMIZEY DE LARROQUE, Bénéd. mérid., 50-53 ;
VANEL, Nécrologe, 375.

PAGEAULT (Louis).

Natif de Vincelles, dioc. de Besançon, profès à Vendôme,
le 26 janvier 1746 (*Matricule*). Il vivait encore en 1790.

Lettre à D. Maur Jourdain, 27 juin 1766 (Bibl. de Semur, ms
68 ; *Cat. gén. mss. Dép.*, VI, 322). Il fonda en 1755 le collège de

Flavigny annexé au monastère et y organisa des exercices publics
(MORTIER, *Flavigny. L'abbaye et la ville*. Lille, 1920, p. 104-107).]

PAGÈS (Jean-Antoine).

* Né à Tarascon-sur-Ariège, dioc. de Pamiers, profès à N. D.
de la Daurade à Toulouse, âgé de 19 ans, le 29 avril 1744, vivait
encore en 1790.

Le 23 avril 1761 la Diète permit à Dom Ant. Pagès, professeur
au monastère de la Réolle, de faire imprimer une thèse universelle
de philosophie et de la faire soutenir publiquement par ses élèves
(Arch. Nat. Paris LL. 992, f. 400 : Résolutions, avis et règlements,
arrêtés dans les diètes annuelles...)

Le chapitre général de 1781, dans sa séance du 30 mai, le désigna avec D. Teullade pour travailler à l'histoire de Guyenne (*ib.*,
L. 813, n° 9-10) *

PANNIER (Philippe).

* Né à Abbeville, dioc. d'Amiens, profès à St-Faron de Meaux,
le 28 février 1653, âgé de 19 ans, mort à St-Remi de Reims le 5
mai 1681 (*Matricule*).*

[Lettre adressée de Nogent le 22 nov. 1670 à D. Cl. Martin
(Bibl. nat. Paris, ms. lat. 11645, f. 137 ; KUKULA, III, 2, p. 23.)]

PARDESSUS (Thomas).

L. Delisle attribue à Dom Pardessus un catalogue des manuscrits de l'abbaye de Corbie, qui se trouve dans la Collection
D. Grenier à la Bibl. Nat., 15, ff. 1-22 (L. DELISLE, *Recherches
sur l'ancienne bibliothèque de Corbie*, pp. 44-45). Dom Pardessus a
publié avec Dom Caffiaux *l'Avis à la Province de Picardie*. Cet
Avis imprimé à Arras chez Michel Nicolas, sans date, in-4° de 8
pages, est signé D. Caffiaux et D. Pardessus, religieux bénédictins
de la Congrégation de St-Maur, historiographes de Picardie, de
l'abbaye de St-Pierre de Corbie près d'Amiens.

[Extraits d'Archives et de cartulaires (Coll. de Picardie, col. 45 ;
LAUER, II, 95).

Dépouillements d'imprimés (*Ib.*, vol. 153 ; LAUER, II, 137).

Autographe (Bibl. de l'Arsenal, 7055 ; *Cat. mss. Arsenal.*, VI,
373].

Cat. gén. mss. Dép., XIX, p. LII ; CHARMES, *Comité*, I, 54 ; DELISLE *Cabinet*, II, 139-140 ; ROBERT, 78-79 ; VANEL, *Nécrologe*, 268.

PARIS (Altin).

[Est mort à Bonne-Nouvelle d'Orléans le 18 mars 1746].

A. DUPRÉ, *Notice sur l'école de Pontlevoy* (*Loir-et-Cher histor.*, 1897, col. 74) ; *Revue de Loir-et-Cher*, 1901, col. 47-48 ; ROBERT, 79.

PARRAIN (Jacques).

* Né à Vendôme, profès à 22 ans à Vendôme, le 24 octobre 1688, mort à Ambronay le 28 février 1709 (*Matricule*).

Kalendarium proprium ex antiquis abbatiae Ambroniac. breviariis fideliter depromptum envoyé en octobre 1703 à D. Mabillon, et accompagné d'une lettre où il fournit des détails sur les anciens livres liturgiques de ce monastère (Bibl. nat. Paris, lat. 12659, f. 97). *

VANEL, *S. L.*, 189.

PATALLIER (Salomon).

Né à Conches, dioc. d'Evreux, profès à l'âge de 21 ans à Jumièges le 1er février 1708, mort à Fécamp le 26 octobre 1769 (*Matricule*).

Lettre du 21 juin 1719 à Dom Rivet, dans ms. fr. 12804, ff. 230-231 (*Revue Mabillon*, II, 1906, 215].

* D. S. Patallier avait remis à D. Rivet les manuscrits de son cousin D. Guillaume Roussel sur *l'Hist. litt. de la France*; voir *Hist. litt. de la France*, T. I, nouv. éd. 1865, préf. p. XXXII.*

TASSIN, 400 ; TASSIN, *G. G.*, II, 6.

PATERT (Jean-Samson).

J'ignore la date et le lieu de naissance, la date et lieu de sa profession ainsi que ceux de sa mort. Il a droit cependant à une place dans l'Hist. litt. de la C. de St-Maur, car Dom Tassin, sans donner aucun détail biographique sur lui, en parle deux fois aux pages 749 et 668 de son ouvrage. Dom Patert était bibliothécaire de l'abbaye de St-Germain-des-Prés, et très versé dans la langue grecque. Dom Tassin (749) nous apprend que Dom Maran avait tiré pour l'édition de S. Grégoire de Nazianze de bonnes variantes de plusieurs mss. importants que Dom Samson Patert, bibliothécaire de l'abbaye de St-Germain-des-Prés, avait collationnés « avec autant d'intelligence que d'exactitude ». A la page 668, Dom Tassin nous apprend que Dom Patert fit partie de la Commission bénédictine chargée d'examiner les manuscrits du collège et de la maison professe des Jésuites de Paris, de les ranger par classes, d'en fixer l'âge et d'en former un catalogue raisonné. C'est Dom Clément qui a publié ce catalogue en 1764, comme nous l'apprend Dom Tassin. Si Capperonnier, ainsi que nous l'apprend Mercier de Saint-Léger dans une note manuscrite que je possède, avait écouté les pressantes sollicitations de Dom Patert, ces précieux manuscrits auraient été acquis par la bibliothèque du Roi, au lieu de passer en bloc dans la bibliothèque du Hollandais Meermann.

Pater. Voy. infra la note sur Dom Samson Patert sur le compte duquel Nisard n'aurait pas commis de bévue, s'il avait consulté Dom Tassin. Dom Patert paraît avoir été un des adeptes de la philosophie nihiliste de Dom Léger-Marie Deschamps. Voy. sur ce point le curieux volume de Beaussire sur Dom Deschamps aux pages 205, 220, 221, 227, 228. Les lettres de Dom Patert qui nous révèlent cette particularité, sont dans la collection de M. des Aubiers qui a été communiquée à Beaussire.

Il semble que Dom Patert a été dans les bonnes grâces du terrible bibliographe l'abbé Rive. Cet atrabilaire abbé parle quelquefois du bénédictin dans sa curieuse *Chronique littéraire* (Anonyme in-8º, Eleutheropolis s. d.), notamment pp. 29-31, et toujours, contre son habitude, sans malveillance et injures.

Je possède trois pièces autographes de Dom Patert, dont une curieuse lettre à Mercier de Saint-Léger.

Jean-Samson Patert, né à Compiègne (dioc. de Soissons) a fait profession à l'âge de 18 ans à St-Faron de Meaux le 27 octobre 1737.

Il est question de Dom Patert aux pages 19 et 26 du tom. II de la *Correspondance inédite du comte de Caylus avec le P. Paciaudi*, mais l'éditeur Nisard dans son texte et ses notes défigure son nom en Pater et même Peter, et n'est pas même sûr qu'il fut bénédictin!!!

Dom Patert était encore à St-Germain-des-Prés en 1790, lors de la suppression des ordres religieux. Il était né en 1719. Le 3 janvier 1795 la Convention, sur le rapport de Joseph Chenier, lui vota un secours de 2000 fr. à titre de bibliographe.

[Dans son étude : *La Bibliothèque de St-Germain-des-Prés en 1791* (*Bull. de la Soc. de l'histoire de Paris et de l'Ile de France*, XVIII, 1891 p. 88-93), M. H. Omont a publié un mémoire adressé à la Commission des monuments par D. Patert et D. Lièble, bibliothécaires de St-Germain-des-Prés, 16 août 1791, une lettre de D. Lièble à Mercier de St-Léger du 16 avril 1791 et un rapport de Mercier sur le susdit mémoire, même date.

Avis du 16 juin 1769 sur un diplôme de 826 de l'abbaye de Metten (RUP. MITTERMÜLLER, *Das Kloster Metten und seine Aebte*. Straubing, 1856, p. 276-277).

Lettres à Mercier de St-Léger (Bibl. nat. Paris, nouv. acq. fr. 816).

Autographe à la bibliothèque d'Orléans (*Cat. gén. mss. Dép.*, XII, 330).

J'ai publié les lettres à Mercier de St-Léger de la Collection Wilhelm, 31 juillet 1765 (*Revue bénéd.*, XXVI, 1899, 425-426), 31 mai 1767, 10 janvier 1771, 6 déc. 1774 (*ib.*, XXVIII, 1911, p. 209-212), et trois autres à D. Anselme Costadoni (*ib.*, XXVI, 1899, p. 466-471)].

Sur ses relations avec Le Moine, voir *Bibliographe moderne*, X, 1906, 56-58, 69.

La Bibliothèque de Maredsous possède un billet autographe.]

* Lettre de D. Patert à Lecchi, éditeur des œuvres de Fortunat (*Pat. lat.* de Migne, t. 88, col. 18).

Sur sa collaboration à l'édition de S. Grégoire de Nazianze, v. *Patr. gr.*, t. 35, col. 33-34 ; t. 37, col. 9-10. *

CHARMES, *Comité*, I, 293 ; DELISLE, *Cabinet*, II, 48 ; FRANKLIN, I, 123, 125 ; II, 250 ; *Intermédiaire des chercheurs*, XVIII, 1885, p. 227, 282 ; *Mém. Soc. hist. de Paris*, XXIX, 39 ; *Revue Augustinienne*, I, 1902, p. 226 ; *Revue des quest. hist.*, LXI, 1897, p. 547 ; TASSIN, 668, 719 ; TASSIN, G. G., II, 422, 553 ; VANEL, *Nécrologe*, 359, 368, 371-372, 374 ; VANEL, *S. L.*, 285-288.

PATRON (Claude).

* Né à Machecoul, dioc. de Nantes, profès à St-Florent de Saumur, à l'âge de 18 ans, le 15 avril 1683, décédé le 4 avril 1733 à Redon.

Témoignage de D. Cl. Patron, lecteur de philosophie au Mont-St-Michel, sur D. Claude Martin (MARTÈNE, *Vie de D. Cl. Martin*, 440-405)*

[Lettre à D. de Montfaucon du 20 août 1727 (DENIS, *Lettres de Bénédictins du Maine* dans *Revue hist. du Maine*, XLIV, 304-305).]

ANGOT, III, 239.

PELÉ (Julien).

[Né au bourg de St-Denis de Gastines (Maine), profès à St-Melaine de Rennes, à l'âge de 25 ans, le 20 avril 1704, décédé à La Couture du Mans le 8 décembre 1746 (*Matricule*).

Relation abrégée de la maladie et de la mort d'Hyacinthe Ravechet, docteur de la Maison et Société de Sorbonne et syndic de la Faculté de Paris, avec sa profession de foi et un acte par lequel il a confirmé avant que de mourir tout ce qu'il a fait dans son syndicat. Paris, 1717, in-12].

CERVEAU, II, 138-140; LELONG, I, 11391; IV, S. p. 335; PATOUILLET, *Dict. des livres jansénistes*, 1755, t. III, 417.

PELLÉ (Christophe).

* Né à Oysemont, dioc. d'Amiens, profès à l'âge de 24 ans à Jumièges le 26 nov. 1657, mort à St-Martin de Séez le 22 sept. 1706 (*Matricule*).

Lettre à D. Martène sur D. Claude Martin (MARTÈNE, *Vie de D. Cl. Martin*. Tours, 1697, p. 108-112).*

[Lettre adressée de St-Nicaise de Melun à D. Robert Guérard le 15 septembre 1673 relativement aux mss. de S. Augustin (Bibl. nat. Paris, ms. lat. 11645, f. 140; KUKULA, III, 1, p. 11; III, 2, p. 25].

MARTÈNE, *Vie des Justes*, III, 137-138.

PELLÉ (René).

[Né à Rennes, profès à l'âge de 20 ans à Marmoutier le 18 septembre 1694, prieur de St-Jouin (VERNIÈRE, 384), mort à S. Pierre de la Couture (*Matricule*).

Lettre à Montfaucon 1720 (DENIS dans *Revue hist. du Maine*, XLIV, 301-302)].

PERCHE (Nicolas).

[Né à Orléans, profès à Vendôme à l'âge de 20 ans le 12 août

1699, mort à St-Benoît-sur-Loire le 20 juin 1738 (*Matricule*).
Il a consigné les choses notables de l'abbaye de Flavigny de
1735-1736 (GRIGNARD dans *Mém. de la Soc. Eduenne*, N. S. XIV,
1885, 36).]

PÉRET (Jean-Charles).

* Né à Lézignan, dioc. de Béziers, profès à La Daurade à
l'âge de 19 ans le 13 avril 1747 (*Matricule*), vivait encore en 1790.
Lettre à Grosley datée de Montmajour le 29 mai 1763 (Bibl. de
Troyes, ms. 2773 ; *Cat. gén. mss. Dép.*, XLIII (Suppl. IV), p. 580).*

PERNETTY (Antoine-Joseph).

Né à Roanne en 1716 [le 13 février], est mort à Valence en 1801
[le 16 octobre 1796]. La *Bibl. des Ecriv. de la C. de S. Maur* de
Charles de Lama donne la liste de cinq ou six ouvrages que ce
Bénédictin a publiés depuis sa sortie de la Congr. de S. M. pour
devenir abbé de Bürgel en Westphalie et bibliothécaire du Roi
de Prusse. On lui attribue aussi la publication des *Ambassades des
Noailles* rédigées par l'abbé de Vertot, 1763, 5 vol. in-12. En ce
qui regarde cette attribution consignée dans Quérard, si je ne me
trompe, le témoignage de Dom Martin Gerbert, abbé de St-Blaise,
qui en 1759 habita successivement St-Germain et Les Blancs-
Manteaux, est formel. Après avoir parlé de différents ouvrages de
Dom Pernetty, qui dans quelques-uns rapporte tout à l'alchimie
et qu'il juge sévèrement, le qualifiant *d'opus inauspicatum*, il
ajoute : *nunc Genealogiae Noaillorum insudat* (Voy. Martini Ger-
berti, *Iter Alemannicum*, accedit italicum et gallicum, p. 522).
[D. Pernetty fut nommé par Clément XIII abbé titulaire de
Bürgeln le 26 avril 1768, et le nonce J. B. Caprara chargea le 23
juillet suivant le P. Armand Jennes, dominicain de Berlin, de
recevoir sa profession de foi (Archives du Vatican, *Nonciature de
Cologne*, 174 F, f. 202-207). D. Patert, dans une lettre à Mercier
de St-Léger du 31 mai 1767, parle du départ de Pernetty pour
Berlin, où il devait être attaché à la Bibliothèque du roi (*Revue
bénéd.*, XXVIII, 1911, p. 209-210). Il est question de la lettre de
félicitations que lui adressa D. Boudier le 9 juin 1768 à l'occasion
de sa promotion (*Observations de D. Précieux*, 5,9 ; *Questions de
droit public*, 70-71) ; v. plus bas la notice sur D. Poirier.

Ses travaux sur l'hermétisme et ses relations avec les Illuminés de son temps ont fait l'objet d'étude de DE VISSAC, *Dom Pernety et les Illuminés d'Avignon* dans *Mém. de l'Acad. de Vaucluse*, 3ᵉ sér., t. VI, 1906, p. 219-238, tiré à part, 8º, 23 pp., et de JOANNY BRICAUD, *Les Illuminés d'Avignon. Etude sur Dom Pernety et son groupe.* Paris, 1927, 8º.

La Bibl. de Maredsous possède le *Manuel bénédictin*, Paris, Vincent, 1755, in-16, qui comprend : 1) *De Imitatione Christi.* Paris, Vincent, 1755, 8º; 2) *Regula*, Paris, 1755 ; 3) *Exercices spirituels.* Paris, 1755 ; 4) *Conduite pour la retraite du mois*, de D. Cl. Martin ; en outre *La connaissance de l'homme moral...* Berlin, 1776-1777, 2 vol. 8º.

Je signalerai parmi ses œuvres : *Recherches philosophiques sur les Américains ou mémoires intéressants pour servir à l'histoire de l'espèce humaine* par M. de G***, avec une dissertation sur l'Amérique et les Américains. Londres 1771, 3 vol. in-18. Dans ce travail de Paw, la dissertation sur l'Amérique est seule de Pernetty.

Histoire d'un voyage aux isles Malouines fait en 1763 et 1764. nouv. éd., Paris, 1770, 2 vol. 8º (B. W.)

Discours sur la physionomie et les avantages des connaissances physionomiques. Berlin, Decker, 1769, 8º (B. W.)

Ambassades de messieurs de Noailles en Angleterre rédigées par feu M. l'abbé de Vertot. Ouvrage posthume. Leyde 1763, 5 vol. in-12 ; mis en ordre par D. Pernetty (B. W.)

Dictionnaire mytho-hermétique. Paris, 1758, in-12 (B. W.) ; Paris, Delalain, 1787, in-12 (B. M).

Les Vertus, le pouvoir... de la Mère de Dieu. Paris, 1790 (B. W).

Pour la bibliographie voir BRICAUD, p. 110-111].

* Barbier (*Dict. des anonymes*, I, 982), signale le *Dictionnaire portatif de peinture* par A. J. Pernetty. Paris, Bauche, 1757, 8º.*

[On trouve dans la collection Wilhelm : *Lettre de Dom Pernety sur une Histoire de Nicolas Flamel (Année littéraire*, 1762, t. III, pp. 24-35), datée de Paris, 16 avril 1762.

*Lettre à M*** sur celle que D. Pernety, R. bénédictin de la Congrégation de S. Maur*, a fait insérer dans une des Feuilles de M. Freron de cette année 1762, contre l'Histoire critique de Nicolas Flamel et de Pernelle sa femme, par l'abbé F. F. Villain... (BARBIER, *Anonymes*, II, col. 1095).

On y trouve également une lettre de Pernetty adressée à Mr Cailleau, libraire, et datée de Berlin le 5 juillet 1771].

Ses projets concernant les nouvelles Constitutions et Déclarations pour la Congrégation de St-Maur sont conservés dans les mss. lat. 13863-13864 de la Bibl. nat. de Paris (CHARMES, *Comité*, I, 104 note.)

La Bibliothèque royale de Bruxelles conserve (Ms. II, 2639) un exemplaire de la *Regula cum declarationibus Congr. S. Mauri*, 1646, avec les annotations manuscrites de D. Pernetty (*Revue Mabillon*, VII, 1911, 38).]

* Mercier de St-Léger, dans ses annotations à la page 691 de l'*Hist. litt.*, dit que le *Dictionnaire de peinture* parut d'abord à Paris, chez de Hansy en 1756, sous le titre de *Dictionnaire iconologique* (1).

Pour la *Relation de la reconnaissance des Iles Malouines*, il renvoie à *la France litt.* de 1769, partie 1re, p. 360.

Dans une note insérée entre les pp. 690 et 691, Mercier dit que Pernetty, après son voyage en Amérique, fut appelé à Berlin par considération d'un de ses frères employé dans l'établissement de la Régie française dans cette ville pour être un des gardes de la Bibliothèque du Roi et non pas son bibliothécaire. Il fut admis à l'Académie de Berlin et publia dans ses *Mémoires* (1769 et années suiv.) plusieurs travaux sur les affections de l'âme et sur les connaissances physionomiques. Il a encore écrit pendant son séjour en Prusse sur les Patagons contre les recherches de M. de Paw. Il a ensuite donné dans les rêveries des Illuminés et a traduit du suédois de Swedenborg « *Les merveilles du Ciel et de la terre par témoignage de vue* ». Après un voyage qu'il fit dans le Sud-Est de l'Allemagne en 1782, il demanda un congé pour revenir en France, par mécontentement de ce qu'il n'avait presque plus aucune inspection à la Bibliothèque du Roi. Frédéric II, après l'avoir refusé pendant quelque temps, fit droit à sa demande, et Pernetty se retira à Valence en Dauphiné chez son frère ; il y est à la tête d'une Académie, société littéraire de cette ville.

Pernetty naquit le 13 février 1716.

Journal de Navigation sur la frégate l'Aigle (Bibl. nat. Paris f. fr. 19033), ms. original et incomplet de la fin. Cette relation a été imprimée sans changements importants sous le titre suivant : *Journal historique d'un voyage fait aux isles malouines...* Berlin, 1769 (OMONT, *Catal. St-Germain*, III, 194).

______

(1) * D'après BARBIER *(Dict. des anonymes*, t. I, col. 979), le *Dictionnaire iconologique* par M. D. P., Paris, de Hansy, 1756, n'est pas de Pernetty, mais de Honoré de Prézel ; autre éd. 1779, 2 vol. 8º.*

Lettre s. d. à M. Daniel Polluche, membre de la Société littéraire d'Orléans, au sujet des figures antiques qu'il lui a demandées (vente du 18 mai 1859, n. 465).

Lettre autographe, Valence, 30 sept. 1786 (Bibl. Lyon, ms, 1131 ; *Cat. gén. mss. Dép.*, XXX, 958).*

BEAUNIER, *Introduction*, 117; FRANÇOIS, II, 379-380 ; GERBERT, *Iter aleman.*, 522 ; HOEFER, XXXIX, 619-621 ; LA CROZE, *Hist. d'un voyage litt. fait en* 1733. 36; LAMA, 614, 676-686 ; LELONG, IV, 46455, 46456 ; *Mémoires de Trévoux*, juill. 1757. p. 1757 ; MICHAUD, XXXII, 507-508 ; PICOT, V, 177 ; PORÉE, *Abbaye du Bec*, II, 510 ; QUÉRARD, VII, 56-57 ; ROBERT, 79 ; SOMMERVOGEL, I, 1885, n° 25 ; TASSIN, 690-691 ; TASSIN, G. G., II, 458-460 ; VANEL, *Nécrologe*, 359. 371.

PERREAU (Edme).

Il est étonnant que M. Ulysse Robert ait oublié que D. Tassin a consacré à Dom Edme Perreau, et non Perrault, une notice sympathique de près de 3 pages (581-584). On y voit que D. Ed. Perreau est né à Paris en 1675 et est mort de la mort des justes le 19 octobre 1741 à St-Riquier dont il était prieur depuis 1737. D. Tassin donne le détail de ses ouvrages tant imprimés que mss., et parmi ces derniers il cite précisément la *Dénonciation des lettres de D. Vincent Thuillier...* Il y a aussi dans l'*Hist. de la Constit. Unigenitus* par Dom Lecerf deux pages pleines d'intérêt sur Dom Perreau, qui fut renvoyé de St-Germain-des-Prés à cause de sa persistance dans son appel (pp. 129-130.)

[Les *Très humbles remontrances...* Paris, 1731, 94 pp. 4° (Bibl. Wilhelm à Colmar) sont suivies des *Remontrances adressées aux RR. PP. Supérieurs... chapitre général de* 1733, 8 pp. 4°].

BARRAL, 457-461 ; BEAUNIER, *Introduction*, 112 ; CERVEAU, *Nécrologe*. 448-449 ; FRANÇOIS, II, 380-382 ; GOUJET, *XVIII° S.*, III, Avertissement f. a IIIJ ; HÉNOCQUE, *Hist. de l'abbaye de St-Riquier*, II, 291-294 ; LAMA, 458-460 ; LE CERF, *H. C.*, 129-130, 321 ; PERREAU, 54-55 ; ROBERT, 80 ; TASSIN, 581-584 ; TASSIN, G.G., II, 287-290 ; VANEL, *Nécrologe*, 324.

PERRIN (Nicolas-Martin).

* Né à Paris, profès à 18 ans à St-Faron de Meaux le 2 juillet 1698, mort à St-Remi de Reims le 14 février 1744 (*Matricule*). Procès-verbal de l'incendie du monastère de St-Valery-sur-

Somme 28 et 30 mai 1727 par D. N. Perrin, prieur, publié par E. Praroud (*Hist. de cinq villes et trois cent villages*, 3ᵉ partie. St-Valéry et les cantons voisins, t. I, 1861, p. 144-147).*

PERY (Noël).

* Né à Caen, profès à Jumièges âgé de 19 ans le 25 octobre 1672, décédé à St-Wandrille le 18 mars 1717.

Sous le titre de « Vita piissimi ac religiosissimi viri D. Petri de Vieillechèze, benedictini Congregationis S. Mauri » on trouve, dans le ms. fr. 17676, Bibl. nat. Paris, une lettre de D. Noël Pery adressée à D. Martène et datée de Rouen le 16 octobre 1691 (f. 22-25) et un mémoire du même religieux intitulé : «Quid notatu dignum scirem de vita et moribus Rᵈⁱ Patris D. Petri de Vieille-chèze dicere jussus de pluribus pauca recensebo (*ib.*, f. 26-29 ; v. Martène, *Vie des Justes*, II, 75-84).

PETEY, v. L'HOSTALLERIE.

PETIS DE LA CROIX (Barthélemy).

[Né à Paris, profès à 19 ans à St-Médard de Soissons le 3 juillet 1680, décédé à St-Germain-des-Prés le 4 avril 1721.

Collaborateur de D. Denis de Stᵉ-Marthe pour l'édition des œuvres de S. Grégoire le Grand et du *Gallia christiana*].

* Mercier de St-Léger (*Hist. litt.* p. 464) dit « probablement frère de François Petis de la Croix, professeur d'arabe au Collège Royal de France de 1692 à 1713. *

Tassin, 464 ; Tassin, G. G., II, 104 ; Vanel, Nécrologe, 124-125, 357.

PETIT (Charles-Marie).

* Né à Eu, dioc. de Rouen, profès au Bec, âgé de 24 ans, le 13 oct. 1781.

Religieux de l'abbaye de St-Maixent en 1790, il devint agent municipal de cette commune pendant la Révolution. Il a publié un livre intitulé : *Les reflets de la sagesse ou de la lumière des siècles. Petit ouvrage fait à la lampe par un homme qui voit plus la nuit qu'en plein jour. Paris, Didot, 1815, in-12. *

PETITOT (Jean).

Je ne sais rien de ce religieux qui a été bénédictin de l'abbaye de St-Père de Chartres, puis de St-Germer dans le diocèse de Beauvais. M. Lecocq dans sa dissertation sur l'emplacement du tombeau de l'évêque Fulbert a publié (pp. 47-51) trois lettres de ce bénédictin, dont la dernière est datée de l'abbaye de St-Germer 9 mai 1733. Ces lettres sont relatives au tombeau de Fulbert à l'église abbatiale de St-Père.

Je viens de trouver dans ma Matricule des renseignements incomplets sur ce bénédictin ; [Né à Dijon], il a fait profession à l'âge de 24 ans à Vendôme le 11 avril 1715 et est mort à l'abbaye de Ste-Colombe de Sens le 14 octobre 1770.

PHILIBERT (Nicolas-Ignace).

Ajouter à la notice de Dom Tassin sur ce bénédictin, page 68 de l'*Hist. litt.*, que Dantier a publié pp. 251-254 de ses rapports sur la correspondance des Bénédictins de St-Maur une longue lettre de Dom Philibert à Dom Antoine de l'Escale, prieur de l'abbaye de Munster en Alsace, datée du 12 décembre 1664, dans laquelle on trouve de très importants renseignements sur la Cong. de St-M. à cette époque, sur les raisons qui ont empêché cette congrégation de se fondre dans celle de St-Vanne, sur les ennemis qui la calomnièrent, sur les craintes qu'elle avait d'être obligée d'abandonner l'abbaye de St-Germain-des-Prés, qu'on disait devoir être remise aux chanoines pour les dédommager de la perte de quelques-unes de leurs maisons qu'on avait démolies pour l'agrandissement du Louvre, enfin sur la dispute relative à l'auteur de l'Imitation de J. C. Cette importante lettre est conservée en original dans les archives du Haut-Rhin à Colmar (fonds de Munster).

[Lettres à D. de l'Escale, relatives à la controverse sur l'auteur de l'Imitation, du 7 février 1665, publiées par A. M. P. Ingold (*Revue bénéd.*, XIII, 1896, 62-63), du 5 avril 1666 (INGOLD, *Miscellanea Alsatica*, 3e série, 176-177).

Lettre de D. de l'Escale à D. Ign. Philibert du 26 janvier 1665 (GIGAS, I, 10-13).

Sommaire de l'histoire de la Sacrée Colombe bénédictine de l'insigne abbaye de Remiremont par Dom Ignace Philibert, prieur de céans [Saint-Mont] 1630 (Bibl. de Nancy, ms. 577 ; *Cat. gén. mss. Dép.*, IV, 212-213).]

* Vie de D. Ignace Philibert (Bibl. nat. Paris, F.F. 19622, f. 81).

D. Martène dit de lui : « La maladie ne le rendit pas oisif (1666-1667) et n'empêcha pas qu'il n'entreprit... un travail d'une longue haleine pour la gloire de Dieu. Ce fut les Constitutions pour le régime des religieuses bénédictines du S. Sacrement et les Déclarations sur la règle de S. Benoît qui en expliquent l'esprit, et contiennent la manière dont elles doivent l'observer, travail aussi judicieux qu'il est plein de piété et qui marque en même temps l'intelligence qu'il avait de la sainte règle et son talent pour la conduite des âmes. Il l'acheva en un an, mais il se reprocha depuis d'y avoir mis pour titre le terme de Déclaration de l'esprit de S. Benoît, prétendant qu'il y avait de la présomption et de la témérité dans ce titre » (*Hist. Congr. de St-Maur*, t. IV, p. 238 ; voir HERVIN et DOURLENS, *Vie de la T. R. Mère Mechtilde du S. Sacrement.* Paris, 1883, p. 428, 521-529.)

Histoire de la Sacrée Colombe bénédictine de l'abbaye de Remiremont par D. Ignace Philbert, prieur du Saint-Mont, 1630 (Bibl. de Remiremont, ms. 2, f. 132-200 ; *Cat. gén. mss. Dép.*, XXI, 160).

Lettre au R. P. Dom H. Ménard, préfet au Collège de Cluny à Paris, datée de Cluny le 5 avril 1631, sur S. Colomban et sur les rapports des chanoines avec les Bénédictins dans les anciens temps (Bibl. nat. Paris, ms. lat. 13780, f. 494-495).

Lettre relative à Remiremont (Bibl. nat. Paris, lat. 12780 ; L. DELISLE, *Manuscrits latins et fr. ajoutés au fonds des nouv. acq.*, 1875-1891. Paris, 1891, p. 520 note).

Mandement du R. P. prieur de l'abbaye de St-Germain-des-Prez, vicaire général...... afin d'obtenir la sérénité du temps, 18 août 1663, Placard imp. (Arch. nat. Paris, LL 1140, p. 209)*

CALMET, *Bibl. lorr.*, 544-545, 736-737 ; DANTIER, *Rapport*, 251 ; FRANÇOIS, II, 390, 391 ; GODEFROY, *Bibliothèque*, 163-164 ; MARTÈNE, *Vie des Justes*, I, 113-118 ; MARTÈNE, *Hist. Cong. St-Maur*, IV, 235-238 ; TASSIN, 68 ; TASSIN, *G.G.*, I, 104 ; VANEL, *Nécrologe*, 347 ; VANEL, *S. L.*, 56 ; ZIEGELBAUER, III, 670.

PHILIPPE (Jean).

Est mort à St-Martin de Pontoise le 24 août 1684.

DELISLE, *Monasticon*, 15 ; ROBERT, 80.

PICARD (Aicadre).

¿ Né à Amiens, profès à Jumièges le 13 sept. 1625, à l'âge de 19 ans, décédé à St-Germain-des-Prés le 22 mai 1652.

* Prieur de St-Wandrille, nommé par les chapitres généraux de 1645 et 1648 : « Nous mettons entre les principaux services dont l'abbaye de Fontenelle lui est redevable les recherches qu'il fit pour en éclaircir l'histoire, l'Abrégé qu'il en composa en 24 pages, 1650, et l'ordre qu'il donna à D. Alexis Bréard, après l'avoir nommé son sous-prieur, de s'appliquer sérieusement à cette étude. Il le laissa même héritier de son travail et le P. Bréard s'en servit utilement (D. Toustain et D. Tassin, *Hist. de l'abbaye de St-Wandrille depuis l'introduction de la réforme de St-Maur*. N. LXXIV ; D. Bréard, *Traité des hommes illustres de Fontenelle*, 2e partie, art. 12 ; *Compendium historiae... Fontanellae* 1685, section III, cap. 2, art. 14.*

Revue Mabillon, VII, 1911, 312, 313 ; Vanel, *Nécrologe*, 13.

PIETTE (Michel).

Né à Gahard, dioc. de Rennes, profès à 22 ans à St-Melaine le 12 mars 1672, mort à St-Vincent du Mans le 18 oct. 1731 (*Matricule*).

Robert, *Documents inéd.*, 102 ; Tassin, 471, 736 ; Tassin, G. G., II, 115, 532.

PIHANT DE LA FOREST (Alexandre-Odile).

* Lettres autographes de Dom Pihan de la Forest, bénédictin de l'abbaye de St-Denis, à son père, relatant les cérémonies des obsèques de Marie Lecksinska, 1768, 24 pp. 4° (*Catal. des livres relatifs à l'hist. de la ville de Paris et de ses environs composant la bibliothèque de M. l'abbé L. A. N. Bossuet*. Paris, 1888, 8°, p. 368, n° 2260).

Les manuscrits de la Bibl. de Pontoise, mis au nom de ce bénédictin, ne sont pas du religieux mauriste, mais plutôt du personnage dont il est parlé dans l'avertissement du *Cat. gén. mss. Dép.*, IX, 211. *

Revue Mabillon, XI, 1921, p. 199 : Robert, 80 ; Vanel, *Nécrologe*, 263.

PINET (Marcellin).

* Né à Clermont-Ferrand, profès à St-Faron le 4 juin 1663,

âgé de 19 ans, décédé le 6 oct. 1712 à St-Robert de Montferrand (*Matricule*).*

[Il fut accusé avec D. François Delfau et D. Robert Guérard d'être l'auteur de *L'Evêque de cour* (*Revue Mabillon*, VI, 1910, p. 184. — Voir BARBIER, *Anonymes*, II, 334 ; QUÉRARD, *Supercheries littéraires*, III, 928).]

PIROU (Michel).

Je ne connais qu'un seul exemplaire de cette *Vie de S. Fiacre* de Dom Pirou, c'est celui de l'édition de 1625, in-32, Paris, François Pélican ; il appartient à la riche bibliothèque de l'abbé Degout, curé-doyen de Mormant (Seine-et-Marne). J'ai maintenant l'exemplaire de l'abbé Degout.

Voir quelques détails biographiques sur Dom M. Pirou dans l'*Histoire du Mont-St-Michel* par D. Huynes. Dom Huynes y rappelle entre autres que c'est D. Pirou, alors prieur de l'abbaye de Redon, qui reçut sa profession monastique le 21 mai 1630 et qui fut un des douze qui vinrent établir la réforme de S. Maur au Mont-S-Michel en 1622. C'est à tort que l'abbé Mercier de St-Léger reproche, à la page 66 de ses *Nouvelles observations sur la Bibl. des Ecriv. de l'ordre de S. Benoît* de D. François, d'avoir mis Michel Pirou dans la Congrégation de St-Maur et d'avoir remarqué l'oubli de Dom Tassin à l'égard de ce Bénédictin. Dom Michel Pirou, ainsi qu'on le voit à la page précédente (note ms.) appartenait si bien à cette congrégation, que ce fut lui qui fut chargé d'introduire cette réforme à l'abbaye du Mont-St-Michel en 1622.

On en trouve le récit pp. 142-143 du tome II des *Curieuses recherches du Mont-St-Michel* de Dom Thomas Le Roy, qui donne encore plusieurs détails importants sur le séjour de D. Pirou dans ce monastère, notamment aux pages 192, où il raconte sa nomination de prieur de ce monastère en 1633, 196-197, 224. Dom Le Roy rapporte que D. Pirou, avant de devenir prieur du Mont-St-Michel, l'avait été à St-Corneille de Compiègne, St-Fiacre en Brie, St-Faron de Meaux et à l'abbaye de Redon. Le 4 octobre 1636, D. Pirou fut élu visiteur de la province de Bourgogne et vint visiter le Mont-St-Michel du 10 au 14 septembre 1640.

* On trouve aux Arch. Nat. L. 810, n°3 : *La Vie de S. Fiacre, patron de la Brie*, 17ᵉ s., 39 pp.; *Cat. mss. Arch. Nat.*, p. 253, n° 1514. Serait-ce le ms. de l'ouvrage de D. Pirou ?*

François II, 404 ; Lelong, I, 13303 ; Martène, *Vie des Justes*, I, 82-83 ; Martène, *Hist. Cong. St-Maur*, IV, 84 ; Robert, 80-81 ; Vanel, *Nécrologe*, 11.

PISANT (Louis).

[Trois lettres datées de Corbie à D. Bernard Pez (Katschthaler, 105).

Les *Sentiments d'une âme pénitente* (Lama, n° 363) ne doivent pas être confondus avec l'homonyme « *Sentimens d'une âme pénitente sur le Pseaume Miserere mei Deus et le retour d'une âme à Dieu sur le Pseaume Benedic anima mea...* par Madame D*** (Dunoyer), 9e éd. Paris, Gosselin, 1759 (v. Barbier, *Dict. des anonymes*, IV, 468 ; 16e éd. Paris, D. Hérissant, 136 pp. suivi de : *Les Sentimens d'une âme qui retourne à Dieu*, par Madame D**, 15e éd. Paris, J. B. Hérissant, 259 pp. in-16 (B. M.).]

François, II, 404-405 ; Frère, II, 388 ; Guillaume, *Documents inéd.*, 90 ; Hoefer, XL, 329 ; Lama, 362-365 ; Le Cerf, 406-409 ; Mangenot, *Travaux*, 35-38 ; Michaud, XXXIII, 409-410 ; Oursel, II, 361 ; Quérard, VII, 191 ; Rivière, II, 49-50 ; Tassin, 477-478 ; Tassin, *G. G.* II, 124-125 ; Vanel, *S. L.*, 331 ; Vernière, 75, 81.

PISIEUX (Jean-Julien-Michel de).

[De Rouen, profés à St-Faron de Meaux à l'âge de 21 ans le 25 mai 1752, décédé le 8 novembre 1779 à St-Jacut (*Matricule*).

Le catalogue 68 du libraire Saffroy, de Pré-St-Gervais, d'octobre 1912, indique au n° 59564 : « Pisieux (Dom), moine bénédictin des abbayes de Marmoutiers (Indre-et-Loire) et Beauvais (Oise).

— Recueil factice de 38 l. a. s. à son ami Papillon, datées de Pontlevoy, Marmoutiers, Tours, Beauvais, St-Michel-en-l'Herm, Mont-St-Michel et St-Jacut-de la Mer, 15 mai 1767-4 mai 1779, 74 p. 4° : Dissertations nombreuses sur l'amitié ; envois fréquents de petits vers badins sur divers sujets ; un logogriphe, une fable : l'*Ane devenu meunier* ; une prophétie au sujet du mariage de M. le comte de Montausier, colonel du régiment d'Orléans, avec une jeune veuve, horoscope du petit Papillon etc..?

PLANCHER (Urbain).

Voy. pp. 27-28 lettre XI dans *Lettres de l'abbé Lebeuf* au président Bouhier publiées à Auxerre en 1855 par M. Petit. On y apprend entre autres que c'est à l'abbaye de St-Germain d'Auxerre que Dom Plancher composa la plus grande partie de son Histoire de Bourgogne.

[Lettre à D. Vaissète (*Cabinet histor.*, 1856, I, 93).

Copies et extraits de pièces des archives et cartulaires de l'évêché d'Autun (Coll. de Bourgogne n° 1-2), copies pour l'évêché de Châlon-sur-Saône, n° 6-7 ; documents sur Molesme, 15 ; notes et copies, 20, 27, 28 et passim, voir LAUER, *Collections mss. Provinces*, Coll. de Bourgogne, I, 1-4, 8, 10, 12, 13, etc.

Lettres, Coll. de Languedoc (*ib.*, I, 241).

Lettre sur le tombeau de Chyndonax (LELONG, I, 3819 ; II, 15579).

Recherches sur les anciennes monnaies du comté de Bourgogne, avec quelques observations sur les poids et mesures autrefois en usage dans la même province. Paris, 1782, in-8°.]

* Dans le *Mercure de France* de décembre 1738, p. 1621-1623, on lit une épître en vers français adressée à D. Urbain Plancher et signée D. C. C. où l'on fait l'éloge des talents et des vertus de cet écrivain (Mercier de St-Léger, Annotations à D. Tassin, p. 677). Il s'agit de D. Charles Catignon (TASSIN, p. 755).

Mercier signale encore qu'il est en possession de deux lettres autographes à l'abbé Lebeuf des 7 mai 1723 et oct. 1725.

D. Tassin a omis de parler du 3e vol. de l'*Histoire de Bourgogne*. Après avoir donné l'analyse des t. I et II il ajoute, p. 678, le 3e volume n'est pas imprimé ; il oublie qu'il avait dit plus haut que l'ouvrage de D. Plancher formait 3 vol. in-fol. 1739-1748. Le 3e vol. a paru en effet en 1738. La publication du 4e vol., retardée par la mort de D. Plancher en 1750 et par celle de D. Salazar en 1766, n'eut lieu qu'en 1781 par les soins de D. Merle.*

[Collaboration à l'Histoire de Bourgogne (M. LECOMTE dans *Revue Mabillon*, XVIII, 1928, pp. 56-58).

Sur l'*Histoire de Bourgogne*, v. A. GRUNZWEIG, *Critique de quelques preuves de l'Histoire de Bourgogne de Dom Plancher (Revue belge de philologie et d'histoire*, VIII, 1929, p. 871-877).]

CHOMTON, 294 ; DELISLE, *Cabinet*, II, 69 ; DUNOD, *Hist. du second royaume de Bourgogne (Hist. du comté de Bourgogne)*, II, 1737, Avertissement, I-II ; FRANÇOIS, II, 406-408 ; HAURÉAU, *Hist. litt.*, IX, 125-126 ; HOEFER, XL, 406 ; MAUR JOURDAIN, *Eclaircissements*, 8-9, 355-356, 373-376 ; LAMA, 505 ; LEBEUF, *Lettres*, II, 37, 206, 318, 539-540 ; MICHAUD, XXXIII, 472 ; QUÉRARD, VII, 201 ; *Revue bénéd.*, XXVIII, 1911, p. 192, 195, 197 ; TASSIN, 677-679, 753 ; TASSIN, G. G., II, 438-440, 559.

PLANCHETTE (Bernard).

Le petit volume de Bernard Planchette sur les miracles qui se sont faits lors de la construction de l'église de St-Pierre-sur-Dive, traduit d'un ancien manuscrit latin de Haymon, abbé de ce monastère, dont parle D. Tassin dans sa notice sur D. Planchette, est devenu introuvable d'après le témoignage de L. Delisle. Aussi le Comité historique des arts et monuments décida-t-il qu'on le réimprimerait à défaut du texte original de l'abbé Haymon qu'on croyait perdu. Cette réimpression fut faite par les soins de M. de Glanville à Rouen en 1851 chez Fleury in-18 avec le titre *facsimile de l'édition originale de B. Planchette*. En 1860 L. Delisle a retrouvé le texte original du récit de l'abbé Haymon et l'a publié dans la Revue de l'École des Chartes (5e série, vol. I, 1860 sous le titre : *Lettre de l'abbé Haymon sur la construction de l'église de St-Pierre sur-Dive*, adressée en 1145 aux religieux de Tutbury (Angleterre), publiée pour la première fois par L. Delisle. Je possède le tirage-à-part de cette publication si précieuse pour l'histoire des constructions religieuses du moyen-âge, ainsi que la réimpression de l'introuvable livret de Bernard Planchette donnée par M. de Glanville.

[*Panégyriques de plusieurs saints*. 1681, 2 tom. en 1 vol. 8° (*Bibliophile de l'Ouest*. Vaugeois. Niort, juill-sept. 1906, n° 4496). Lelong (*Bibl. hist.*, *I*, 12710) l'appelle par erreur « Blanchet ».]

Blin, *Ordinal de St-Pierre-sur-Dive*, 47 ; Bouillot, II. 313-314 . François, II, 408 ; Frère, II, 28, 394 ; Hoefer, XL, 402 ; Jadart, *Savants champenois*, 101-102 ; Lama, 61-63 ; Le Cerf, 409-410 ; Lelong, *Hist. du dioc. de Laon*, 376 ; Noël, 184 ; Pez, 26-28 ; Tassin, 94-95 ; Tassin, G. G., I, 141-143.

PLANIER (Jean-Antoine).

[Né à Paris, profès à 18 ans à St-Faron le 10 janvier 1745, décédé à St-Denis le 2 avril 1789 (*Matricule*).

Lettres (Coll. de Picardie, vol. 52 ; Lauer, II, 98).]

PLOUVIER (Jean-Denis).

* Né à Bapaume, dioc. d'Arras, profès à 24 ans à Jumièges le 29 oct. 1625, mort à St-Vulmer le 2 avril 1669.

Mémoires pour l'abbaye de Samer-aux-Bois (Bibl. nat. Paris, ms. lat. 12703, f. 250-253).

Plan de l'abbaye de Corbie d'après un dessin de D. Denis Plouvier (*La Picardie histor. et monum.* publ. par la Soc. des Antiq. de Picardie, t. I, 1893-1901).*

POINTILLON (Théodore).

* Né à Douzy, dioc. de Reims, profès à l'âge de 19 ans à St-Médard de Soissons le 17 novembre 1756, prieur de St-Basle en 1790, mort curé de Bouconville (Aisne) en 1803.

Poète latin (v. Bibl. Reims n° 1491, f. 238 ; *Cat. gén. mss. Dép.*, XXXIX, 700 ; *Comité arch. et hist. de Noyon. Comptes rendus et Mém.*, XIV, Noyon, 1898, p. 31).*

POIRIER (Germain).

Consulter sur Dom Poirier : *Notice historique sur la vie et les ouvrages de Germain Poirier, membre de la classe d'histoire et de littérature ancienne de l'Institut national*, par Dacier, secrétaire perpétuel de la classe. Paris, de l'Imprimerie de la République. An XII (= 1804), 23 pp. in-12 ; cf. *Hist. et mém. de l'Institut de France*, t. I, Paris, 1815, p. 285 et la notice insérée dans le tome L des *Mémoires de l'Académie des Inscriptions* à la suite de son mémoire sur Hugues Capet lu le 8 mars 1785 et dont le titre est : *Examen des différentes opinions des Historiens anciens et modernes sur l'avènement d'Hugues Capet à la couronne* [p. 553].

La plupart des papiers de Dom Poirier sont conservés à la Bibl. de l'Arsenal sous le n° 7088.

Jacobs, pp. 8-9 de sa *Géographie des diplômes mérovingiens*, mentionne les deux in-fol. mss. de Dom Poirier intitulés : *Abbaye de St-Denis. Chartes*. C'est, dit-il, une analyse des actes conservés dans les archives de St-Denys accompagnée de discussions des diverses opinions de Doublet, Félibien et Lebeuf, et suivie d'un inventaire des richesses conservées dans le trésor de l'abbaye. Il ajoute que tout intéressant qu'est ce travail, on n'y trouve pas de secours géographique pour l'identification des noms de lieux.

D. Poirier a publié, avec L'Averdy, *Tableau général et méthodique des ouvrages contenus dans le recueil des mémoires de l'Académie des Inscriptions et Belles Lettres depuis sa naissance jusqu'en 1788*. Paris, 1791, in-4°.

Dacier, pour composer sa notice sur D. Poirier, s'est servi des notes que lui a fournies Dom Brial, mais il est loin d'avoir fait entrer dans sa notice tous les renseignements que Dom Brial lui avait communiqués.

La notice sur Dom Poirier, communiquée par D. Brial à Dacier en 1804, est conservée en autographe et a été publiée par L. Delisle dans le recueil des Sociétés savantes. Dacier en avait éliminé certains détails fort piquants qui, dit L. Delisle, méritent d'être conservés.

Il y a encore sur Dom Poirier une notice de H. Géraud beaucoup plus apologétique que celle de D. Brial, car il prend pour guide la notice de Dacier, qui vénérait Dom Poirier comme son maître dans la connaissance de la diplomatique et des anciens monuments de notre histoire.

Il y a encore de Dom Poirier un rapport sur le manuscrit autographe des lettres latines de Huet dans le n° XI de la reprise du *Journal des Savants* par Camus et Daunou (1797, juin). Barbier, dans sa notice sur Huet, pp. 456-458 de son *Examen critique des dictionnaires*, fait l'éloge de son savant et respectable collègue, comme il dit.

Sous le n° 3, M. Ul. Robert cite 2 volumes de «Correspondance», lisez : Chronologie, il n'y a donc dans ces pièces que des travaux de chronologie. Le ms. 20813 est le mémoire de Dom Poirier sur Guillaume de Nangis qu'il lut à l'Académie le 7 janvier 1791. Voir L. DELISLE, *Mémoire sur les ouvrages de Guillaume de Nangis* [*Mém. Acad. Inscript. et Belles-Lettres*, XXVII, 2ᵉ partie. Paris, 1873, p. 1.]

Il est important d'ajouter à la notice de Dom Poirier que ce bénédictin sortit de la Congrégation de St-Maur en 1765 et n'y rentra que dix ans après ; il était du nombre des religieux de St-Germain qui signèrent une requête au Roi pour obtenir des changements dans le régime de la Congrégation. Dacier, dans sa notice historique, très sympathique d'ailleurs sur D. Poirier, le blâme de la conduite irréfléchie qu'il tint dans cette circonstance. D. Poirier après sa sortie de la Congrégation de St-Maur, obtint, ainsi que D. Précieux, le titre d'abbé in partibus et sa translation dans la Congrégation bénédictine d'Alsace. En 1775, dit Dacier, il sollicita comme une grâce de rentrer dans la Congrégation de St-Maur et s'empressa d'échanger la crosse et les autres ornements de la prélature contre l'humble habit de S. Benoît dans le monastère de St-Faron où il avait prononcé ses premiers vœux. Il s'y occupa presque uniquement de l'étude des sciences naturelles et particulièrement de la botanique, et ne reprit ses travaux historiques que lorsqu'il fut nommé, vers 1780, garde des Archives de St-Germain-des-Prés.

Il y a dans le recueil de Dantier trois lettres importantes de D. Clément, où il est question des deux *abbés in partibus*, de leurs démêlés avec la Congrégation de Saint-Maur et de la rentrée de D. Poirier. Dantier les a publiées (pp. 146-148, 152-154, 156-157). Dans cette dernière lettre, D. Clément se félicite du retour de D. Poirier dans la Congr. de St-Maur, car c'est, dit-il, un bon ouvrier qu'il ne faut pas laisser oisif.

[*L'examen des différentes opinions des historiens sur l'avènement de Hugues Capet à la Couronne* est reproduit par Leber (*Collection*, XVII, 49-97) ; ms. n. a. fr. 22216, f.9 (OMONT, *Catalogue*, IV, 396).

Papiers à la Bibl. de l'Arsenal (*Catal. mss. Arsenal*, V, 188 ; VI, 52, 134, 183, 200, 205, 207, 214-215, 282, 380-381, 392).

Il y a dans la Coll. Wilhelm une lettre de D. Poirier du 31 août 1790, relative aux archives et au dépôt des titres.

On trouve aussi dans cette Collection les deux mémoires suivants :

Mémoire à consulter et consultation pour deux abbés réguliers in partibus de l'ordre de S. Benoît. (Il s'agit de D. Précieux et de D. Poirier). Paris, Chenault, 1770, in 4°, 12 pp.

Mémoire pour Dom Boudier, sup. gén. *de la Congrégation de St-Maur contre D. Précieux, Poirier et Martinon*, religieux de la même Congrégation. Paris, Cellot, 1772, in-4° 71 pp. Ce Mémoire se trouve également dans la Coll. de Picardie, vol. 70 ; LAUER, II, 111).

Question de droit public ecclésiastique sur l'état et les droits des prélatures in partibus infidelium. Paris, Chenault, 1772, 4°. 80 pp.

Maredsous possède :

Précis pour Dom Précieux et Dom Poirier abbés... contre D. Boudier, 1770. Paris, Chenault, 4°, 12 pp. (B. M.)

Observations de Dom Précieux et de Dom Poirier, abbés... sur le mémoire de Dom Boudier. Paris, Chenault, 1772, 4° 18 pp. (B. M.)

Moyens de la cause pour D. Jacques Précieux... et pour D. Germain Poirier...... demandeurs contre M. l'archevêque de Paris, défendeur, 8°, 17 pp. 1772 (B. M).

Faits de la cause pour Dom Jacques Précieux, abbé régulier de l'abbaye de Karents, ordre de S. Benoît, diocèse de Verden, et pour Dom Germain Poirier, abbé régulier de l'abbaye de la Grand'Croix ordre de S. Benoît, diocèse de Nicosie, demandeurs, contre M. l'archevêque de Paris, défendeur. Paris, Chenault, 1772, 38 pp. in-8° (B.M.)]

* Ces pièces se trouvent aux Archives Nationales, Paris, G. 8¹ 2502 ; avec les *Conclusions* de D. Boudier, 8°, 4 pp. Cellot, 1772

(*ib.*, G. 8 2528) 9 avril 1772. — Arrêt rendu au Parlement de Paris déclarant y avoir abus dans les bulles d'abbayes in partibus expédiées en faveur de D. Précieux et de D. Poirier... (*Rapport de l'Agence contenant les affaires du clergé* 1770-1775 pour les abbés de Lau et de Vogué. Paris, 1780, p. 76).*

[On trouvera d'intéressants renseignements autobiographiques sur les études de D. Poirier, sur son enseignement à Blois et sa soutenance d'une thèse en 1753 sur le Traité des Lois, puis sur ses travaux entrepris à St-Denis dans *Faits de la cause*, pp. 6-7 et suiv.)]

* Liste des mss. de l'Institution de l'Oratoire lors de sa suppression f. 17. — Rapport sur le projet de réunir à Paris dans un seul dépôt les cartulaires des principales églises et abbayes de la République f. 43 (Bibl. nat. Paris, nouv. acq. fr. 10692 ; *Bibl. Ecole Chartes*, LXX, 1909, p. 42 ; H. OMONT. *Rapport de Dom Poirier sur la réunion à Paris des Cartulaires*—d'après le ms. n. a. fr. 10692, f 43-44 (*Revue des bibliothèques*, XIX, 1909, p. 167-170).

Notes de D. Poirier, en tête du Procès de Robert III d'Artois, comte de Beaumont (Bibl. nat. Paris, ms. fr. 18437), et notice de ce volume (ms. 20812, f. 65 sqq. ; *Catal. anc. St-Germain français*, II, 392).

Rapport de D. Poirier et de Barbier sur les mss. de Fénelon déposés en l'an V (1797) à l'hôtel d'Uzès (Bibl. nat. Paris, n. a. f. 6248 ; *Catal.*, II, 425), publié par l'abbé Verlaque, *Lettres inédites de Fénelon*. Paris, 1874.

Rapport... adressé à la Commission des Arts le 23 brumaire an II sur les extractions des cercueils de plomb et sur la fouille des sépultures de St-Denis (publ. par Alf. Bégis dans l'*Intermédiaire des chercheurs*, 1893, t. XXVIII, col. 438-440 ; *Revue des quest. histor.*, I, 310-311).

Observations sur les archives des établissements ecclésiastiques, janvier 1792 (publ. par BOUTARIC, *Le Vandalisme révolutionnaire* dans *Revue des quest. histor.*, XII, 1872, p. 344-347).

Mémoire adressé par la Commission des Monuments historiques au Comité de l'instruction publique de la Convention nationale, rédigé par D. P. 25 juillet 1793 (publ. *ib.*, 351-353).

Lettre de D. P. sur les archives de la Chambre des comptes, 28 juin 1793 (*ib.*, 380).

Rapport sur le triage des registres de la Chambre des comptes, 27 août 1793, par d'Ormesson, Ameilhon et Poirier (*ib.*, 381-382).

Translation des tombeaux des enfants de S. Louis de Royaumont à St-Denis, 1791 (*Cabinet histor.*, VII, 1861, p. 77-84, avec lettres de D. P. y relatives).

Notes de Dom Poirier pour le Comité des chartes (Coll. Moreau, vol. 290 et 307 ; correspondances vol. 291, 307 ; OMONT, *Invent.*, p. 11, 13).*

[Lettre de Ph. Am. Millo, chan. de Turin, des « id. januarii 1802 » au sujet d'une nouvelle édition de S. Maxime de Turin (Bibl. nat. Paris, ms. fr. 20842, f. 67-68).

Lettre à Moreau du 12 juin 1789 (CHARMES, *Comité*, I, 256-257).

Lettre de D. Pierre-Paul Druon à D. Poirier du 7 ventôse an 10 (*Revue bénéd.*, XXVIII, 1911, p. 218-220)].

* Lettres de Mathieu, 23 pluviôse an II, et de Guinguné, 18 floréal an II, au citoyen Poirier, et de D. P., 14 floréal an IX, au citoyen Labat à Franciade (St-Denis), publiées dans *L'Ami de la Religion*, juin 1873, n° 51 et 55. Cette dernière lettre est conservée à la Bibl. nat. F.F. 12804, f. 200.

Autre lettre à Labat, 14 vendémiaire an X, dans le même ms., f. 198.

Correspondance avec Foncemagne, ms. fr. 9457, f. 199.

Lettres de 1762-1783 à M. de Boisneuf (vente autographes 7 février 1894, n° 87, et *Catal. Autographes M. Lefebvre*, vente du 13 déc. 1888, n. 107).

Correspondance avec Ant. Alex. Barbier, t. IV, n. a. fr. 1393 (*Catal. nouv. acq. fr.*, I, 201).

Catalogue des mss. de St-Germain-des-Prés (Bibl. nat. Paris, n. a. fr. 5795-5796-5798 ; *Catal. nouv. acq. fr.*, II, 364-365).

Catalogue des mss. de la Belgique, du Dépôt national littéraire aux ci-devant Cordeliers, par le citoyen Poirier ... l'an IV (Bibl. nat. Paris, n. a. fr. 5420 ; *Catal.*, II, 339).

Dates des contrats de mariage ou des mariages des princes et princesses des branches de la maison de Lorraine établies en France, par D. Poirier, précédées d'une lettre de D. P. à Capperonnier, 1777 (Bibl. nat. Paris, n. a. fr. 3310 ; OMONT, *Catal. n. acq. fr.*, t. I, 11).

M. Louis de Grandmaison a donné un « *Inventaire sommaire de la Collection de Dom Poirier* » conservé à la Bibl. nat. sous les nos français 20800-28052 (*Bull. de la Soc. de l'hist. de Paris*, 1896, t. XXIII, p. 161-173 ; *Catal. anc. petits fonds français*, I, 221-232).*

[Lettre à Lévrier du 2 fructidor an II (19 août 1794) (*Incendie de la Bibl. de St-Germain-des-Prés en 1794* (*Bibl. Ecole Chartes*, LXXXVIII, 1927, p. 387)].

A. M. P. INGOLD, *Les correspondants de Grandidier*. IX, Dom La Forcade et Dom Germain Poirier. Lettres sur le prieuré de Lièvre. Colmar, 1897 (*Revue cathol. d'Alsace*, 1897, 1-13).

Lettres à Lévrier 1782-1803 (Coll. du Vexin, vol. 71 ; LAUER, II, 359).

Rapport sur les ouvrages de Lévrier, 1789 (*ib.*, vol. 71, f. 196 ; vol. 72, f. 48 ; LAUER, II, 359).

Sur D. Poirier, voir FR. ROUSSEAU, *Un ancien bénédictin sous-bibliothécaire à l'Arsenal pendant la Révolution* (*Bull. Soc. Hist. de Paris*, 1925, 82-94) ; — LÉON DERIES, *Un grand sauveteur de documents historiques. L'ancien bénédictin Dom Germain Poirier* (*Revue Mabillon*, XIX, 1930, p. 50-67, 260-281).

Bibl. Ecole Chartes, XXI, 437 ; *Cat. gén. mss. Arsenal*, VI, 183, 200, 205, 207, 214-215, 282, 380-381, 392 ; CHARMES, *Comité*, I, 170-172, 256-257, 293, 298-300, 332, 342, 409-410 ; DANTIER, *Rapport*, 397 ; DELISLE, *Cabinet*, II, 4, 6, 9, 11, 30, 48, 49, 140, 331 ; DELISLE, *Catalogue des actes de Philippe-Auguste*, LIII ; FRANKLIN, I, 124 ; GARAMPI, *Viaggio*, 251, 257 ; HOEFER, XL, 568-569 ; HURTER, *Nomenclator*, III, 606 ; LAMA, 692 ; MICHAUD, XXXIII, 583-584 ; *Musée des archives municipales*, Paris, 1872, in-4°, p. 778 ; PORÉE, *Abbaye du Bec*, II, 513 ; QUÉRARD, VII, 240 ; *Revue bénéd.*, XXVIII, 1911, p. 220, n. 2 ; ROBERT, 81-82 ; TASSIN, 700 ; TASSIN, *G. G.*, II, 475-476 ; VANEL, *Nécrologe*, LIX-LX, 371-373.

POISSON (Louis).

A publié les *Prières en forme d'office ecclésiastique pour demander à Dieu la conversion des juifs et le renouvellement de l'Église* de Dom Foulon, et y a ajouté une préface. Orléans, 1778, in-12. Cet ouvrage, remarque Ulysse Robert, à l'article Dom Foulon pp. 43-45, se distingue par un jansénisme outré.

C'est probablement ce Dom Poisson, dont il est fait mention dans le nécrologe qui se trouve en tête d'un formulaire de prières, ms. qui porte le titre de *Manuel ecclésiastique*, 1792. Ce manuel et le nécrologe surtout sont du jansénisme le plus exalté. A la date du 20 janvier 1789 on y lit : Louis Poisson pr. bénédictin. Je possède ce ms. qui est un précieux document de l'histoire du jansénisme à la fin du XVIIIe siècle. Je l'ai trouvé le dimanche 6 août 1882 dans un ramassis de vieux livres à Andrezel, village du canton de Mormant (dép. de Seine-et-Marne). C'est probablement le Dom Poisson correspondant de Lebeuf. Voy. tom. II, 543 et 568 des *Lettres* de Lebeuf.

Dans l'*Ami de la Religion* du 19 avril 1828 il y a une notice détaillée sur la vie et les œuvres de Dom Foulon, où il est aussi question de Dom Poisson (1).

LEBEUF, *Lettres*, II, 543, 568-569.

POITEVIN (Martin Le).

[Né à Noirpalu, dioc. d'Avranches, profès à l'âge de 24 ans à St-Melaine de Rennes le 15 oct. 1641, décédé à St-Vincent du Mans le 7 mai 1700.

[*La doctrine des exercices, confirmée par celle de la sainte règle de Saint-Benoît*, ms. 628 de la Bibl. de Tours (*Cat. gén. mss. Dép.*, XXXVII, 503).]

MARTÈNE, *Vie des Justes*, II, 151-153 ; PERREAU, 64.

POITEVIN (Pierre).

Voy. sur la publication en 1883 de l'histoire du monastère de St-Pé de Génerès par Dom Poitevin les notes autographes de Dom Dubourg · · * on trouve dans l'*Annuaire du Petit-Séminaire de Saint-Pé*, 9e année, 1883, Bagnères, in-18, pp. 181-201, *l'Histoire de l'abbaye et du monastère de St-Pé de Génerès en Bigorre* dans le diocèse de Tarbes par D. Poitevin. Extraits du ms. de la Bibl. nat. fonds lat. n° 12690, fol. 50.

En 1881 on a publié dans le même Annuaire la notice sur le monastère de St-Pé de Génerès par Dom Michel Germain (voir plus haut, t. I, p. 246).*

DELISLE, *Monasticon*, 27 ; A. DE LANTENAY, *Prieurs de Ste-Croix*, 8 ; ROBERT, 82-83.

POMMERAYE (Jean-François).

[Biographie et proposition de lui élever un monument (Mgr J. LOTH, *Réponse au discours de M. de la Bunodière* dans *Précis*

---

(1) Il y avait un D. Bernard Poisson qui fit profession à La Daurade de Toulouse le 27 septembre 1713 et mourut le 3 janvier 1768 à Aniane (DAUX, *Mas Grenier*, 97-98), et un D. Jean-Raymond Poisson, profès à Toulouse le 7 septembre 1722, décédé à Sainte-Croix de Bordeaux le 21 juin 1780 (ib., 98). Louis Poisson, né au Mans, fit profession à Vendôme le 12 mai 1725, âgé de 17 ans, mourut le 19 janvier 1789 à N. D. de Bonnenouvelle à Orléans.

analytique des travaux de l'Acad. de Rouen 1907-1908, p. 369-384).]

* *Petits advis spirituels* tirés des Constitutions de Port-Royal (Lettre de D. Pommeraye à D. L. Dachery, Bibl. nat. fr. 17681, f. 69)*

BLANCHARD, 14 ; DELISLE, *Cabinet*, II, 63, 67 ; FRANÇOIS, II, 410-411 ; FRÈRE, II, 398-399 ; GUIOT, *Trois siècles palinodiques*, II, 172-173 ; HOEFER, XL, 692 ; HURTER, *Nomenclator*, II, 494 ; LAMA, 81-86 ; LE CERF, 416-472 ; MAROLLES, 156 ; MICHAUD, XXXIV, 14 ; OURSEL, II, 370 ; PEZ, 47-49 ; RIVIÈRE, II, 50-52 ; *Revue bénéd.*, XXVIII, 1911, p. 403 ; SAUVAGE, *École de Bonne-Nouvelle*, 31-32 ; TASSIN, 66, 121-122, 311 ; TASSIN, G. G., I, 101, 184-186, 482; VANEL, S. L., 166.

PONCET (Maurice).

Dom Poncet était aussi un des collaborateurs les plus actifs de l'*Hist. litt. de la France*. Il est étonnant qu'Ulysse Robert ait oublié que D. Maurice Poncet a une très belle notice dans D. Tassin, pp. 760-761, qui dit qu'il est mort le 2 décembre 1764 à l'abbaye de Coulombs dans le Perche (1). Le volume d'Ulysse Robert sur les *Documents inédits concernant l'Hist. litt.* contient un grand nombre de lettres de D. Poncet. A la page 173 de ce volume il indique en détail les travaux de D. Poncet qui sont conservés dans la série des mss. fr. de la Bibl. Nat. sous les nos 17002-17008 ; c'est un riche répertoire de notes et de dissertations. Il y a encore des lettres de lui dans les mss. fr. 19681, 12803-12804.

Il est probable que D. M. Poncet est l'auteur des *Circonstances notables de la vie de Dom Rivet*, pp. 116-132, des témoignages en faveur des deux derniers tomes de M. de Montgeron. Voyez les pages 107-110 des *Documents pour servir à l'Hist. litt. de la France* par Ulysse Robert.

Dans la *Semaine des fidèles du Mans* (10 novembre 1866) il y a un article de Dom Piolin intitulé : *Quelques mots sur Dom Maurice Poncet, bénédictin de Saint-Vincent.*

Au feuillet de garde des *Nouveaux éclaircissements*, M. Wilhelm a inséré la note suivante : « Voyez sur cet ouvrage de D. Maurice Poncet publié, revu et augmenté par D. François Clément l'*Hist. litt. de la Congr. de St-Maur* de D. Tassin. D. Tassin attribue à D. Clément une partie du onzième chapitre et le douzième tout

(1) Ne pas confondre avec le fameux D. Maurice Poncet, bénédictin de Melun, prédicateur de la Ligue (LABITTE, *De la démocratie chez les prédicateurs de la Ligue*, 2e éd. Paris, 1865, 100-102).

entier de cet ouvrage, mais il paraît par une lettre de D. Clément
à D. Colomb que ces chapitres seraient l'œuvre de D. Rivet (UI.
ROBERT, *Documents inéd.*, p. 124). Cependant il y a à remarquer
qu'il n'y a pas dans ce volume de chapitre sur les caractères samaritains, ce qui autorise à penser que D. Clément n'a pas donné
suite à son projet de publier la dissertation de D. Rivet, et que
c'est lui qui est l'auteur, comme le dit D. Tassin, des chapitres
XI et XII. La dissertation de D. Rivet était la quatrième du
recueil des dissertations réunies et en grande partie composées
par D. Galbaut (TASSIN, 749-751).

Parlant de son exil « aux extrémités de la Basse Bretagne »
au commencement de 1727, à cause de son « zèle pour la cause de
l'Église et l'honneur de son Corps » euphémisme dont on connaît
le vrai sens, D. Perreau dit qu'« il y avait encore un autre délit ;
c'était d'avoir communiqué à un ecclésiastique quelques Écrits
sur le retour des Juifs et nommément *le Symbole des Oliviers* »
(p. 54).

Le ms. 53 de l'Institut catholique de Paris indique f. 1 les
ouvrages envoyés à M. de Montgeron, qui sont entrés dans la
composition des 3 volumes que ce magistrat a composés dans la
citadelle de Valence : « *La vérité des miracles opérés par l'intercession
de M. de Paris*, 3 vol. in-4°. On peut y noter : 24 déc. 1743, 2 lettres
sur la réponse à la Réclamation etc. par Dom Poncet ; 4 avril 1744
deux ouvrages de D. Poncet, lettre écrite au fr. Pierre ; correspondance de Montgeron avec D. Poncet (note communiquée par Mr
J. E. Godefroy, de Paris).]

* Lettre datée de St-Maixent 14 juillet 1717 à D. François Le
Texier (Bibl. nat. Paris, ms. lat. 12684, f. 185)*.

[Lettre à D. B. de Montfaucon du 27 juillet 1721 (DENIS, *Lettres
de bénédictins d'abbayes du Maine* dans *Revue histor. du Maine*,
XLIV, 300-304).]

* Lettre à D. Vaissète, datée de Marmoutier, 12 janvier 1731,
publ. dans *Hist. de Languedoc*, nouv. éd., t. I, 1872, Introd. p.
201-202.*

ARBELLOT, 27-30 ; CHARMES, *Comité*, I, 38 note ; DELISLE, *Cabinet*,
II, 74 ; FRANÇOIS, II, 413 ; *Hist. litt. de la France*, I, préf., p. XXXIII ;
LAMA, 564 ; LE CERF, *H. C.*, 58, 315-316 ; *Mémoires de Trévoux*,
nov. 1760, p. 2835 ; PERREAU, 54 ; QUÉRARD, VII, 264 ; *Revue Ma-
billon*, II, 1906, 223-225, 233, 240, 258-260 ; XVIII, 1928, 131 ; ROBERT,
83 ; ROBERT, *Documents*, 55, 88, 90, 94-140, 173 ; *Semaine religieuse de
Limoges*, IV, 438 ; TASSIN, 654, 668, 751, 760-761 ; TASSIN, *G. G.*,
II, 401, 423, 556, 569-571.

PONT (Joseph).

[Lettres à la Bibl. d'Orléans (*Catal. gén. mss. Dép.*, XII, 330.]

DAUX, *Mas-Grenier*, 82-84 ; FRANÇOIS, I, 413 ; *Hist. et Mém. de l'Académie royale des Sciences, Inscriptions et Belles-Lettres de Toulouse depuis son rétablissement.* T. I, 2e partie, Toulouse, 1827, 4-5 ; *Journal de Verdun*, fév. 1755, p. 100 ; *Mém. de Trévoux*, janv. 1755, p. 164 ; QUÉRARD, VII, 272 ; TASSIN, 754 ; TASSIN, G. G., II, 561.

PONTVILLE (Jean-Tousaint de).

* Né à Torcy, dioc. Troyes, profès à l'âge de 29 ans à St-Remi de Reims le 20 octobre 1625, y décédé le 4 novembre 1673.

Lettres à D. Calixte Adam, Reims 2 sept. 1639, et à D. G. Tarrisse, 6 août 1639 (Bibl. nat. Paris, ms. lat. 12694, ff. 66-71)*.

PORCHER (Henri).

[Né à Rouen, profès à Lyre à 17 ans le 16 juillet 1698, mort à St-Ouen de Rouen le 5 janvier 1736.

Lettre datée d'Évreux le 3 sept. 1725 à D. Montfaucon (GIGAS, II, 103-104).]

PORCHERON (Placide).

D'après la *Bibl. des Ecrivains de la C. de St-Maur*, de Charles de Lama, Dom Porcheron eut la plus grande part au catalogue des mss. latins de la Bibl. du Roi, dont avaient été chargés les religieux de St-Germain-des-Prés, * d'après TASSIN, p. 156, n. 3*.

[Notice sur D. Placide Porcheron par D. Nicolas Goisot (Bibl. de l'Arsenal, ms. 6591 f. 172 ; *Catal. mss. Arsenal*, VI, 271 ; Coll. Baluze 62, f 360 ; *Catal.*, 77).

Miracle eucharistique (F. F. 17063, f. 146).

Dans une lettre du 19 novembre 1689 à D. Erasme Gattola, D. Jean Guillot parle du projet de D. Porcheron de publier une « Bibliothèque bénédictine » (*Riv. stor. bened.*, VIII, 1913, 369 ; ETTINGER, 45), mais une lettre du 25 février 1690 annonce que ce projet est différé (*ib.*, 371 ; ETTINGER, 47).

Dissertation pour prouver que *Bratuspantium* de César est la ville de Beauvais et non le bourg de Breteuil (Coll. de Picardie,

t. 163 ; LAUER II, 142) ; Copie ms. à la Soc. des Antiq. de Picardie (BRUNEL, *Catal.*, n° 145, p. 347).

Histoire de l'abbaye de St-Lucien de Beauvais (LELONG, IV, 12588). * Sur ce ms. in-4° de 137 p. v. H. COCHERIS, *Notices et extraits des documents manuscrits conservés dans les dépôts publics de Paris et relatifs à l'histoire de la Picardie*, t. I, Paris, 1854, n° 175, p. 270-272. Le chap. 48ᵉ et dernier est consacré à Bossuet. Le P. Griselle, S. J., dans son étude « *Bossuet abbé de St-Lucien de Beauvais* » en a publié un long fragment (*Revue Bossuet*, III, 1902, p. 229-234 ; voir aussi DELADREUE et MATHON, *Hist. de l'abbaye royale de St-Lucien de Beauvais*, 1874, p. 206-207). *

¡Il se trouve une copie de cette Histoire à Beauvais (Collection Bucquet-aux-Cousteaux ; LEBLOND, 155).

Histoire de l'abbaye de Chelles, 3 vol. mss. (Bibl. du Séminaire de Meaux ; C. TORCHET, *Hist. de l'abbaye royale de N. D. de Chelles*. Paris, 1889, I, p. XI ; D. M. COUTURIER, *Sainte Bathilde*. Paris, 1909, p. 251, n.; voir *Revue Bossuet*, juin 1905, p. 65 ; A. MOLINIER, *Obituaires de la Province de Sens*. Paris, 1902, I, 355).

Lettres (Bibl. nat. Paris, F. F. 15463, f. 486 ; voir les recueils de Gigas, Valery, Vanel).

Correspondance à Beauvais (Coll. Bucquet-aux-Cousteaux ; LEBLOND, 5).

Lettre de D. Mabillon à D. Pl. P., 11 sept. 1685 (PAULOWSKI et RADOUX, p. 441-442 ; voir plus haut, p. 21).¡

Annuaire de la Bibl. royale de Bruxelles, XII, 162-163 ; BOUILLART, 288 ; DE BROGLIE, *Mabillon*, I, 20, 387, 412 ; II, 503 ; DELISLE, *Cabinet*, I, 477 ; II, 44, 48 ; FRANÇOIS, II, 415-416 ; FRANKLIN, I, 112, 125 ; GIGAS, I, 86-89, 127-130 ; HOEFER, XL, 818 ; JADART, *Ruinart*, 97, 103, 105, 112, 117 ; LAMA, 123-124 ; LE CERF, 412-414 ; *Mém. de la Soc. arch. de l'Orléanais*, XXV, 150 ; MICHAUD, XXXIV, 106 ; PEZ, 79 ; PINSSON, 7-8 ; ROBERT, 83 ; TASSIN, 155-156 ; TASSIN, G. G., I, 235-238 ; VALERY, I, passim ; II, 361-362 ; III, 423 ; VANEL, *Nécrologe*, 53-54 ; VANEL, *S. L.*, 127 ; ZIEGELBAUER, IV, 324-325, 482, 513.

POUGET (Antoine).

¡Recueil de mélanges scientifiques provenant de D. Ant. Pouget (Bibl. nat. F. F. 16965).

Moyen facile de trouver tel nombre qu'on voudra (Bibl. d'Orléans, ms. 663, p. 293 ; *Cat. gén. mss. Dép.*, XII, 270-271).

Mention de ses travaux dans une lettre d'Estiennot du 21 sept.

1696 *(Riv. stor. bened.*, VII, 1912, 281, où il est appelé Fouget).]

* Notice sur D. A. P. (Collection de Languedoc, Bibl. nat. Paris, t. 100, f. 263 ; LAUER, I, 218).

Notae et collationes in Georgii Syncelli chronicon, 65 ff. (Bibl. nat. Paris, Suppl. grec ; OMONT, *Invent. sommaire des mss. grecs de la Bibl. nat.*, III, 320) *.

FRANÇOIS, II, 418-420 ; HOEFER, XL, 919 ; LAMA, p. 89, n. 301, 465 ; LE CERF, 415-416 ; MARTÈNE, *Vie des justes*, III, 141-143 ; PEZ, 223-225 ; *Revue Mabillon*, V, 1909, 24 ; SAUVAGE, 8-10 ; TAMIZEY DE LARROQUE, *Lettres inéd. de D. Martianay*, 18, 27 ; TASSIN, 149, 284-285, 587, 591, 597 ; TASSIN, G. G., I, 228, 439-442 ; II, 296, 302, 304 ; VALERY, III, 423 ; VIGNEUL, I, 80).

POULET (Georges-François).

Né à St-Pol, dioc. Boulogne, profès à l'âge de 17 ans à St-Faron de Meaux le 8 sept. 1706, mort à St-Vulmer (Samer) le 28 septembre 1723.

[Lettre sur ce qu'il a souffert au Canada à cause de la bulle Unigenitus (Bibl. nat. F. F. 20973, f. 112). Cette relation a été publiée par D. PAUL DENIS. *Un bénédictin janséniste réfugié au Canada au commencement du XVIII*e *siècle (Revue Mabillon*, V, 1909, p. 207-227).

LE CERF. *H. C.*, 10-11, 311-312.

POULTIER (François-Martin).

Né à Montreuil-sur-mer en 1757, a fait profession à l'âge de 26 ans à St-Faron de Meaux le 26 avril 1782. Il fut obligé de sortir de la congrégation de St-Maur sans avoir jamais pu obtenir l'onction sacerdotale à cause des violences de son caractère et peut-être de quelques autres fredaines ; devint pendant la Révolution, où il se signala par l'exaltation de ses principes, colonel de gendarmerie, puis général de brigade [Chef de brigade de gendarmerie]. Il soutint sous le pseudonyme d'Elmotte une polémique contre Dom J. B. Aubry, de la Congrégation de St-Vanne, sur l'origine des idées, qui a été publiée dans l'*Esprit des journaux* de décembre 1787 et septembre 1788, et écrivit dans la suite, sous le nom d'Elmote, divers écrits fort légers ; il est mort en Belgique dans les années 24-26.

Il a une notice dans la *France littéraire* de Quérard, tome VII [312];

voir également sur Poultier, *Eloge de M. Aubry, ancien bénédictin*, par Étienne Psaume, p. 45, note 19.

* Dans le Catalogue de décembre 1896 de Gabriel Charavay, sous le n° 210, figure une lettre autographe de Poultier d'Elmote du 27 prairial an IX par laquelle il réclame sa pension religieuse comme ex-bénédictin, à l'exception de l'année 1790 « que j'abandonnai, dit-il, en forme de don patriotique pour les frais de la guerre ».

Pétition adressée au Comité ecclésiastique de l'Assemblée nationale par P. d'Elmotte, religieux de l'abbaye du Mont-St-Quentin à Péronne (Péronne, le 24 fév. 1790) : n'étant pas sous-diacre il n'a qu'une pension réduite et demande qu'elle soit augmentée (Archives Nat. Paris, D. XIX, 14, 208). Voir plus haut, t. I, p. 204.

Il mourut à Tournai (Belgique) le 16 février 1826. *

> *Dict. biograph. et histor. des hommes marquans de la fin du XVIIIe s.* Londres, 1800, III, 203-205 ; ROBINET, ROBERT et LE CHAPELAIN, *Dict. hist. et biogr. de la Révolution et de l'Empire*, II, 667-668 ; A. ROBERT, BOURLOTON et CONGNY, *Dict. des parlementaires français*, V, 1891, 32-34.

POUVEILLE (Henri).

* Né à Montpellier, profès à la Daurade de Toulouse le 3 janvier 1724, âgé de 21 ans, mort à St-Pé de Génerès le 25 juillet 1774.

« Mémoire en forme de requête remonstrative sur un Plan de pacification ou de régime présenté au Roi et envoyé au Chapitre général et extraordinaire de la Cong. de St-Maur ordonné par Sa Majesté par D. H. P., prieur de l'abbaye de St-Savin de Tarbes, s. l. n. d. [1766], 4°, 12 pp.

Deux lettres de D. P. à D. La Taste, 1738 (Bibl. nat. Paris, ms. fr. 19668, ff. 117, 119). *

PRADIER (François).

D. Tassin se borne à le nommer dans la note de la page 635 de son *Hist. litt.*, comme un des auteurs avec Dom de Bar et D. Jalabert de l'*Etat de la France* publié en 1749 en 6 vol. in-12. D'après ma matricule ms. Dom Pradier aurait fait profession le 23 septembre 1717 et serait mort aux Blancs-Manteaux à Paris le 14 juin 1767. Sa notice est incomplète dans la matricule. * Né à Toulouse, profès à La Daurade âgé de 17 ans, mort le 8 juin, d'après une autre matricule *.

LAMA, 568.

PRÉCIEUX (Jacques).

Il doit y avoir une erreur à cet article sur Dom Précieux. D'abord le tome XI des Historiens de France parut en 1767, c.-à-d. 10 ans avant l'année où Robert met la date de la profession de Dom Précieux ou Précieux ; en second lieu le collaborateur de Dom Poirier portait le prénom de Jacques et fit profession la même année 1740, Dom Poirier le 20 mars à St-Faron de Meaux et Dom Précieux le 9 décembre à Vendôme en 1740 à l'âge de 19 ans. Dom Poirier et Dom Précieux sortirent ensemble de la Cong. de St-Maur, ainsi que le remarque D. Tassin, à la page 700, où il se borne à mentionner ces deux Bénédictins sans leur faire l'honneur d'une notice (voy. ma matricule ms. et la notice sur D. Poirier à la page précédente). J'ignore si Dom Précieux a suivi le bon exemple de Dom Poirier qui est rentré repentant dans sa congrégation en 1775.

Il y a en effet un Dom Précieux (Eustache-Jean), natif de Richelieu, comme dom Jacques Précieux, et qui fit profession le 26 août 1777 à l'âge, non pas de 30 ans, mais de 23 ans, au monastère appelé dans ma matricule ms. S. *Launomari*, qui n'est autre évidemment que S. Laumer ou Lomer de Blois. S. Laumer (Launomarus), qui a donné son vocable à cette abbaye, est un saint du pays chartrain dont dépendait spirituellement Blois avant la création de son évêché en 1697. Robert a confondu les deux Dom Précieux en un seul et même personnage, mais comme on l'a vu, c'est Dom Jacques Précieux qui a publié avec D. Poirier le tome XI des Historiens de France dès 1767, et à partir de 1769 il n'appartint plus à la Congrégation de St-Maur.

Il y a d'intéressants détails sur la carrière de D. Précieux dans les Factums mentionnés plus haut à la notice sur D. Poirier (t. II, p. 155-156). Il fut successivement professeur à St-Benoît-sur-Loire et à St-Bénigne de Dijon. Ayant dû quitter l'enseignement pour faiblesse de poitrine, il fut en 1755 chargé de continuer l'Histoire du Berry que D. Géron avait interrompue. Il se rendit à Marmoutier pour recevoir les instructions nécessaires de ce religieux et aller se fixer à Bourges pour recueillir les matériaux, puis, en 1757, à à St-Germain des Prés. En 1762, D. Delrue le chargea de remplacer

D. Haudiquier dans la rédaction des *Historiens des Gaules* ; le XIe vol. fut présenté au roi le 5 juillet 1767. A la suite de difficultés, il quitta la Congrégation avec D. Poirier, obtint comme ce dernier une bulle d'abbé in partibus le 19 juin 1769, de l'agrément du supérieur-général, et ce n'est qu'après la fulmination qu'il quitta la Congrégation. Il était prieur de Lançay, dép. de Marmoutier, depuis 1769. En 1772 il se retira chez les Augustins de la Place des Victoires (*Faits de la cause*, 13. 23-24 ; *Question de droit public*, 4.)]

* Il mourut vers 1787 *

BEAUNIER, *Introduction*, 107-108 ; CARRÉ DE BUSSEROLLE, V, 143 ; CHARMES, *Comité*, I, 54, 298-300 ; LAMA, 522 ; PORÉE, *Abbaye du Bec*, II, 513 ; QUÉRARD, VII, 331 ; ROBERT, 83 ; TASSIN, 700, 766 ; TASSIN, *G. G.*, II, 475, 570 ; VANEL, *Nécrologe*, 273, 371.

PRÉVOST (D. Nicolas).

On a encore de D. Prévost le Cartulaire de Noyers dans la Collection de Dom Fonteneau à Poitiers ; ce cartulaire a été publié à Tours en 1872 par M. Chevalier d'après la copie faite par D. Fonteneau sur l'original.

L'Histoire de l'abbaye de Noyers, ms. du XVIIe s., inscrit sous le n° 13902 du fonds latin de la Bibl. nat. de Paris ne serait-elle pas de Dom Prévost ? Dom Tassin, qui consacre une notice à D. Prévost, mentionne son cartulaire de Noyers et un autre ouvrage concernant la même abbaye.

FRANÇOIS, II, 422 ; LAMA, 323 ; LELONG, I, 12667, 12668 ; ROBERT, 83-84 ; TASSIN, 397-398 ; TASSIN, *G. G.*, II, 102.

PRÉVOST D'EXILES (Antoine-François).

Ulysse Robert, dans ses *Documents inédits* (pp. 37 et 168), attribue avec beaucoup d'hésitation à Prévost d'Exiles une lettre écrite de La Haye au libraire Osmont pour la faire parvenir aux Bénédictins auteurs de l'Histoire littéraire de la France. Cette lettre contient plusieurs remarques bibliographiques. Il faut remarquer cependant que cette lettre est élogieuse pour l'*Hist. litt.*, tandis que dans l'ouvrage intitulé *Le Pour et le Contre...* par l'auteur des *Mémoires d'un homme de qualité*, l'abbé Prévost rabaisse tout à fait le mérite du premier volume de l'œuvre de Dom Rivet. Ce dernier a répondu à ses critiques injustes et passionnées dans l'avertissement du tome 2 de l'*Hist. litt.* (p. II-X), et Dom Cathelinot dans son *Apologie* de cet ouvrage a aussi mis à néant les critiques de l'abbé Prévost (voy. cette apologie dans les *Doc. inédits sur l'Hist. litt.* pp. 142-163 et *Analecta juris pontificii*, 1874, col. 826-288). Dom Tassin (page 661) dit formellement que la critique du *Pour et Contre* est de l'abbé Prévost.

Voy. *Essai sur la vie et les ouvrages de l'abbé Prévost*. Paris, chez Leblanc, 1810, in-8° de 90 pages. Cet essai anonyme a été composé par Pierre Bernard.

Ajouter à la notice et à la note relatives à Prévost d'Exiles qu'il avait 24 ans quand il fit profession à Jumièges et que vers 1720, avant sa profession, il suivit comme novice le cours de théologie professé à l'abbaye du Bec, et qu'après sa profession il parut avec succès dans la chaire en prêchant un Carême à Evreux. Voy. pp. 61-62 de la monographie de l'abbé Porée sur *L'abbaye du Bec au XVIIIe siècle*.

Consulter enfin sur Prévost d'Exiles, qui après son apostasie s'était retiré en Angleterre, les pages 148, 169 et 186 du volume de Jordan intitulé *Histoire d'un voyage littéraire fait en 1733 en France, en Angleterre et en Hollande*, La Haye, 1736. On y voit à la page 186 que Prévost d'Exiles est bien l'auteur du *Pour et Contre*. A la page 148, Jordan dit en parlant de Prévost d'Exiles, dont il loue les talents et les connaissances : « Je ne parlerai pas de sa conduite, ni d'une action criminelle dont il s'est rendu coupable à Londres, cela ne me regarde point ; je ne le considère que par rapport à ses talents ». Quel est ce crime ? L'abbé Prévost passe aussi pour avoir eu quelque part aux *Aventures de Pomponius chevalier romain* attribuées par Dom Tassin à Dom Labadie; en tous cas il paraît que c'est l'abbé Prévost qui a donné avec des augmentations la seconde édition de 1728 ; voy. supra la note sur D. Labadie et la page 182 du tome III des *Mélanges critiques et philologiques* de Chardon de la Rochette.

* L'accusation de Jordan est réfutée par H. Harrisse (*Histoire*, 200-204). * [Toutefois il y a lieu de consulter l'édition critique des *Mémoires* publiée par Mysie E. Robertson. Paris, Champion, 1927; v. *Revue historique*, t. CLVI, 1927, p. 367).]

* La lettre publiée par Robert (*Documents*, 37, 168) n'est pas de Prévost, comme l'a montré H. Harrisse (p. 181). *

[Lettres et papiers (Bibl. nat. Paris, Coll. de Languedoc, 181, f. 199 ; LAUER, I, 238 ; *Cat. mss. Arsenal*, III, 389 ; IV, 85).

Lettres inédites de l'abbé Prévost (*Le bibliophile belge*, VI, 1849, 182-191).

Lettres sur sa sortie de l'ordre (Collection de Picardie, t. 103, f. 50 ; LAUER, II, 126 ; *Cabinet histor.*, IX, 2ᵉ partie, 194 ; HARRISSE, *Abbé Prévost*. Paris, 1896, p. 137).

Lettre autographe en anglais à Thiériot aîné, 1735, portraits (*Bibl. Ecole des chartes*, LXXVI, 1915, p. 47).

Sur la mort de l'abbé Prévost (*Interméd. des chercheurs*, 30 janvier 1903).]

ALLAIRE, *Duc de Penthièvre*, 303 ; BRUNETIÈRE, *Etudes critiques sur l'hist. de la litt. française*, 3ᵉ sér., 3ᵉ éd. Paris, Hachette, 1894, 189-258 ; CAFFIN, *Eloge de l'abbé Prévost* (*Mém. de la Soc. royale d'Arras pour l'encouragement des sciences*, III, 1810, p. 131 ; E. DE BROGLIE, *Montfaucon*, I, 50-55 ; E. EDMONT, *L'abbé Prévost à l'abbaye de Jumièges* 1721 (*Bull. de la Soc. des Antiq. de la Morinie*, IX, 263-264) ; L. FROGER, *L'auteur de Manon Lescaut* (*Annales Flécheoises*, VII, 1906, 18-33) ; H. HARRISSE, *La vie monastique de l'abbé Prévost*, 1720-1763 (*Bull. du bibliophile et du bibliothécaire*, 1903, p. 57-75. 145-159, 204-214, 264-274 ; Paris, Leclerc, 1903. 55 pp. 8° avec portrait) ; du même, *L'abbé Prévost. Histoire de sa vie et de ses œuvres. Documents nouveaux.* Paris, 1896, 16°, 465 pp., avec portrait et facsimilé ; P. HEINRICH, *L'abbé Prévost et la Louisiane*. Paris, Guilmoto, 1907, 80 p. 8° ; HOEFER, XLI, 6-11 ; LEBEUF, *Lettres*, II, 507 ; ED. LECESNE, *L'abbé Prévost et ses principaux ouvrages* (*Mém. de l'Acad. d'Arras*, 2ᵉ sér., t. V, 1872, p. 77 ; LELONG, V, 679 ; MICHAUD, XXXIV, 338-342 ; PORÉE, *Abbaye du Bec*, II, 436-437 ; QUÉRARD, VII, 341-343 ; L. RAY, *Un faux de l'abbé Prévost*. Troyes, 1921, 8° ; *Revue Mabillon*, II, 276 ; ROBERT, 84 ; SAINTE-BEUVE, *Portraits littéraires*. Paris, Garnier, I, 265-289 ; *Derniers portraits littér.* Didier, 1852, 443 et suiv. ; *Causeries du lundi*, 3ᵉ éd. Garnier, X, 122-139 ; V. SCHROEDER, *Un romancier français du XVIIIᵉ S. L'abbé Prévost, sa vie, ses romans.* Paris, Hachette, 1899, XIII-365, p. 8° ; J. STAAB, *Das Journal Etranger unter dem Abbé Prévost und seine Bedeutung für die literarischen Beziehungen zwischen England und Frankreich im Zeitalter der Aufklärung*. Diss. Strassbourg. Erlangen, Jacob, 1912, 72 p. 8° ; TASSIN, XVIII, 646, 661 ; TASSIN, G. G., I, XXIV ; II, 389, 412 ; G. VAPEREAU, *Dict. univ. des littératures*. Paris, 1876, p. 1648-1649 ; AM. VATTIER, *Notice sur l'abbé Prévost* (*Comité archéol. de Senlis.* Comptes rendus et Mém. 1869-71, p. LXXVII-LXXXII).

PRONSAC (Jacques de).

* Né à Lizell, dioc. de Chartres, profès à 23 ans à Lyre le 13 sept. 1679, y décédé le 4 avril 1733 (*Matricule*) *.

[Trois lettres à Montfaucon *(Bull. de la Soc. hist. et arch. de l'Orne*, XXXII, 1913, p. 394-404).

Q

QUATREMAIRE (Robert).

Ajouter à la notice de Dom Tassin que le n° 12651 des mss. lat. de la Bibl. nat. (fonds St-Germain-des-Prés) est un recueil des travaux de D. Quatremaire sur l'ordre de S. Benoît. Il y a encore de Dom Quatremaire : *Factum pour Dom Placide Roussel, Prieur de S. Germain-des-Prés, et Dom Robert Quatremaire, Religieux de la dite abbaye, contre maître Gabriel Naudé, médecin et prieur commendataire de l'abbaye de l'Artige.* In-4° de 18 pp. s. l. n. d. Ce factum a été publié à propos des contestations sur l'auteur de l'Imitation. Voy. sur cette contestation les *Œuvres posthumes* de Mabillon et Ruinart publiées par Dom Vincent Thuillier.

Sur la part prise par D. Quatremaire aux controverses sur l'auteur de l'Imitation, voir PUYOL, *L'auteur de l'Imitation*, 2e partie, 123-125 ; particulièrement les lettres publiées par A. M. P. Ingold *(Revue bénédictine*, 1896, 52-60 ; *Miscellanea alsatica*, 3e sér., 143-179).

De variis authoribus libri de Imitatione Christi. fol. imp. in-4°, v. *Revue Mabillon*, IX, 20.

Dissertation de Jean Delaunoy sur l'Imitation adressée à D. Q., ms. Ste-Geneviève Paris, Δ 54800 *(Cat. mss. Dép.*, XLV, 92).

PUYOL, *Variantes du livre de l'Imitation*, Paris, 1898, p. 12, signale les mss. lat. 12436 et 12437 comme contenant des écrits sur l'Imitation.

Dans son exemplaire de *Vindiciae praedestinationis et gratiae*, Paris, Billaine, 1650, 4° (Bibl. Colmar), M. Wilhelm a inséré la note suivante :

« Recueil de la plus grande rareté. D'après une note de Barbier insérée dans la col. 1078 du tome II des *Supercheries littéraires* de Quérard, cet ouvrage serait de Dom Robert Quatremaire... et les *Gottescalcanae controversiae historia et chronica*, qui forment la seconde partie du tome 2, seraient de l'abbé Bourzeis : Mauguin ne serait donc qu'un nom supposé. Cette opinion du savant bibliographe paraît conforme à celle de Dom Le Cerf (pp. 422-423) et de Dom Tassin (p. 80). Il est à remarquer toutefois qu'au tome V de l'*Hist. litt. de la France,* les Bénédictins, quand ils ont à parler de ce recueil, le citent toujours sous le nom du Président Mauguin, sans faire allusion à une attribution quelconque à Dom Quatremaire. Quant à Baluze, il ne cite jamais que le « clarissimus praeses Mauguinus ». Voy. dans son édition de Loup de Ferrières les notes sur les lettres CXXVIII et CXXIX. On peut penser que Baluze, qui était un grand ami des érudits de la Cong. de St-Maur, a toujours cité cet ouvrage sous le nom de Mauguin, qui était son titre ostensible et officiel, pour respecter le pseudonymat pris par D. Quatremaire sous le nom du président Mauguin et ne pas compromettre la Congrégation ».

Histoire abrégée du Mont-St-Michel avec les motifs pour en faire le pèlerinage... par un religieux de la Cong. de St-Maur. Paris, 1668, in-12 (DUPONT, *Bibl. gén. du Mont-St-Michel,* 10) ; éd. revue. corrigée et augmentée. Avranches, Le Court, 84 p. 32°]. * Autre édition. s. d. Avranches, Vve N. Motays, in-12*.

* *Officium Conceptionis* auctore Rob. Quatremaire (Bibl. nat. Paris, ms. lat. 12089, ff. 216 sqq.).

Dans l'*Hist. de la Congrégation de St-Maur* on lit à l'année 1654 : « on présenta au chapitre général... 1654 un office de S. Maur tiré de la Vie écrite par Fauste et composé par D. Robert Quatremaire avec une messe propre. La messe ne passa pas à Rome ; pour l'office, il y a lieu de croire que c'est celui qui se chante aujourd'hui » (t. II, a. 1654).

Mercier, p. 72, donne la note suivante : « Le P. Quatremaire... est le plus savant bénédictin qui soit en France ; il sait les langues, il est très versé dans l'Écriture sainte » (*Carpenteriana,* Paris, 1724, in-12, p. 312). Voilà un passage que n'a pas connu D. Tassin ».

L'épitaphe de Mr M. Molé, Parisiis apud Stephanum Pepingué, 1656, grand in-fol., impr. sur parchemin, se trouve avec le portrait gravé de M. Molé à la Bib. nat. Paris, ms. fr. 18816, f. 74, et a été reproduite par TASSIN, p. 74-78. *

Sur son *Concilii Remensis... falsitas demonstrata.* Paris, 1663, et la polémique qu'il souleva, v. *Moyen-Age,* XXII, 1909, p. 189.

Lettre au card. Bona et réponse (SALA, *Epistolae selectae,* 128, 151).

Lettre à D. de l'Escale (DANTIER, *Rapport,* 238-243).

Lettre de D. Toussaint de Herman, 24 août 1653 (Coll. de Picardie, vol. 209, f. 65 ; LAUER, II, 153).

Lettre de D. Gabriel Flambart datée de Rome le 19 février 1669
(Gigas, I, 14-18) et de Claude Héméré datée de la Sorbonne le
1er juillet 1649 *(ib.*, II, 280-283).

BOUILLART, *St-Germain-des-Prés*, 7, 245, 255, 262, 264 ; FRANÇOIS,
II, 428-435 ; FRÈRE, II, 428 ; HOEFER, XLI, 277-278 ; JAROSSAY,
Ferrières, 393-394 ; LAMA, 38-47 ; LELONG, I, 5562, 12210 ; t. IV,
Suppl. du t. I, 12498, 12502, 12503, 12652, 12789 ; LE CERF, 416-426 ;
MICHAUD, XXXIV, 603 ; OURSEL, II, 395 ; PEZ, 14-16 ; RIVIÈRE,
II, 54-73 ; TASSIN, 72-80, 142, 570 ; TASSIN, G. G., I, 110-122, 216 ;
II, 268 ; THUILLIER (MABILLON, *Œuvres posthumes*, I, 1-54, passim) ;
VANEL, *Nécrologe*, 20, 28, 192 ; ZIEGELBAUER, IV, 251, 368, 599, 616.

QUEINSERT (Jean-Baptiste).

D'après la matricule que je possède, Dom Queinsert est mort le
3 juin 1784 à l'abbaye de St-Pierre de Corbie.

Le 9 novembre 1767, Dom Boudier, alors Supérieur général,
écrivait à Moreau à propos des religieux qui seraient aptes à rendre
des services pour la recherche et la transcription des documents
historiques : « Je ne connais point par moi-même Dom Quincer (sic) ;
on m'en a parlé comme d'un religieux qui a de l'esprit et capable
de réussir dans le travail auquel il veut se livrer ; il sçait lire les
anciennes chartes et témoigne toute la bonne volonté possible,
voilà tout ce que je peux avoir l'honneur de vous en dire ; mais
avant de l'employer tout de bon à ce travail, on pourrait en essayer,
et si Monseigneur le ministre était content de ce qu'il aurait fait,
on l'employerait avec plus de confiance. » (Voy. cette lettre à la page
LIV de la *Notice biographique de Dom Villevieille* par MM. Passier.)

Dom Queinsert a pris copie du cartulaire de l'abbaye d'Hasnon
le 19 mars 1775 ; cette copie se trouve dans la Collection Moreau,
vol. 125, f. 45 (Bibl. nat.). On trouve aussi des copies du cartulaire
d'Hasnon prises par D. Queinsert le 20 juillet 1771. Voyez au
surplus sur les travaux de Dom Queinsert concernant les cartulaires de l'abbaye d'Hasnon les pages 23, 26, 28 du mémoire de
BRASSART intitulé : *Gautier de Hainaut, abbé d'Hasnon (1207-
1237), additions et rectification au Gallia Christiana* (dans le tome
XIV, 2e série, des *Mémoires de la Soc. des arts et sciences de Douai* ;
il y en a un tirage à part à 35 exemplaires que je possède).

Dom Queinsert a pris copie du cartulaire de Crespin le 12 février
1772 ; elle existe dans la Collection Moreau, vol. 116, fol. 61. Enfin
le n° 9766 des mss. lat. de la Bibl. nat. est un recueil d'opuscules

principalement relatifs à l'origine et à l'histoire des Francs copiés
d'après des mss. de Marchiennes par Dom Queinsert, qui est mentionné sur la liste des Bénédictins chargés de rechercher les monuments de l'histoire de France dans le *Plan des travaux litt.* Paris,
Impr. royale, 1782, comme désigné pour l'Artois, la Flandre et le
Hainaut.

On trouve encore des renseignements sur les travaux et recherches
de Dom Queinsert dans les abbayes de Flandre, Hainaut et Artois,
dans un mémoire de Le Glay sur *les Archives de l'abbaye de Marchiennes*, et dans son mémoire sur la mission historique de Dom
Bévy. Il y a à relever dans ce mémoire deux lettres très piquantes
de Sénac de Mailhan, intendant de Hainaut à Valenciennes, sur
la mission de D. Queinsert, qui travailla pendant 4 ou 5 ans dans
les archives du pays au grand désespoir des abbayes qui le lo-
geaient et le nourrissaient. C'est chose curieuse et triste combien nos
savants bénédictins de St-Maur et de St-Vanne trouvaient peu
d'accueil dans les monastères qui n'étaient pas de leur Congrégation. Les relations et correspondances bénédictines signalent
souvent ce mauvais accueil et ces refus de communication de leurs
archives. Notre Grandidier a souvent éprouvé les mêmes déceptions
dans nos abbayes d'Alsace. Dom Queinsert, par ses recherches dans
les dépôts mss., a aussi collaboré aux travaux préparatoires de
Dom Berthereau pour le recueil des Historiens des Croisades (Voy.
pour le détail le tome II des *Archives de l'Orient latin*, pages 128-129,
la notice de Riant sur les matériaux rassemblés par Dom Berthereau pour le recueil des Historiens des Croisades.)

* *Abrégé chronologique et historique de l'abbaye de N. D. d'Eau-
court, dioc. d'Arras* par D. Queinsert, archiviste du Roi, historiographe
de la province d'Artois, rel. bén. de la Cong. de St-Maur, 20 avril
1770 ; Bibl. St-Omer, ms. 833, n. 3 *(Catal. gén. mss. Dép.,* in-4°,
t. III, p. 382-383). *

Maredsous possède sa *Généalogie* de la famille *Bady, comte de
Normond*, autographe, 7 ff. in-fol. Elle se trouve également dans
le vol. 148 de la Collection de Picardie (LAUER, II, 134).

Correspondance avec le Cabinet des chartes (Coll. Moreau, vol.
333 ; OMONT, *Invent.,* 16).

Notes sur les dépôts de la Généralité d'Artois, ms. 359 *(ib.,* 19).

Table chronologique, historique, géographique et généalogique
des chartes et autres actes... relatifs à l'histoire de Flandre (Artois
et Picardie) (Coll. de Picardie, vol. 249-251 ; LAUER, II, 169-170).

Notes sur les archives visitées par lui (Coll. de Picardie, vol. 150 ; LAUER, II, 135). Généalogies *(ib.,* vol. 148, 159 ; LAUER, II, 104-105).

Il y a dans la collection Wilhelm une lettre adressée de Maroilles le 1er février 1774 à un « Monsieur très honoré prélat ».

Visites aux abbayes de Flines et du Verger-lez-Oisy *(Souvenirs de la Flandre Wallonne,* IX, 1869, 112-116 ; XI, 1872, 191-193).]

Anal. jur. pont, X, 529 ; F. BRASSART, Sur les cahiers de Dom Queinsert (Bull. de la Comm. hist. du Nord, XI, 1871, 18 ; CHARMES, Comité, I, 141, 172, 175, 339, 412 ; DELISLE, Cabinet, I, 501 ; II, 73 ; ROBERT, 84-86.

QUESNET (François).

* La lettre de D. F. Quesnet adressée à l'Académie des Sciences touchant les effets extraordinaires d'un écho a été réimprimée dans *Monographie de l'église et de l'abbaye de St-Georges de Boscherville* par A. BESNARD, 1899, 4°, pièces annexes, p. 46-48. D. F. Q. était sous-prieur de Boscherville, quand il y remarqua ce phénomène. *

FRANÇOIS, II, 435-436 ; OURSEL, II, 399 ; QUÉRARD, VII, 395 ; TASSIN, 401 ; TASSIN, G. G., II, 6-7 ; VIGNEUL, I, 250-253.

QUETAR (D. Gabriel).

Né à Chartres. Faut-il le placer dans une Hist. litt. de la Cong. de S. M. ? Voyez sur cet étrange personnage la sanglante satire qu'a écrite contre lui D. Le Cerf, pp. 303-304 de son *Hist. de la Constit. Unigenitus.*

R

RABACHE DE FRÉVILLE (Charles).

* D. Ansart, dans son *Hist. de S. Maur, abbé de Glanfeuil,* Paris, 1773, pref. p. 12-13, dit que D. R. de Fr. lui a légué en mourant des matériaux recueillis sur le même objet. *

ROBERT, 86 ; VANEL, Nécrologe, 253.

RABANY (Antoine).

Né à Brioude le 25 mars 1768, fils de Claude Rabany, orfèvre, et de Marie Beauregard, fit profession le 21 mai 1784 à l'abbaye de St-Pierre de la Couture [au Mans] ; il est mort à Brioude le 23 octobre 1843. Il fut en 1792 employé à la bibliothèque du Roi, puis professeur d'histoire à l'École centrale du département du Puy-de-Dôme, principal du collège de Guéret et membre de plusieurs sociétés littéraires de province. Il signait Rabany-Beauregard. On a de lui :

1. *La veillée des fêtes de Vénus* traduite en prose et en vers français. Paris, A. J. Jansen, 1792, in-8 de 48 pp.

2. *Tableau de la ci-devant Province d'Auvergne.* Clermont, Veysset, An. IX. in-8 de 25 pp.

3. *Promenade à Royat, Riom et Clermont.* Landriot et Rousset, s. d. in-8, 15 pp.

4. *Tableau de la ci-devant Province d'Auvergne, suivi d'un précis historique sur les révolutions qu'elle a éprouvées depuis le temps qu'elle a commencé d'être connue jusqu'à nos jours* par Rabany-Beauregard, avec explication des monuments et antiquités qui se trouvent dans ce même département par M. Gault de St-Germain. Paris, Pernier, 1802 (An. X), in-8 de 192 pp. Les pages 180 à 192 reproduisent la *Promenade à Royat.*

5. *Discours sur la Gloire* prononcé le 19 fructidor an XI à la distribution solennelle des prix à l'École centrale du département de Puy-de-Dôme. Clermont, Veysset, in-8, 34 pp.

6. *Discours sur les avantages qui résultent de la culture des talents et des lettres,* prononcé le 4 novembre 1806 à la rentrée des classes de l'École secondaire de Guéret. Guéret, P. Bétoulle, 1807, in-8, 32 pp.

7. *Vers à M. de la Tourette préfet du département du Puy-de-Dôme.* s. l. n. d. in-8, 3 pp.

8. *Vers à MM. les Maire, adjoints municipaux, et juge de paix de la ville de Guéret* le 20 janvier 1807, jour où ils sont venus faire la visite de l'École secondaire s. l. n. d. in-4°, 3 pp.

9. *Vers à M. de Lasalcette préfet du dép. de la Creuse,* s. l. n. d. (26 février 1807), in-4°, 2 pp.

10. *L'art de la peinture.* Poème, traduction libre et en vers du latin de Charles Alphonse du Fresnoy, avec des notes critiques et littéraires. Clermont-Ferrand, Veysset, 1810, in-8, 134 pp. — Un nouveau titre a été mis en 1827 portant 2ᵉ édition ; ce n'était qu'un

rajeunissement pour faciliter sous la forme trompeuse de 2ᵉ édition l'écoulement des exemplaires restés en magasin.

11. *Ode sur la naissance du roi de Rome.* Guéret, Bétoulle, 1811, in-12, 7 pp.

12. *Le Lys.* Idylle à S. A. R. mad. la Duchesse d'Angoulème. Clermont-Ferrand, Veysset-Delcros, s. d. in-8°, 3 pp.

13. *La sensibilité.* Poème suivi du *Pervigilium veneris*, trad. en prose et en vers (voy. le n° 1 de cette nomenclature). Clermont-Ferrand, in-18°, 1813.

D'après une lettre de Rabany, qui a été communiquée à M. Vernière, l'ex-bénédictin dit qu'il avait autrefois entrepris de traduire en vers français le poème de Lucrèce et qu'une partie du premier livre de cette traduction a été lue en séance publique de l'Académie de Rouen qui en a fait mention honorable dans son procès-verbal. La lettre de Rabany qui relate cette circonstance de sa vie littéraire est du 8 mars 1793.

Ces deux notices [celles de Rabany et de D. Fr. Deschamps], m'ont été communiquées par M. A. Vernière, avocat à Brioude et excellent éditeur et commentateur du voyage littéraire de Dom Jacques Boyer.

La notice religieuse ci-dessus de D. Rabany est conforme à celle de ma matricule ms., qui lui donne toutefois 22 ans au jour de sa profession le 21 mai 1784.

QUÉRARD, VII, 411.

RACINE (Robert-Florimond).

Ajouter à la notice de D. Tassin p. 795 de son *Hist. litt.* que le ms. de son *Histoire du prieuré de St-Fiacre en Brie et de son pèlerinage* est conservé à la Bibl. publ. de Meaux sous le n° 73: le ms. est daté de 1764. Le nécrologe de l'abbaye de S. Denis de Dom Fl. Racine, dont parle Tassin à la page 795, existe en copie incomplète à la Bibl. de l'abbaye de Solesmes. Ant. de Lantenay (L'abbé Bertrand) en a fait usage au chap. XXXII de ses *Mélanges de biographie et d'histoire.*

* Il mourut le 8 février 1777 à Sᵗ-Denis. *

[Le nécrologe de Sᵗ-Denis est conservé à la Bibl. Mazarine, mss. 3374-3377 (*Cat. mss. Mazarine*, III, 65-66), et à la Bibl. nat. F. F. 8599-8600. Sur ce nécrologe, voir AUG. MOLINIER, *Obituaires français*, I, 306; J. DEPOIN (*Bull. hist. et philol. du Comité des travaux hist. et scientif.*, 1905, 207-214) ; Dʳ WILH. LEWISON, *Das Nekrologium von Dom Racine und die Chronologie der Merowinger (Neues Archiv*, XXXV, 1909, p. 15-53) ; L. BERTRAND, *Mélanges de biogr. et d'histoire.* Bordeaux, 1885, 541, 547 ; et spécialement J. DEPOIN, *Essai de fixation d'une chronologie des rois mérovingiens de Paris au VIᵉ et au VIIᵉ siècle (Bull. du Comité des travaux histor.* Hist. et philol., 1905, p. 205-214).

* En tête du Nécrologe on trouve l'éloge de D. Rob. Flor. Racine, décédé le 8 février 1777, 4 pp. in-fol. On y lit p. 4 : « L'éloge des morts y est un peu trop étendu : enfin on remarque beaucoup de recherches et choses curieuses, mais on n'y trouve pas assez de critique, un stile diffus, des phrases louches, des louanges ou des blames hazardés , cependant ses ouvrages sont utiles et même nécessaires, pourvu que dans le besoin on s'en serve avec précaution. » *

Histoire du monastère et du pèlerinage de S. Fiacre en Brie ; ms. 92 de la Bibl. de Meaux *(Cat. gén. mss. Dép.*, III, 350-351) et Bibl. Mazarine, ms. 3274 *(Cat. mss. Mazarine*, III, 39).

Extrait de l'histoire de Sᵗ-Martin de Pontoise, ms. 19 de Pontoise *(Cat. gén. mss. Dép.*, IX, 213).

Histoire de l'abbaye de N. D. de Pentémont, ordre de Citeaux, 1711 (Bibl. Mazarine, 3336 ; *Cat. mss. Mazarine*, III, 55).

Histoire de l'abbaye de Sᵗ-Martin de Pontoise, ms. 3368 *(ib.*, 64).

Dissertation sur les « Histoires des monastères, leur utilité » (ms. 3336 de la Bibl. Mazarine) : « Catalogue des Histoires des monastères de la Cong. de St-Maur faites ou commencées », publié en partie par D. Paul Denis *(Revue Mabillon*, V, 1909, p. 396-400).

Histoire de l'abbaye de Chelles (Bibl. Mazarine, ms. 3380 ; *Catal.*, III, 66) ; voir *Revue Bossuet.* VIIIᵉ année, Suppl. V. 25 juin 1907, p. 41-43 ; *Revue Mabillon*, X, 84.

Lelong (IV, S., 12423) lui attribue la *Lettre sur la procession de St-Denis*, précédemment (I, 12423) attribuée à D. Jacques Fortet).

DEPOIN, *Cartul. de St-Martin de Pontoise*, I, p. VI ; FRANÇOIS, II, 440-441 ; QUÉRARD, VII, 429 ; TASSIN, 68, 795 ; TASSIN, *G. G.*, I, 105 ; II, 623.

RAFFELIN (Jean).

* Né à Châlon-sur-Saône, profès à Vendôme, âgé de 20 ans, le 29 avril 1686, mort le 27 février 1734 à Chelles.

Dans son *Hist. litt.* (p. 623) D. Tassin ne paraît pas se souvenir de l'appréciation qu'il avait émise sur D. Raffelin dans son Histoire de St-Wandrille. « D. Raffelin, y est-il dit, était du parti des adversaires des Saints de Fontenelle. Il fut recusé pour juge de l'affaire des Saints au chapitre général de 1720. Le jugement en faveur des Saints fut rendu par le Définitoire sans avoir égard aux sentiments de Dom Raffelin et de ses deux collègues du Bureau des rites dont les travaux devinrent inutiles » (DD. TOUSTAIN et TASSIN, *Hist. de l'abbaye de St-Wandrille depuis l'introduction de la réforme de St-Maur*, n. CLXXV, CLXXVI). *

LE CERF, *H. C.*, 70, 317 ; PERREAU, 6, 12 ; TASSIN, 623 ; TASSIN, *G. G.*, II, 354.

RAFFIER (Philippe).

Dom Tassin lui consacre une longue notice pp. 790-793 et dans l'énumération des mss. qu'il a laissés, cite celui intitulé : *Mémoire de mon voyage d'Italie en 1711 et le journal du temps que j'ai été à Rome*. Il ne reste de cet ouvrage, ajoute D. Tassin, que ce qui s'est passé dans cette ville depuis 1714 jusqu'en 1716. Ne serait-ce pas un fragment de cet ouvrage qui est conservé parmi les mss. de la Bibl. d'Orléans sous le n° 388 sous le titre : *Journal d'un voyage à Rome en 1716* ? Voy. HAENEL, col. 279. D'après une communication du bibliothécaire d'Orléans, ce n° 388 n'est pas de Dom Raffier, mais d'un religieux carme.

Lettre à D. Arnoul de Loo, de 1713 (Bibl. nat. Paris, F. F. 18036, f. 233bis).

Lettre à D. Massuet datée de Rome le 30 septembre 1713 (VANEL, *S. L.*, 367-368).

Lettre à D. Montfaucon, de 1706-1707 (GIGAS, II, 19-21).

Le rapport que D. Guillaume Laparre envoya à D. de l'Hostallerie sur la conduite et les sentiments de D. Raffier pendant le temps de sa procure à Rome, le 15 avril 1714, doit être lu avec circonspection. Il a été publié par D. Paul Denis (*Revue Mabillon*, V, 1909, p. 350-351).]

* Lettre à D. Coustant, Rome 13 juin 1714 (*Anal. juris pontif.*, 10e sér., 1869, col. 309). *

FRANÇOIS, II, 442-444 ; PERREAU, 43, 44, 65, 91 ; TASSIN, 790-793 ; TASSIN, *G. G.*, II, 615-619 ; VANEL, *S. L.*, 93-96, 365 ; VERNIÈRE, 79, 80, 81, 101, 146, 182, 280, 361, 413, 416.

RAGUIDEAU (Julien).

Bénédictin de la Cong. de S. M., doyen de Guéméné, né à Nantes en 1628 ; il avait fait ses vœux à l'abbaye de St-Melaine de Rennes vers 1647 et mourut à l'abbaye de St-Valery en Picardie en 1701.

On a de lui une oraison funèbre de Messire Charles Henri de la Tremouille, prince de Tarente, prononcée à Vitré l'an 1672 et que la *Biographie Bretonne* (II, 677) indique comme imprimée à Vitré 1672, in-4°. * L'exemplaire conservé à la Bibl. nat. Paris porte : Rennes, J. Vatar, in-4°, 1673 (*Catal. Hist. de France*, IX, 1865, p. 732). * Voyez la *Corresp. histor. des Bénédictins Bretons* publiée par Arthur de la Borderie, Paris, Champion, 1880, p. 272 et la courte notice de D. Tassin de la page 188 de son *Hist. litt.*

La Borderie, aux additions et corrections de sa *Correspondance des Bénédictins Bretons*, donne l'analyse d'une intéressante lettre de Dom Raguideau à Dom Audren, datée du 1 avril 1689 ; elle est relative aux travaux des Bénédictins sur l'histoire de la Bretagne. Peut-être la lettre du 16 octobre 1690, signée : le Doyen de Guéméné et adressée à Dom Audren, est-elle aussi de Dom Raguideau, qui lui avait déjà adressé de Guéméné la lettre du 1 avril 1689. La lettre du 16 octobre 1690 est à la page 38 de la *Corresp. des Bénéd. Bret.* sous le n° XX.

* *Oraisons funèbres de feu messire François Loaisel*, chevalier, marquis de Brye, conseiller d'État et président à mortier au parlement de Bretagne, prononcées dans l'église cathédrale de St-Pierre de Rennes les 5 et 17 de mai 1670, en la cérémonie de sa sépulture (par les Pères Dom Julien Raguideau et Ch. de Saint-Christophe). Rennes, Vatar, 1670, in-fol. (*Catal. de la Bibl. nat. Paris, Hist. de France*, IX, 1865, p. 371).

Étant visiteur de la province de France, il soumit au chapitre général de 1693 des leçons pour remplacer celles qu'on récitait à la dédicace de l'église de St-Germain-des-Prés, et une leçon en l'honneur de St Droctovée, ce que le chapitre approuva le 14 mai 1693 (*Choses mémorables*, p. 280).

Le 13 mai 1667, il prononça à la Visitation d'Angers le panégyrique de S. François de Sales ; il était alors prieur de St-Serge (UZUREAU, *Les fêtes de la canonisation de S. François de Sales à Angers en 1667 (L'Anjou historique*, VI, 1905-1906, p. 160-164). *

DE LA BORDERIE, *Correspondance*, 271-272 ; FRANÇOIS, II, 444 ; TASSIN, 188 ; TASSIN, G. G., I, 288 ; VALERY, I, 330 ; VANEL, *Nécrologe*, 91.

RAINSSANT (Jean-Firmin).

[*Addresse méthodique à l'oraison mentale* (Bibl. nat. Paris, F. F. 19377).

Méditations pour tous les jours de l'année tirées des Evangiles (F. F. 19405 ; Bibl. de Vesoul, n. 102 *(Cat. gén. mss. Dép.*, VI, 429).

Les industries du maistre des novices en la Congrégation de St-Maur (Bibl. nat. Paris, ms. lat. 15077 ; F. F. 19629 et 19630.)

Méditations, in-4º. Paris, 1708, 4e éd. revue et corrigée (B. M.).

Lettres (F. F. 24082, ff. 300-302 ; Bibl. de l'Arsenal, ms. 3543).

CALMET, *Bibl. lorr.*, 779-780 ; DIDIER-LAURENT, *D. Didier de la* COUR, 187, 201 ; FRANÇOIS, II, 446-448 ; GODEFROY, *Bibliothèque*, 172 ; HOEFER, XLI, 496-497 ; JADART, *Savants Champenois*, 99-100 ; LAMA, 28-30 ; LE CERF, 426-427 ; MARTÈNE, *Vie des Justes*, I, 77-80 ; MARTÈNE, *Hist. Cong. St-Maur*, III, 200-204 ; MICHAUD, XXXV, 106 ; NOEL, 181 ; PEZ, 9-11 ; *Revue Mabillon*, XIX, 330 ; TASSIN, 58-61, 143 ; TASSIN, *G.-G.*, I, 89-93, 218 ; VANEL, *Nécrologe*, 346.

RAMET (François).

[Ce nom ne se trouve pas dans la Matricule Wilhelm, ni dans d'autres.

[Lettres adressées à D. Ramet, prieur de St-Pierre-le-Vif à Sens, de 1749 à 1755. (Bibl. de Sens, ms. 282 ; *Cat. gén. mss. Dép.*, VI, 202).

LE CERF, *H. C.*, 285.

RASTEAU (Placide).

A. DE LANTENAY, *Prieurs de Ste-Croix*, 70-71 ; VANEL, *Nécrol.*, 22-23.

RAULIN (Damien).

[Lettre du 24 décembre 1675 adressée de St-Vincent de Laon (Bibl. nat. Paris, ms. lat 11645, f. 145 ; KUKULA, *Maur. Ausg.*, III, 2, p. 26).

DU BOUT, *Orbais*, 72, 409-412, 556 ; NOEL, 185 ; ROBERT, 86.

RAVERDY (Jacques).

D. Tassin, page 749, donne incidemment une courte notice sur

D. J. **Raverdy** ; il travaillait, dit-il, à continuer le dictionnaire
des Canons des Conciles commencé par les Pères Garnier (frères
natifs de la Basse Bretagne), lorsqu'il mourut à St-Germain-des-Prés
le 9 avril 1749. C'est probablement cet ouvrage qui est conservé
à la Bib. nat. parmi les mss. latins du fonds de St-Germain en 13
vol. in-fol. sous les n⁰ˢ 11598-11610, sous le titre de « Matériaux
d'une compilation sur les canons des conciles » (XVIIIᵉ s.). Il y a
encore provenant du même fonds les 6 vol. mss. (XVIIIᵉ s.) portant
les n⁰ˢ 12091-12096 avec le titre : Extraits des canons des conciles
préparés pour un dictionnaire : ce sont évidemment aussi des parties
du grand travail entrepris par les PP. Garnier et Raverdy. Dom
Charles Vinot, d'après D. Tassin à la page 777, a laissé des notes
et des observations sur les premiers conciles ; peut-être sont-elles
comprises dans les matériaux des n⁰ˢ 12091-12096.

   17 autographes à la Bibl. d'Orléans (*Cat. gén. mss. Dép.*, XII,
330).

   Epistola Johannis Raverdy variantes lectiones codicis ms. San-
Germanensis S. Philastrii episc. Brixiani Liber de Haeresibus)
Em. card. Quirino transmittentis, Sᵗ-Germain-des-Prés le 14
fév. 1737 (GALEARDUS, *Veterum Brixiae episcoporum opera*. Bri-
xiae, 1738, p. 152 ; Pat. Lat. XII, 1845, col. 1099-1100 ; QUIRINI,
Commentarii, II, 2, p. 157-158).]

FRANÇOIS, II, 454 ; TASSIN, 740 ; TASSIN, *G. G.*, II, 553 ; VALÉRY,
III, 220 ; VANEL, *Nécrologe*, 213-214.

RAYNAL (Marie-François).

   De Toulouse, profès à 21 ans, à la Daurade de Toulouse le 27
septembre 1753, prieur de l'abbaye d'Aniane en 1790.
   * Lettre de D. R., religieux à Sorèze, à son frère Mʳ Raynal,
subdélégué de l'Intendance à Toulouse, 2 février 1776 (publ. par
C. Douais (*Revue des Pyrénées*, II, 1890, 130-137). *
   Lettres à D. Brial des 16 janvier, 2 mai 1806 (*Revue bénéd.*,
XXVIII, 1911, p. 213-218) datées du monastère de la Stᵉ Trinité
de Florence, ord. Vallombreuse, où il était professeur de langues
orientales.
   Lettre de D. B. Dassac à D. Raynal datée du même monastère,
de janvier 1807 (D. LÉVÈQUE, 48-50).

REBOUL (Antoine-Joseph).

[Né à Montpellier, profès à la Daurade le 17 mai 1758, à l'âge de
22 ans *(Matricule)*, fut professeur de mathématiques spéciales au
collège de Sorèze (COMBES, *Sorèze*, 41) ; vivait encore en 1790].

* Il fut plus tard membre de la Société des Sciences, Arts et
Belles-Lettres de Bordeaux, correspondant de l'Académie royale
de Turin *(Mes souvenirs de 1814 et 1815 par M*** (Ant. Jos.
Reboul). Paris, Eymery, 1824, 8º).

*Notes et additions aux trois premières sections du Traité de Navi-
gation de Bezout.* Paris, 1804, 8º, *Tables nouvelles de Vénus* ; d'après
la théorie de M. de la Place et d'après les éléments de M. de Linde-
nau, calculées par M. Reboul. Marseille, Mᵐᵉ Mine et Cⁱᵉ, 1811,
in-4º. 30 pp.

Traité élémentaire d'arithmétique à l'usage des écoles publiques et
des jeunes gens qui se proposent de subir des examens. 1807, 8º. *

QUÉRARD, VII, 482.

RÉGLEY (Charles).

Bénédictin, probablement de St-Remi ou de St-Nicaise de Reims.
Je ne sais rien de ce bénédictin, sinon que Barbier *(Dict. des anonymes,* I, col. 103) lui attribue : *Almanach de Reims pour l'année
bissextile* 1752. Reims, chez la veuve de P. Delaistre, in-24. Desnoyers, p. 143 de la 2ᵉ partie de sa savante *Topographie ecclés.
de la France* écrit non pas Régley, mais Reiglet, et remarque
que ce bénédictin fut avec ses confrères, Dom Fournier et Dom
Vincent, un des principaux rédacteurs de ces Almanachs de Reims
qui de 1752 à 1793 renferment d'excellentes notices historiques et
archéologiques concernant l'histoire et la topographie du diocèse
de Reims.

Dom Régley a rédigé les années 1752 et 1753. Voy. *les Recherches sur les almanachs de la Champagne et de la Brie* par Denis
[p. 23].

Dom Charles Régley, né à Risey le Haut (dioc. de Langres), a fait
profession à 17 ans à Vendôme le 7 décembre 1736 *(Matricule),*
laquelle ajoute : abiit.

BARBIER. *Anonymes.* 3ᵉ éd., I, 103 ; JADART. *Table des almanachs
histor. de Reims.* Reims, 1887, in-18, p. 13 ; LELONG, 32450 ; QUÉRARD.
VII, 494.

REGNIER (Colomban).

* Né à Chaumont, Puy de Dôme, profès à l'âge de 28 ans à
St-Vanne le 15 déc. 1613, mort à Jumièges le 6 juin 1637 *(Matricule).*

Lettres de D. C. R., Paris, 30 oct. et 1 nov. 1623, adressées
à D. Thomas Baudry à Toulouse, sur le projet d'introduction de
la réforme de St-Maur à La Daurade (C. DOUAIS, *L'arrivée des
Bénédictins de St-Maur à St-Savin de Lavedan.* Toulouse, 1891,
p. 19-21). *

BESSE *(Revue des sciences eccl.,* 1902, II, 540-541) ; DIDIER-LAURENT,
D. Didier de la Cour, 202 ; DUBUSC, *Hist. Jumièges,* éd. Loth, III,
28, 37, 39-40, 42, 47-52 ; *Gallia christ.,* VII, 478 ; GIVELET, *St-Nicaise,* 207, 310 ; MARTÈNE, *Vie des Justes,* I, 38-41 ; PORÉE, *Abbaye
du Bec,* II, 375-377.

REMI (Jacques).

Voir pour compléter cette notice l'article Luc d'Achery aux pages
194-196 de la 3e partie des remarques de Laurent-Josse Le Clerc
sur différents articles du Dictionnaire de Moreri. Il y discute les
deux éditions de l'*Indiculus Asceticorum* sur lesquelles il y avait
contestation entre les Savants, et conclut que la seconde édition est
de 1671 et a en effet été donnée par D. Jacques Remi.

Jacques Remi n'a jamais été supérieur de la Congrégation de
St-Maur.

ROBERT, 86 ; TASSIN, 106 ; TASSIN, *G. G.,* I, 160 ; THIERS, *Apologie,*
84 ; VANEL, *Nécrologe,* 351.

RENARD (André).

A professé la théologie à St-Père de Chartres d'après la page
59 du Journal de Dom Geslin.

ROBERT, 86-87.

RENIER (Louis-Emmanuel).

* Né à Mariembourg, dioc. Liége, profès âgé de 20 ans à St-Lucien
de Beauvais le 30 nov. 1722, décédé à St-Riquier, diacre, le
le 23 mai 1766. *

Envoya le 20 novembre 1751 de l'abbaye de Rebaix un travail

sur la « quadrature du cercle démontrée » à Messieurs de la Faculté de philosophie de la célèbre Université de Leide en Hollande, et le 6 juin 1749, de l'abbaye de St-Riquier, une étude « Quadrature du cercle démontrée par la synthèse » à M. Van Robais, l'aîné, secrétaire de l'Académie de mathématiques de Leide et aux membres de cette Académie. La lettre qui annonce ce travail dit que l'auteur était natif de Mariembourg.

Ms. 326 de la Collection Boncompagni à Rome (EM. NARDUCCI, *Catalogo di manoscritti ora posseduti da D. Baldassare Boncompagni.* 2ᵉ éd., Roma, 1892, 189-190).]

RENOUARD (Pierre). (1)

REYNIER (Jean-Baptiste).

* Né à Toulouse, profès à La Daurade, âgé de 19 ans, le 7 mai 1726, décédé à St-Denis le 29 avril 1775 (*Matricule*) ; il fut prieur de Vendôme de 1746 à 1751.

Lettre datée de Vendôme 7 déc. 1742 à D. Verninac (Bibl. d'Orléans, ms. 394, t. III, f. 248). M. Métais cite un passage de cette lettre (*Bull. Soc. archéol. du Vendômois* 1890, p. 99 ; *Etudes et documents*, 1889-91, t. III, p. 105 ; *Cartulaire de la Trinité de Vendôme*, 1893, t. I, p. XXXIII, L., LI). *

RETZ (François de).

* Né à Paris, profès à 22 ans à St-Remi de Reims le 20 janvier 1668. *

(1) Haenel, en tête du catalogue des mss. de la Bibl. du Mans, dit que ce catalogue a été fait par Rénouard, bénédictin de la Congrégation de Saint-Maur ; puis à la colonne 210, sous le n° 68, il indique le ms. autographe suivant : *Essais historiques sur le Maine*, par Rénouard, bibliothécaire. C'est évidemment le Rénouard qui a été bénédictin. Ces *Essais historiques et littéraires sur la ci-devant province du Maine* ont été publiés au Mans en 1811, 2 vol. in-8. Le prénom de Rénouard était Pierre ; il n'a pas de notice dans la *France littéraire* de Quérard, ni dans les Biographies.

Je crois que Haenel s'est trompé en faisant de Rénouard un bénédictin de la Cong. de St-Maur. Son nom ne figure à ma connaissance sur aucune matricule. L'erreur de Haenel est certaine ; Rénouard était simple prêtre.

« Pierre Rénouard mentionné par Haenel n'était pas bénédictin. Né à Laval en 1753, ancien curé d'Izé, il devint bibliothécaire de la ville du Mans en 1803 et mourut dans cette ville le 9 décembre 1825 » (note de Dom Dubourg). — Voir sur ce personnage *Catal. gén. mss. Dép.*, XX, 13-14, 65, 227, 250-251.

[Cellérier de St-Michel de Tréport de novembre 1684 à mai ou juin 1691, il poursuivit le classement des archives commencé par Dom Benoît Cocquelin, continua le *Livre des choses notables* de l'abbaye et laissa « de beaux registres pour chaque fief ou seigneurie ». En 1691 il fut appelé à St-Denis en qualité de cellérier (LAFFLEUR DE KERMAINGANT, p. X, XCIX, CIII, CVI-CVII).]

RIANT (François).

* Né au Mans, profès à l'âge de 20 ans le 10 juillet 1659 à Vendôme, mort le 15 déc. 1718, prieur, à St-Sauveur de l'Evière à Angers.

Mémoire de ce qu'il y a de plus remarquable dans l'église du prieuré de St-Pierre de Solesmes publié avec la lettre d'envoi de l'auteur à Dom Mabillon, Solesmes, 15 février 1702, Bibl. nat. Paris, ms. lat. 12697, f. 224-225 bis dans (CH. RIGAULT), *Cartulaire des abbayes de St-Pierre de la Couture et de St-Pierre de Solesmes*. Le Mans, 1881, 396-399. *

RICHEBRAQUE (Nicolas).

* Né à Blangy, dioc. de Rouen, profès à l'âge de 21 ans à Vendôme le 13 nov. 1666, mort le 24 janvier 1704 à St-Médard de Soissons.

Dans le tome XXVIII des *Œuvres complètes* de Bossuet, éd. Lachat, Paris, Vivès, 1864, parmi les lettres sur l'affaire du quiétisme on trouve les lettres suivantes de D. R. nº 29 au duc de Chevreuse, Blois 14 avril 1695 (p. 638-639) ; nº 30 à Mme Guyon, Blois 14 avril 1695 (p. 639-640) ; nº 31 du duc de Chevreuse à D. R. Versailles, 18 avril 1895 (p. 640), de D. R. au duc, Blois 23 avril 1695 (p. 641-642).

Il avait été prieur de S. Robert de Cornillon près de Grenoble de 1684 à 1687 (voir *ib.*, p. 637-638, note *a*) *.

RICHER (Pierre).

LEBEUF, *Lettres*, I, 205 ; LE CERF, *H. C.*, 29, 85, 175-176, 181, 188, 208, 299-300, 332 ; PERREAU, 35, 46, 62, 67-71 ; *Revue Bossuet*, 1900, 210-211 ; *Revue Mabillon*, IV, 345 ; ROBERT, 87.

RIVARD (Laurent-Marc).

* Né à « Signeullium », dioc. de Tulle, profès à Vendôme le 20 avril 1637, mort à St-Wandrille le 14 juillet 1693.

Il a revu les ouvrages de D. Bréard sur l'histoire de l'abbaye de
St-Wandrille et y a inséré des additions et des corrections (DD.
Toustain et Tassin, *Hist. de l'abbaye de St-W.*, n° CVII). *

RIVERY (Antoine-Paul de).

* Né à Punchy, dioc. Noyon, profès à Jumièges le 20 juillet 1626
à l'âge de 19 ans, mort à Marmoutier le 22 juillet 1658.

Etait prieur de St-Wandrille, où il fut nommé lors du chapitre
général de 1636, il dressa le catalogue le plus exact qui lui fut
possible des abbés de ce monastère (DD. Toustain et Tassin,
Hist. de St-Wandrille, n° XXIV).

Voir D. Alexis Bréard, *Traité historique des hommes illustres
de Fontenelle*, 1657, 2ᵉ partie, art. 11 ; du même, *Compendium
historiae... Fontanellae*, 1685, sect. III, c. 2., art. 13. *

[Lettre à D. Nicolas Cocquebert, adressée de St-Nicaise de Reims
le 11 février 1647 (*Travaux de l'Acad. de Reims*, t. XCVII, p.
303-307).]

D. Debusq, Hist. de Jumièges, éd. Loth, III, 52-53 ; Revue Mabillon,
VII, 1911, p. 308-309, 313-314.

RIVET (Antoine).

Il faut ajouter à la notice de D. Tassin qu'en 1711 D. Rivet,
pendant qu'il était à l'abbaye de St-Florent de Saumur, prit part à
la célèbre polémique sur la mouvance de Bretagne illustrée par les
écrits de Vertot, de Dom Lobineau, de Dom Liron et de l'abbé
des Thuileries. Il écrivit sur ce sujet deux lettres qui sont dans le
ms. 12804, ff. 224 et 226 du F. F. de la Bibl. nat. Aucun des historiens de la Cong. de S. M. n'en a parlé jusqu'à Ulysse Robert qui
les trouve très curieuses et qui croit qu'il y avait une troisième
lettre qu'il a inutilement cherchée. Voy. *Docum. inédits*, p. 6 et
165. A la page 90 du même recueil se trouve l'importante lettre
à Dom Housseau sur la mort et les obsèques de D. Rivet. [Il
n'est pas inutile de remarquer que D. Tassin, dans sa notice sur D.
Galbaut, pp. 749-751, signale deux dissertations manuscrites de
D. Rivet sur des sujets de critique religieuse, dont il ne parle pas
dans la notice consacrée à D. Rivet.

On sait que les *Eclaircissements sur le Pentateuque des Samaritains* publiés par D. Clément sont de Dom Poncet, mais le chapitre
de cet ouvrage sur les caractères samaritains est de Dom Rivet,

ainsi que l'écrit Dom Clément à Dom Colomb, p. 124 du Recueil de Robert sur l'*Hist. litt.* Voy. aussi Dom Tassin sur Dom Galbaut p. 750 de l'*Hist. litt.* Il n'y a pas dans les *Eclaircissements sur le Pentateuque des Samaritains* de chapitre sur les caractères samaritains. D. Clément n'a pas donné suite à son projet de publier les dissertations de Dom Rivet.

Les deux lettres de Dom Rivet sur la mouvance de Bretagne, dans lesquelles il combat le système de Vertot, qui prétendait que la Bretagne n'était qu'un fief de la Normandie, ont été publiées en 1875 dans le 14e série, col. 543 et suiv. des *Analecta juris pontificii.* Ul. Robert, à la page 6 de ses *Documents inédits*, dit que D. Rivet les écrivit à St-Florent de Saumur. C'est une erreur ; ces deux lettres sont datées l'une et l'autre de St-Vincent du Mans, 15 avril et 22 avril 1711.

Ajouter aux notes de la page 87 sur Robert que Dom Le Cerf, aux pages 58-59 de son *Hist. de la Constit. Unigenitus*, attribue à Dom Rivet : *Lettre d'un théologien aux RR. PP. des Congrégations de St-Maur et de St-Vanne pour les exhorter à continuer de défendre le Christianisme renversé par la constitution Unigenitus du pape Clément XI*, 1721, in-4º de 14 pages, sans lieu d'impression. Dom Rivet aurait publié cette pièce avant d'être exilé de St-Denis à St-Jean d'Angely, puis à St-Vincent du Mans. La lettre qui suit, pages 12-14, datée de Paris 21 juillet 1721, sur ce qui s'est passé à ce sujet à l'abbaye de St-Denis, serait, d'après Dom Lecerf, de Dom de la Broue, neveu de l'évêque de Mirepoix, qui était un des quatre évêques appelants. Dom Lecerf ne donne pas le titre entier de cette pièce, mais, d'après l'analyse qu'il en fait, il n'est pas douteux qu'il s'agit bien de la lettre dont le titre est donné exactement dans cette note.

Il était le neveu de l'évêque appelant de Mirepoix et publia une lettre datée de Paris, le 21 juillet 1721, sur ce qui s'est passé à l'abbaye de St-Denis au sujet de la bulle Unigenitus. Cette lettre est imprimée à la suite (pp. 12-14) de celle de D. Rivet : *Lettre d'un théologien.* Paris 1721.

Manuscrits de D. Poncet et de D. Rivet sur l'*Hist. litt.* ; Bibl. nat. Paris, ms. fr. 17002-17008 (ROBERT, *Documents*, 173).

Manuscrit de l'*Hist. litt.* ; Bibl. du Mans, ms. 423 (*Cat. gén. mss. Dép.*, XX, 223).

Sur l'*Histoire littéraire* on peut consulter Mercier de St-Léger dans le *Journal de Trévoux*, 1766 ; LELONG, V, 409-413 ; le *Bibliophile belge*, 1868, III, 251-259 ; UL. ROBERT, *Documents inédits concernant l'Hist. litt. de la France* dans *Analecta juris pontif.* 13ᵉ sér., col. 645-676, 773-838). Paris, 1875; MAURICE LECOMTE, *L'Hist· litt. de la France par D. Rivet et autres. Les auteurs et l'œuvre (Revue Mabillon*, II, 1906, 210-251, 253-285 ; III, 1907, 22-42, 134-146) ; H. OMONT, *Traité pour la publication de l'Hist. litt. de la France,* 1732 *(Bibl. Ecole des chartes,* LXXXIV, 1923, 431-433).

D. Rivet recueillit les matériaux en vue de réaliser le projet d'un *Dictionnaire historique* de l'ordre bénédictin conçu par D. de l'Hostallerie (*Revue Mabillon*, V, 1909, p. 393-396).

Il existe à la Bibl. de la Chambre des Députés à Paris (ms. 1260) un exemplaire du « Nécrologe de l'abbale de N. D. de Port-Roial-des-champs » éd. 1723, avec de nombreuses notes marginales *(Cat. mss.,* pp. 473-744)].

* Notices sur le diacre Paris, Julien de Gennes, Dom Rivet et autres appelants, Bibl. Marseille ms. 526, f. 108-122 *(Catal. gén. mss. Dép.,* XV, 182).

« Ausone, éditeur, orateur et poète », minute de l'article inséré au t. I de l'*Hist. litt.* ; Collection Moreau, ms. 1096, f. 165 (OMONT, *Inventaire,* 110, qui le signale comme anonyme).

Lettre orig. (Bibl. nat. Paris, ms. fr. 20941, f. 181).

Lettre à D. Calmet, datée de Sᵗ-Vincent du Mans, 20 déc. 1730, annonçant qu'il va commencer après Pâques l'impression de l'*Hist. litt.* Lettre autogr. signée, 2 p. in-4º, vente du 25 janvier 1855, nº 819. *

[14 lettres du 19 septembre 1718 au 28 octobre 1719 à D. Petit-didier, à D. Calmet de 1736, une autre du 30 mai 1728 au Séminaire de Nancy *(Annales de l'Est,* 1897, 267, 270, 271).

Lettre au card. de Fleury, du 29 mai 1729, relative à l'impression de l'*Hist. litt.* ; Bibl. Poitiers, ms. 454, nº 24 *(Cat. gén. mss. Dép.,* XXV, 137).]

*La correspondance de l'abbé Goujet conservée à la Bibl. nat. de Paris contient des lettres adressées à D. Colomb, D. Poncet, D. Rivet.

Lettre de Lancelot à D. Rivet, du 23 août 1732 (M. LECOMTE, *Lettre de Lancelot à D. Rivet sur le manuscrit des tomes I-II de l'Histoire littéraire (Revue Mabillon,* IV, 1908, p. 90-93).

Lettre à D. A. R. bénédictin sur un ms. de S. Victrice, évêque de Rouen, par l'abbé Lebeuf (*Mercure de France,* mars 1737, p. 548 ; LEBEUF-COCHERIS, *Hist. de la ville et du dioc. de Paris,* t. I, 1863, p. 87, nº 127). *

BERTRAND, *Bibl. Sulpicienne,* I, 1900, 260 ; BERTRAND, *Josse L*

Clerc, 101, 302-316 ; Brière, *Colomb*, 45-46 ; Cerveau, *Nécrologe*, II, 197-198 ; Delisle, *Cab.*, II, 68 ; Dreux-du Radier, V, 1-18 ; Dreux, *Hist. litt. du Poitou*, II, 384-386 ; François, II, 476-490 ; Gellibert de Seguin, *Eloge de dom Rivet de la Grange (Bull. de la Soc. archéol. de la Charente*, XVII, 4e ser., V, 1867, 3-20) ; Guillaume, *Docum. inédits*, 87-88 ; Hauréau, *Hist. litt.*, III, 3-5 ; VIII, 216 ; Hoefer, XLII, 342-343 ; Hurter, II, 1431-1432 ; *Journal de Verdun*, mars 1751, 201-205 ; *Kirchenlexikon*, X, 1219-1220 ; Lama, 489-491 ; Lebeuf, *Lettres*, II, 536 ; Le Cerf, 427-430 ; Le Cerf, *H. C.*, 57-60, 315 ; Lecointre-Dupont, *Essai sur Dom Rivet et l'Hist. litt. de la France (Mém. de la Soc. des Antiq. de l'Ouest*, XIII, 1846, 425 et suiv.); M. Lecomte, *Etudes bibliographiques. L'Hist. litt. de la France par Dom Rivet et autres (Revue Mabillon*, II, 1906, 210-251, 253-285) ; *Mémoires de Trévoux*, nov. 1733, p. 1977 ; fév. 1736, p. 197 ; mars 1736, p. 428 ; juillet 1736, p. 1541 ; oct. 1736, p. 2184 ; nov. 1736, p. 2401 ; nov. 1738, p. 2133 ; déc. 1738, p. 2358 ; sept. 1741, p. 1679 ; janvier 1742, p. 59 ; janv. 1743, p. 109 ; oct. 1746, p. 2226 ; nov. 1746, p. 2384 ; sept. 1748, p. 1813 ; mars 1751, p. 687 ; oct. 1751, p. 2141 ; avril 1766, p. 749, 864 ; Papillon, I, 398 ; Quérard, VIII, 64 ; Robert, *Documents*, passim ; Rous, *Mgr Saivet, évêque d'Angoulême*, I, 495-497 ; Sainte-Beuve, *Causeries du Lundi*, VIII, 1855, 220-233 ; Saivet (*Sem. relig. d'Angoulême*, 20 mai et 10 juin 1866) ; D. Ch. Taillandier, Eloge de D. Ant. Rivet (*Hist. litt. France*, IX, 1750, p. XXIII suiv ; nouv. éd. IX, 1868, p. 17-32); Tassin, 400, 430, 651-667, 751, 760, 761, 794 ; Tassin, *G. G.*, II, 6, 51 , 396-426, 556, 570, 571, 621-622 ; Valenti, 289-298 ; Vanel, *S. L.*, 160-102 ; Ziegel-bauer, IV, 517.

ROBARD (Jean-Baptiste).

[Etant procureur au Tréport, il composa l'« *Histoire des titres et papiers de conséquences qui se trouvent dans le chartrier*, recueillis et mis par ordre alphabétique par Dom Robard, procureur, 1735 », ms. in-fol. de 700 pp. aux Archives municipales du Tréport (Laffleur de Kermaingant, p. VI-VII).]
Sur sa collaboration à l'édition d'Origène, Ch. de la Rue, *Origenis opera*, I, p. XVII ; Pat. Gr., XI, col. 36.]

Cochet, *Notice hist. et archéol. sur la ville, l'abbaye et l'église du Tréport*, Dieppe, 1861, p. 32 ; Oursel, II, 426 ; Sauvage, *Bonne Nouvelle*, 11 ; Tassin, 572 ; Tassin, *G. G.*, II, 273-275.

ROBERT (Guillaume-Louis).

* Né à Reims le 11 février 1760, profès à Vendôme le 18 ma

1781, mort le 6 février 1831 curé de Bétheny (Marne) (Note de
M. Jadart à D. Dubourg, 30 oct. 1907) *.

[Etant curé de Bétheny (dép. Marne), en 1801, il traduisit en français les *Disputationes* d'Arnobe, ms. 660-661 de la Bibl. de Reims
(*Cat. gén. mss. Dép.*, XXXVIII, 858).]

* *Les comédies de Térence*, traduction nouvelle, 1801-1803, sur
le texte latin de Daniel Heinsius par G. L. Robert, curé de Bétheny,
829 pp. (ms. 1308 de Reims ; *Cat. gén. mss. Dép.*, XXXIX, 466).

L'Octavius de M. Minucius Félix, avocat romain, ou Dialogue
entre un payen et un chrétien pour prouver la vanité et le ridicule
des superstitions payeanes... par l'abbé L. Robert, curé de Bétheny, 1801 ; ms. Reims 659, 168 pp. (*ib.*, XXXVIII, 857-858) *

ROBERT (Jean-Zacharie-Marie).

Religieux bénédictin de la Cong. de S.M. a publié en collaboration
avec Dom J. P. Gallois et Dom Dibon un projet d'éducation nationale. Voy. les notices Dibon et Gallois [t. I, p. 170] ; c'est tout
ce que je sais de ce bénédictin.

D'après la matricule des Archives d'Eure-et-Loir, c'est Robert,
Jean, né à Dinan, dioc. de St-Malo, en 1757, a fait profession à
21 ans à St-Nicolas d'Angers le 23 novembre 1778. * Il se trouvait
à Bourgueil en 1789. *

ROBERT (Pierre).

François, II, 403 ; Jadart, *Savants Champenois*, 113 ; Martène,
Vie des Justes, II, 115-116 ; *Revue de Loir-et-Cher*, 1901, 55, 70 ;
Tassin, 780-781 ; Tassin, G. G., II, 600-601 ; Vanel, *S. L.*, 188-189.

ROCQUET (René).

* Né à Rennes, profès à l'âge de 22 ans à St-Melaine de Rennes le
30 avril 1646, mort à St-Florent de Saumur le 24 septembre 1703.

Lettre datée de Turpenay, 3 nov. 1688, et adressée à D. Michel
Germain à St-Germain-des-Prés : Notes sur l'histoire de l'abbaye
de Turpenay en réponse aux questions de D. M. Germain (Bibl.
nat. Paris, ms. lat. 12700, p. 365-366). *

ROLLE (Anselme).

Ajouter à la notice que D. Tassin donne de ce bénédictin pp. 771-772 de son *Hist. litt.* que l'on conserve dans le fonds des mss. lat. de la Bibl. nat. sous le n° 12643 : notes d'Anselme Rolle sur la Règle de S. Benoît, et sous le n° 13800 une copie faite par lui du commentaire de Hildemar sur la règle de S. Benoît.

[Notice dans le ms. L. 814, n° 2 des Archives nat. Paris *(Cat. mss. Arch. nat.,* 255).]

* De restitutione monasterii S. Savini in Bigorra. Copies de chartes par D. A. R. (Bibl. nat. Paris, ms. lat. 12779, f. 379 sqq.).*

BESSE *(Revue des sciences ecclés.,* 1902, II, 150-155) ; CALMET, *Bibl. lorr.,* 105, 835-836 ; A. DE LANTENAY, *Prieurs de Ste-Croix,* 9-32 ; DIDIER-LAURENT, *D. Didier de la Cour,* 176, 185, 194, 209, 216, 229 ; DOUAIS, *L'arrivée des Bénédictins de St Maur à St-Savin de Lavedan.* Toulouse, 1891, 9, 22, 25 et suiv. ; DUBUSQ, *Jumièges,* III, 14, 22-27, 30-62 ; FRANÇOIS, II, 503-504 ; GODEFROY, *Bibliothèque,* 179 ; HAUDIQUER, *Hist. D. Didier de la Cour,* 219, 261 ; MARTÈNE, *Vie des Justes,* I, 7-11 ; TASSIN, 4, 5, 14, 771-772 ; TASSIN, G. G., I, 6, 7, 21 ; II, 585-587 ; VERNIÈRE, 333 ; ZIEGELBAUER, III, 655.

ROMAGNY (Philippe de).

D'Achery termine l'avertissement au lecteur de son édition de Guibert de Nogent en mentionnant les savants auxquels il doit des obligations pour les secours qu'il en a tirés et finit par ces mots : « et *noster* Philippus de Romagny serio et sine ambitione doctus qui multum operae ac laboris insumpsit, qua describendis diversis in hoc volumine contentis operibus, qua denique locis divinae scripturae annotandis ». Ce Philippe de Romagny était évidemment un confrère bénédictin de D'Achery, ainsi que l'indique le mot *noster,* que nos Bénédictins n'employaient que lorsqu'ils parlaient d'un membre de leur Congrégation. Quoiqu'aucun historien littéraire de la Cong. de S. M. ne mentionne Dom Philippe de Romagny, il me semble qu'un érudit modeste, dont D'Achery parle en de si bons termes, ne doit pas être oublié sans injustice. Dom Pierre Foullon a une notice dans le présent volume, bien qu'il n'ait qu'une mention dans le catalogue des auteurs manceaux de Dom Liron.

« Philippe Romagny, né à Boul (dioc. de Reims), profès à St-Remi à 23 ans le 30 avril 1638, mort à St-Germain-des-Prés le 23 mars 1653 (Matricule de Solesmes n. 846 » ; note de Dom Dubourg).

VANEL, *Nécrologe,* 14, 355.

ROMME (J.-B.-François).

Né à Riom, a fait profession à l'âge de 20 ans le 27 avril 1768 dans l'abbaye de St-Augustin de Limoges et est mort en 1814 curé de Serbannes (Allier). Il était le frère du conventionnel Romme, auteur du calendrier républicain, décapité à Paris le 29 prairial an III (17 juin 1795).

M. Marc de Vissac, à la page 172 de son volume publié en 1883 à Clermont-Ferrand et intitulé : *Romme le Montagnard*, écrit la page suivante : « nous avons en outre retrouvé un manuscrit de la main de Jean-B.-François Romme le bénédictin, qui utilisait les loisirs que la République lui avait faits en écrivant un traité sur le calendrier, les fêtes et les mœurs à Athènes et à Rome, traité dont son frère utilisa peut-être les savantes études et recherches ». D'un autre côté Fournier-Verneuil, dans un ouvrage publié à Paris en 1824 sous le titre de : *Curiosités et indiscrétions*, écrivait... « Le Père Dom Jean-François Romme, frère du futur conventionnel du Puy-de-Dôme, joueur de flûte passionné qui devait fournir à Gilbert Romme les matériaux du calendrier républicain ... » D'après ce que m'apprend M. Vernière, avocat à Brioude, le ms. de Dom Romme sur les mœurs et les fêtes à Athènes et à Rome, est entre les mains de M. de Vissac, qui l'a acheté à un des héritiers Romme.

ROSE, ROZE (André).

* Est le même personnage que D. François Rose, auquel D. Le Cerf et D. François ont appliqué la même notice.

Le *Nouveau système* est de 1696 et non de 1669, comme dit D. Tassin (p. 190). *

FRANÇOIS, II. 507-508, 510 ; FRÈRE, II, 489 ; GUÉRY, *Lyre*, 428-429 ; LAMA, 151 ; LE CERF, 430-431 ; OURSEL, II, 448 ; PEZ, 94-95 ; RIVIÈRE, II, 77-80 ; ROBERT, 87 ; TASSIN, 190-191, 794 ; TASSIN, G. G. I, 291-292 ; II, 621.

ROSE (M.).

Quel est le bénédictin Dom Rose qui vivait au milieu du XVIIIe siècle à l'abbaye de St-Nicolas et qui a écrit le 12 mai 1746 une longue et intéressante lettre sur un ancien rituel de cette abbaye ? Il y avait en France 3 abbayes bénédictines du titre de S. Nicolas : 1. St-Nicolas d'Angers, 2. St-Nicolas-aux-Bois, 3. St-Nicolas-des-Prés.

SS. Nicolas d'Angers et aux-Bois étaient de la Cong. de St-Maur, mais St-Nicolas-aux-bois (sic) était situé entre Noyon et Laon, et comme Dom Rose à propos de ce rituel parle des usages liturgiques de l'Anjou, il est évident qu'il était un des religieux de l'abbaye de St-Nicolas d'Angers. St-Nicolas-des-Prés qui était au nord de Laon n'était pas de la Cong. de St-Maur d'après la carte bénédictine de D. D. Chantelou et Le Chevalier, mais D. Lelong dit qu'elle appartint à cette Congrégation depuis 1670.

La lettre de Dom Rose sur le rituel de St-Nicolas se trouve pp. 79-82 des *Documents inédits sur l'Hist. litt.* publiés par Ulysse Robert [v. *Revue Mabillon*, II, 260].

ROSMAN (Henri-Antoine-Romain).

* Né à Hesdin, dioc. St-Omer, profès à Jumièges le 21 août 1761 à l'âge de 19 ans. Prieur de St-Germain d'Auxerre de 1775 à 1781 et de 1788 à 1790, D. Rosman fut nommé principal du collège royal et militaire dès le début de 1777. Remplacé en 1783 par Dom Ph. Rousseau, il reprit en 1788 les fonctions de principal et les garda jusqu'en 1793. Destitué et emprisonné pendant la Terreur, il fut mis en liberté après Thermidor. Il mourut le 7 floréal an VII (26 avril 1799) à St-Georges près Auxerre, où il avait ouvert un pensionnat (CH. MOISET, *Le collège royal militaire d'Auxerre* dans *Bull. de la Soc. des sciences hist. et naturelles de l'Yonne*, 47e vol., 1893, p. 1-22 ; à l'appendice pp. 20-22 « notice biographique sur Dom Rosman », lequel, d'après cette notice, était originaire de Fruges (Pas-de-Calais).

Discours prononcé par Dom Rosman, religieux bénédictin de la Cong. de St-Maur et principal du Collège royal militaire d'Auxerre à la tête d'une députation de ce collège dans la séance du directoire du département de l'Yonne du 20 juillet 1790. Auxerre, L. Fournier, 1790, in-8°, 8 pp. (H. MONCEAUX, *La Révolution dans le dép. de l'Yonne. Essai bibliographique.* Paris, 1890, p. 68, n. 302) .*

M. CESTRE, *Le plan d'études de Dom Rosman principal du collège d'Auxerre (Bull. de la Soc. des sciences hist. et natur. de l'Yonne,* t. LXIII, 1909, p. 225-250). |

ROSSET (Joseph).

Il est à remarquer que le manuscrit de Bagnère porte : *Officium…* de *S. Sabino*, composé le 11 avril 1701 par Joseph Roset, de la

Cong. de St-Maur ; il me semble que cela tranche la question de la véritable orthographe du nom de ce bénédictin. L'indication de la date de la composition de cet office a quelque chose de si personnel et de si intime, qu'il paraît difficile de penser qu'il y ait erreur dans l'orthographe du nom. D'après la monographie de l'abbaye du Bec au XVIIIe siècle par l'abbé Porée, p. 63, le catalogue de la Bibliothèque du chanoine Colas indiquait sous le n° 284 un ms. relié en veau brun, format in-4°, provenant de l'abbaye du Bec et ayant pour titre « *Hymni sacri a fratre Rosset presbytero et monacho Benedictino e cong. S. Mauri compositi* »; est-ce le même que D. Joseph Rosset ?

Le fol. 351 du ms. lat. 11865 de la Bibl. nat. contient des pièces poétiques de D. J. Rosset.

[« *Novum S. Sabini Tarbiensis officium meliori ordine ac eloquentia compositum die* 11^a *aprilis* 1701 *a R. P. D. Josepho Roset,* cong. St-Mauri » *(Cat. gén. mss. Dép.*, XXI, 663-664).

Mélanges manuscrits, portant la date de St-Thierry, 12 oct. 1698 ; Bibl. de St-Quentin, ms. 118 *(Cat. gén. mss. Dép.*, III, 250).

Disticha de Christo et Cruce, datés de St-Nicaise de Reims 1720, aet. 69, et 17 avril 1721 ; Bibl. de Reims, ms. 1283 *(Cat. gén. mss. Dép.*, XXXIX, 450-451.)]

* Pour décider la question de l'orthographe du nom, il faudrait voir si le ms. de Bagnères est autographe.

L'auteur de l'office et des *Hymni* est le même religieux ; D. Louis Geslu a inséré un grand nombre d'hymnes de D. Rosset dans son *Breviarium* et *Missale* de St-Maur ; voir plus haut t. I, p. 250 (où il faut lire *Geslu* et non *Geslin*).

Ce religieux natif de Condes, dioc. de Lyon, profès à l'abbaye de St-Benoit-sur-Loire le 19 décembre 1670, fut attaché à l'abbaye de Chelles. « Son goût décidé pour la poésie latine en particulier le rendit célèbre à relever la gloire des saints par un grand nombre d'hymnes qu'il consacra à leur honneur. On l'engagea à Chelles à faire usage de ses talens à la louange de Ste Bathilde, de Ste Bertille et de Ste Scolastique, et la vénération qu'il avait en leur protection auprès de Dieu le décida bientôt à leur consacrer ses veilles. Les savans applaudirent à ses productions, et, sur une approbation authentique, elles furent imprimées et chantées en 1700, le jour de la Translation de Sainte Bathilde, 17 mars, et dans les autres festes. Dom Joseph Rosset se retira quelques années après dans l'abbaye de St-Nicaise de Reims, où il édifia ses frères en qualité de supérieur jusqu'à sa mort arrivée le 28 aoust 1721 » (D. RACINE,

Hist. de l'abbaye de Chelles, Bibl. Mazarine, ms. 3380, p. 356-357).

« In funere Rev. P. Johannis Mabillon elegia, 23 mars 1708 ; Bibl. du Palais de Compiègne, ms. 12, f. 30-33 *(Catal. gén. mss. Dép.*, XXIV, 582). *

[Etant régent à Pontlevoy, il composa un opéra (J. BROSSET. *Les maîtres de musique de l'Ecole de Pontlevoy*, 1913. p. 6.].

PORÉE, 64 ; ROBERT, 87-88.

ROSTAING (Charles-François de).

* Il est l'auteur de trois hymnes insérées dans l'office de S. Evroult publié par D. Henneton, en 1779. Ces hymnes ont été imprimées de nouveau par les soins de l'abbé Gigan, curé de St-Evroult : *In festo S. Ebrulphi abbatis*. Séez, Montauzé, juin 1886 (DESVAUX et LETACQ, *Essai sur la bibliographie de l'abbaye de St-Evroult*. Alençon, 1890, 8°, p. 26, 66).

Office propre de S. Bénigne, martyr apôtre de la Bourgogne, latin-français, dans lequel est contenu sa vie, avec les hymnes traduites en françois, par Mr de la Monnoye. A Dijon, de Fay, 1709. — Les hymnes sont de D. de Rostaing (TASSIN, 782). Le Propre de Dijon a conservé les hymnes des Matines et des Laudes. La traduction française des 4 hymnes se retrouve, sans le texte latin, dans les *Œuvres choisies* de Bernard de la Monnoye. 1770, t. I, in-4°. *

[Sur son Histoire de St-Evroult, v. *Orderic Vital et l'abbaye de St-Evroult*. Notices et travaux. Fêtes du 27 août 1912. Alençon, 1912, p. 171-172, 188].

Cat. gén. mss. Dép., I, 504 ; DESVAUX et LETACQ, *Bibliographie de St-Evroult*, 66 ; FRANÇOIS, II, 509 ; FRÈRE, II, 484 ; LELONG, I, 10936 ; ROBERT, 88 ; TASSIN, 782 ; TASSIN, G. G., II, 603 ; VANEL, S. L., 330.

ROUGIER (Joseph).

D. Tassin dans une note de la page 469 de son *Hist. litt.* se borne à mentionner Dom Rougier (Joseph) parmi les collaborateurs de l'Histoire de Bretagne sans en dire davantage. On ignore donc la date et le lieu de sa naissance ainsi que ceux de sa mort. On sait seulement qu'il était le plus âgé des collaborateurs de Dom Lobineau, qui dit de ce Bénédictin dans la préface du tome I de son Histoire de Bretagne : « mais celui de tous dont l'habileté à déchiffrer les actes anciens et l'assiduité à les transcrire nous ont été d'un plus grand usage, a été D. Joseph Rougier. Les chartes les plus délabrées étaient faciles pour lui, les plus effacées lui étaient lisibles, les plus longues ne rebutaient point sa patience ; et ce qui nous étonnait le plus, était que dans un âge avancé qui demandait naturellement du repos, il était infatigable, toujours le premier au travail et toujours le dernier à le quitter ». D'après La Borderie, D. J. Rougier aurait été breton. Il y a une lettre de D. Audren qui le concerne à la page 61-63 de la *Correspondance des Bénédictins bretons*.

* Né à Limoges, profès à 19 ans à St-Allyre le 22 sept. 1655, mort à St-Jean d'Angely le 17 janvier 1710. *

A. DE LA BORDERIE, *Corresp. bret.*, VI ; DELISLE, *Cabinet*, II, 70 ; TASSIN, 469 ; TASSIN, *G. G.*, II, 113.

ROUSSEAU (Claude).

[Il fit profession] à l'âge de 17 ans [et mourut] le 16 mars 1787.

Dom Claude Rousseau a publié 4 pages in-4 sous le titre : *Articles extraits du plan d'études* présenté au chapitre général tenu dans l'abbaye de St-Germain-des-Prés le 28 septembre 1766.

Le plan d'études soumis au chapitre de 1766 a été publié en entier en 1839 dans la préface, pp. XLIV à LXXIX des *Lettres des Rois et Reines de France* de Champollion-Figeac.

Voir aussi sur D. Rousseau la note de D. Tassin à la page 719 de son *Hist. litt.* Dom Rousseau est aussi l'auteur du *Nouveau plan d'études* pour la Cong. de S. M., dont Dantier a publié des extraits précédés de remarques judicieuses (Recherches sur la correspondance inédite des Bénédictins de S. M., pages 10 et 128), * v. Champollion-Figeac, LXIII, LXX-LXXI *. Dans ce même recueil se trouve une lettre historique de D. Rousseau à Dom Grappin à propos de l'archevêque de Besançon Aymin ou Eymin qui signe au concile de Châlon-sur-Saône en 915 [DANTIER, *Rapport*, 186-188.]

D'après ma matricule ms., Dom Rousseau serait mort le 16 mars 1787 et non pas le 1er comme dit Robert.

On a encore de Dom Claude Rousseau : *Lettre de Dom Rousseau Bénédictin à Messieurs les Auteurs du Journal Encyclopédique pour servir de réponse aux honnêtetés de M. Mille dans l'Avertissement du troisième volume de son Abrégé chronologique de l'Histoire de Bourgogne. A Bouillon, 1773, petit in-12 de 20 pages.*

Cette lettre est signée : Dom Rousseau, religieux bénédictin de la Congrégation de St-Maur et de l'abbaye de Saint-Germain-des-

Prés à Paris le 6 juin 1773. Cette plaquette, qui est de la plus grande rareté, et je crois inconnue — *Lelong, t. IV, p. 487, n. 35842 n. 7 . Dans le Recueil des lettres adressées à M. Mille, la 1ʳᵉ est de D. Rousseau, la 2ᵉ et la 4ᵉ de D. Merle, la 3ᵉ de M. Mille (Lelong, n. 5) * — se trouve reliée à la suite de mon exemplaire du recueil des Lettres de M. Mille.

Il paraît que Dom Rousseau, qui avait été chargé de la continuation des recherches commencées par Dom Baussonnet et Dom Taillandier sur la Champagne et la Brie, composa pour la ville de Reims des écrits en vers et en prose qui lui méritèrent, dit Dom Tassin, la reconnaissance de ses compatriotes.

Collaboration à l'Histoire de Champagne et de Brie (Maur. Lecomte dans *Revue Mabillon*, XVIII, 1928, p. 112-117).

Description de la décoration de la porte de Vesle pour l'entrée de l'archevêque de Reims, Charles-Ant. de la Roche-Aymon et compliment de D. Rousseau à ce prélat *(Catal. gén. mss. Dép.*, XXXIX, 871).]

Questions proposées à tous les religieux Bénédictins de la Congrégation de Saint-Maur par le Bureau de littérature établi à l'abbaye de Saint-Germain-des-Prés [1767], in-4°, imp. (Bibl. nat. Paris, ms. fr. 15790 ; *Catal. Sᵗ-Germain français*, I, 192).

Projet d'histoire de Champagne, coll. de Champagne, t. 117, (Lauer, *Collections*, I, 101). *

Annales Institut archéol. du Luxembourg, XXX, 1895, p. 25 ; Charmes, *Comité*, I, 54 ; Delisle, *Cabinet*, II, 70 ; Jadart, *Ecrivains Champenois*, 112 ; *Catal. Imprimés Reims*, V, Histoire, 1900, n. 1104, 1106, 1110, 1112, pp. 51-52 ; Lama, 624-625 ; Michaud, Suppl. t. LXXX, 68 ; Noel, 206-207 ; Quérard, VII, 231 ; Robert, 74, 88 ; Tassin, 719 ; Tassin, G. G., II, 507 ; Vanel, *Nécrologe*, 359.

ROUSSEAU (François).

Étant régent de rhétorique de 1693 à 1701, il composa plusieurs tragédies ou comédies pour le théâtre des jeunes élèves à Pontlevoy : en 1691 *Le vieillard insensé*, en 1692 *Bajazet détrôné* (J. Brosset, *Les maîtres de musique de l'Ecole de Pontlevoy*, 1913, p. 7)].

* A. Dupré, *Notes sur l'Ecole de Pontlevoy au temps des Bénédictins (Loir-et-Cher historique*, 1897, col. 78, 143) *.

Hauréau, *Hist. litt. du Maine*, IX, 246-247 ; Lama, 391 ; Le Cerf, *H. C.*, 316 ; Tassin, 499 ; Tassin, G. G., II, 158-159.

ROUSSEAU (Jean).

* Né à Romorantin, dioc. d'Orléans, a fait profession à St-Melaine de Rennes le 8 août 1672, âgé de 22 ans, décédé à Villebois le 23 septembre 1727 *(Matricule)*.

Prédicateur janséniste. D. Thierry de Viaixnes, dans une lettre à M. Longer de St-Jean (Pothières, 27 mai 1721) dit : « J'avais déjà le fragment du sermon de D. Jean Rousseau du 1er dimanche de l'Avent. Il m'a envoyé celui du commencement du Carême, qui est bien plus considérable et qui a causé sa disgrâce. Si vous le désirés, je vous l'envoiray. M. l'évêque d'Auxerre s'est bien appaisé depuis à son sujet, et luy a même rendu service auprès de ses supérieurs. Il reste fort content aux Blancs-Manteaux ; il prêche dans Paris et Dom Charles Vigreux, prieur de St-Pierre-le-Vif à Sens, qui m'est venu voir icy, et qui est son oncle à la mode de Bretagne, lui a obtenu l'Avent et le Carême prochains dans la cathédrale de cette ville » (G. HÉRELLE, *Correspondance inédite de D. Thierry de Viaxnes* (*Revue de Champagne et de Brie*, 1880, p. 50).*

ROUSSEL (Guillaume).

* Né à Conches 8 août 1659 (Lettre de D. Patallier à D. Rivet).*

; Sur ses relations avec D. Guillaume Fillastre, voir la notice de Cochet sur ce dernier, p. 20-22 ; voir plus haut t. I, p. 220-221.

Sur le projet d'un *Dictionnaire bénédictin*, v. *Revue Mabillon*, V. 1909, p. 392-393.

*Immortali memoriae.. J. Mabillonii epitaphium, auctore G. Roussel, février 1708 (Bibl. Reims, ms. 646, p. 278, sq. ; *Catal. gén. mss. Dép.*, XXXVIII, 841-842).

Il composa l'épitaphe de Mgr de Kirtaden, évêque d'Ossery en Irlande, qui mourut au Mans en 1712 et fut enterré dans l'abbaye de la Couture, et celle de Mr Prousteau à Orléans (Lettre de D. Patallier à D. Rivet). *

FRANÇOIS, II, 96-100, 512-515 ; FRÈRE, II, 487 ; GIVELET, 318 ; HOEFER, XLII, 774-775 ; JADART, *Mabillon*, 224 ; JADART, *Ruinart*, 165 ; LAMA, 321-322 ; LE CERF, 432-433 ; LE CERF, H. C., 18 ; *Mém. de Trévoux*, juin 1704, p. 915 ; MICHAUD, XXXVI, 632-633 ; OURSEL, II, 444 ; PEZ, 199-207, 375 ; PORÉE, *Abbaye du Bec*, II, 443, 547 ; QUÉRARD, VIII, 236 ; *Revue Mabillon*, II, 214-215, 261 ; V, 31-32 n. ; RIVET, *Hist. litt. France*, I, éd. 1866, p. XXXI-XXXII ; RIVIÈRE, II, 81-83 ; ROBERT, *Documents*, 9, 155, 167 ; TASSIN, 215, 390, 397.

398-401, 436, 461, 544, 570, 653, 654 ; Tassin, *G. G.*, I, 331 608, 619 ; II, 2-6, 59, 99, 227, 268, 400, 401 ; Vanel, *Nécrologe*, 157-158 ; Ziegelbauer, IV, 609, 653.

ROUSSEL (Jacques-François).

* Né à Amiens, profès à St-Remi de Reims, à l'âge de 18 ans, le 20 juillet 1669, décédé à St-Nicolas de Ribemont le 31 août 1690.

Graduale et Antiphonale ad usum regalis monasterii S. Nicasii Remensis pro festis primi ordinis scribebat F. J. F. R. subprior ejusdem monasterii 1685, 2 vol. in-fol. avec nombreuses miniatures, frontispices, initiales, culs-de-lampe, lettrines (Bibl. Reims, mss. 267-268, *Catal. mss. Dép.*, XXXVIII, 253-255 ; Givelet, 295-298).*

ROUSSEL (Nicolas-Placide).

Voy. sur Dom Placide Roussel une note sur Dom Robert Quatremaire à la page 84 supra [t. II, 170.]

[Le ms. 289 de la Bibl. Ste Geneviève à Paris (f. 215) contient :

Raisons péremptoires de Mr Gabriel Naudé, en suppression d'injures et calomnies contre D. Placide Roussel et autres... religieux Bénédictins... pour monstrer que les quatre mss. de Rome dont les dits Bénédictins se servent pour oster le livre de l'Imitation de J.-C. à Thomas de Kempis... sont falsifiés. Imprimé s. l. n. d. 50 pp. in-4° (*Cat. mss. Ste-Geneviève*, I, 181) ; v. Thuillier, *Œuvres posth. de Mabillon*, I, 25-26, 31, 52.]

Bouillart, *St-Germain*, 242-244 ; *Bull. Soc. archéol. Limousin*, XLV, 215-218, 228, Hervin et Dourlens, *Vie de la Mère Mechtilde du S. Sacrement*, Paris, 1883, p. 305 et suiv. ; Porée, *Abbaye du Bec*, II, 455 ; Robert, 88 ; Vanel, *Nécrologe*, 346-347 ; Vanel, *S. L.*, 56-57.

ROUX (Jean-Maur).

* Né à Martel, dioc. de Cahors, profès à l'âge de 18 ans à La Daurade le 28 mars 1737, mort le 12 avril 1789 dans le monastère de Montreuil-Bellay.

Il fut nommé prieur de St-Etienne de Bassac par les chapitres généraux de 1763 et 1766. Il a laissé un « Recueil d'instructions et d'amusements littéraires, 1768 », in-8° ms. (Lettre de M. le chan. Denise, curé de Bassac, 7 fév. 1883). *

RUAULT (Gabriel).

* Né à St-Aubin d'Ecrosville, dioc. d'Évreux, profès à l'âge de 23 ans à Jumièges le 7 juin 1634, mort à Montmajour le 31 octobre 1658.

« Catalogue des abbés de Compiègne fait par Dom Gabriel Ruault 1644 ». (Bibl. nat. Paris, ms. lat. 12777, p. 673-681.)*

RUFFY (Laurent).

* Né à Rouen, profès à l'âge de 19 ans à Fleury le 12 janvier 1668, mort à St-Wandrille le 12 janvier 1726.

Il rédigea plusieurs mémoires contre le culte des Saints de Fontenelle et écrivit les « Réflexions sur les calendriers de St-Wandrille par rapport à celui du nouveau cérémonial de 1711 ». Il adressa une longue lettre à Dom Fr. Le Tellier le 14 mars 1715 en réponse au mémoire de ce dernier en faveur du culte des Saints de Fontenelle.

Dom Le Cerf, disent D. Toustain et D. Tassin *(Hist. de l'abbaye de St-Wandrille)* mettait en meilleur style ce que D. Ruffy avait composé avec plus de recherches et de travail que de pureté et d'élégance. *

Revue Mabillon, V, 1909, p. 20, 456.

RUFFY (Louis).

* Né à Rouen, profès à Lyre à l'âge de 18 ans le 4 septembre 1668, mort à St-Wandrille le 18 nombre 1737.

Deux lettres à D. Mabillon, datées de St-Père de Chartres 16 sept. 1677 et 1er janvier 1678, envoi de notes et documents pour les *Annales* (Bibl. nat. Paris, ms. lat. 12689, ff. 314-315, 316-317). *

RUINART (Thierry).

Connaît-on un ms. ou des notes de D. Ruinart sur l'histoire de la persécution des Ariens faisant suite à l'*Historia persecutionis Vandalicae* ? Le 8 mars 1696 Ruinart écrivait à Magliabecchi que si les temps devenaient meilleurs, il se proposait de publier toute cette histoire, qui est toute prête, ajoute-t-il (VALERY, II, 396).

Le n° 12595 des mss. lat. de la Bibl. nat. contient un recueil de
D. Ruinart sur les Actes des martyrs, et le ms. 11563 les variantes
de quelques livres de la Bible recueillis en partie par Ruinart.

Historia persecutionis vandalicae. L'édition de 1699 est la même
que celle de 1694, sauf le titre.

Acta primorum martyrum. Paris, Muguet, 1689, in-4° ; ed. 2ᵃ,
Amsterdam, 1713, fol. (avec biographie) ; Vérone, 1731, fol.,
1734 ; Augsbourg, éd. Galura, 1802, 3 tom. 8° ; Ratisbonae,
Manz, 1859, gr. 8° ; — *Les véritables actes des martyrs*, trad. par
Drouet de Maupertuy. Paris, 1708, 1737 ; Besançon, 1818, 3 in-12 ;
— Traduction italienne : *Atti sinceri de' primi martiri della Chiesa
cattolica.* Tradotti, con prefazioni e note di F. M. Luchini. Roma,
1777-1779, 4 vol. 4°. — Traduction espagnole : *Los actos verdaderos
de los martires.* Nuev. ed. Madrid, 1844, 4 vol. 8° ; — Traduction
allemande : *Echte und ausgewählte Acten der ersten Martyrer.* Vienne,
6 part. en 7 vol., 1831, 1836 ; v. *Das Wahre Urchristenthum oder die
Lehre und das Leben der Christen in den vier ersten christlichen Jahrh.,
aus... inbesondere aus Ruinarts ächten Martyrer Akten... von Bernard
Galura.* Arnheim, Witz, 1858, 8°.

— Extraits : *Martyrum Christi Domini vitam et res praeclare ges-
tas ex Theodorici Ruinartii O. S. B. historiis depromsit* Franc.
Millozzius, Romae, 1862, in-8° ; Liége, Dessain, 1876, in-12. —
Dissertation sur les Actes des martyrs et l'histoire des persécutions
(A. BUTLER, *Vies des... Saints.* Louvain, 1835, XX, 117-238).

Voir E. LE BLANT, *Supplément aux Acta sincera de R. (Mémoires Institut de France,* XXX, 2, p. 57-347). Paris, 1883.

— Examen critique des *Acta sincera* dans H. DELEHAYE, *Les
légendes hagiographiques.* Bruxelles, 1905, p. 131-141 ; v. H.
LECLERCQ, *Les martyrs.* T. III, Introd., XI-XXII.]

* La préface mise à sa traduction des Actes des martyrs par
l'abbé Drouet de Maupertuy n'est en somme qu'un abrégé en français de la préface latine de Ruinart (GOUJET, *Mémoires historiques
et littéraires.* La Haye, 1757, p. 212, pièces diverses n° 13).*

D. Ruinart avait songé à écrire une vie de Mabillon « plus littéraire qu'édifiante » au témoignage de D. Ch. de l'Hostallerie
(*Revue Mabillon,* V, 1909, p. 52). — Sur la traduction italienne
faite par le P. Ceppi, voir plus haut, t. II, p. 3.

L'Apologie de la mission de S. Maur a paru en latin en app. au
t. I des *Annales O. S. B.* Lucques, 1739, t. I, p. 581-603.

Sur la vie d'Urbain II (v. *Revue Mabillon,* II, 39 ; V. 347, 353).

— D. Ruinart et la maison d'Auvergne, v. H. JADART, *Le car-*

dinal de Bouillon, Baluze, Mabillon et Th. Ruinart dans l'affaire de la maison d'Auvergne dans *Travaux de l'Acad. de Reims*, t. XLVII, 1867-68. Reims, 1870, p. 256-308, lettre de Ruinart, 14 oct. 1701, p. 294-294 ; DE BROGLIE, *Mabillon*, II, 252-256.

— Consultation sur Géraud de la Tour, v. Mabillon, plus haut t. II, p. 17.

— Remarques critiques et historiques de M. De Camps, abbé de Signy, sur la préface et sur les notes du R. P. Ruinard à l'édition des ouvrages de Grégoire de Tours... (Bibl. nat. Paris, Nouv. acq. fr. 7426), publ. dans *Analecta juris pontif.*, 19e sér., 1880, col. 1-22 ; 22e sér., 1883, col. 513-535.

— Annales de St-Germain-des-Prés 1696-1709 (F. F. 18817) avec (f. 26) prospectus de l'édition de Grégoire de Tours.]

* Mercier de St-Léger dans ses annotations à D. Tassin (p. 282) fait remarquer que D. Ruinart est encore auteur de l'extrait de l'Histoire de Franc. Morosini, doge de Venise, publiée en latin à Padoue en 1698 par Jean Gratiani de Bergame, inséré dans les *Mémoires de Trévoux*, nov. 1703, p. 1949 et suiv. Les journalistes en avertissent à la fin de l'extrait.*

⸗ Sur les voyages de D. Ruinart, voir l'abbé ⸖MARCHAL, *Voyage de Dom Th. Ruinart en Lorraine et en Alsace (Recueil de documents sur l'histoire de Lorraine.* Nancy, 1862, VIII, pp. 1-256) ; J. MATTER, *Voyage littéraire en Alsace par D. Ruinart*, trad. du latin avec des notes et des dessins lithographiques... Strasbourg, Levrault, 1826, 8o, 103 p. ; J. EUTING, *Ein gelehrter Benediktiner (Dom Ruinart) als Tourist auf dem Donon (1696).* Strasbourg, 1882, 8o.

Sur la tombe de D. Ruinart, voir H. JADART, *L'abbaye d'Hautvillers (Marne), ses sépultures, la tombe de D. Thierry Ruinart.* (*Bull. monum.*, LII, 1886, p. 241).

* M. H. Bordier a publié pour la Soc. de l'Hist. de France les livres des miracles et autres opuscules de Grégoire de Tours, texte et traduction, Paris, 1857, 4 in-8o. Dans une « note relative aux travaux de Dom Ruinart sur les œuvres de Grégoire de Tours » placée au commencement du t. I, pp. III-XL, il a traduit les no 62-85 et 121-132 de la Préface de D. Ruinart, pp. V-XXVI, et XXVIII-XXXVII ; p. XXXIX-XL il reproduit la lettre de D. Ruinart au pape Innocent XII en lui envoyant un exemplaire des œuvres de Grégoire de Tours (die III kal. julii 1699). A la fin du volume il publie trois autres lettres de D. Ruinart à Jean Schilter, 2 mars 1699 (p. 395), au cardinal d'Aguirre à Rome, 28 avril 1699 (p. 396), au cardinal Colloredo, 1699 (p. 396-397).

Ecclesia Parisiensis... Parisiis, apud viduam Francisci Muguet, 1706, 12⁰, 93 pp. ; réimprimé : Parisiis apud Rollin filium 1737, 8⁰, 93 pp. (DE BACKER, *Bibliothèque*, 1ʳᵉ série, 334 ; C. SOMMER-VOGEL, III, 1353-1355).*

[Le « Journal de D. Ruinart » a été publié par l'abbé A. M. P. Ingold, *Histoire de l'édition bénédictine de S. Augustin.* Paris, 1903, app. n. II, p. 155-193.

M. H. Jadart dans son volume : *Dom Thierry Ruinart.* Reims, 1886, a publié une série de correspondances de ce bénédictin avec Mabillon, D. Germain, D. Martianay, D. Bellaise, Maglia-becchi, D. Liron, D. Fillâtre, D. Petitdidier, D. H. Monnier, M. de Villefore, M. Duguet, Du Cange, de Harlay, D. Jacques de la Cour, le P. Germon, D. G. Roussel, D. E. Goyet, M. Marquette, Th. Inése, D. Daret, le président Bouhier, le chancelier Daguesseau, un parent de D. J. Mabillon (pp. 90-176).

Sur sa correspondance v. JADART dans *Mélanges Mabillon*, p. 38-47.

Correspondance avec le Mont-Cassin (E. D. PETRELLA, *Lettere inedite del Mabillon... del Ruinart (Riv. stor. benedettina*, VII, 1912, p. 229-296), et D. A. Ettinger, v. plus haut, t. II, p. 21. Une lettre à Gattola, datée de Paris, non. febr. 1697, avait été publiée dans la *Bibliotheca Casinensis*, I, Prolegom., p. XXX).

Lettre à D. Calmet, 1709, au Séminaire de Nancy *(Annales de l'Est*, 1897, 270).

Lettre de D. Jean Daret 16 avril 1708 (Coll. de Picardie, vol. 177, f. 77 ; LAUER, II, 147).

Lettres de R. A de la Haye à D. R. des 24 juin 1704, 4 fév. et 17 avril 1708 (d'après mss. 19639, f. 168 ; 19665, f. 231, 233) dans *Correspondance de Richard-Augustin de la Haye... curé de Saint-Pierremont*, par H. Jadart *(Revue de Champagne et de Brie*, mai 1887). Paris, Champion, 16 pp. 8⁰.

Lettres au chan. Et. de Nully des 11 juin et 10 août 1696 *(Revue Mabillon*, V, 1910, p. 513-515 ; D. PAUL DENIS, *Lettres autographes de la collection des Troussures.* Paris, 1912, p. 273-275).

Lettre à D. Claude de Vic, du 6 mai 1709 *(Revue hist. Arden-naise*, XV, 1908, p. 175-176)] —* autre lettre de D. Lobineau, du 25 déc. 1700 (A. DE LA BORDERIE, *Correspondance*, 137-139). *

Lettres à Mabillon *(Revue Mabillon*, V, 22-23, 26-30 et JADART, l. c.).

Lettre à D. Petitdidier, St-Germain-des-Prés 18 nov. 1708, annonçant la prochaine impression du tome V des *Annales* et de l'*Abrégé de la Vie de D. Mabillon* (Lettre autogr. sign. in-4° ; vente des 1-2 mai 1844, n. 230) *.

[Lettre à D. Martène des 19 juin 1693 *(Mélanges Mabillon*, p. 43-44), 8 juillet 1696 *(Revue bénéd.*, XVII, 1900, p. 142).]

* Lettre à D. Hilarion Monnier, de la Cong. de St-Vanne, 30 sept. 1693 publ. par Et. Deville *(Annales Franc-comtoises*, XVII, 1905, 110-111) *.

[Lettre à Muratori du 17 janvier 1703 *(Epistolario Muratoriano*, n. 570).

Lettre à Passionei, du 29 janvier 1708 (GALLETTI, 27-29).

Lettre à Herm. Schenk, de St-Gall, 5 kal. junii 1685 (DANTIER, *Rapport*, 207-208).

Lettre à Schilter du 2 non. maii 1699 (SCHELLHORN, *Amoenitates litter.*, VIII, 644-645).

Lettre à l'évêque de Châlon du 15 sept. 1702 (DE BARTHÉLEMY dans *Revue de Champagne et de Brie*, sept. 1878, 236).

Lettres de D. Alaydon à D. Ruinart 2 avril 1708, 3 et 26 juillet 1709 *(Rev. hist. Ardennaise*, XVI, 1909, p. 9-13), d'après Bibl. nat. Paris, ms. fr. 19665, ff. 97, 98, 100).

Lettre de D. Henri Bouzenet (DU BOUT, *Orbais*, 642-643).

Lettres de D. Jacques Boyer, 1 fév. et 14 mai 1708 (VERNIÈRE, 426-431).

Lettre du card. Colloredo, 24 fév. 1708 (MABILLON, *Œuvres posthumes*, I, 548).

Lettre de Sœur Drouyn du 7 janvier 1709 (A. CORBIERRE, *Prières liturgiques composées par D. J. Mabillon*. Paris, 1908).

Lettres de Cl. Fleury du 8 fév. 1698 (MABILLON, *Œuvres posthumes*, I, 307-307)] ; * du 1er mai 1699, Versailles, remerciant de l'envoi du Grégoire de Tours (Lettre autogr. sign. 1 p. 1/2 in-4° ; vente du 8 juin 1849, n. 463). *

[Lettre de Fontanini sur la mort de Mabillon, Rome 18 janvier 1708, voir plus haut, t. II, p. 5.

Lettre de D. Martianay ; v. plus haut, t. II, p. 60.

Lettre de Muratori, 16 cal. feb. 1703 *(Epistolario Muratoriano*, II, 621-622).]

* Lettre de Jos.-Marie Thomasi, Rome 3 non. augusti 1695, sur les Actes de sainte Agathe (CHAVIN DE MALAN, *Mabillon*. 488-493). *

[Lettres adressées à D. Ruinart à l'occasion de la mort de D. Mabillon, Bibl. nat. Paris, f. fr. 19639, v. JADART, *Mabillon*, 176-188).

Sur une lettre de D. Ruinart à l'occasion de la mort de D. Ma-

billon en possession de M. l'abbé de Champgrand, voir L. BERTRAND,
Mélanges de biographie et d'histoire. Bordeaux, Feret, 1885, 389).

Correspondance manuscrite (Bibl. nat. Paris, F. F. 17667,
19665-19666, 23209, 25537-25538 ; *Catal. anc. petits fonds fr.* II,
90, 627-628 ; Coll. de Picardie, vol. 27 ; LAUER, II, 87) ; ms. 1144
de Besançon (*Cat. gén. mss. Dép.*, XLV, 169) ; ms. 1923 de Reims
(*ib.*, XXXIX, 992-993, v. 1097).

M. Wilhelm m'a remis jadis, en vue de les publier, une lettre de
D. Ruinart du 25 avril 1699 adressée à D. Alliot, et une autre du
10 mars 1707 de D. Mathieu Petitdidier à Ruinart.

Sur la vie de D. Ruinart, v. HENRI JADART, *Dom Thierry Ruinart, 1657-1709. Notice suivie de documents inédits sur sa famille,
ses œuvres, ses relations avec D. Mabillon (Travaux de l'Acad. de
Reims,* LXXVII). Reims, 1886, 8°, VIII-190 p ; — D. FEULING,
O. S. B. *Theoderich Ruinart, d. m Mauriner, zum Gedächtnis (Hist.
pol. Blätter,* CXLIV, 1909, p. 424-439, 505-516).

Plaque commémorative à St-Remy de Reims (*Bull. Soc. Antiq.
France*, 1885, p. 257, 276).]

BOSSUET, *Œuvres*, éd. Vivès, XXVI, 372-373 ; CERVEAU, *Nécrologe*,
IV, 43-44 ; DANTIER, *Monastères bénédictins d'Italie*, I, 446 ; DANTON,
Biogr. rém., 90-91 ; DE BROGLIE, *Mabillon*, I, 339-341 ; II, 202, 267,
375-376 ; H. DELEHAYE, *Légendes hagiograph.* Bruxelles, 1905, 131-141 ;
DELISLE, *Cabinet*, I, 395-477 ; II, 63-65, 101 ; *Dict. de théol.*, I, 332 ;
DUPIN, XVIIe S., 5e part., II, 267-291 ; FRANÇOIS, II, 524-532 ;
GIGAS, I, passim ; II, 30 ; HOEFER, XLII, 890-893 ; HURTER, II,
703-766 ; JADART, *Savants champenois*, 104-106 ; *Kirchenlexikon*, I,
1356-1357 ; KUKULA, III, 2, p. 29, 30-32 ; LAMA, 190, 196-204 ; LE
CERF, 434-457 ; LELONG, V, p. 701 ; MANCEAUX, *Hist. de l'abbaye
d'Hautvillers*, III, 55-60 ; MASSUET, *Joh. Mabillonii Vitae synopsis* (*Annal. Bened.*, V, col. XXXIII-XL. ; *Mémoires de Trévoux*,
nov. 1702, p. 48 ; avril 1707, p. 582 ; juin 1708, p. 934 ; MICHAUD,
XXXVII, 71-72 ; NICÉRON, II, 314-320 ; NOEL, 192-193 ; PEZ, 245-
248 ; QUÉRARD, VII, 280-281 ; *Realencyklop.*, XVII, 202 ; TASSIN,
233, 273-283, 461, 617, 671 ; TASSIN, G. G., I, 358, 421-439 ; II, 99,
344, 427 ; VALENTI, 244-256 ; VANEL, *Nécrologe*, LIX, 87-90, 329 ;
VANEL, S. L., 68-89, 126-127, 134, 189 ; VALERY, I, 59-60, 65-66,
88-89, 165-166 ; II, 295-300, 360, 396-398 ; III passim ; VIGNEUL,
I, 88 ; ZIEGELBAUER, IV, passim, v. Index.

S

SABATIER (Jean).

FRANÇOIS, III, 4-5 ; D. H. JAUBERT, *Les Bénédictins à Aix pendant
la peste de 1720 à 1721.* 1887, p. 7-8 ; LAMA, 412 ; QUÉRARD, VIII,
291 ; Suite des *Nouvelles littér.* du 1er déc. 1723 ; TASSIN, 513-514 ;
TASSIN, G. G., II, 179-180.

SABATIER (Pierre).

Sur son célèbre ouvrage : *Bibliorum sacrorum versiones seu
vetus Itala,* il est indispensable de lire l'étude magistrale de Berger
de Xivrey, pages 32-45 de son beau mémoire sur le texte et le style
du Nouveau Testament.

[Prospectus des « *Bibliorum sacrorum latinae versiones antiquae* ».
Reims, 1742, 7 pp. in-4° (Coll. de Picardie, vol. 225, f. 106 ; LAUER,
II, 160).

Sur un projet de refonte de ce travail, voir J. DENK, *Der Neue
Sabatier (und sein wissenschaftliches Programm).* Leipzig, Fock,
8°, 32 p. als Manuscript gedruckt. März 1914, qui est une annonce
et un prospectus de la nouvelle édition projetée ; du même, *Sabatier,
sein Itala-Sammelwerk und dessen Neubearbeitung (Theologie und
Glaube,* I, 1909, p. 787-791) ; du même, *Wie ich mir einen neuen
Sabatier vorstelle (Bibl. Zeitschrift,* VI, 1908, p. 337-344) ; C. WEY-
MAN, *Eine Neuausgabe der altlateinischen Bibel (Hist. pol. Blätter,*
CXLIV, 1909, p. 897-905).]

* Traité pour la publication des *Versiones antiquae.* Reims,
3 avril 1736 (Bibl. nat. Paris, N. a. fr. ms. 5853, f. 25-26 ; OMONT,
Catal. n. a. fr. II, 372) ; Paris 9 fév. 1737 (f. 27) ; Paris 30 janvier
1739 (f. 28) ; 30 mars 1743 (Bibl. nat. suppl. grec, n° 290, f. 1060 ;
v. TASSIN, 618).

H. OMONT, *Fragments d'une « Versio antique » de l'Apocalypse
(Bibl. Ecole chartes,* XLIV, 1883, 445-451), ms. connu de D. Sabatier.

D. Rivet, parlant de l'édition du traité de Pascase Radbert
de corpore et sanguine Domini publié par Martène, *Ampl. Coll.*
IX, 367-464, ajoute : « Au reste le principal travail qu'elle a coûté
est dû aux soins de D. Pierre Sabatier... qui a revu le texte sur vingt
manuscrits et qui est actuellement occupé à imprimer l'ancienne
Vulgata ou Italique » *(Hist. litt. France,* V, 299).

Il serait l'auteur de la notice sur D. Ruinart (VANEL, *Nécrologe*, 87-89).

Lettre de Dom P. S. et D. S. Mopinot à R. Bentley, Parisiis X kal. nov. 1719 (*The correspondence of Richard Bentley*. Londres, 1842, II, 558-562) ; Lettre de R. Bentley aux mêmes, Londini febr. die IX stylo vetere anno Domini MDCCXX (Bibl. nat. Paris, f. fr. 20941, f. 6-9. *

Lettre à D. Calmet, d'octobre 1718 (*Revue bénéd.*, 1898, 81-85 ; BERLIÈRE, *Mélanges*, II, 61-65).

Lettres adressées à D. Sabatier, 1720 (Bibl. nat. Paris, F. F. 15466, f. 562).

COURMEAUX, *Bibl. de Reims. Catal. du Cabinet de Reims*, 1890, I, 1-2 ; FRANÇOIS, III, 1-4 ; GIGAS, II, 237, 313 ; GOUJET, *Eloge de Passionei*, 52 (il est donné à tort comme bénédictin de St-Vanne) ; GUILLAUME, *Documents inédits*, 90-91 ; HOEFER, XLII, 963 ; HURTER, *Nomenclator*, II, 1291-1292 ; JADART, *Journal... D. Chastelain*, 74 ; *Kirchenlexikon*, X, 1433 ; KUKULA, II, 63-65 ; LAMA, 478 ; LE CERF, 457-458 ; LE CERF, *H. C.*, 55, 129-130, 321 ; MANGENOT, 43-76 ; MAR-TÈNE, *Ampl. Coll.*, IX, 369 ; MICHAUD, XXXVII, 176 ; PERREAU, 54 ; QUÉRARD, VIII, 298 ; TASSIN, 567, 575, 617-621, 649 ; TASSIN, *G. G.*, II, 254, 277, 343-349, 394 ; VALERY, I, 51 note ; VANEL, *Nécrologe*, 324 ; VERNIÈRE, 71, 72, 75, 434.

SAINT-JULIEN (Jacques-Vincent-Bernard de).

Il fut au monastère de Sainte-Croix de Bordeaux pendant quelque temps le collaborateur de Dom Carrière pour l'histoire de Guyenne, mais dès 1782 il avait cessé sa collaboration et était devenu professeur au collège de Pau. Il avait précédemment enseigné pendant 15 ans les mathématiques au collège royal et militaire de Sorèze tenu par les Bénédictins de la Congrégation de Saint-Maur. Il paraît qu'il aurait composé un cours de philosophie nouvelle, qu'il chercha inutilement à faire imprimer, pour la commodité de ses élèves. (Voyez *Les prieurs claustraux de Ste-Croix...* par Ant. de Lantenay, p. 133, et la page 16 du tirage à part de la brochure de Lamothe intitulée : *Dom Devienne et le tome II de son Histoire de Bordeaux* (Mémoire lu) à la séance de l'Académie de Bordeaux le 15 avril 1852). M. Tamizey de Larroque m'a écrit, de Gontaud le 23 septembre 1884, que le ci-devant bénédictin de Saint-Julien devint après la Révolution général de brigade, puis comte de l'Empire et enfin préfet pendant les Cent jours. Il y avait eu déjà avant lui un François Bernard de Saint-Julien qui avait fait profession le 24 février

1756 et qui mourut le 8 mars 1767 à la Daurade, n'étant encore que diacre.

Voyez à la page 83 infra une notice sur Dom François-Martin Poultier d'Elmote, dont la destinée a beaucoup d'analogie avec celle de Bernard de St-Julien. Après la Révolution, lors de laquelle ce Poultier, qui était déjà sorti de la Cong. de Saint-Maur, se signala par l'exaltation de ses principes, il devint législateur, colonel de gendarmerie, puis général de brigade; v. plus haut, t. II, p. 164.

La biographie ci-dessus de Saint-Julien doit être rectifiée d'après une note de Tamizey de Larroque lui-même à la page 19 de ses *Reliquiae Benedictinae* publiées en 1886. Il avait confondu le bénédictin avec un M. Julien né en 1764, mort en 1839, qui fut en effet comte de l'Empire, général de brigade, puis préfet du Morbihan pendant les Cent jours.

Ce bénédictin publia, pendant qu'il appartenait à la Congrégation de Saint-Maur : *Prospectus pour l'histoire ancienne et moderne de la province de Guienne* par Dom Saint-Julien, suivi de la délibération de l'Académie de Bordeaux (1 septembre 1765). Bordeaux, frères Labottière, in-4° de 20 pp. C'est à tort que l'on attribue quelquefois cette pièce à MM. Lamothe frères, avocats à Bordeaux. Il ne faut pas non plus confondre ce prospectus de Dom Saint-Julien avec celui qu'avait publié dix ans auparavant dès 1755 Dom Devienne sous le titre de : *Prospectus de l'histoire générale de Guienne* par des religieux bénédictins de la Congr. de St-Maur (Paris, in-4°, 16 pages). Voyez les *Reliquiae Benedictinae* de Tamizey de Larroque, p. 20, note 3.

Outre le prospectus pour l'histoire ancienne et moderne de la province de Guienne, Dom Saint-Julien a fait imprimer dans le tome XXX, pages 62 à 65 de la 2ᵉ partie de ce tome des *Observations sur la physique, sur l'histoire naturelle et sur les arts* de l'abbé Rogier : *Lettre de D. Saint-Julien, bénédictin, professeur émérite de philosophie et de mathématiques, de l'Académie de Bordeaux, à M. de La Métherie* (sur un nouvel acide végétal). Cette lettre est datée de l'abbaye de la Sauve 24 juin 1787, et dans le Tome XXXII, pages 51 à 57 : *Conjecture sur les causes de la chaleur des eaux thermales* par Dom Saint-Julien, bénédictin de la Cong. de Saint-Maur. — *Lettre sur une nouvelle machine électrique*, du 26 mai 1788 [pp. 367-371].

Ce Bernard de St-Julien, dont il est question dans ces notes, est probablement Antoine-Alexis Bernard de St-Julien, né à Mirepoix, qui a fait profession à 19 ans à la Daurade le 3 mai 1760.

* Jacques-Vincent Bernard de St-Julien, né à St-Julien, dioc. de

Mirepoix, le 13 mars 1743 (Arch. nat. Paris, S. 3675), profès à La Daurade le 30 avril 1759, âgé de 20 ans ,fut professeur de mathématiques et préfet au collège de Sorèze en 1778 (C. DOUAIS, *L'enseignement dans le Haut-Languedoc, spécialement dans le diocèse de Toulouse avant 1789 (Revue des Pyrénées et de la France Méridionale*, II, 1890, p. 158).

Il semble bien que son nom de famille est Bernard de St-Julien.

Le 25 janvier 1782, avec D. Antoine-Alexis Bernard de St-Julien (né à St-Julien, profès à La Daurade le 3 mai 1760, âgé de 19 ans), il prêta serment ès mains du Premier Président au Parlement de Pau, de bien et fidèlement remplir les fonctions de docteur ès arts (Reg. de l'Université de Pau, communication de M. le chan. Dubarat).

En 1790 il était aux Blancs-Manteaux, comme professeur émérite de philosophie (Arch. nat. Paris S. 3675). La même année il était un des deux religieux de St-Baudile à Nîmes (Gard) ; chassé en juillet 1791, il se retira à Toulouse (abbé GOIFFON, *Les Bénédictins à Nîmes*. Nîmes. 1875, p. 59). *

COMBES, *Sorèze*, 41 ; DE LANTENAY, *Ste-Croix*, 133-134 ; VANEL, *Nécrologe*, 369.

SAINTE-AFRIQUE (Gilbert-Yves de).

Profès à N. D. de la Daurade le 7 sept 1722, âgé de 17 ans, décédé le 11 déc. 1768 à St-Etienne de Caen. Étant professeur de théologie en ce monastère il fit soutenir des thèses en 1738 (D. BLANCHARD, 158-160, 328-329).

SAINTE-MARIE (Thomas de).

* Discours de la fondation et du progrès de l'abbaye de St-Lomer de Blois, et de l'introduction des Pères de la Cong. de St-Maur en icelle » ; à la fin : 18 mars 1633, fr. Thomas de Ste-Marie (Bibl. nat. Paris, ms. lat. 12678, p. 91-102 ; ms. lat. 12778, f. 353-367) *

BOUILLART, 248-249 ; VANEL, *Nécrologe*, 13.

SAINTE-MARTHE (Denis de).

Ajouter à la notice des ouvrages de ce bénédictin donnée par

Dom Tassin qu'il a encore composé un ouvrage resté inédit et dont
je possède le ms. autographe. Il est intitulé : *Les Véritables épîtres
de S. Ignace, disciple de S. Jean l'Evangéliste, évêque d'Antioche et
martyr, traduites en français sur le texte grec et sur l'ancienne version
latine avec les actes du martyre de ce saint écrit par ses disciples. On a
joint à cette traduction des notes sur le texte et des dissertations sur
les principaux points de la doctrine du Saint.* Ce ms. se compose de
90 pages in-fol. d'une écriture serrée et compacte. Indépendamment
de l'écriture, qui est bien celle de Denis de Ste-Marthe, on sait par
quelques passages de la préface, que c'est bien lui qui est l'auteur
de cet ouvrage inconnu, mais si important. C'est ainsi que vers la
fin de la page 6 de la préface il dit... « un des auteurs protestants
que j'ay cités est Pierre Charpentier, dont j'ai donné une lettre
assez longue dans les *Entretiens sur l'entreprise du prince d'Orange...*»
puis à la page 8 de la même préface... « j'avoue néanmoins que si
l'objection qu'on me fait aujourd'hui m'avait été connue lorsque
je composais mes *Entretiens...* » ; puis encore à la page 9 de la préface... « Il (Jurieu) veut parler de ma *Réponse aux plaintes des protestants...* » Denis de Ste-Marthe a publié en 1688 chez Seneuse :
*Réponse aux plaintes des Protestants touchant la prétendue persécu-
tion de France,* et en 1689, chez le même Seneuse : *Entretiens
touchant l'entreprise du prince d'Orange sur l'Angleterre.* Il résulte
de ces deux dates que c'est postérieurement à 1689 que Ste-Marthe
a composé son ouvrage inédit sur S. Ignace.

Pour compléter les notes données sur Ste-Marthe à la page 88
infra, j'ajouterai ici que Dom Tassin, à la page 455 de son *Hist.
litt.,* indique d'une façon trop vague l'oraison funèbre de Madame
de Béthune. Le titre de cette pièce doit être complété par ces mots :
prononcée le 8 août 1690. Tours, 1690. Quant à la lettre à Son Altesse
Madame l'abbesse de Chelles mentionnée par Dom Tassin, qui
en donne des extraits, elle n'est pas signée et se compose de 4 pages
in-4 sans lieu ni date d'impression. J'en possède un des rares exemplaires dans un recueil qui a été formé à l'abbaye de la Grasse vers
la fin du siècle dernier. M. de Lama et Dom Charles Rigault ne le
mettent pas dans leur catalogue des écrits de Dom de Sainte-Marthe.

Dom Piolin a publié en 1888 dans la *Revue de l'Ouest* une fort
intéressante étude sur l'abbé de Rancé et J. B. Thiers. Il y émet
quelques doutes sur la légitimité de l'attribution à Ste-Marthe
des 4 lettres à Rancé et du recueil de quelques pièces. Ste-Marthe,
dit-il, les a désavouées et dès lors il n'est plus permis de les placer
sous son nom. Ceci est en contradiction avec Dom Tassin, qui dit

formellement que Ste-Marthe a *avoué* la paternité de ces écrits contre Rancé, et avec la conduite sévère du chapitre général qui a dépouillé Ste-Marthe de la supériorité pour le punir. Il n'est pas à supposer que le chapitre se fût montré si sévère, s'il n'avait pas eu la preuve positive que ce savant religieux était l'auteur de ces écrits.

[*Vie de Cassiodore*, Paris, 1695 (B. W. et B. M.).

Sur la traduction des lettres de S. Ignace, voir mon article ; *Un travail inédit de Dom Denis de Sainte-Marthe sur les épîtres de S. Ignace d'Antioche (Revue bénéd.*, XVI, 1899, 433-447).

Le ms. fr. 19695 contient « *Histoire abrégée de la paix de l'Eglise* » par Dom Denis de Sainte-Marthe. « Imprimée à Mons, 1698, in-12. » Cette impression n'est pas renseignée dans Rousselle, *Bibliographie montoise*, Mons, 1858 (Voir plus haut t. I, p. 243). * Cet ouvrage est aussi attribué à Pasquier Quesnel (*Catal. des livres imprimés de la Bibl. du Roy*. Théologie, 2e partie, Paris, 1742, p. 112 (n^o D. 1902). *

* C'est à tort qu'on lui a attribué *Réflexions d'un académicien sur la vie de M. Descartes*. La Haye, 1692 ; c'est un ouvrage du P. Antoine Boschet S. J. (Sommervogel, I, 1827, n. 2)

L'ouvrage sur la confession a été reproduit par Migne : *Perpétuité de la foi*. Paris, Migne, 1841, t. IV, col. 715-914.

Oraison funèbre de Mme de Beaumont (A. Boissonnot, *Anne-Berthe de Béthune, abbesse de Beaumont-lez-Tours*. Tours, 1912, 377-396). *

[Le ms. 565 de la Bibl. d'Amiens contient f. 77 : Harangue funèbre en l'honneur du Dauphin, petit-fils de Louis XIV, par le P. de Ste Marthe à Madame la Dauphine ; f. 79 une autre « pour madame de Berry » ; f. 80 une autre « pour Mgr le Dauphin âgé de 6 ans » ;

f. 81 autre « pour le duc d'Alençon » ;

f. 81^v « Réponse au compliment de M. de Castrie, premier aumônier de Madame de Berry, par le R. P. de Sainte-Marthe, grand-prieur de St-Denis » (*Cat. gén. mss. Dép.*, XIX, 332).

Lettre imprimée, in-8°, relative au second volume du *Gallia christiana*, 5 déc. 1721 (Coll. de Picardie, vol. 225, f. 123 ; Lauer, II, 160).

Il a été publié de nombreuses études pour rectifier et compléter le *Gallia christiana*. Il sera facile d'en trouver l'indication dans le Répertoire topo-bibliographique de M. Ul. Chevalier. Sur cet ouvrage, voir V. Fouque, *Du Gallia christiana et de ses auteurs*. Paris, 1857, in-8° ; H. Stein, *Documents relatifs à la nouvelle édition de la Gallia christiana par les frères de Sainte-Marthe (Bibliographe moderne,* 1902, 94-100) ; abbé MOREL, *Le Gallia christiana et les listes épiscopales (Procès-verbaux de la Soc. hist. de Compiègne,* IX, 1900, 69-85) ; H. LECLÉRCQ *(Dict. d'arch. et la liturgie,* VI, col. 290-293, 299-304).]

*Prospectus du *Gallia christ.*, 1706, et pièces concernant la nouvelle édition de cet ouvrage 1710 (Bibl. nat. Paris, ms. fr. 18817, f. 153, 200-204 ; ms. fr. 21739, f. 44).

D. Denis de Sainte-Marthe a été violemment attaqué et dénigré par le P. Laporte, Minime, dans ses « *Dialogues pathologiques sur le nouveau livre intitulé Gallia christiana* par D. Denys de Sainte-Marthe ...entre un abbé, un chevalier et un moine bénédictin » (Bibl. Toulouse, ms 623 ; *Catal. gén. mss. Dép.* 4°, VII, 383-384).

Dans les Notes de Mercier de Saint Léger, p. 453, en marge « Il faut lire dans le t. V de Niceron, p. 89-101, l'article tout entier de Denis de Ste-Marthe, il est curieux et l'on y rapporte un morceau des Aventures de Pomponius sur la personne et les ouvrages de ce moine. Il faut lire aussi l'article étendu que lui donne Dreux du Radier dans sa *Bibl. du Poitou*, t. V, p. 423-428. Il ne paraît pas que D. Tassin l'ait lu quoiqu'imprimé dès 1754. On y parle d'une Tragédie d'Holoferne, p. 487, attribuée par l'auteur de la Bibl. des Théâtres à D. de Ste-Marthe imprimée en 1666.

P. 468 Claude Robert : « Ste-Marthe s'étant avisé de dire au P. Le Cointe que ses Annales ecclés. de France n'étaient que le *Gallia Christ.* retourné, l'oratorien lui répliqua malignement : *experto crede Roberto* pour lui faire entendre que le *Gallia Christ.* était retourné du livre de Claude Robert. Cet *Experto crede Roberto* devenu proverbial est l'hémistiche d'un vers du poème macaronique d'Antonius Arena, intitulé *de guerra Romana*, où il se trouve f. 23, éd. de Paris, 1586, in-16 : in causis istis experto crede Roberto ».*

[Sur sa controverse avec l'abbé de Rancé et l'affaire des Quatre lettres, voir H. DIDIO, *La querelle de Mabillon et l'abbé de Rancé*. Lille, 1892, 292-355.

Correspondances dans les mss. fr. 12804, 17681, 19663 de la Bibl. nat. de Paris ; Collection de Bourgogne, ms. 92 (LAUER, *Coll. mss.*, I, 48) ; Lettre au président de Thomassin Mazaugues, ms. 1292 d'Aix *(Cat. gén. mss. Dép.*, XL, 64) ; ms. Vatican 7923, f. 439 ; à la Bibl. d'Amiens mss. 880, n° 82 ; 893, n° 44. *(Cat. gén. mss. Dép.*, XIX, 371, 391) ; à la Bibl. d'Orléans (*ib.*, XII, 331).

Correspondance avec Fontanini (Bibl. Saint-Marc à Venise, L. XI).

* Lettre à S. Em... Bourbon l'Archambault, 21 sept. 1717 *(Catal.*

of the Collection of the autograph letters by A. Morrison. VI, 1892, p. 8).

Lettre au card. de Bouillon, St-Germain-des-Prés, 9 juin 1709 *(Inventaire des autographes composant la collection B. Fillon*. 1878, 4°, n° 694, 6e sér., p. 16).

Lettre au duc d'Albret, grand chambellan de France, St-Denis, 6 sept. 1718 (Autographes, Collection Emmery, 1830, n. 754).*

[Lettre au card. Gualterio, après son élection à la présidence de la cong. de St-Maur, 29 oct. 1720 *(Revue bénéd*., XXIV, 1907, 417-418).

Lettre à lui adressée de Rome le 28 juillet 1699, éditée par Ku-kula *(Studien*, 1896, p. 656-659).

Lettre du 20 avril 1706 du card. Paolucci ; ms. lat. 11662, f. 131 ; 11666, f. 91 (Kukula, III, 2, p. 31).] * Cette lettre a été imprimée in-fol. (Bibl. nat. Paris, L. n. 27, n. 18350). *

Sur son acceptation de la Bulle *Unigenitus* (Ms. Vatic. lat. 7923, f. 439). — Circulaire sur sa mort, de D. Castel (Archives nat. Paris, L. 753, n. 12 ; *Cat. mss. Archiv. nat.*, n. 1508, et plus haut t I, p. 101).]

Albanès, *Gallia Christ. novissima*, I, p. IX-XV ; Beauchet-Filleau, *Dict. hist. et généal. des familles de l'ancien Poitou*. II, 1852, 665 ; Beaunier, *Introd.*, 108 ; Bertrand, *Henri de Béthune*, I, 44 ; Dantier, *Rapport*, 501-502 ; de Broglie, *Mabillon*, II, 152-154, 279-280 et *Montfaucon*, I, 17-19 ; de la Borderie, *Corresp. bretons*, 158-159 ; P. de Longuemare, *Les Sainte-Marthe*. Paris, Picard. 1902, 215-232 ; Dreux-Duradier. *Hist. litt.*, II, 435-441 ; Dreux-Duradier, *Bibl. hist.*, 423-438 ; Dupin, *XVIIe s.*, 5e part., 122-223 ; Endres, *Emmeramer*, 71-72 ; François, III. 7-24 ; Frank-lin, I. 112. 125 ; II. 362 ; *Gallia christ.*, IV. praef., I-IV ; VII, 488 ; Hauréau, *Hist. litt. Maine*, VIII, 32-39 ; Hoefer, XLIII, 154-155 ; Hurter, *Nomenclator*, II, 1107-1111 ; *Kirchenlexikon*, X. 1543-1545 ; Lama, 348-360, 457 ; Le Cerf, 458-465 ; Le Cerf, *H. C.*, 46-50, 59-60, 63, 70-84 ; Le Long, V, 706 ; *Mém. de Trévoux*, juill. 1730, 1296 ; nov. 1742, 1942 ; janv. 1743, 38 ; déc. 1743, 2158 ; Michaud, XXXVII, 293-294 ; Niceron. V. 89-101 ; Pélissier, *Documents inédits*, VIII, 55 ; Perreau. 2-3. 4. 6-8, 14-18, 21. 22. 24-26, 28, 32-39 ; Pez, 337-342 ; Quérard, VIII, 390 ; Quirini, *Comment. de rebus pertin. ad Angel. Quirini*. Pars I, 147-148 ; Sommervogel, IV. col. 1484-1486, art. Langlois ; Tassin, 302. 303. 305. 323. 445-469. 480. 546. 549. 550. 580. 581, 626. 647. 695 ; Tassin, *G. G.*, I, 468. 470. 473. 502 ; II, 75-112, 129, 231. 236. 238, 284, 286. 358. 391. 467 ; Valenti. 190-198. Valery, III, 434 ; Vanel, *Nécrologe*, 141-146 ; Ver-nière. 497 ; Vigneul, I,86 ; Ziegelbauer, III. 451-455 ; IV, passim.

SALAZAR (Alexis).

Ajouter à la courte notice que D. Tassin consacre à ce bénédictin à la page 679 *: son *Hist. litt.* les détails que l'on trouve sur ses recherches et travaux dans la correspondance échangée entre Dom Villevieille et Moreau publiée en appendice de la notice de D. Villevieille par Henri et Alphonse Passier en tête de son *Trésor généalogique* [I. pp. IV-VI, XVIII-XX, XXIV-XXX].

[Né à Bourg-en-Bresse, profès à Vendôme le 22 mai 1723, décédé à St-Bénigne de Dijon le 19 octobre 1766. Le nom s'écrit aussi Salazard.

Recueil de documents classés par D. Salazar (Coll. de Bourgogne, 21, 23-26, 29, 30, 40-43, 51-59, 71-72 ; LAUER, I, 11, 12, 14, 16, 18-19, 22).]

*Lettre de D. A. S., continuateur de l'histoire de Bourgogne, à Dom Précieux, continuateur du « Recueil des Historiens des Gaules », Dijon, 15 déc. 1762 (Bibl. nat. Paris, ms. fr. 12804, f. 288 ; publ. par ERN. PETIT, *La Collection de Bourgogne à la Bibl. nat.* (Extr. du t. V. N. S. des *Mém. de l'Académie de Dijon*), pp. 10-11, avec facsimilé phototypique. *

CHARMES. I. 54, 119 ; FRANÇOIS, III, 29 ; LAMA, 505 ; TASSIN, 679 ; TASSIN, G. G., II. 440.

SALLAIS (Martin).

*Né à Angers, profès à Marmoutier, âgé de 20 ans, le 24 juillet 1706, décédé prieur à St-Martin de Pontoise le 21 octobre 1760 (*Hist. de l'abbaye de St-Martin de Pontoise* par D. Rob. Racine, 1769 ; Bibl. Mazarine ms. 3368, p. 454-511).

SALLE (Nicolas de la).

D. Nicolas de la Salle, lorsqu'il fut prieur de Flavigny, composa encore une histoire de ce monastère et de Ste Reine d'Alise, restée inédite et connue sous le nom de manuscrit de Flavigny ; voy. la page 48 de l'*Hist. de Ste Reine d'Alise et de l'abbaye de Flavigny* par Dom Ansart, qui cite souvent ce manuscrit parmi ses sources. Voy. aussi l'*Histoire du culte et pèlerinage de Ste Reine d'Alise* par Dom Ant. Guyard, p. 94. En parlant du manuscrit de Dom de la Salle, il dit que ce religieux devint prieur de Flavigny en 1669.

Ce texte reproduit une partie de la notice déjà donnée, t. I. p. 331-332. *Cat. mss. arch. Dép.*, 64 ; ROBERT, 89.

SALOMON.

* On lit dans un dossier de la Bastille (Bibl. Arsenal, arch. Bastille, n° 10173) : « Le Père Beaunier, bénédictin, écrit de l'abbaye de Fontgombault le 22 janvier 1729, qu'il a sceu que le P. Salomon, bénédictin de la congrégation de St-Maur, qui est, dit-on, retiré et caché en quelqu'endroit du Berry, doit faire incessamment paraître son grand ouvrage contre la Constitution, fort vanté par avance des gens du party qui sont en grand nombre et authorisez, en cette contrée ; on dit que l'auteur estoit à Poitiers, il y a quelques mois. » *

Lettres de Jean Soanen, II, 567.

SAMUEL (Robert).

Il faut peut-être restituer au chanoine Brillon de Chartres les nombreuses recherches attribuées à Dom Samuel, qui n'aurait alors été qu'un intermédiaire pour les faire parvenir aux auteurs du *Gallia christiana*. Brillon a écrit en effet le 16 mars 1716 à Dom Jean Gelu, qu'il a remis à Dom Samuel de S. Père ses mémoires pour le *Gallia christiana*. Cependant la supposition paraît hasardée, car dom Liron, dans le supplément ms. de sa *Bibl. Chartraine*, parle expressément des recherches personnelles de Dom Samuel sur Chartres, l'abbaye de Saint-Père, les évêques de Chartres et l'abbaye de Josaphat. Dom Liron devait le savoir, car Dom Samuel était son confrère et Brillon était l'ami et le correspondant de Dom Liron.

Dict. d'archéol. sacrée, V, col. 1033, n. 5 ; E. LEBLANT, *Inscript. chrét. de la Gaule*, I, 1856, p. 305 n. 3 ; OURSEL, II, 464 ; ROBERT, 89.

SANADON (Barthélemy-J.-B.).

Né à Beaumesnil, dioc. d'Évreux, profès à l'âge de 20 ans à St-Martin de Séez, le 31 octobre 1748 (*Matricule*), professeur de rhétorique au Collège de Pau, fut nommé évêque constitutionnel des Basses-Pyrénées en 1791, député à la Convention nationale, mourut à Ste-Marie d'Oloron le 9 février 1796. — *Mandement de M. l'évêque de Lescar au sujet de l'élection de Frère Jean-B. Sanadon, bénédictin de la Congr. de St-Maur, au prétendu évêché du Dép. des Basses-Pyrénées.* 39 pp. 8. (Bibl. Wilhelm à Colmar).]

* Il avait été principal du Collège de Pau (v. abbé V. DUBARAT, *Fourniture de vivres pour la maison de Jeanne d'Albret*, 1564, *et Documents inédits sur l'évêque constitutionnel des Basses-Pyrénées D. Sanadon*, 1790-1796. Paris, 1906, 8°, 63 pp. (Extr. de la *Revue du Béarn et du Pays basque*); VINSON, *Pièces histor. de la Période révolutionnaire* en français et en basque, 3e fasc. Bayonne, 1887 ; abbé LÉGÉ, *Les diocèses d'Aire et de Dax ou le Dép. des Landes sous la Révolution française*. Aire-sur-l'Adour, 1875, t. I, pp. 103, 239, 254 ; abbé J. B. LABORDE, *La Congrégation des bourgeois et artisans de la ville de Pau 1693-1910*. Paris, 1911, 8° (Extr. de la *Revue hist. du Béarn et du Pays basque*, 1910-1911). L'auteur reproduit, pp. 525-544, un Discours sur le patriotisme prononcé par D. Sanadon dans la chapelle de la congrégation le 24 juin 1790, et imprimé à Pau 1790, 8°, 39 pp.

Deux lettres de D. Sanadon, principal du Collège de Pau, au duc de Grammont, Pau 21 mars 1785 et 22 mai 1787 (JOS. DELFOUR, *Hist. du Lycée de Pau*. Pau, 1890, 8°, p. 232-235).

OURSEL, II, 465 ; PISANI, *Répert. biograph. de l'Episcopat constitutionnel 1791-1802*. Paris, 1902, p. 382-385 ; QUÉRARD, VIII, 435 ; ROBERT, COUGNY, *Dict. des Parlementaires*, V, 265.

SAPORTA (Paul).

Né à Toulouse, profès à La Daurade, âgé de 25 ans, le 28 juillet 1656, décédé à Mas-Grenier le 10 mai 1708 *(Matricule)*.

[Lettre à D. Cl. Boistard, supérieur général, écrite de La Réole, 1er août 1690 (Collection Baluze 354, f. 62 ; *Catal.*, 401).

SARAZIN (J.-B.).

BEAUNIER, *Introduction*, 113 ; FRANÇOIS, III, 36-37 ; LE CERF, *H. C.*, 275-279, 286-290 ; PERREAU, 141 ; TASSIN, 537, 753-754 ; TASSIN, G. G., II, 216, 559-561.

SAULNIER. (1)

(1) La Matricule indique 1) un Julien Saulnier né à Paimpont, dioc. de St-Malo, profès à St-Melaine à 22 ans le 22 octobre 1651, décédé à St-Gildas de Rhuys le 8 mai 1666 ; 2) Alain S., né à Paimpont, profès à S-Melaine à 21 ans le 20 juillet 1653, décédé à La Trinité de Beaulieu le 3 octobre 1677 ; 3) Nicolas, né à Bourges, profès à Vendôme, âgé de 21 ans, le 31 octobre 1682 ; 4) François, né à Mordelle, dioc. de Rennes, profès à 21 ans à St-Melaine, le 10 oct. 1684 ; aucun renseignement sur le décès des deux derniers.

*La vie de Saint Basle, hermite, suivie de l'histoire abrégée du monastère de son nom... par D**** (= D. Saulnier), ancien procureur de l'abbaye de St-Basle. s. l. (Reims), 1777, in-18, 76 pp. *

Dr MAILLIART, *Hist. de l'abbaye de S. Basle.* Châlons-sur-Marne, 1870, 8º ; E. QUEUTELOT, *St-Basle et le monastère de Verzy.* Reims, 1892, 8º, p. 7.

SAURET (Pierre).

* Né à St-Flour, profès à l'âge de 23 ans à La Daurade de Toulouse le 22 novembre 1655, décédé à Montolieu le 15 mai 1686 (*Matricule*). *

D'ACHERY, *Spicilegium*, XIII, 1677, p. XIV ; PEZ. 35.

SAVY (Antoine).

* Né à Aly, dioc. de Clermont, profès à St-Augustin de Limoges, âgé de 27 ans, le 20 juin 1644, décédé à St-Michel-en-l'Herm le 17 nov. 1677.

Lettre à Mabillon sur les reliques de S. Léger et de S. Maixent conservées dans l'abbaye de St-Maixent en Poitou (Bibl. nat. Paris, ms. lat. 12779, f. 434; publ. par D. PITRA. *Histoire de St-Léger.* Paris, 1846, p. 427-438 sous le nom de Pavy. *

SEBELON (Alexis).

Moine bénédictin à St-Benoît-sur-Loire en 1759, était un des correspondants travailleurs employés par les auteurs de l'*Hist. litt. de la France* pour les recherches dans les bibliothèques de leurs monastères. Il y a une lettre de Dom Sebelon, relative à *Asbaldus*, auteur du Traité des sept dons du St-Esprit, pp. 122-123 des *Documents inédits concernant l'Hist. litt. de la France*. L'original de cette lettre se trouve au fol. 292 du ms. fr. 12804 de la Bibl. nat.

Les prénoms de D. Sebelon étaient Pierre-Alexis ; il a fait profession le 8 avril 1722 et est mort au monastère de St-Benoit ou Fleury-sur-Loire le 7 décembre 1784. Voir ma Matricule ms. sur l'année 1722. Elle ne donne ici que le mois et l'année de profession et la date du décès. Il y a probablement une faute de lecture dans le mot *Asbaldus*, et il faudrait lire Arnaldus (Arnaud de Bonneval qui a fait un traité des sept dons du Saint-Esprit).

* Né à Périgny, dioc. de Besançon, profès à Vendôme, à l'âge de 19 ans, le 8 avril 1722. *

Revue Mabillon. II, 261 ; ROBERT, *Documents*, 122-125.

SEGUIN (Gatien).

ROBERT, 89-90.

SEGUIN (Joseph).

* Né à Tours, profès à St-Melaine de Rennes le 30 juillet 1633, âgé de 20 ans, décédé à Dijon le 4 oct. 1682.

Chronique de l'abbaye de Marmoutier de 1634 à 1651 ; il y fut prieur de 1645 à 1651 (Bibl. Tours, ms. 1387, f. 272-289 ; *Cat. gén. mss. Dép.*, XXXVII, 940).

Trois lettres à D. Luc d'Achery (Bibl. nat. Paris, f. fr. 17689, f. 105-108). *

[Lettre écrite pendant son priorat à St-Bénigne de Dijon (Mélanges Colbert I, 96, n° 102, f. 33).]

MARTÈNE, *Marmoutier*, 510-513.

SENSARIC (Jean-Bernard).

Les *Sermons* de D. Sensaric ont été publiés par D. Ansart.

* Ils ont été reproduits par MIGNE, *Collection... des orateurs sacrés*, t. LI ; de même *Oraisons funèbres*, prononcées par P. R. Le Prévost (édit. D. Sensaric), ib., t. XLVI. *

[*L'art de peindre à l'esprit.* Paris, 1768, 3 vol. 8° (catal. Chamonal 1912).] Paris, 1783, 3 vol. 8°, dédié au duc de Bourgogne par A. M. Lottin, revu par M. de Wailly (B. M.)

Année littér. mai 1771 ; BERNARD, *Le sermon au XVIIIe S.*, Paris, 1901, 119, 189-191 ; J. CANDEL, *Les prédicateurs français dans la première moitié du XVIIIe s.* Paris, 1904, 239-244 ; FRANÇOIS, III, 34-35 ; *Journal ecclés.*, avril 1771 ; LAMA, 533-534 ; *Mémoires de Trévoux*, janv. 1750, p. 197 ; juill. 1771, p. 125 ; MICHAUD, XXXIX, 81 ; QUÉRARD, IX, 63 ; ROBERT, 90 ; TASSIN, 729-730 ; TASSIN, G. G., II, 522-523 ; VANEL, *Nécrologe*, 242-243, 358.

SEROUX (Louis).

FRANÇOIS, III, 154 ; LAMA, 149 ; LE CERF, 467 ; PEZ, 93-94 ; TASSIN, 189 ; TASSIN G. G. I, 288-289 ; VALÉRY, I, 339.

SERPE (Sébastien).

[Né à Beauvais, profès à St-Remi de Reims, à 19 ans, le 1er février 1665 (*Matric.*), professeur de théologie à St-Denis en 1680 (VANEL, *Nécrologe*, 148), prieur à St-Nicaise de Reims (1683, 1685), décédé à St-Corneille de Compiègne le 5 septembre 1694 (GIVELET, 311).

ED. AUBERT, *Lettre de Dom Serpe* relative à la fonte des reliquaires et ornements des églises du diocèse de Reims en 1690 (*Bull. Soc. Antiq. France*, 1868, p. 62)]

* Lettre de D. S. S. datée de St-Remy (Reims), 25 avril 1688 (Bibl. nat. Paris, ms. lat. 11777, f. 182-183). *

LE CERF, *H. C.*, 136, 322.

SIMONNEAU (Etienne).

[Né à Saumur, dioc. d'Angers, profès à St-Augustin de Limoges, âgé de 20 ans, le 29 août 1642, décédé à Vendôme le 11 juillet 1679.

Il a recueilli les choses notables de l'abbaye de Flavigny de 1675 à 1678 (GRIGNARD dans *Mém. Soc. Eduenne*, N. S. XIV, 1885, p. 36).]

SOLOMÉ (Joseph).

*Né à Moustiers, dioc. de Riez, profès à N.-D. de la Daurade à Toulouse, âgé de 20 ans, le 5 janvier 1686, décédé à St-André d'Avignon le 2 mai 1737 (*Matricule*).

Bibliographe moderne, 1909, p. 138-142 ; GIGAS, II, 95. 99 ; LAUER, *Collections*, I, 241 ; LE CERF, *H. C.*, 174, 177 ; PERREAU, 60-66, 67, 107, 108, 114, 120.

SOLON (Charles-J. B.)

Un D. J. B. Solon, prieur de St-Nicolas-au-Bois, reçut en 1786 un certificat de franc-maçon (Coll. de Picardie, vol. 291, n. 84 ; LAUER, II, 229). Il y est appelé prieur de St-Nicolas-au-Bois, charge à laquelle il fut désigné lors du chapitre général de 1783. Le Nécrologe de St-Germain-des-Prés dit qu'il fut déchargé du priorat des Blancs-Manteaux en 1788 pour devenir assistant du général.

Cependant la majorité du chapitre de 1788 avait fait opposition
à sa nomination comme prieur des Blancs-Manteaux.

Robert, 90 ; Vanel, *Nécrologe*, 287-288.

SORT (Joseph).

Né à St-Sever-Cap-de Gascogne, fit profession à 19 ans à La
Daurade de Toulouse le 27 avril 1670, mourut à La Réole le 11
novembre 1723 (*Matricule*). Il avait composé l'histoire du Prieuré
de St-Pierre de La Réole, ms. dont P. Maupel s'est servi pour son
abrégé chronologique de ce monastère (Voy. *Les prieurs claustraux
de Ste-Croix de Bordeaux et de S. Pierre de la Réole*, par Ant. de
Lantenay (l'abbé Bertrand), pages 8, 172, 175 et la notice Dom
Maupel, page 73 supra [t. II, p. 80].

  * *Annales Gellonenses* seu monasterii S. Guillelmi de Desertis
O. S. B. cong. S. Mauri, colligebat D. Joseph Sort, prior S. Guillelmi
et S. Martini de Mauriaco, anno 1705, in-4° de XIX-456 pp. (Arch.
dép. de l'Hérault), v. Léon Vinas, *Visite rétrospective à St-Guilhem
du Désert, monographie de Gellone*. Paris, 1875, p. XII-XVI ; Paul
Alaus, *Étude sur le cartul. de Gellone*. Position des thèses... École
des chartes. Paris, 1885, p. 5 ; Em. Bonnet, *Bibliographie du dioc.
de Montpellier* (*Mélanges... Mgr de Cabrières*. Paris, 1899, t. III,
p. 414). *

A. de Lantenay, *Ste-Croix*, 172-173 ; Prou et Vidier, *Recueil des
chartes de St-Benoît-sur-Loire*, I. p. LXVIII.

SOULAIRE (Pierre-Thomas).

Je ne sais rien de ce bénédictin, sinon qu'il a été associé par Dom
Bourotte à ses travaux sur l'histoire du Languedoc et qu'il y
montra autant de zèle et d'activité que d'intelligence. Voy. les
pages 49-50 de l'Introduction générale à l'Histoire du Languedoc
par les Bénédictins De Vic et Vaissette par Thomas, archiviste
de l'Hérault. Montpellier, 1853, in-4.

Ce bénédictin est vraisemblablement celui qui figure dans ma
matricule ms. sous les noms de Soulaire (Pierre-Thomas), natif
de Paris [30 septembre 1749] ; il fit profession, à l'âge de 21 ans, à
à St-Faron de Meaux le 19 mars 1771.

Après la mort de Dom Bourotte en 1784, une délibération des
États de Languedoc du 30 déc. 1784 le chargea de continuer avec

D. Malherbe les travaux de D. Bourotte. Dom Soulaire vivait en-
core en 1792, car il présenta en janvier de cette année avec D.
Malherbe une pétition à l'Assemblée nationale. Voy. l'Introd. de
Dulaurier à la nouvelle édition de l'*Hist. du Languedcc*, p. 165.

[En 1792, lors de la suppression de l'abbaye de St-Germain-des-
Prés, il déclara qu'il sortait de la Congrégation (VANEL, *Nécrologe*, 377).]

* Soulaire est mort à l'ile de St-Domingue (DULAURIER, *Hist. de
Languedoc*, nouv. éd., t. I, 1872, Introd. p. 79*-82*).

Canevas des Annales de Languedoc sous le règne de Louis XIV,
tracé par D. Soulaire (*ib.*, Pièces justificatives, 2ᵉ sér., n. 22, p. 153*-
156*). Pétition de DD. Soulaire et Malherbe à l'Assemblée nationale
(*ib.*, n. 27, p. 165)*.

Lettre de D. S. datée de St-Germain-des-Prés 29 août 1785
(Bibl. nat. Paris, n. a. fr. ms. 817 ; Dossiers de Mercier de St-Léger
IX, f. 73).

La Convention nationale, séance du 18 fructidor an III
accorda 1500 livres au citoyen Soulaire, auteur de l'Histoire de
Languedoc (Réimpression du *Moniteur*, Paris, 1854, t. XXV,
p. 670). *

DELISLE, *Cabinet*, II, 71 ; *Revue Mabillon*, XVIII, 1928, p. 303-304.

SOUYN (Olivier-Gabriel).

* Né à Vendôme, dioc. Chartres, profès à St-Faron de Meaux le
14 mai 1638, âgé de 23 ans, décédé à St-Julien de Tours le 21 juillet
1685 (*Matricule*).

Étant prieur de l'abbaye de St-Germain d'Auxerre, il prononça
l'oraison funèbre de Mgr Dominique Séguier, évêque d'Auxerre
de 1631 à 1637, ensuite évêque de Meaux, décédé à Paris le 16 mai
1659, au service célébré par les chanoines d'Auxerre en juin 1659
(LEBEUF, *Mémoires concernant l'hist. civile et eccl.*, nouv. éd., II,
1851, p. 241). *

[Professeur de théologie à St-Quentin en l'Ile, 1652, dicta : *Tractatus de summa et adoranda Trinitate* ; Bibl. de St-Quentin, ms. 47
(*Cat. gén. mss. Dép.*, III, 233.)]

D. AUDEBERT, *Mémoires*, 190.

STAMPLE (François).

* Né à Orléans, profès à Fleury le 24 janvier 1626, à l'âge de 59 ans, décédé à Vendôme le 21 juin 1631.

Il avait été supérieur de la Société de Bretagne, qu'il unit à la Cong. de Saint-Maur (v. D. ANGER, *Société des Bénédictins réformés de Bretagne*, dans *Mém. de la Soc. archéol. d'Ille-et-Vilaine*, XLV, 1ʳᵉ partie, Rennes, 1915). *

Catal. mss. Arch. nat., 255 ; MARTÈNE, *Marmoutier*, 414-441, 458-460 ; MARTÈNE, *Vie des Justes*, I, 25-28.

STORNAT (J.-B.-Anastase).

* Né à Paris, profès à Bourgueil à l'âge de 18 ans le 25 août 1723, décédé à Sᵗ-Valery le 15 mars 1762. *

LE CERF, *H. C.*, 156-159 ; *Revue bénéd.*, XXVI, 1909, p. 329.

SURGET (Pierre).

[Né à Dijon, dioc. Langres, profès à Vendôme, à l'âge de 19 ans, le 23 déc. 1702, décédé le 24 janvier 1768 à Sᵗ-Bénigne de Dijon (*Matricule*, incomplète sous le nº 4604).]

* Lettre de D. P. S., prieur de l'abbaye de Flavigny au R. P. Suysken, bollandiste à Anvers, Flavigny 11 déc. 1747, reproduite en partie par FR. GRIGNARD, *L'abbaye de Flavigny, ses historiens et ses histoires*. Autun, 1885, 53-54). *

SUSLEAUE (Paul).

[Né à Grandvillers, dioc. Amiens, profès à Sᵗ-Faron de Meaux à l'âge de 20 ans le 25 septembre 1704, mort à Sᵗ-Riquier le 7 novembre 1757 (*Matricule*).

Lettre à D. Bernard de Montfaucon antérieure à 1715 (*Revue bénéd.*, XXVIII, 1911, p. 49-52).

* V. Bibl. Arsenal, Archives de la Bastille B. 11209. *

HAURÉAU, *Hist. litt.*, VIII, 59 ; LE CERF, *H. C.*, 58, 237, 312, 313, 328.

SUTAINE (Philippe-Joseph).

[Né à Reims, a fait profession âgé de 19 ans à Sᵗ-Faron de Meaux le 14 novembre 1747 et est mort dans sa famille à Reims à l'âge de 72 ans le 8 juin 1800 (NOEL, 208).

On a de lui un manuscrit, petit in-fol. de 284 pages, conservé à la Bibl. de Reims et intitulé : « *Livre des évènements mémorables arrivés dans l'église et archi-monastère de S. Remi de Reims depuis le 1 jour de janvier 1756 jusqu'au mois de septembre 1792 par Dom Philippe Sutaine, religieux bénédictin et trésorier de cette abbaye* ». (Bibl. Reims, ms. 1831 ; *Cat. gén. mss. Dép.*, XXXIX, 926-927).M. Jadart en a détaché quelques pages qu'il a publiées à Reims en 1891 sous le titre de : *Les derniers jours de l'abbaye de S. Remi de Reims* (1790-1792), relation de Dom Sutaine, trésorier de l'abbaye (*Cat. gén. mss. Départ.*, XXXVIII, 409).

Autre ms. : *Ordinaire du sacristain de l'abbaye de St-Remy de Reims*, ff. 75-135. (Bibl. Reims, ms. 339 ; *Catal.*, 408-410).]

E. BOUCHEZ, *Le Clergé du pays rémois pendant la Révolution*. Reims, 1913, 459.

T

TACHON (Christophe).

D. Tassin ne connaissait pas tous les ouvrages de D. Tachon, ainsi qu'il le dit à la page 148 à propos d'un petit ouvrage sur la pénitence « qui n'est pas tombé entre nos mains », ajoute-t-il.

On a encore de Dom Tachon : *Vie de Marguerite de Mesples première directrice des filles orphelines de la ville de Saint-Paul*, par Dom C. T. (Christophe Tachon), Bénédictin de la congrégation de St-Maur. Toulouse, 1691, in-12 (Voy. BARBIER, *Dict. des anonymes*, IV, 997) de l'édition de 1878. A l'époque où Dom Tachon donna cet ouvrage, il était probablement prieur de l'abbaye de Mas-Grenier, située dans le diocèse de Toulouse et où il mourut en 1693.

[*Le miroir des prédicateurs où l'on void la sainteté et les devoirs du prédicateur évangélique*. Toulouse, Pech, 1684, in-12, éd. orig. (B. W.)

Réimprimé en 1685 sous le titre de : *De la sainteté et des devoirs du prédicateur évangélique*. Paris, Coignard,1685, in-12 (par D. Claude Martin), BW ; BM.]

Dans une lettre du 5 février 1686 à D. Erasme Gattola, du Mont-Cassin, D. Michel Germain annonce l'envoi de livres « quorum duo gallice *des Devoirs des prédicateurs* et *L'histoire du St. Suaire de Compiègne*, a duobus e nostris editi » *(Riv. stor. benedett.,* VIII, 1913, 46 ; A. ETTINGER, 19). Il en est encore question dans une lettre du 29 fév. suivant (*ib.,* VIII, 48; ETTINGER, 21). Ce second ouvrage est celui de D. Langelé (1682) ; le premier est celui de D. Tachon.]

* D. Tassin dit qu'un petit ouvrage de D. Tachon sur la Pénitence n'était pas tombé dans ses mains. C'est probablement le suivant : *La conduite des confesseurs dans le sacrement de Pénitence.* A Tolose, chez Dominique Desclassans, 1690, in-16. *

DAUX, *Mas-Grenier,* 67-68 ; FRANÇOIS, III, 89 ; LAMA, 114-115 ; LE CERF, 468-469 ; LELONG, I, 4808 ; MARTÈNE, *Vie des Justes,* II, 126-127 ; PEZ, 70-71 ; TASSIN, 148 ; TASSIN, *G. G.,* I, 225-226.

TAILLANDIER (Charles).

Dom Tassin parle de la collaboration de D. Tailllandier à l'*Hist. général. de la maison de Rohan* par D. Morice (*Hist. litt.,* p. 680-683). Voy. sur le sort de ce ms. la note sur Dom Morice à la page 75 ci-dessus [t. II, p. 121]. Dans les mêmes papiers qui contiennent l'Histoire de la maison de Rohan, se trouve le récit incomplet du Voyage littéraire de D. Taillandier en Bretagne pour de nouvelles recherches relatives à cette histoire. Dom Plaine, de l'abbaye de Ligugé, a publié cette relation inédite dans la *Revue de Bretagne et de Vendée* 1872, [XXXII], il y a quelques années, à la suite de sa notice sur l'Hist. général. de la maison de Rohan. Cette relation, dans le tirage à part que je possède, commence à la page 13 et finit à la page 44 avec le commencement du récit de ses recherches sur le Mont-St-Michel. La suite du ms. qui est perdu devait comprendre Caen, le Bec, Fécamp et se terminer par l'abbaye de Savigny.

Voir à propos du projet de l'Histoire de Champagne et de Brie de Dom Taillandier la note sur Dom Baussonnet [t. I, p. 30-31]. Dom Charles Taillandier est mort en 1786 ; il était abbé régulier in partibus, quand D. Tassin publia son *Hist. litt.*

Talandier (Dom). D'après Barbier, I, col. 45, *l'Abrégé historique de la vie de St Maur,* sans lieu d'impression, 1750, in-4°, 19 pages. serait de Dom Talandier (sic), suivant une note ms. sur l'exemplaire de la Bibl. nat. Ne serait-ce pas Dom Taillandier (Charles) qu'il faut lire ? D. Tassin nous apprend en effet, à la page 682, que ce bénédictin s'était occupé de S. Maur, dont il publia in-12 en 1749, sous forme de lettre, l'histoire des diverses translations. *L'Hist. litt.* ne mentionne aucun D. Talandier.

Par bulles du 22 février 1765, il fut nommé abbé de Ste-Croix en Irlande, fut autorisé le 27 mars suivant par le supérieur général de St-Maur à vivre sous l'ancienne observance, et béni à Argenteuil en mai, après le 17, avec l'autorisation de l'archevêque de Paris et en présence de D. Delrue *(Faits et cause,* 34; *Question de droit public,* 68-70) ; voir plus haut la notice sur D. Poirier, p. 155-156.

Dans son exemplaire de l'*Abrégé historique de la vie de Saint Maur et des différentes translations des reliques de ce saint, déposées en l'abbaye de Saint-Germain-des-Prés le* 30 *d'Août* 1750. MDCCL, 19 pp. 4° (Bibl. Colmar), M. Wilhelm a inséré la note suivante : « Réimpression de la lettre in-12 imprimée en 1749 faite après la translation de 1750. C'est donc par erreur que D. Tassin, parlant de la lettre in-12, ajoute que D. Taillandier y parle de la dernière translation de 1750 ».

Après la mort de D. Rivet, D. Taillandier fut chargé de continuer l'*Hist. litt.* (ROBERT, *Documents,* 92-193 : nombreuses lettres adressées à D. T. chargé de diriger cette continuation : D. Duclou 1, D. Gérou 3, D. Colomb 6, D. Poncet 11.

Collaboration à l'Histoire de Champagne (H. D'ARBOIS DE JU-BAINVILLE, *Histoire des ducs et des comtes de Champagne.* Paris, 1859, p. X-XII ; MAUR. LECOMTE dans *Revue Mabillon,* XVIII 1928, p. 112-117).

A propos de la *Diplomatique,* D. Tassin déclare le 3 nov. 1757 que D. Taillandier « n'y a pas mis la main, quoiqu'il soit très capable de mieux faire » *(Etudes S. J.,* CXVIII, 1909, p. 383).

Projet d'une Histoire générale de Champagne et de Brie. Reims, 1738, 4° (Bibl. nat. Paris, F. F. 17007, f. 174).

Lettres à D. Taillandier (Bibl. nat., Coll. de Champagne 143 ; LAUER, I, 105).

Lettres adressée à Varsavaux relatives aux recherches dans le chartrier de Blain 1754-1757 (Bibl. de Nantes, ms. 1294 ; *Cat. gén. mss. Dép.,* XXII, 176-177).

Documents et lettres relatives à l'histoire de la maison de Rohan, mss. 1876, 1877, 1882 (*ib.,* 274-275)].

*Copie de la correspondance relative à l'Histoire de Bretagne, copie de plusieurs lettres de D. Taillandier (*ib.,* ms. 2166 ; *Catal.,* XXII, 308).

Lettre autographe aux États de Bretagne, 25 nov. 1750, relative
à la continuation de cette Histoire (pièce n° 5 du Recueil factice
de pièces relatives à l'Histoire de Bretagne ; Bibl. Rennes ms. 321
(182) (*Cat. gén. mss. Dép.*, XXIV, 158). *

[Lettre de D. Laneau proposant D. Taillandier comme continuateur de D. Morice, 31 oct. 1750 (Bibl. de Rennes, ms. 321 ; *Cat.
gén. mss. Dép.*, XXIV, 158).

Lettre à la Bibl. de Laon (*ib.*, XLI, 433).

Lettres publiées par Truelle-Saint-Evron : *Lettres inédites de
Grosley et de quelques-uns de ses amis (Collect. de documents inédits
relatifs à la ville de Troyes et à la Champagne*, I, 1878 ; — v. Morice].

DE CARDEVAQUE, *Dict. biogr. du Pas-de-Calais*, 488-489 ; FRANÇOIS,
II, 488 ; III, 89-90 ; HOEFER, XLIV, 778-779 ; LAMA, 622-623 ;
LEBEUF, *Lettres*, II, 424, 533, 568 ; MICHAUD, XL, 575 ; QUÉRARD,
IX, 320 ; *Revue Mabillon*, II, 1906, p. 218-219, 264-265 ; TASSIN,
512, 658, 667, 680, 682-683, 718 ; TASSIN, G. G., II, 174, 407, 420,
442, 446, 447, 505.

TAILHANDIER (Robert).

[Né à Clermont-Ferrand, profès âgé de 19 ans à Saint-Augustin
de Limoges le 27 novembre 1645, décédé à St-Jean d'Angely le
21 janvier 1687.

Lettres écrites de Chezal-Benoît les 1er et 10 avril 1671 (Bibl.
nat. Paris, ms. lat. 11645, ff. 148-150 ; KUKULA, *Mauriner Ausg.*,
III, p. 24).]

TARDIF (Jérôme).

* Né à Rouen, profès à Vendôme le 30 juillet 1667, âgé de 27 ans,
décédé le 27 juin 1712 à l'abbaye de St-Ouen de Rouen. *

[Autographe à la Bibl. d'Orléans (*Cat. mss. Dép.*, XII, 332).]

TARRISSE (Grégoire).

[Sur les mérites de ce grand homme pour la culture des lettres,
voir Tassin, p. IX-X, 21, 32, 34, 37-57, 59, 96, 104, 106, 165.

Les « Remarques faites de quelques actions et paroles du R. P.
Dom Grégoire Tarrisse » par D. Luc Dachery (1649) ont été pu-
bliées d'après le ms. L. 816, n° 7 des Archives Nationales par H.
Stein : *Le premier supérieur général de la Congrégation de Saint-*

Maur, Dom Grégoire Tarrisse, 1575-1648 (Mélanges Mabillon, p. 49-89). L'éditeur les a fait précéder d'une correspondance de D.T. ou à lui adressée (p. 52-59) ; — Fr. ROUSSEAU, *Un promoteur de l'érudition française bénédictine, Dom Grégoire Tarrisse, premier Supérieur général de la Cong. de St-Maur, 1575-1648* (Collection Pax, XV). Maredsous, 1924, 16°, XI-237 p. ; du même, *Dom Grégoire Tarrisse et la bibliothèque de St-Germain-des-Prés (Bull. de la Soc. histor. du VI° arrondissement de Paris, XXIII, 1922, p. 15-36).]

*Sur ses relations avec le cardinal Richelieu, v. D. PIOLIN, *Le cardinal Richelieu dans ses rapports avec les Bénédictins de la Cong. de St-Maur (Revue des quest. histor., t. XLIX, 1891, p. 141-142, 147, 153-162, 165). *

[Sur l'histoire des Constitutions de D. Tarisse, v. BEAUNIER, *Introduction,* 104-106, 108, 115).

Sur l'organisation des études dans la congrégation de St-Maur, voir D. Paul Denis *(Revue Mabillon,* VI, 1910, p. 133-156, 437-453 ; VII, 1911, p. 171-204) ; — et D. Maur Jourdain, plus haut, t. I, p. 301.

Advis aux Révérends Pères Supérieurs de la Congrégation de Saint-Maur en France. Paris, 1632, 123 p. 18° (Bibl. Colmar, Fonds Wilhelm, à la suite de la *Regula,* Paris, 1774, et des *Constitutiones* de St-Vanne, Toul, 1626.

Monasterium Benedictinum sive congregatio virtutumjuxta regulam S. P. Benedicti offert à D. T. 1638 (Bibl. nat. Paris, f. fr. 17664, f. 438 ; *Catal., Anc. St-Germain,* II, 142.)

Extraits de plusieurs lettres de D. Tarrisse, 1635-1636, à D. Placide Le Simon *(Revue Mabillon,* XIX, 1929, p. 261-274).

Lettre du 2 septembre 1631 à D. Tarbouriech *(Revue Mabillon,* VI, 1910, p. 137).—Circulaire et instructions relatives à l'historiographie de l'ordre des 13 nov. 1647, 8 mars 1648 *(ib.,* p. 137-143).

Lettres relatives au projet de création d'un collège à St-Jean de Laon adressées au prieur D. Cyprien Richard, 1645 *(Revue Mabillon,* XIX, 1929, p. 326, 328-333, 336-337).]

*Extrait de plusieurs lettres du T. R. P. Dom G. Tarisse, supérieur-général de la Congrégation, 1635 et 1636 ; cahier comprenant les ff. 346-353 du ms. lat. 12790.

La copie de trois lettres de D. T. se trouve dans un mémoire sur l'établissement de la Cong. de St-Maur à Montmajour 1633-1643. (Bibl. nat. Paris, ms. lat. 12686, f. 123-168). Les deux premières sont adressées à l'archevêque d'Arles : Paris, 7 août 1638 *(ib. f. 132-133) ; Paris, 29 oct. 1639 (ib., f. 142-143) ; la troisième est adressée aux consuls du Val près Brignoles, 9 mars 1640 *(ib.,* f. 148-149). *

BEAUNIER, *Introduction,* 104-106, 108, 115 ; BERTRAND, *Bibl. Sulpic.,* III, 397-398 ; BESSE *(Bull. de S. Martin et de S. Benoit de Liguĝé,* 1902, t. X, 202-209); BOUILLART, 225, 226, 233, 235, 242-244 ; DELISLE, *Cabinet,* II, 44, 59 ; FRANÇOIS, III, 92 ; *Gall. christ.,* VII, 480-482 ; LAMA, 19-26, 582 ; LE CERF, 469-471 ; MABILLON, *Act. Sanct.,* Sæc. I, praef., 2 ; MARTÈNE, *Hist. Cong. St-Maur,* III, 85-126 ; MARTÈNE *Vie des Justes,* I, 57-69 ; MAYNARD, *Hist. de S. Vincent de Paul,* III, 429 ; MÉRITAN, *Moines de St-Maur,* 14 ; TASSIN, 37-57 ; v. plus haut p. 226 ; TASSIN, G. G. I, p. VII, 56-87 ; VANEL, *Nécrologe,* 9-11 ; *Vie de M. Olier,* Paris, 1841, I, 314-316, 369, 385, 397 ; II, 294 (avec portrait).

TASCHE (Louis).

* Né à Gauciel, dioc. d'Evreux, profès à Jumièges le 27 août 1659, âgé de 21 ans, décédé à Marmoutier, prieur, le 31 décembre 1719.

Témoignage de D. L. T. sur D. Claude Martin (MARTÈNE, *Vie du Vén. P. D. Claude Martin,* 372-374).

Vie du R. P. Dom Louis Tasche, décédé à Marmoutier le 31 déc. 1719 par D. Martène (Bibl. nat. Paris, f. fr. 17676, p. 50-59).

Lettre de D. L. Tasche, visiteur de Bretagne, à D. Martène, Marmoutier, s. d. (Bibl. nat. f. fr. 25538, f. 306). *

Invent. Arch. dép. Indre-et-Loire, H. 383 ; MARTÈNE, *Marmoutier,* II, 555-560 ; TASSIN, 579 ; TASSIN, G. G., II, 284.

TASCHEREAU (Jacques).

TASCHEREAU (Jacques) qui, d'après D. Tassin, a collaboré avec Dom Henri au *Gallia christiana,* est né à La Chastre (dioc. du Mans), a fait profession à 19 ans à Vendôme le 19 septembre 1738 et est mort le 21 juin 1789 à St-Germain-des-Prés.

Lettres à la Bibl. de Laon *(Cat. gén. mss. Dép.,* XLI, 433).

ABBÉ DENIS *(Province du Maine,* XXII, 1920, 314-329); FRANÇOIS, III, 89-106 ; *Revue Mabillon,* 1920, 43-44 ; TASSIN, 407 ; TASSIN, G. G., II, 111 ; VANEL, *Nécrologe,* 286-87.

TASSIN (René-Prosper).

D. Tassin est décédé le 10 sept. 1777.

Au fol. 371 du ms. lat. 11866 se trouvent des poésies de D. Tassin, qui, dans son *Hist. litt.*, ne fait aucune allusion à son goût pour la poésie.

* Cette pièce de vers est intitulée : «Reverendo Patri D. Ludovico Emeraldo [Lemerault] zelatori sapientissimo Gratulatio » (5 dystiques signés fr. Renatus Prosper Tassin).

A. BARABÉ, *Recherches historiques sur le Tabellionage royal principalement en Normandie, et sur les divers modes de contracter à l'époque du Moyen-Age, d'après de nombreuses pièces manuscrites, et Sigillographie normande* en XXIV planches (183 sceaux), avec fac-similé d'une belle charte ducale du XIe siècle, commentée par D. Tassin en 1758 en deux lettres inédites. Rouen, 1863, gr. in-8º avec 24 pll. — Les deux lettres de D. Tassin sont adressées au R. P. Dom Mallet, procureur de l'abbaye de Jumièges, Paris, 22 mars et 15 avril 1758 *(ib.*, p. 503-505, 506-507).

Dossier d'Élie Radet : « correspondance pendant les années 1738-1744 ». Radet avait été novice à l'abbaye de St-Wandrille ; on trouve dans cette correspondance quelques lettres de Bénédictins, entre autres de Fr. Prosper Tassin *(Catal. mss. Arsenal*, IX, 154-155 ; Archives de la Bastille, ms. 11583). *

On trouve dans le Fonds Wilhelm à Colmar, l'ouvrage suivant :

Notice des mss. de la Bibliothèque de l'église métropolitaine de Rouen primatiale de Normandie. Rouen, 1746 (par l'abbé Saas), XXIII-116 + 2 ff. n. n. in-8º, suivi de : *Réfutation de l'écrit du R. P. Tassin, bénédictin de St-Ouen, sur la Notice des mss. de l'église métropolitaine de Rouen.* Rouen, 1747, 49 pp. 8º. On y trouve p. 2 le titre de la brochure de D. Tassin : *La notice des manuscrits de la Bibliothèque de l'église métropolitaine de Rouen* par M..., revue et corrigée par un rel. bénédictin de la Cong. de S. Maur. Rouen, Besongne, 1747, 8º, 58 pp.

* Il y eut 14 cartons pour l'*Hist. litt.*, pp. 313-314, 321-322, 323-324, 325-326, 327-328, 347-348, 349-350, 529-530, 537-538, 541-542, 581-582, 583-584, 701-702, 737-738.

Mercier de St-Léger, dans une lettre à François Töpsl, chan. rég., abbé de Polling en Bavière, du 18 avril 1770, se gausse de D. Tassin, mais avec une mauvaise foi évidente : « Dom Tassin va publier bientôt, dit-il, un épais in-4º, fort lourd et très mal écrit, intitulé : *Hist. litt. de la Cong. de S. M.*, ouvrage où l'orgueil bénédictin est déployé dans toute son étendue, et où, comme vous le pensez bien, l'ordre canonique a toujours tort quand celui de S. Benoît a toujours raison. Tous les écrivains bénédictins sont morts après avoir vécu comme des saints ; leurs ouvrages sont incomparables, et un tas de petits moines qui n'ont d'autre mérite que d'avoir pris part aux maux de l'Eglise, pour le soulagement desquels ils ont publié quelques misérables libelles, sont autant de grands hommes, d'écrivains admirables etc., risum tencatis amici ! J'ai actuellement sur mon bureau un exemplaire de cette Rapsodie, quoiqu'elle ne paraisse pas encore en public, parce que le Ministère offensé de quelques endrois où le Jansénisme marchait trop effrontément y fait mettre des cartons. Je tâcherai d'en avoir un exemplaire *incastratum* pour vous » (Bibl. nat. Paris, n. a. fr. 816, f. 259). *

[Il existe à la Bibl. nat. de Paris un exemplaire de l'*Hist. litt.* de Dom Tassin (n. a. fr. 808), avec des annotations de Mercier de St-Léger. On constate aisément que cet érudit s'efforce de trouver les Mauristes en défaut. Ces notes ont été relevées par D. A. Dubourg et utilisées au cours de notre Supplément (v. D. U. Berlière, *Un adversaire des Bénédictins de Saint-Maur, Mercier de St-Léger,* (Revue bénéd., XXVII, 1910, 95-102).

Il a paru de l'*Hist. litt.* une traduction allemande, Francfort, 1773-1774 (v. plus haut, t. I, p. XXXVII) par Jean George Mensel, prof. d'histoire dans l'Académie d'Erfurt, avec préface et notes.

Prospectus de l'*Histoire littéraire.* Impr. Paris, 1769, XVI pp. 4°. (Coll. Wilhelm à Colmar et Bibl. nat. Paris, Coll. de Picardie, vol. 225, f. 174.]

* Mercier de S. L., p. 719 n° 2, *Défense,* fait remarquer que cette pièce publiée dans-les *Mémoires de Trévoux,* mars 1716, p. 501 et suiv., se retrouve dans l'*Hist. civile et ecclés. d'Evreux* [Paris, 1722] par Le Brasseur (Preuves, entre les pp. 6 et 7, en 8 ff. non chiffrés). C'est Warthon qui le premier a mis au jour cette histoire du faussaire Guernon adoptée par Le Brasseur, Langlet et autres, dans la préface du second tome de son *Anglia sacra* ». *

[*Histoire de l'abbaïe de Saint-Vandrille depuis le temps auquel la Réforme y fut introduite* (1604-1734), en collaboration avec D. Toustain (Bibl. de Rouen, n° 1223 ; *Cat. gén. mss. Dép.,* I, 306 ; *Revue Mabillon,* VII, 55, 71-72).

H. Labrosse, *Le Bénédictionnaire de l'archevêque Robert ; l'abbé Saas et dom Tassin ; une querelle littéraire en 1747 (Précis analyt. des travaux de l'Acad. des Sciences... de Rouen... pendant l'année 1920, p 107-112).

Observations du R. P. Dom Tassin... sur les reproches de faux titres fais à l'abbaïe de Saint-Waleri (Bibl. nat. Paris, Coll. de Picardie, vol. 28, f. 122).

Prospectus du « Nouveau traité de diplomatique », Paris, 1748, 12 pp. in-4°, avec « Avis au public au sujet du Nouveau traité... » Imp. 4 pp. in-4° ; « Avis aux souscripteurs... » 1 p. in-4° (Coll. de Picardie, vol. 225, ff. 86, 94, 96 ; LAUER, II, 159).

Sur cet ouvrage, v. TRAUBE, *Vorlesungen und Abhandlungen*, I, 52-57.

Lettre de D. R. Tassin à D. Maheut, du 10 nov. 1766 (COCHET, *Notice sur D. Guillaume Fillastre*, p. 29-30).

Lettre à Montfaucon, 18 juillet 1729 *(Revue bénéd.*, XXVIII, 1911, 200-201 ; G. HUARD, *Quelques lettres de Bénédictins normands à D. B. de M.* dans *Baiocana*, III, 1912 ; CH. GUÉRY, *Correspondance inédite de Bénédictins normands avec Montfaucon*, voir plus haut, p. 109.

Lettres à D. Rivet du 29 novembre 1740 (ROBERT, *Documents*, 57-61) et du 26 septembre 1742 *(ib.*, 61-62).

Dix lettres de D. Tassin sur différents travaux et ouvrages de D. Grenier (LEBLOND, *Coll. Bucquet aux Cousteaux*, 287 ; v. 143, 288).

Lettres à la Bibl. Ste-Geneviève, ms. 2547 *(Cat. mss. Ste-Geneviève*, II, 393) ; à la Bibl. d'Orléans *(Cat. gén. mss. Dép.*, XII, 332).

Le P. Eugène Griselle S. J. a publié : *Dix lettres inédites (3 nov. 1757-9 janvier 1772) de Dom Tassin, bénédictin de la Congrégation de Saint-Maur (Etudes*, 5 fév. 1909, p. 381-390).]

CHARMES, *Comité*, I, p. XXXVIII, LXXV, 54, 112, 292, 293 ; DELISLE, *Cabinet*, I, 421 ; D. P. DENIS, *Les Bénédictins de la Congr. de St-Maur de l'anc. dioc. de Séez*, Alençon, 1912, 35-36 ; FRANÇOIS, III, 107-112 ; FRANKLIN, I, 112 ; II, 259 ; FRÈRE, II, 555 ; GIGAS, II, 195-197 ; HAURÉAU, *Hist. litt. du Maine*, X, 82-88 ; HOEFER, XLIV, 900-901 ; *Kirchenlexikon*, XI, 1229-1231 ; LAMA, 594-598 ; LELONG, V, 727-728 ; *Mém. de Trévoux*, mars 1771, p. 489 ; MICHAUD, XLI, 69-70 ; OURSEL, II, 497-498 ; QUÉRARD, IX, 348 ; *Revue Mabillon*, II, 261 ; ROBERT, *Documents*, 56-62 ; TASSIN, 630, 668, 705, 707-721 ; TASSIN, *G. G.*, II, 363, 423, 483, 486-510.

TEILLARD (Gabriel).

* Né à Murat, dioc. de St-Flour, fit profession à l'âge de 18 ans à St-Augustin de Limoges le 14 mai 1651, décédé à la Chaise-Dieu le 23 avril 1679.

Lettre de D. G. T. à Martène, Chezal-Benoît, 9 février 1675 (ms. lat. 12689, f. 313) : Il a découvert plusieurs écrits d'un abbé de St-Père de Chartres, contemporain de S. Bernard. On lit, d'une

autre main, en tête de la lettre : de ea Mabillonius in tomo V
Annalium *. [Il s'agit de l'abbé Chrétien, auteur d'un cycle de ser-
mons sur les dimanches et les fêtes (MABILLON, *Annales*, t. V, p. 478 ;
L. BOURGAIN, *La chaire française au XIIe siècle*. Paris, 1879, p. 71).

TEISSIER (Charles).

Vie de S. Josse, ms. à la Bibl. de l'abbaye de St-Josse-sur-Mer
(LELONG, I, 4518).

TENNES (Jean-Baptiste).

Né à Toulouse, profès à La Daurade le 7 juin 1714, décédé à
Marmoutier le 10 septembre 1773.

FRANÇOIS, III, 116-117 ; *Lettres de Jean Soanen*, II, 201-202 ;
Revue Mabillon, II, 201 ; TASSIN, 664 ; TASSIN, G. G., II, 416-417.

TERNAT (Gérard).

[Abrégés des cartulaires de St-Germain d'Auxerre, ms. 163 de
la Bibl. d'Auxerre (*Cat. gén. mss. Dép.*, VI, 63).

Epitome epitomes thesauri linguae sanctae Sanctis Pagnini,
1680 (Bibl. de Blois ms. 43 ; *Cat. gén. mss. Dép.*, XXIV, 394).

Méthode facile pour apprendre les langues hebraïque et syriaque
en peu de temps, sans estre aidé de personne (ms. 1085 d'Orléans ;
Cat. gén. mss. Dép., XLII, 600).

Tractatus totam Iprensis Jansenii doctrinam confutans, ms.
1201 (*ib.*, 622).

GIRY, *Notices*, 64 ; ROBERT, 90.

TERRIAU (Georges).

Né à Tours, profès âgé de 18 ans à St-Serge d'Angers le 24 avril
1658, prieur de Cormery 1690-1693, décédé à Marmoutier le 17
octobre 1707.

DE LA BORDERIE, *Correspondance*, 65-66 ; LAMBRON DE LIGNIM, 17.

TERRIEN (Pierre).

* Né à Moncontour, dioc. de St-Brieuc, fit profession à St-Melaine,

âgé de 27 ans, le 6 juin 1659, décédé le 20 mai 1693 à l'Evière d'Angers. *

On conservait aux Archives du Finistère un ms. de Dom Terrien intitulé : *Remarques chronologiques sur l'introduction de la Congrégation de St-Maur en l'abbaye de Ste-Croix de Quimperlé* ; ce manuscrit est perdu depuis une vingtaine d'années *(Histoire de l'abbaye de Ste-Croix de Quimperlé* par D. Placide Leduc, note de l'éditeur M. Le Men, page 11 de la préface. Il ne donne aucune indication biographique sur Dom Pierre Terrien.

TESNIÈRES (Martin).

* Correspondance avec l'abbesse de Chelles et le cardinal de Retz 1621 ; on lui avait offert la charge de visiteur de l'abbaye de Chelles, qu'il n'accepta pas (D. ANGE NALET, *Origine de la Cong. de St-Maur*, ms. fr. 17669, f. 380-386).

Deux lettres de D. T. à l'évêque de Comminges, abbé commendataire de St-Florent de Saumur, au sujet de l'introduction de la Congr. de St-Maur dans ce monastère, 18 mai et 20 nov. 1622 *(ib.,* f. 530-531, 544-546). *

Vie dans ms. L. 814, n. 2 des Archives nat. Paris *(Catal. mss. Archives nat.,* 255).

> BESSE *(Revue des sciences ecclés.,* 1902, II, 230-238 ; tiré à part Lille, 1902, 15-23) ; *Gallia christ.* VII, 476-479 ; MARTÈNE, *Vie des Justes*, I, 12-20 ; MARTÈNE, *Hist. Cong. St-Maur*, I, 225-229 ; TASSIN, 4, 5, 6 ; *G. G.,* I, 6, 9.

TEULLADE (François).

Né à Toulouse, profès à 18 ans à La Daurade le 17 déc. 1752 *(Matricule),* * fut chargé avec D. J. Pagès de l'histoire de la Guyenne (Chapitre gén. de 1781, séance du 30 mai ; Arch. nat. Paris, L. 813, 9-10). *

THAUVOIS (Maur, alias Daniel).

Né à Tours, a fait profession à Vendôme à l'âge de 22 ans le 11 janvier 1696, et est mort à Fleury-sur-Loire le 9 novembre 1750. En 1725, pendant qu'il était procureur de l'abbaye de St-Lomer de Blois, il eut une violente polémique avec Dom Gervaise, qui venait de publier son Apologie de l'abbé de Rancé contre D. Vincent Thuillier, où il maltraita avec autant de grossièreté que d'injustice la congrégation de St-Maur. Dom Thauvois répondit à cette invective par une longue lettre datée du 31 janvier 1725, lettre très vive, mais bien faite, qui n'a jamais été imprimée et dont une copie faite par l'abbé Brillon est conservée avec les papiers de ce savant chanoine à la Bibl. de Chartres sous le n° 68 du Catalogue imprimmé des mss. C'est un petit in-fol. de 12 feuillets formant 22 pages d'écriture. Dom Piolin m'a écrit qu'il attribue à Dom Thauvois la réponse à Gervaise. [Ce document a été publié par A. M. P. INGOLD, *Un document inédit de la querelle de Mabillon et de l'abbé de Rancé*, dans les *Mélanges Mabillon*, p. 177-191.]

THÉROUDE (Gabriel).

* Né à Torcy, dioc. de Rouen, profès à Jumièges le 18 décembre 1618, âgé de 25 ans, décédé à Jumièges le 18 décembre 1656. *

> MARTÈNE, *Vie des Justes*, I, 84-85 ; MARTÈNE, *Hist. Cong. St-Maur*, IV, 25-28 ; MARTIN DU GARD, *Jumièges*, 281 ; PORÉE, *Hist. du Bec*, II, 377, 378.

THÉVART (François-Anselme).

La description donnée jusqu'ici des Exercices spirituels de Garcias de Cisneros traduits par D. Thevart n'est pas tout-à-fait exacte et me fait croire que ceux qui en ont parlé n'ont pas vu ce volume. Dom Le Cerf dit que c'est un in-12 de 700 pages ; Dom Tassin a copié D. Le Cerf et de Lama, dans sa *Bibl.*, a reproduit D. Le Cerf.

En réalité, l'ouvrage se compose de deux tomes, le premier de 153 pages, non compris la lettre dédicatoire et l'avertissement, et le tome II est à pagination continue avec le tome I et finit avec la page 596. La lettre dédicatoire et l'avertissement sont de 16 pages, la table et la vie de Cisneros qui terminent le tome II de 92 pages, sans pagination, ce qui fait un total de 704 pages.

[Voir la description exacte de cette traduction dans D. Ans. ALBAREDA, *Bibliografia dels monjos de Montserrat (Segle XVI)*. Montserrat, 1928, pp. 85-87.

Exercices spirituels... trad. en françois (Bibl. nat. Paris, f. fr. 19319).

Dispute entre le P. Antoine Yepez de l'ordre de S. Benoît et le

P. Ribadeneyra de la Comp. de Jésus, au sujet du livre des Exercices du Père Dom Garcia de Cisneros, abbé de Montserrat, 28 pp. mss. in-4° (Bibl. nat. Paris, ms. latin 12783. En tête : Par D. Anselme Thevard.]

    * *L'art de bien vivre et de se conduire dans les voyes du ciel*, composé en espagnol par le R. P. D. Antoine d'Alvarade... rel. bénédictin, traduit en françois par F.-A. Thevart, 17e s., ms. XVI-752 p. (Bibl. nat. Paris, f. f. 19374). L'ouvrage d'Alv. comprend 2 tomes : le 1er est composé de 4 livres. D. Thévart a traduit les deux premiers livres, mais son manuscrit ne contient que la traduction du premier livre et de 19 chapitres du second livre qui en a 58.

    Lettre de D. A. Th. au P. Le Brun, à Paris, écrite de l'abbaye de St-Denys le 9 nov. 1675, sur les usages de ce monastère (Bibl. nat., ms. lat 16804, ff. 82-86). *

    Lettre à D. Benoît de Jumilhac, 1667 (Bibl. nat. Paris. F. F. 19103, f. 4).

François, III, 126-127 ; Lama, 74; Le Cerf, 471 ; Pez, 30-31;
Tassin, 103 ; Tassin, G. G., I, 154-155 ; Vanel, Nécrologe. LIX.

THIBAULT (Bénigne).

    Ajouter à la notice que Dom Tassin lui consacre p. 102 de son *Hist. litt.* que les Annales de l'abbaye du Bec écrites par ce bénédictin et dont le ms. original était conservé dans la Bibl. du Bec, forment aujourd'hui le n. 12884 des mss. du fonds lat. de la Bibl. nat. sous le titre de *Chronicon Beccense* auctum et illustratum (ms. du XVIIIe siècle). Ajouter à la notice de D. Tassin qu'à la page 102 de son *Hist. litt.* il parle du talent de ce religieux pour la poésie, qu'au fol. 113 du ms. 11866 du fonds lat. de la Bibl. nat. se trouvent des poésies de D. B. Thibault *, f. 113 dystiques sur les compositions de D. Hugues Vaillant. *

François, III, 127-128 ; Porée, Histoire du Bec. II. 413. 437 ;
Tassin, 102 ; Tassin, G. G., I, 153.

THIBAULT (Pierre).

    Lettre de D. Pierre Th., prieur de St-Etienne de Caen (F. F. 17765, f. 104).

    Lettre des Bénédictins de la province de Bourgogne au R. P.D. François Thibault, supérieur général, et à quelques autres supérieurs majeurs, qui sollicitent les religieux qui leur sont soumis à recevoir et à accepter purement et simplement la constitution *Unigenitus*, du 15 mars 1727 (Bibl. Mazarine, 2496, f. 59 ; *Cat. mss. Mazarine*, II, 461).

Circulaire aux supérieurs de la congrégation, 9 avril 1729 *(Revue bénéd.*, XXVI, 1909, p. 327-328).

Lettre circulaire ... aux prieurs au sujet de l'abstinence ; il interdit l'usage des oiseaux appelés mortons, Paris, 22 déc. 1725 (Arch. nat. Paris, L. 814, nᵒ 98 ; publiée par D. Paul Denis, *Revue Mabillon*, t. V, 1909, p. 89-90.)

* D. Edme Perreau dans son *Histoire des derniers chapitres...* a donné : Lettre du Père Thibault général au P. Salomon Jouy, s. d. (documents, n. III, p. 10); réponse de D. Jouy, s. d. (n.IV, p. 11-15); protestation de D. Jouy contre l'acceptation de la Diète de 1730 datée de Chezal-Benoît le 28 juillet 1730 (n. V, p. 15-17).

Lettre à D. Mabillon, datée de Jumièges le 28 avril 1689, au sujet de Paschase Radbert (Bibl. nat. Paris, ms. lat. 12301, f. 154-156).

Lettre circulaire de D. Pierre Thibault, sup. gén. de la Cong. de St.-Maur à tous les prieurs de la dite Cong., 5 avril 1727, in-4ᵒ (Bibl. Nat. Paris, Imprimés Ld4, 1485). *

Correspondance avec l'abbaye de Sᵗ-Emmeran de Ratisbonne (ENDRES, *Emmeramer*, 73-76].

BEAUNIER, *Introduction*, 106, 112 ; DAUX, *Mas-Grenier*, 92-93 ; *Gall. christ*., VII, 488 ; LE CERF, *H. C.*, 66, 75, 77, 81, 85-191, 194, 195, 230, 262, 319, 320-321, 323 ; PERREAU, 7, 18, 23, 24, 34, 39, 41-43, 45-47, 52-52, 64-71, 75 ; TASSIN, 508, 524, 530, 755, 789 ; TASSIN, G. G., II, 173, 196, 206, 562, 613 ; VANEL, *Nécrologe*, 140, 143, 180, 184, 341, 348.

THIBOUST (Ambroise).

Je ne sais rien de ce bénédictin sinon qu'il a publié sans lieu ni date une pièce de 4 pages in-4, intitulée : *Vers libres sur la convalescence de Mʳ Thiboust* imprimeur du Roy. Cette pièce que je possède est signée : Dom Ambroise Thiboust son frère, religieux bénédictin de la Congrégation de St-Maur et souprieur (sic) de l'abbaye de St-Pierre d'Orbais, A la page 563 de l'*Hist. de l'abbaye d'Orbais* par Dom Du Bout est mentionné un acte du 17 décembre 1742 signé par Dom Ambroise Thiboust, sous-prieur de l'abbaye. Cette date fixe approximativement celle de cette poésie, qui a été probablement imprimée à Paris chez son frère.

Dom Ambroise Thiboust est né à Paris, a fait profession à l'âge de 22 ans dans le monastère de S. Pierre de Bourgueil le 25 mars 1726 et est mort à Saint-Corneille de Compiègne le 7 février 1753.

THIERRY (Charles-François).

Voyez aussi le fol. 184 du ms. lat. 11866 de la Bibl. nat. et le fol. 112.

ROBERT, 90-91.

THIEULAINE (Philippe-Bertin).

MARTÈNE, *Hist. Cong. St-Maur*, IV, 214-215 ; ROBERT, 91.

THION (?)

Le ms. 53 de l'Institut catholique de Paris contient la correspondance de D. Thion avec M. de Montgeron, auquel il envoya le 15 février 1744 une dissertation sur la dispense des règles et une autre sur les prodiges des magiciens de Pharaon, le 25 février suivant des remarques sur les quatre premiers chefs du Mémoire théologique de M. Boursier ; le 11 avril des mémoires ; Si le démon peut prédire l'avenir ; le 2 mai : Réflexions et remarques sur le 6e chef du mémoire théologique de M. Boursier (communication de M. J. E. Godefroy, de Paris).

THIROUX (Jean).

Voir l'article Lambert, p. 60 de ce volume [t. II, 317]. Dom Lambert, le continuateur de l'histoire de l'abbaye de S -Florentin de Bonneval dans le Dunois, donne sur D. Thiroux quelques détails qui complètent la notice de D. Tassin qui ignorait que ce bénédictin avait écrit une histoire de cette abbaye, où il avait été relégué après une détention de sept ans à la Bastille. D. Lambert ajoute que pendant son séjour à Bonneval, il composa un ouvrage de généalogie sur les nobles maisons de France, *une dissertation sur une ordination douteuse de l'évêque de Chartres, qui est conservée à l'abbaye de St-Père de Chartres*, et le commencement de l'histoire de l'abbaye de Bonneval. D. Tassin ne connaissait aucun de ces travaux et n'en parle pas (voy. la page 47 de *l'Histoire de l'abbaye de St-Florentin de Bonneval* par D. Thiroux et D. Lambert publiée en 1876 par la société Dunoise.

La « dissertation de Dom Thiroux sur le défaut de l'ordination faite à Chartres le 20 septembre 1710 » est conservée parmi les mss. de la Bibl. de Chartres. Le ms. a 23 folios et est daté du 2 octobre 1710 ; le ms. est côté 1344 $\frac{100}{E}$. Dans cette ordination on avait oublié de mettre du vin dans le calice touché par les prêtres ordinands. (*Cat. gén. mss. Dép.*, XLI, 132).

[Les mss. de l'Histoire de l'abbaye de Bonneval sont conservés à la Bibl. de Chartres sous les n°s 1108 et 1110 (*Cat. gén. mss. Dép.*, XI, 348) ; copie dans le ms. 1524 (*ib.*, 401).

Objections aux théories de D. Jacques Alexandre sur le flux et le reflux (Bibl. d'Orléans, ms. 929 ; *Cat. gén. mss. Dép.*, XII, 321).

Voir Lettres de D. Th. de Viaixnes sur dom Gerberon (t. I, p. 243).

Titre exact de l'*Oraison funèbre de très puissant et très excellent prince Philippe, fils de France, frère unique du Roy, duc d'Orléans, prononcée en l'église des RR. PP. Bénédictins de Saint-Corneille de Compiègne au mois d'octobre 1701* par dom Jean Thiroux, bénédictin de la Cong. de St-Maur et prieur de l'abbaye de Nogent-sous-Coussy. Reims, Fr. Godard, 1701, 4°, 35 p. (A. DE MARSY, *Bibliographie Compiègnoise*. Compiègne, 1874, n. 136, p. 38-39).

Eloge de D. Denis de Ste Marthe (*Gallia christ.*, t. IV, pp. I-VI).

Deux lettres à D. Bernard Pez (Bibl. de l'abbaye de Melk en Autriche ; KATSCHTHALER, 106).

Lettre adressée de Nogent le 8 février 1701 à D. Ruinart (ms. lat. 11662, f. 57 ; KUKULA, *Maur. Ausg.*, III, 2, p. 31).]

* Dossier de D. Jean Thiroux, 1703, aux Archives de la Bastille (F. FUNCK-BRENTANO, *Catal. mss. Arsenal*, IX, Archives de la Bastille, 88, n° 10543 et Table gén. p. 331, 993). *

BIGOT, *Bonneval*, 46-47 ; CERVEAU, IV, 95-96 ; ENDRES, *Emmeramer*, 95 ; FRANÇOIS, III, 130-133 ; *Kirchenlexikon*, XII, 877 ; LAMA, 406-407 ; LEBEUF, *Lettres*, II, 44, 48, 105-106 ; LE CERF, 472-473 ; LE CERF, H. C., 129, 130, 321 ; MONCEAUX, *Hautvillers*, III, 21 ; MERLET, 433 ; PAPILLON, II, 318 ; PERREAU, 54 ; TASSIN, 464-465, 506-509 ; TASSIN, G. G., II, 104, 106, 168-174.

THIVEL (Pierre).

[Né au Puy, profès à Vendôme le 5 août 1693, à l'âge de 19 ans, décédé à Ambronay le 18 juin 1728.

Lettres à D. B. de Montfaucon des 30 nov. 1722, 4 avril 1723, 16 oct. 1724, 2 avril et 30 août 1725 *(Revue bénéd.,* XXXIII, 1911, p. 191-199).]

THOMAS (François).

*Né à Nogent-le-Rotrou, dioc. de Chartres, profès à Vendôme le 23 janvier 1649 (D. Liron écrit le 2 janvier), âgé de 18 ans, décédé à St-Denis le 11 nov. 1698.

Préface de l'Inventaire général des Chartes de l'abbaye de St-Denys par D. Fr. Thomas, brouillon (Archives nat. Paris, L. 863, dossier, n° 14).

Article sur D. Fr. Thomas dans D. LIRON, *Supplément à la Bibliothèque chartraine,* Bibl. nat. Paris, f. fr. 17005, f. 454, et 17006, f. 116.

Notice dans D. RACINE, *Nécrologe de St-Denis,* ms. 8600, t. II, p. 337 *.

FÉL. D'AYZAC, *Hist. de l'abbaye de St-Denis en France.* Paris, 1860-1861, I, p. XLIII, 3, 299; II, 69-70, 72, 375-376; FÉLIBIEN, *St-Denis,* 544; GIRY, *Notices,* 55; INGOLD, *Les correspondants de Grandidier.* IX. *Dom La Forcade,* p. 13; MARTÈNE, *Vie des Justes,* II, 148-149; *Revue de Loir-et-Cher,* 1901, col. 86; ROBERT, 91.

THUILLIER (Antoine-Claude).

*« L'Histoire ecclés. des trois premiers siècles par Mr l'abbé Fleury, trad. en latin par D. Cl. Th. rel. bénéd. de la cong. de St-Maur, mort en l'abbaye de St-Nicaise de Reims », s'arrête au cours du 15e livre à l'année 362 (Bibl. Reims, ms. 1362; *Catal. gén. mss. Dép.,* XXXIX, 497) *

FRANÇOIS, III, 140-141; PERREAU, 54; TASSIN, 531; TASSIN, *G. G.,* II, 207.

THUILLIER (Vincent).

Autobiographie (incomplète) de D. V. Th. (Bibl. nat. Paris, f. fr. 17676, f. 60-72) — Notice sur D. Th. dans la Coll. Grenier, t. 103, p. 1 *(Cabinet histor.,* IX, 2e part., p. 193). — Appréciation de D. Toustain (TOUGARD, *Lettres,* 223-224).

D. PAUL DENIS, *Le cardinal de Fleury Dom Alaydon et Dom Thuil-*

lier. Documents inédits sur l'histoire du Jansénisme dans la congrégation de Saint-Maur (1729-1730) *(Revue bénéd.*, XXVI, 1909, p. 325-370).

Traduction latine d'Origène (DE LA RUE, *Origenis opera*, I, p. XII ; Pat. grec. XI, col. 28).

Papiers (F. F. 17716).

Histoire de la Constitution *Unigenitus* (F. F. 17731-17747).

Remarques sur l'histoire de la Constitution *Unigenitus* (F. F. 17761, f. 95).

Histoire de la nouvelle édition de S. Augustin (ms. 417 de la Bibl. d'Amiens ; *Cat. gén. mss. Dép.*, XIX, 396 ; v. ms. 653 de la Bibl. Mazarine ; *Cat. mss.*, I, 298). Un fragment de ce travail a été publié par A. M. P. Ingold, sous le titre de : *Rome et la France : la seconde phase du jansénisme, fragment de l'Histoire de la Constitution Unigenitus de D. Vincent Thuillier*. Paris, 1901, 8º.

Voir sur cet ouvrage les remarques de Goujet à D. Rivet dans une lettre du 14 août 1736 (Bibl. nat. Paris, f. fr. 9355, f. 304), celles de Kukula, *Mauriner Ausgabe*, I, 4-16 et *Revue des sciences eccl.*, janvier 1898, p. 26, n. 1.

Traduction latine de l'ouvrage sur la querelle de Mabillon et de Rancé dans le Tome II de *Tractatus de studiis monasticis*. Venetiis, 1745, pp. 225-263.

Histoire de Polybe traduite du grec par Dom Vincent Thuillier, avec un commentaire ou un corps de science militaire, enrichi de notes critiques et historiques où toutes les grandes parties de la guerre, soit pour l'offensive, soit pour la défensive, sont expliquées, démontrées et représentées en figures. Nouv. édit. revue et augmentée d'un supplément, avec le commentaire militaire de Monsieur le Chevalier de Folard. Amsterdam, 1774, 7 vol. in-4. — Autres éditions : Amsterdam, 1753. 7 vol. 4º ; — *Polybe, Histoire générale*. Traduction de D om Thuillier revue et corrigée (Bibliothèque militaire). 1837, s. l. 2 pp. n. n. + p. 345-1053.

Prospectus de cet ouvrage. Impr. 4 pp. in-4º (Coll. Wilhelm à Colmar ; Bibl. nat. Paris, Coll. de Picardie, vol. 225, f. 126 ; LAUER, II, 160).

Epitaphe de Louis XIV (Bibl. d'Amiens, ms. 880, nº 125 ; *Cat. gén. mss. Dép.*, XIX, 396).]

* Mémoire pour un voyage littéraire de la Grèce et du Levant », 1728, par Dom V. Th., qui s'offrait de partir avec deux jeunes confrères (H. OMONT, *Missions archéologiques françaises en Orient aux XVIIe et XVIIIe s.* Paris, 1902, in-4º, t. I, p. 420-429 ; chap. IX, Préliminaires de la mission de Sevin et Fourmont. Le Marquis

de Bonnac. Projet des Bénédictins (1719-1728), p. 389-432 ; Projet des Bénédictins 1728, pp. 412-432 ; mémoire de la dépense que peuvent faire les trois bénédictins qui proposent le voyage littéraire du Levant et de la Grèce pour deux ans *(ib.*, p. 429-431).

L'Histoire de la contestation sur l'auteur de l'Imitation de J.-C. par D. V. Th. (MABILLON, *Œuvres posthumes*, I, 1-54) a été traduite en latin par D. Thomas Erhard, de l'abbaye de Wessobrunn : *Historia concertationis de auctore Libelli Imitationis Christi* auctore P. Vincentio Thuillier. Augsbourg, 1726, petit in-12 de X-96 pp. et en espagnol par le P. Olibares Santander, s. d. 4°, 83 pp.

Mgr Puyol a réimprimé l'*Histoire* de D. V. Th. dans son livre « *L'auteur du livre De Imitatione Christi* ». section, La contestation, Paris, 1899, 8°, Introd. pp. 1-62. *

[Correspondance (F. F. 19669, 19671).

Lettre au card. d'Alsace, 4 mai 1729 *(Cabinet hist.*, XI, I, 75-77).

Correspondances avec les cardinaux de Bissy, de Fleury, D. Alaydom, l'archevêque de Corinthe, M. Hérault, l'abbé Raquet, 1729-1730, dans l'étude de D. Paul Denis, mentionnée plus haut.

Correspondance avec Fontanini (Bibl. S. Marc à Venise, L. XI). Lettre à D. Bernard Pez (Bibl. de l'abbaye de Melk en Autriche).

Lettre de Mabillon à D. Th., 28 sept. 1707 (*Œuvres posth.*, I, 540-541].

* Deux lettres de D. Th. à Mme de Chauvirey, prieure des religieuses du Val d'Osne établies à Charenton (Bibl. nat. Paris, ms. lat. 12701, f. 343-344, lettre du 19 oct. 1722, discussion sur l'époque de fondation du prieuré du Val ; f. 361-362 minute d'une lettre sans date, 1722); — même ms. f. 353-360, 5 lettres de Mme de Chauvirey, prieure, à D. Th. 1722.

Une lettre de D. Th. adressée à D. Toussaint Duplessis et écrite en grec est conservée à la Bibl. d'Orléans (CUISSARD, dans *Mém. Soc. hist. et archéol. de l'Orléanais*, XXV, 1894, p. 170).

Lettre de D. Th. à Richard Bentley, s. l. n. d. (1719) publ. dans *The Correspondance of R. Bentley*. Londres, 1842, 8°, II, 549-551, n. 211).

Lettres de l'abbé Folard à D. Th. et au chevalier Folard, commentateur de Polybe (*Analecta juris pontificii*, 23e sér., 1884, col. 397-428, 1036-1058) *.

BRAUNIER, *Introduction*, 112 ; BÉRENGIER, *Corresp. litt.*, 26, 50, 59 ; DE BROGLIE, *Montfaucon*, I, 43-44; II, 46-110, 256-266; *Dict. de théol. cathol.*, II, 906; ENDRES, *Emmeramer*, 86-91 ; FRANÇOIS, III, 136-140; H. HARISSE, *La vie monastique de l'abbé Prévost*. Paris, 1903, 38 ;

Hoefer, XLV, 312-313 ; Lama, 415-421 ; Le Cerf, 473-477 ; Le Cerf, H. C., 103-110, 198, 231-235, 271-272, 306-307, 309 ; *Mémoires de Trévoux*, août 1726, p. 1441 ; sept. 1726, p. 1706 ; fév. 1727, p. 246 ; mars 1727, p. 417 ; sept. 1727, p. 1694 ; Michaud, XLI, 481-482 ; Perreau, 51-53, 61, 64, 69-70, 72, 73, 79 ; Puyol, *Auteur de l'Imitation*, I ; II, 142 ; bibliographie, 53-54 ; Quérard, VIII, 253-254 ; IX, 467-468 ; *Revue Mabillon*, IV, 333, 338-340, 350 ; Tassin, 495, 525-531, 569, 573, 582, 583, 737, 762 ; Tassin, G. G., II, 198-207, 267, 274, 288, 289, 535, 573 ; Vanel, *Nécrologe*, 178-181 ; Vanel, S. L., 245-261.

THURET (Antoine).

De Verneuil, profès à St-Remi de Reims le 11 mars 1649 à l'âge de 16 ans, quitta la congrégation pour passer à l'abbaye d'Homblières.

* Né à Verneuil, dioc. de Laon, décédé à Paris chez les Bénédictines de N. D. des Prés *(Matricule)* *.

[Il a publié une « *Table chronologique et généalogique* des rois de France », imprimée à Paris en 1687 et réimprimée en 1706 *(Revue Mabillon*, VI, 1910, p. 292).]

TIOLIER (Victor).

D'après une note que m'a communiquée l'érudit M. A. Vernière, le savant éditeur du Voyage litt. de Dom Jacques Boyer, il y a lieu d'attribuer à Dom Tiolier l'histoire de l'abbaye de la Chaise-Dieu conservée à la Bibl. nat. F. F. 18681. Ce serait aussi l'opinion de Dominique Branche qui écrivit sur l'Auvergne au M. A. Il paraît que Dom Tiolier avait quitté la congrégation de St-Maur, la colonne de l'obitus porte : extra congregationem.

* L'ouvrage dont parle M. Wilhelm est intitulé : « *Histoire générale de la Congrégation de S. Robert de la Chaise-Dieu en Auvergne sous la règle de S. Benoît* divisée en six livres par le R. D. V(ictor) T(iolier) moine bénédictin de la Cong. de St-Maur, des origines à 1652, 178 ff. (Bibl. nat. Paris, ms. fr. 18681). *

Robert 91.

TIXIER (François).

* « *La Vie de S. Valentin, évêque de Terny en Italie et martyr un des patrons de l'abbaye de Jumièges. Sa naissance, son engagement dans les ordres sacrez, ses vertus* etc. recueillies au XIIe siècle par

Baudry, évêque de Dôle en Bretagne, et publiés par D. F. T. religieux de Jumièges ». Rouen, Jean du Mesnil, 1696, in-12, 54 pp.
et 4 ff. prélim. (ED. FRÈRE, *Manuel du Bibliographe normand*,
I, 76). — M. l'abbé Prévost, curé de Jumièges, a publié en 1860 :
l'*ie et miracles de S. Valentin* d'après l'ouvrage de D. F. T. (Abbé
SAUVAGE, *L'Ecole de Bonne Nouvelle.* Rouen, 1872, p. 28-29) ; v.
UL. CHEVALIER, *Répertoire, Bio-bibliographie du M. A.* col. 2270. *

FRANÇOIS, III, 141 ; PERREAU, 67, 70, 71, 73 ; TASSIN, 379 ; TASSIN,
G. G., I, 592.

TIXIER (Nicolas-Victor).

Mort à St-Ouen en 1703, a écrit : *Livre des choses mémorables de
l'abbaye de St-Denis entre les années* 1649 *et* 1652, publié par Douet
d'Arcq et Le Roux de Lincy au tome III des *Registres de l'Hôtel de
Ville pendant la Fronde,* publication de la Soc. de l'Hist. de France
(LAMA, *Bibl.*, p. 73).

Né à Autun en 1617 de Simon Tixier et de Claude de Changy,
admis à l'âge de 8 ans à une place monacale à St-Martin de sa ville
natale, Victor Tixier étudia à Paris, puis embrassa la réforme de
St-Maur. Il occupa la charge de sous-prieur à St-Denis, passa par
différents monastères pour y régler l'introduction des Mauristes,
(1654-1669), devint prieur de St-Germain-des-Prés (1669-1675),
passa ensuite à St-Melaine de Rennes, devint en 1678 gouverneur de
l'abbé de Longueville, fils de Condé, et mourut à St-Ouen de
Rouen].

Prieur de St-Etienne de Caen, 1666-1669 (D. BLANCHARD, 4-5,
11-13).]

* D. Nicolas-Victor Tixier, né à Autun, profès à St-Faron de
Meaux le 29 juillet 1641, à l'âge de 23 ans, mort à l'abbaye de St-
Ouen de Rouen le 17 mars 1703. *

On conserve de lui : *Mémoires 1669-1675* (Bibl. nat. Paris F. F.
15007) ; Correspondance avec le prince de Condé (Archives de
Chantilly).

Epitaphe pour D. Guérard (KUKULA, *Mauriner Aug.* I, 45).

MM. Jean Lemoine et André Lichtenberger lui ont consacré une
étude intéressante, qui met bien en relief sa personnalité: *Le Père
Tixier 1617-1701 (Revue de Paris*, 1903, 1er et 15 nov., pp. 99-131,
394-418), étude reproduite dans le livre de ces deux auteurs : *Trois
familiers du grand Condé. L'abbé Bourdelot, le Père Talon, le Père
Tixier.* Paris, Champion, 1909, p. 177-266. En appendice on trou-

vera (pp. 326-336) quelques extraits de ses mémoires inédits pris par Gaignières.

Sur ses mémoires, v. *Les Mémoires de Dom Victor Tixier d'Aulun* (*Mém. Soc. Eduenne*, XLV, 1926, 335-345).]

* Voyage de religieux de St-Denis à Reims, à l'occasion du sacre de Louis XIV en 1654, minute de la rédaction de l'un d'eux « Victor Tixier » (Bibl. nat. f. fr. 18540, f. 49-60 ; OMONT, *Catal. anc. fonds St-Germain*, II, 410).

Mémoires de D. Tixier, prieur de St-Germain-des-Prés, 1669-1675, copie de Gaignières, 47 ff. (Bibl. nat. f. fr. 25007 ; OMONT, *Catal. anciens petits fonds français*, II, 497).

Fragments de deux lettres écrites de Rouen à M. le prince de Condé par D. T. 25 nov. et 18 déc. 1685 au sujet de faits relatifs à la révocation de l'édit de Nantes (Duc d'AUMALE, *Hist. des princes de Condé pendant les* 16e et 17e s. Paris, 1896, 8°, t.VII, pp. 717-718).

Neuf lettres de D. V. T,. prieur de l'abbaye de St-Corneille de Compiègne, à Mme l'abbesse du Val de Grâce à Paris, 1656-1657, dans « Histoire de l'union de l'abbaye de St-Corneille de Compiègne à l'abbaye du Val de Grâce de Paris, par l'abbé J. Broutel, chanoine de Verdun, administrateur de la dite abbaye et depuis abbé de Coët-Malven en Bretagne, 3 vol. (Archives nat. Paris, LL. 1619-1621, t. III, ff. 1345-1356). Sur les rapports de D. V. T. avec l'abbesse et l'administrateur (*ib.*, I, 126-204).

Notice par D. Racine, *Nécrologe de St-Denis* (Bibl. nat. Paris, f. fr. 8599, pp. 226-228) *

BOUILLART, *St-Germain*, 264 ; FÉLIBIEN, *St-Denis*, 485-489, 494 ; LAMA, 154 ; LE CERF, 96-97 ; *Revue bénéd.*, XXVIII, 1911, 409 ; *Revue Mabillon*, VI, 1910, p. 186 ; TASSIN, 84, 169, 374 ; TASSIN, G. G., I, 126, 157, 584 ; THIERS, *Apologie*, 77 ; VANEL, *Nécrologe*, 347.

TOURNOIS (Nicolas Le).

* C'est par erreur qu'on attribue à D. N. Le T. la publication du *Lexicon Hebraicum* de D. Pierre Guarin (*Revue bénéd.*, XXVIII, 1911, p. 203) ; il est mort à St-Denis en 1742 et le *Lexicon* a paru en 1746, publié par D. Ph. Girardet. D. Le Tournois a rédigé les sept lettres qui suivent la lettre Mem. et D. Girardet les deux dernières.

LAMA, n. 390 ; D. RACINE, *Nécrologe de St-Denis*, Bibl. nat. Paris ms. fr. 8600, p. 424 ; TASSIN, 493, 498-499 ; TASSIN, G. G., II, 154, 157-158.

TOUSTAIN (Charles-François).

D. Tassin, page 706 de son *Hist. litt.*, parle d'un ouvrage de D.
Toustain qui n'a point vu le jour et qui se compose de sa dissertation sur l'hérésie Paulicienne. Ce travail est conservé sous le
n° 12531 parmi les mss. lat. de la Bibl. nat. (Fonds de St-Germain-
des-Prés).

Ajouter à la note de la page 92 sur Dom Toustain qu'à ma connaissance, il y a trois éditions ou tirages différents de sa *Remontrance
aux R. P. Supérieurs de la Congrégation de St-Maur*, mentionnée par
Dom Tassin, l'une de 10 pp. in-4° avec des notes ou apologétiques
ou critiques sur certains membres de la Congrégation, auxquels
il y est fait allusion en termes vagues et sans identification ; les
deux autres de 8 pages, quoique d'une justification différente,
mais sans notes approbatives ou improbatives, avec identification
des personnes auxquelles elles s'appliquent dans l'édition de 10
pages. Il me semble vraisemblable que les éditions sans notes étaient
destinées au public, et celle avec notes intimes seulement aux religieux et monastères de la Cong. de St-Maur.

Dans son exemplaire des *Remontrances* relié à la suite des *Très-
humbles remontrances* de D. Perreau (Bibl. Colmar), M. Wilhelm
a mis la note suivante : « J'en possède, dans un recueil de pièces
concernant la Cong. de St-Maur qui a été formé autrefois à l'abbaye
de la Grasse, un autre exemplaire qui est de 10 pages. Le texte des
deux exemplaires est identiquement le même, seulement l'exemplaire de l'abbaye de la Grasse est d'une impression sensiblement
moins serrée et les caractères en sont plus grands. De plus l'exemplaire de la Grasse est enrichi de précieuses notes imprimées au
bas des pages, et relatives à plusieurs bénédictins dont le nom y
est imprimé en toutes lettres, et dans lesquelles leur conduite à
propos du Formulaire ou leurs ouvrages sont vivement critiqués.
Enfin l'exemplaire de la Grasse est terminé par un post-scriptum
daté du 6 août 1733 concernant Dom Léonard Brunier ». M. Wilhelm
suppose que cette édition n'était pas destinée au public et ajoute :
cette supposition me paraît d'autant plus vraisemblable qu'il me
semble que Dom Lecerf a puisé dans ces notes quelques-uns des
détails et quelques-unes des appréciations de son Histoire de la
Constitution Unigenitus en ce qui regarde la Congrégation de
St-Maur. J'en possède encore un troisième exemplaire d'une autre
justification que les deux autres et de 8 pages aussi sans les notes.]

* M. Tougard a publié trois lettres de D. Ch. Fr. Toustain *(Mélanges* publiés pour la Soc. d'hist. de Normandie, 3e série, 1895, 187-230), adressées à D. Athanase Peristiani, de l'abbaye de Ste.-Justine de Padoue, datées de St-Ouen de Rouen 13 janvier et 4 sept. 1741, 10 janvier 1746. Les deux premières contiennent des détails intéressants sur la préparation de l'édition des œuvres de S. Théodore Studite, à laquelle travaillait D. Toustain. La première de ces lettres avait déjà été publiée, d'après le brouillon, par GIGAS, II, 307-316. *

[Sur les travaux des Mauristes Toustain et Tassin sur S. Théodore Studite, voir TASSIN, 708-709 ; *Revue bénéd.*, XXVIII, 1911, p. 203).

Histoire de l'abbaïe de St-Wandrille par Dom Toustain et D. Tassin, ms. 1223 de Rouen *(Cat. gén. mss. Dép.* I, 306 ; LELONG, IV, S. 12840).

* Lettre de D. Ch. Fr. T. à D. Maur Dantine, Rouen, 12 oct. 1746, sur leurs travaux (Bibl. nat. Paris, f. fr. 25538, f. 314-315) *.

CERVEAU, II, 314 ; D. PAUL DENIS, *Bénédictins originaires du dioc. de Séez*, 34-35 ; *Etudes*, 5 fév. 1909. p. 383 ; FRANÇOIS, III, 145-154 ; FRÈRE, II, 570 ; GIGAS, II, 236-237, 307-320 ; HOEFER, XLV, 557 ; *Kirchenlexikon*, XI, 1918 ; LAMA, 523-528 ; LELONG, V, 739 ; MICHAUD, XLII, 72 ; OURSEL, II, 525 ; PORÉE, *Abbaye du Bec*, II, 443 ; QUÉRARD, IX, 527 ; SAUVAGE, 17-18 ; TASSIN, 632, 704-718 ; TASSIN, G. G., II, 367, 481, 499.

TOUSTAIN (Nicolas).

[Eloge dans une lettre de D. Claude du Pré à D. B. de Montfaucon *(Revue bénéd.*, XXXVIII, 1911, p. 55).

Lettres à D. B. de Montfaucon des 29 nov. 1720 *(ib.*, 57), du 9 février 1721 *(ib.*, 61-62), du 11 mars 1721 *(ib.*, 63), et dans le travail de Ch. Guéry mentionné plus bas.

Lettre dans Coll. de Bourgogne, 73 (LAUER, I, 23).

Collaboration à la réédition du Glossaire de Du Cange sous la direction de Montfaucon *(La Correspond. hist. et arch.*, juillet-août 1904, p. 211).

Mémoire de ce qui m'a paru curieux et ancien dans les abbayes et les églises (de Normandie), Bibl. nat. Paris, F.F. 17712, f. 283-284, adressé à Montfaucon (v. *Revue bénéd.*, XXVIII, 1911, p. 57).

Abbé GUÉRY, *Notes archéologiques d'un bénédictin de N. D. de Lyre, 1720-1721 (Bull. de la Soc. hist. et archéol. de l'Orne*, XXXII, 1913, p. 123-130), sur différentes églises monastiques de Normandie.]

D. Paul Denis, *Bénédictins... dioc. de Séez*, 29 ; François, III, 145 ; Gigas, II, 82-85 ; 101-104 ; Lebeuf, *Lettres*, I, 379, 402 ; II, 22 ; Le Cerf, 477 ; Papillon, I, 399 ; Tassin, 632-633 ; Tassin, G. G., II, 365-368.

TOUTTÉE (Antoine-Augustin).

* Notae in omnia opera S. Cyrilli Hierosol. ; Bibl. nat. Paris, Suppl. grec, n. 425, 736 fol. ; * v. Pat., gr., t. 33, col. 27-30.

François, III, 154-158 ; Hoefer, XLIV, 557 ; *Kirchenlexikon*, VIII, 638 ; Lama, 324 ; Le Cerf, 477-486 ; Le Cerf, *H. C.* 41, 58, 82, 315 ; *Mémoires de Trévoux*, déc. 1721, p. 2338 ; Michaud, XLII, 73 ; Pez, 397-398 ; Quirini, *Commentarii*, I, 93 ; A. Tardieu, *Grand dictionnaire biographique du Puy-de-Dôme*, 1878, 4°, 106 ; Tassin, 402-407, 743, 791 ; Tassin, G. G., II, 8-16, 544, 616 ; Valenti, 272-277 ; Vanel, *Nécrologe*, 115-116 ; Ziegelbauer, III, 442-444.

TRABLAINE (André).

Ajouter à sa notice par Dom Tassin qu'il a fait imprimer *une lettre en réponse à un mémoire de* D. Devienne que celui-ci publia à l'occasion d'un procès pendant devant le Parlement de Bordeaux (voir plus de détails à la note à l'article De Vienne page 95 infra [t. I, p. 165-166].

Lettre de D. Chardon du 22 nov. 1756 (Bibl. nat. Paris, f. fr. 17085, f. 57).

Lettres à D. Ramet, prieur de S\t-Pierre-le-Vif, 1749-1755 ; Bibl. de Sens, ms. 282 *(Cat. gén. mss. Dép.*, VI, 202).

François, III, 158-159 ; Lama, 551 ; Tassin, 439, 751-752 ; Tassin, G. G., II, 66, 557-558 ; Vanel, *Nécrologe*, 250-251.

TREILLE (Claude).

* Né à Thiers, dioc. de Clermont, fit profession à l'âge de 18 ans dans l'abbaye de S\t-Augustin de Limoges, et mourut le 16 mars 1742 à l'abbaye de S\t-Riquier, où il résidait depuis 1738.

Il avait écrit un « Testament spirituel » qui fut imprimé dans les *Nouvelles ecclésiastiques*, n° du 2 sept. 1742; et qui a été réimprimé par l'abbé Hénocque dans son *Histoire de l'abbaye et de la ville de Saint-Riquier*, Amiens, t. II, 1883, 4°, p. 294-297 ; notice, p. 298-299. *

Cerveau, II, 8.

TRICHAUD (Jean).

[Lettres à D. Simon Bougis, datées de Tolose, 9 mars 1678
(Bibl. nat. Paris 11645, ff.151-152), 5 avril s. l. n. d. (*ib.*, f. 153-154),
Toulouse 21 avril 1678 *(ib.*, f. 155-156) ; fragments dans KUKULA,
III, 1, p. 23-24, 33-34 ; III, 2, p. 26, 33.]

 * D. Estiennot s'est servi des notes de D. J. T. pour rédiger
sa notice sur les abbés de St-Théodard à Montauban *(Antiquitates
benedictinae in Occitania*, t. I, Bibl. nat. Paris, ms. lat. 12760,
f. 302). *

ROBERT, 92.

TRIPIER (Sébastien).

 * Né à Paris, profès à St-Médard de Soissons le 21 juillet 1682,
âgé de 21 ans, décédé à St-Faron de Meaux en 1744.

Serenissimo Transsylvaniae Principi Francisco Ragotsci. Pro
patria olim ac libertate decertantium strenuissimo duci. Nunc
apud Camaldulenses Eremitas piam tranquillamque vitam agenti.
Anagramma : Franciscus Ragotsci. Sic Francisco gratus (8 vers
hexamètres).

Scribebat et humanissimo Principi aeternum grati animi ac
observantiae testimonium offerebat fr. Sebastianus Tripier Faro-
niensis asceta benedictinus VIII id. apr. MDCCXVI (Bibl. nat.
Paris, ms. lat. 11866, f. 276).

Lettre de D. S. T., St-Faron 15 juillet 1733, à D. Martène, doyen
de St-Germain-des-Prés, au sujet de l'histoire de S. Faron (Bibl.
nat. Paris, f. fr. 25538, f. 317-318).

Lettre de D. S. T. au P. Louis Le Pelletier, génovéfain, St-Faron,
5 déc. 1717 (Bibl. Ste-Geneviève, ms. 917, f. 29 ; *Catal. mss.*, I,
438) *.

TROCHON (Louis).

 * Deux lettres de D. L. T. à D. C. Chantelou, abbaye du Bec,
1er nov. et 29 déc. 1661 (Bibl. nat. Paris, f. fr. 19679, p. 80, 87)
encourageant D. Chantelou à préparer l'édition des œuvres de
S. Bernard (D. PIOLIN, *Biographie de D. Cl. Chantelou*. Tours, 1870,
74-75). *

[Lettre latine à Nicolle sur l'Eucharistie, ms 818 d'Aix, n° 13,
(Cat. gén. mss. Dép., XVI, 369).

Lettre du 12 décembre 1671 (KUKULA, III, 2, p. 24, où l'on écrit : Troisin).

Lettre datée de l'abbaye du Bec, février 1665, (Mélanges Colbert 127 bis, f. 837 ; DE LA RONCIÈRE et BONDOIS, *Catal.*, I, 274)]

Du BOUT, *Orbais*, 519 ; MARTÈNE, *Vie des Justes*, II, 159-162 et *L'Anjou histor.*, VIII, 1908, p. 576-579 ; THIERS, *Apologie*, 7, 439 ; VANEL, *Nécrologe*, 61-62, 203.

TROTTIER (Urbain).

Il doit avoir quitté la congrégation, car à la col. obitus [de la matricule] on lit : abiit.

* Le R. P. M. D. Chapotin, des Frères-Prêcheurs, dans son ouvrage : *La comtesse de Pontbriand*, Paris, 1896, 8º, XII-342 pp., nouv. éd. Paris, Téqui, 1898, s'est surtout servi du ms. de D. Trottier, intitulé : « Abrégé de la vie de Mme la comtesse de Pontbriand » dont il avait été le directeur, lorsqu'il était prieur de l'abbaye de St-Jacut, voisine du château de Pontbriand, et publie de nombreux fragments de lettres de la comtesse à son directeur. *

LAMA, 569 ; ROBERT, 92.

TURMENYES (Gaspard de).

Né à Paris, profès à Fleury le 10 juillet 1669, âgé de 20 ans, décédé à St-Remi de Reims le 17 novembre 1734.

* Constitutions pour la communauté des Filles établies aux Vertus, in-4º, 6 ff. n. num. + 205 pp. L'auteur signe : fr. Gaspard Deturmenyes, de l'abbaye de St-Denys ce 5 juillet 1700 (F. BOUR-SON, *Catal. des mss. de la Bibl. de la ville de Paris*, Paris, 1884, 8º, p. 44, nº 486).

Lettre de D. G. de T., St-Remi (Reims) 5 mars 1704 sur l'ouverture de la châsse de S. Remi sous Mgr d'Etampes, archev. de Reims, (Bibl. nat. Paris, ms. lat. 12694, f. 72-73).

Notes sur la châsse de S. Remi, ce 10 sept. 1703, signé : f. G. Fr. de Turmenyes, trésorier (*ib.*, f. 146-148) ; GOUJET, Catal. de sa biblio-thèque, t. I, p. 623 (Bibl. nat. Paris, ms. fr. 1009) *.

[Traité de l'oraison mentale et vocale et des moyens de les bien faire, ms. autogr. de 17 pp. in-12, en possession de Mr J. E. Gode-froy, de Paris ; ce recueil est adressé à « sa chère nièce », G. Fr. de Turmenyes, ce 22 juillet 1726.]

Goujet, *Bibl. aut. eccl.*, XVIIIe s., I, 253-278; Jadart, *Journal de D. Pierre Chastelain*, 142; Le Cerf, *H. C.*, 136. 322 ; Perreau, 4; Tassin, 201 ; Tassin, *G. G.*, I, 308.

TURPIN (Claude-Antoine).

« *Manuel religieux* ou recueil de considérations, affections et pratiques pieuses à l'usage des personnes consacrées à Dieu par les vœux de religion, précédé d'un discours sur l'excellence de l'État religieux et d'un autre discours composé pour le jour de la profession de Madame Louise de France dans le monastère des Religieuses Carmélites de St-Denis en France. Par un Religieux Bénédictin de la Congrégation de St-Maur de l'abbaye de St-Germain des Prés. Paris, chez J. F. R. Bastien, 1783, in-12 »... Le nom et prénom de l'auteur sont dans l'approbation du P. Général de la Cong. de St-Maur en date du 13 juillet 1783. Je n'ai vu jusqu'à présent qu'un seul exemplaire de cet ouvrage dans la belle bibliothèque du vénérable et très savant abbé Degout, curé-doyen de Mormant (Seine-et-Marne) (1).

D'après D. Tassin, Dom Turpin (Claude-Antoine) est né à Paris, il a fait profession à l'âge de 18 ans à St-Faron de Meaux le 13 novembre 1749, il est religieux de St-Germain-des-Prés et c'est de lui qu'on attend présentement l'histoire de la province de Berry, ajoute Dom Tassin à la page 766 de son *Hist. litt.* Dom Turpin figure en effet sur la liste des personnes chargées de rechercher les monuments de l'histoire de France dans le volume intitulé *Plan des travaux littéraires ordonnés par Sa Majesté...* 1782. On y lit en effet : Dom Turpin, historiographe de la province de Berry. On trouve des traces des recherches de D. Turpin sur le Berry dans les chartes et diplômes de la collection Moreau à la Bibl. nat., notamment au tome X, fol. 2 et au tome XII, fol. 138 et suivants. Ces recherches sont mentionnées aux pages 125 et 153 de la *Chronologie des Sires de Bourbon X-XIIIe siècles* par Chazaud.

Je possède maintenant le *Manuel religieux*. [également BM.]

[Usages et coutumes du chapitre de l'église collégiale de Moulins 1397-1697 ; ms. aux Archives dép. de l'Allier].

* Sur sa collaboration au Comité des chartes, voir Charmes. *Comité*, I. p. LV, LXIV, 134-135, 170-172, 174, 400, 410; H. Omont.

(1) Cf. Geoffroy de Grandmaison, *Madame Louise de France*. Paris, Lecoffre, 1907, pp. 200-201.

Invent. des mss. de la Coll. Moreau. Paris, 1891, p. 13 (ms. 307), 15 (ms. 324). Dans le ms. 307, f. 119 on lit : « Histoire de Berry. Dom Turpin, religieux de l'abbaye de St-Germain, est chargé de cette histoire... Il en a ramassé tous les matériaux qui forment déjà 3 vol. in-4º d'environ 500 p. de son écriture. Les monuments ou notices partent du 6e siècle et sont rangés jusqu'à notre époque par ordre chronologique ». 1788. A l'incendie de St-Germain-des-Prés en 1794 le ms. de D. Turpin fut brûlé (H. OMONT, *La Bibliothèque de St-G. d. P. en 1791 (Bull. Soc. Hist. de Paris...,* XVIII, 1891, p. 88-93).

E. ALLAIN, *Les antécédents du Comité des travaux hist.*, 18e siècle (*Revue des quest. hist.*, 1889, t. XLVI, 280, 282, 284) ; *Bull. du Bouquiniste*, août 1874, 391-392 ; *Correspondance hist. et archéol.*, 4e année, 1897, p. 312, 338 ; DELISLE, *Cabinet*, I, 564, 573 ; II, 69 ; III, 377 ; FRANÇOIS, III, 167 ; LAMA, 638 ; QUÉRARD, IX, 583 ; *Revue des quest. hist.*, 1897, LXI, 547 ; *Revue Mabillon*, XVIII, 1928, 129 ; TASSIN, 766 ; TASSIN, *G. G.*, II, 578-579 ; VANEL, *Nécrologe*, 373.

V

VAILLANT (Hugues).

Ajouter à la notice de D. Tassin sur dom Vaillant qu'il a composé l'office de Ste Reine, vierge et martyre, qu'Ansart a imprimé dans son *Manuel du pèlerin à Ste Reine d'Alise* publié en 1780. L'abbé Lamey, de l'ordre de S. Benoît, au prieuré de Grignon, a réimprimé cet office en 1881 sous le titre de : *Sanctae Reginae virginis et martyris officium monasticum missaque propria ad usum abbatiae Flaviniacensis* dispositum a R. P. Domno Hugone Vaillant monacho Benedictino Congreg. S. Mauri. Cistercii, ex typis coloniae S. Joseph 1881, in-12, de 32 pp. Dans l'avertissement, l'abbé Lamey s'exprime ainsi : Domnus Hugo Vaillant doctissimae Congreg. S. Mauri sodalis et scriptor hoc officium cum missa propria concinnavit, ut videre est apud D. Fr. Grignard in Vie de Ste Reine d'Alise (p. 459) juxta schedulam ejusdam monachi Flaviniacensis datam die 4 aug. 1691.

On conserve dans les mss. lat. de la Bibl. nat. sous les nos 12075-12076 (mss. de St-Germain-des-Prés) : offices propres à diverses maisons de la Congr. de S. M. en partie composés par D. Hugues

Vaillant (L. DELISLE, *Invent. des mss. lat.*, p. 35 de l'Invent. des mss. de St-Germain-des-Prés). Consulter sur Dom Vaillant la page 406 du tome I du Recueil des lettres de l'abbé Lebeuf publiées par MM. Quentin et Chérest.

[Sur ses travaux : messe, office de S. Etienne et litanies, v. *Revue Mabillon*, X, 1914-20, 134, 144.]

* D. Hugues Vaillant composa plusieurs tragédies classiques et autres pièces d'apparat pour différentes circonstances jouées par ses élèves (A. DUPRÉ, *Notice sur l'Ecole de Pontlevoy*, dans *Le Loir-et-Cher histor.*, 1897, col. 73).

In nova translatione corporis S. Patris Benedicti apud Floriacum in capsam argenteam, Epinicium Eucharisticon, odae tres... necnon de ejusdem translatione ex monte Cassino ad Floriacense coenobium Carmen heroicum, auct. D. Hugone Vaillant. Parisiis, 1663, in-4. 73 pp. (*Catal. des imprimés de la Bibl. de Reims. Belles-Lettres, I, 1867, p. 467, n. 1536*).

Le poème sur la nouvelle châsse de Fleury a été reproduit dans la *Catena Floriacensis de existentia corporis S. Benedicti in Gallia* par Brettes et Cuissard. Paris, 1880, 8°, p. 277-284 : Carmen heroicum de SS. P. Benedicto Galliarum tutelari ac patrono ex operibus D. Hugonis Vaillant descriptum.

Fasti sacri sive Epigrammatum quibus sanctorum elogia per totius anni dies canuntur libri XII. Singulis cœlitum elogiis chronologica synopsis praefixa est. Auctore D. Hugone Vaillant. Parisiis, apud Guill. Desprez, in officina Caroli Savreux, 1674, 2 vol, in-12° (*Catal. des imprimés... de Reims. Belles-Lettres, I, p. 471, n° 1555*).

Les offices particuliers de l'abbaye royale de Sainte-Austreberte, ordre de S. Benoist, mis en ordre et imprimés par les soins de Madame Magdelaine-Angélique Gouffier, abbesse... à Paris, 1665, in-12, 50 p.; autre édition, Paris, Guérin 1734, 8°, IV-48 pp., où l'approbation de l'évêque d'Amiens du 3 déc. 1664 indique D. Vaillant comme l'auteur (v. R. RODIÈRE. *Les corps saints de Montreuil.* Paris, 1902, p. 354-356 (3 hymnes de D. H. V.) et indication de réimpressions modernes.

Demande d'hymnes nouvelles pour S. Exupère, évêque de Bayeux (MARTÈNE, *Hist. Cong. St-Maur* (a. 1664), IV, 185.

Planctus Galliae (TASSIN, 91 ; v. MARTÈNE, *Hist.*, (a° 1666). t. IV, 214).

Les mss. lat. 12075-12076 de la Bibl. nat. Paris, portent au dos :

« D. H. Vaillant, offices des Saints ». La plus grande partie de ces 2 vol. renferme des œuvres de D. H. Vaillant :

12075, f. 70-84. In festo S. Pauli Narbonensis ep. etc.

In festo SS. Justi et Pastoris m.

In translatione S. Pauli (brouillons).

P. 85-96. Officium SS. Placidi et sociorum m. (brouillons).

P. 97-109, le même au net.

P. 110-123. Officium S. Reginae V. et M. (et p. 191).

Item S. Praejecti ep. et m.

P. 124-134 copie et 136-149 brouillons de l'Officium venerationis SS. Reliquiarum.

P. 156-172, 181-190. Officium novum S. Roberti abb. Casae Dei cum missa.

P. 173-176. In festo S. Roberti Molismen.

P. 192-211. Officium S. Scholasticae V. cum missa propria.

P. 240-244. In festo S. Viviani ep. Santon.

12076, f. 18-27, 28-36. Officium translationis S. Benedicti, brouillon et mise au net.

P. 37-48, 49-58. Missae propriae, séquences.

P. 58-66. Lectiones 2ᵉ nocturni.

P. 73-76. De Em. et R. card. Petro Berulle hymni.

P. 77. In festo S. Beati, conf.

P. 85-88. In festo S. Domnoli ep.

P. 101-113, 114-133. Officium cum missa de S. Francisco Salesio, brouillon et mise au net.

P. 134-156. Officium S. Gertrudis V.

P. 173-178. Lectiones propriae.

P. 179-182. Hymni de SS. Laurentio, Vincentio et Domnolo Cenom. ep.

François, III, 169-170 ; Gigas, II, 100 ; Lama, 58-60 ; Le Cerf, 486-488 ; Pez, 24-25 ; *Revue de Loir-et-Cher*, 1901, 48-49 ; Tassin, 90-92, 146, 292 ; Tassin, G. G., I, 136-138, 223, 452.

VAILLY (Charles).

* Sur la clepsydre qu'il fit exécuter à Sens vers 1690, v. D. J. Alexandre, *Traité des horloges*. Paris, 1734, p. 75 suiv. *

Trois autographes à Orléans (*Cat. gén. mss. Dép.*, XII, 332).]

François, III, 171 ; Tassin, 478 ; Tassin, G. G., II, 126-127.

VAINES (Jean-François de).

Figure dans le *Plan des travaux littéraires pour la recherche des monuments de l'histoire du droit public de la monarchie française.* Paris. Impr. royale, 1782, sur la liste des Bénédictins correspondants du comité pour la recherche de ces monuments. Il y a une courte notice sur Dom de Vaines dans les notices bénédictines de l'*Annuaire de la Société de l'Histoire de France.* An. 1837. On y dit que ce bénédictin a été le collaborateur de la célèbre édition d'Alcuin publiée par Froben, abbé de St-Emmeran de Ratisbonne. [L'abbé de St-Emmeran, qui mentionne les collaborations de plusieurs Vannistes, de D. Lièble et de D. J. C. Vincent, ne cite pas D. de Vaines dans sa préface (P. L. 100, col. 15-16).]

* *Dictionnaire raisonné de Diplomatique.* Nouv. éd. par Bonnetty. Paris, 1863-65, 2 vol. 8°. — Autre éd., Paris, 1884, 2 vol. in-8°.

Correspondance avec le Cabinet des chartes (Coll. Moreau, vol. 306 ; OMONT, *Inventaire,* 13, 18).

Epitre dédicatoire à Bertin par dom de Vaines *(Bull. de la Soc. hist. du Périgord,* t. VIII, 1881, 447).*

Lettre de novembre 1774. ms. 308 de Beaune *(Cat. gén. mss. Dép.,* XL, 555).]

CHARMES, *Comité,* I, p. LXV, 411 ; DELISLE, *Cabinet,* I, 360 ; FRANÇOIS, III, 175 ; *Mémoires de Trévoux,* avril 1774, p. 20 ; QUÉRARD, X, 9-10 ; ROBERT, 93.

VAISSÈTE (Joseph).

Compléter tout ce que dit Dom Tassin sur ce bénédictin par l'Introduction à l'histoire générale du Languedoc des Bénédictins Claude de Vic et Joseph Vaissette par Thomas, archiviste de l'Hérault, Montpellier, 1853, in-4°. Il y fait mention à la page 40 d'un opuscule de D. Vaissette dont D. Tassin ne parle pas, c'est une lettre. Il est auteur d'une lettre à Fontenelle sur Romieu de Villeneuve, ministre de Raymond-Bérenger comte de Provence, qui fut imprimée dans le *Mercure* de mars 1751. Je crois qu'il existe un tirage à part, qui a figuré il y a quelques années dans un des catalogues de Claudin. — Je le possède maintenant. Sur l'opuscule de Dom Vaissette ci-dessous mentionné, voyez la note à la page qui précède l'avertissement. [La voici]: Le titre de l'opuscule de Dom Vaissette mentionné à la page 92 et qui n'a pas été connu de Dom Tassin est le suivant : *Dissertation pour servir à l'histoire de Romée de Villeneuve, baron de Vence, connestable, grand-senéchal et gouverneur de Provence, tuteur et régent pendant la minorité de la princesse Béatrix femme de Charles d'Anjou, frère de S. Louis, dans laquelle se trouvent plusieurs faits concernant l'histoire de France sous le règne de S. Louis, et de Provence pendant la vie du comte Raymond Bérenger* par Dom Vaissete, auteur de l'histoire de Languedoc. Extrait du *Mercure* du mois de mars 1752. A Paris, de l'imprimerie de Bullot, rue St-Etienne-des-Grès, in-12 de 24 pp. Il est à remarquer que cette dissertation est écrite sous forme de lettre à M. de Fontenelle et est datée de Paris le 21 janvier 1751. Il y a eu aussi de cette dissertation un tirage grand papier avec portrait gravé in-folio de Romée de Villeneuve qui est aujourd'hui introuvable et dont je possède un exemplaire.

Ajouter à la note de la page précédente sur Dom Vaissette qu'il faut lire le récit de la visite que lui fit Jordan et qu'il raconte longuement pages 76-78 de son *Histoire d'un voyage littéraire fait en 1733 en France, en Angleterre et en Hollande* : « Je lui parlai, dit-il, des miracles du diacre Paris. Ce savant religieux ne sait qu'en penser, il se voit obligé de suspendre son jugement ».

Ajouter aux notes sur Dom Vaissette ci-dessus et à la page précédente qu'on a encore de ce bénédictin un écrit anonyme in-4° de 25 pp. intitulé : *Réponse de l'historien du Languedoc aux Journalistes de Trévoux*, sans lieu ni date [B. M.]. Voyez à la fin du volume l'indication des articles auxquels a répondu Dom Vaissette.

La dissertation sur l'origine des Français a été reproduite par Leber (*Collection*, I, 133-177).

Biographie anonyme *(Revue hist., scientif. et litt. du dép. du Tarn,* I, 30 ; III, 94).

DE BOURDÈS, *Généalogie de Dom Vaissette (Bull. de la Soc. archéol. du Midi de la France,* 1904-1905. 345-351 ; cf. *Annales. du Midi,* XVIII, 1906, 109).

A. MOLINIER, *Remarques sur quelques actes publiés par D. Vaissete (Bibl. Ecole des chartes,* XXXVII, 35-50 ; cf. XXXV, 202).

REDIER DE LA VILATTE, *Etude littéraire sur les historiens du Languedoc, en particulier sur D. Devic et D. Vaissete.* Toulouse, Douladoure, 1879, 8°.

J. ADHER, *Un document inédit sur le père de D. V. (Bull. Soc. archéol. du Midi,* n. 44. 1915, p. 125-127).

Sur sa collaboration à l'*Histoire de Languedoc,* v. MAUR. LECOMTE (*Revue Mabillon,* XVIII, 1928, p. 49-55).

Prospectus (Coll. de Picardie 225, f. 46, 60, 61, 63 ; LAUER, II, 158-159).]

* Observations pour ceux qui seront employés à la visite des archives dressées sur diverses observations de D. Vaissete (Coll. Moreau, ms. 1432, f. 17-20 ; OMONT, *Inventaire*, 129).

ED. DULAURIER. D. Vaissette et son Histoire générale du Languedoc. Les collaborateurs et les promoteurs de cet ouvrage. Introd. hist. p. 15-255 de *Histoire générale de Languedoc* avec des notes et des pièces justificatives par D. Cl. Devic et D. J. Vaissete. Edition accompagnée de dissertations et notes nouvelles... sous la direction de M. Edouard Dulaurier. Toulouse, t. I, 1872, in-4°.

Introduction historique. Notice, pp. 15-84. Pièces justificatives, 1ère série, Papiers personnels de D. Devic et D. Vaissette, pp. 85-102. 2e série, Documents relatifs à la publication du livre, pp. 103-166 ; 3e série, Correspondance, pp. 167-249. Tables de l'introduction, p. 251-255.

Un mémoire de D. V. adressé à M. de Joubert, syndic général de la Provence, 23 août 1754, a été publié dans les *Chroniques de Languedoc*, t. V, Montpellier, 1879, p. 15-16.

Un autre, du même auteur, relatif à un projet de supplément, St-Germain-des-Prés, 15 janvier 1746 *(ib.,* 31-32).

Lettres de D. Vaissete (4) et de D. Devic (1) relatives à l'Histoire de Languedoc *(Chroniques de Languedoc*, I, 1874-75, pp. 33-35, 78-79, 99-100, 136-137, 164-165).

Lettre de D. V., Paris 10 juillet 1748, à D. Jacques Fortet *(Bibliophile du Bas-Languedoc*, I, 1884, p. 1-2).

Lettres inédites à D. Bourotte *(ib.,* p. 1-4).

Lettre à M. Freydier, juge à Nîmes, Paris 12 mai 1744 (TAMIZEY DE LARROQUE, *Bénédictins méridionaux*, 47-49). *

[Correspondance publiée dans le *Cabinet historique*, 1856, I, 89-96, 125-128, 154-155 et par TAMIZEY DE LARROQUE *(Bénédictins méridionaux*, XI, 41-48).

Papiers de D. De Vic et de D. Vaissete, voir *Cabinet historique*, 1856, 2e partie, 61-94, 113-132, 196-173, 191-211 ; 1857, 2e part., 18-25, 259-262.

Lettre de Dom Lobineau (DENIS, *Lettres de Bénédictins du Maine*, 7-9).

Correspondance et papiers (Bibl. nat. Coll. de Languedoc, mss. 21, 40, 65, 99, 149, 170-191 ; LAUER, I, 197, 201, 207, 213, 229, 235-243).

Papiers (F. F. 6437-6439).

Lettre à D. J. B. Kraus, de St-Emmeran de Ratisbonne (Bibl. royale de Munich, Starkiana, n° 21).

L. G. PÉLISSIER, *Une lettre de Dom Vaissette* (*Revue hist. du dioc. de Montpellier*, 15 juillet 1910).]

BÉRENGIER, *Corresp. litt.*, 3-4, 15, 43, passim ; DAUX, *Mas-Grenier*, 78-79 ; DE BROGLIE, *Montfaucon*, I, 31-32, 38 ; DELISLE, *Cabinet*, II, 65, 71 ; FRANÇOIS, III, 171-175 ; HORFER, XLV, 837-838 ; LA CROZE, *Hist. d'un voyage litt.*, 76-78 ; LAMA, 530-532 ; LE CERF, 488 ; LELONG, V, p. 743-744 ; *Mémoires de Trévoux*, août 1740, p. 1493 ; juill. 1746, p. 1454 ; sept. 1746, p. 1764 ; nov. 1746, p. 2463 ; déc. 1746, p. 2612 ; MICHAUD, XLII, 416-417 ; QUÉRARD, X, 10 ; *Revue Mabillon*, II, 1906, 27-27 ; TASSIN, 515, 724-729 ; TASSIN, G. G., II, 182, 514-522 ; VANEL, *Nécrologe*, 239-242 ; VERNIÈRE, 295.

VALETTE (Georges).

* Né à St-Maixent, profès à St-Allyre de Clermont le 21 octobre 1766, âgé de 17 ans, habitait en 1817 à Freissigné (Deux-Sèvres)

Etant professeur à St-Maixent, il composa une pièce : *Les trompeurs trompés* (CLOUZOT, *Représentations dramatiques dans les collèges poitevins*. (Extrait de la *Revue du Bas-Poitou*). Rennes Lafolye, 1900, 31 pp. 8°)*.

VALLÉE (François-Boniface).

Dom Chamard (*Revue des questions hist.*, t. XXXIII, p. 33-34), écrit le nom de ce bénédictin : *Devallée* et ajoute que son ouvrage est sans valeur.

D. P. de Monsabert signale de lui : *Histoire chronologique de la royale abbaye de Saint-Maixent en Poitou*. Bibl. de Poitiers, ms. 440 ; Bibl. nat. Paris lat. 12684 et 12779.

Vies de saint Agapit, de saint Maixent et de saint Léger. La vie de S. Maixent a été publiée par M. Richard : *La vie de saint Maixent abbé et patron de la ville qui porte son nom*. St-Maixent, Reversé, 1866, 36 pp. in-12.

Introduction de la congrégation de Saint-Maur dans l'abbaye de Saint-Maixent en Poitou, l'année 1634. Bibl. nat. Paris, ms. lat. 12684, f. 146-152, publié par A. Richard (*Chartes et documents pour servir à l'histoire de l'abbaye de Saint-Maixent*. Arch. hist. du Poitou, t. XVIII, p. 348-356).

Notes sur l'abbaye de Saint-Maixent, Bibl. nat. Paris, ms. lat. 12684, 12779 ; v. RICHARD, l. c. p. 344-348.

C'est lui ou D. Faye qui est l'auteur de : *Abrégé de ce qui s'est passé touchant la réformation de la royale abbaye de Saint-Maixent et l'union qui en a été faite à la congrégation de Saint-Maur avec ce qui est arrivé de plus remarquable depuis ce temps.* Bibl. nat., lat. 12684, f. 167-175 ; v. RICHARD, p. 348-354 ; *Revue Mabillon*, V. 1909, 115-116).

Copie des notes de Besley sur Montierneuf à Poitiers, faite en 1653, Bibl. nat. Paris, lat. 12685 (DELISLE, *Monasticon*, 15).}

ROBERT, 93.

VALLES (Bruno).

[Méthodes d'oraison et sujets de méditation à l'usage d'un religieux (F. F. 19376).

Bull. de la Soc. arch. du Limousin, XLV, 185, 191-192 ; MARTÈNE, *Vie des justes*, II. 4-5.

VAROQUEAUX (Jean).

Ajouter à sa notice que d'après la page 585 de l'*Hist. eccl. et civile du dioc. de Laon* par Dom Nicolas Lelong, D. Varoqueaux serait né non pas à Massigny-le-Franc, comme dit Robert, mais à Montigny-le-Franc, et est mort en 1743. Dom Le Cerf dans son *Hist. de la Constit. Unig...* pages 9-11 raconte les persécutions que subit Dom Varoqueaux à cause de son opposition à la bulle et de son inébranlable attachement à la vérité (sic). Lelong ajoute que ses mémoires sur le Laonnais ont été utilisés par D. Gédéon Bugniâtre qui a travaillé sur le même sujet.

Dom Varoqueaux est mort à St-Vincent de Laon le 30 mai 1743.

[D'après des notes, que m'a jadis communiquées M. l'abbé Berriot, prêtre du dioc. de Soissons, D. Jean Varoqueaux, fils de Jean et de Jeanne de Selle, naquit à Montigny-le-Franc en 1683. Elevé par ses grand-oncle et oncle Jean et Jacques Varoqueaux, curés de cette paroisse, puis placé en 1695 chez les Jésuites de Reims, pendant sa deuxième année de philosophie il entra à l'abbaye de St-Vincent de Laon, fit profession à St-Faron le 13 juin 1703, à l'âge de 20 ans.

Il est l'auteur d'une *Vie de S. Pons*, biographie et office noté, in-12 et 74-LVI pp., ms. conservé dans les archives paroissiales de Montigny-le-Franc.

Il mourut le 30 mai 1743, étant sous-prieur de St-Vincent de Laon, à Montigny-le-Franc, où il s'était retiré pour y prendre quelque repos, chez son frère, François, et son corps fut ramené à l'abbaye, comme l'atteste une annotation du registre des actes de catholicité de la paroisse de Montigny-le-Franc, s. a. 1743)].

* V. ARSÈNE LEDUC, *Notice sur Dom Jean Varoqueaux, sous-prieur de l'abbaye de St-Vincent de Laon.* 1874, 8⁰. *

[Essai sur l'histoire ecclésiastique et civile de Laon et du pays Laonnais, 400-1724 (Coll. de Picardie, vol. 185-187 ; LAUER, II, 148).

Histoire du Laonnais. Essais historiques et mémoires pour servir à l'histoire... de la ville de Laon (Coll. de Picardie, vol. 263 ; LAUER, II, 171).

« Idée abrégée de l'hist. de Laon et du pays Laonnais » (*ib.*, p. 204-210 ; Coll. de Languedoc, vol. 181, f. 204-210 ; LAUER, I, 238).

Lettre au chan. Masclef (Bibl. d'Abbeville, ms. 76 ; *Catal. gén. mss. Dép.*, IX, 420).

Lettre adressée à un confrère, de St-Germain-des-Prés (D. Vaissète), datée de St-Lucien de Beauvais le 24 sept. 1741, relative à son projet de publier une Histoire de la ville et du diocèse de Laon (Coll. de Languedoc, vol. 181, f. 202-203), publiée par D. TH. RÉJALOT, *Dom Gédéon Buguiâtre (Almanach Matot-Braine*, LXII, 1929, p. 402-404).

Sur le procès qui lui fut intenté ainsi qu'à D. Chopelet, voir plus haut, t. I, p. 117.

La sentence du supérieur général, signée par f. Claude Dupré, secrétaire, du 7 juin 1715, est un imprimé s. d. (1715) de 4 pp. in-4⁰.

Il existe des dossiers relatifs à D. Varoqueaux à propos de son opposition à la bulle *Unigenitus* à la Bibl. de l'Arsenal, Archives de la Bastille ms. 10182 (*Catal.*, IX, p. 19, 331), ms. 10608 (*ib.*, p. 101, 331) ; ms. 10622 (*ib.*, p. 103, 951). Voir sur le jugement prononcé contre lui par les Supérieurs le 7 juin 1715, *Revue Mabillon*, V, 1909, 367-368.]

BEAUNIER, *Introd.*, 111 ; DELISLE, *Cat. actes Philippe-Auguste*, XLII ; LEBEUF, *Lettres*, I, 205 ; LE CERF, *H. C.*, 2, 9-12, 19, 311 ; PERREAU, 13 ; ROBERT, 93.

VASLET (Amand).

M. A. Vernière, le savant éditeur du Journal de voyage de Dom

J. Boyer, dit qu'il a quelques raisons de croire que la 4ᵉ lettre,
que D. Tassin pag. 536 croit pouvoir attribuer à D. J. Boyer, auteur
de trois lettres sur le propre de S. Flour, est de Dom Amand
Vaslet, ancien prieur de l'abbaye de Beaulieu. Dom Vaslet a écrit
une *Histoire de l'abbaye de Beaulieu* qui vient d'être éditée par
l'abbé Poulbrière.

*Abrégé de l'histoire de l'abbaye de St-Pierre de Beaulieu en Bas-
Limousin (Bull. de la Soc. scientif. de la Corrèze, à Brive, VI, 1884,
p. 59-176).* Brive, Roche, 1884, 8°, 118 p.

ARBELLOT, 30 ; VERNIÈRE, 131, 259.

VASSAL (Jean-François).

Né à Pechjauré, dioc. de Cahors, a fait profession, âgé de 18 ans,
à N. D. de la Daurade à Toulouse le 25 janvier 1768 *(Matricule)*.

Il écrivit le 16 décembre 1790 au cardinal de Reims une lettre
sur les affaires de France (A. THEINER, *Documents inédits relatifs
aux affaires religieuses de la France de 1790 à 1800*. Paris, 1857,
I, 308-310 ; DE LANTENAY, *Prieurs de Ste-Croix*, 185-187). C'est
par erreur que Theiner l'appelle Dominique.

VAULLEGEARD (Pierre).

Ajouter à la notice donnée par D. Tassin, p. 407-409, qu'il avait
fait représenter par ses élèves deux pièces de sa composition :
1° *Clytandre*, tragédie (26 fév. 1688) et 2° *Les Princes Grecs*, tragédie (2 août 1713). Voy. la *Bibliothèque Chartraine* de Merlet p. 441)

FRANÇOIS, III, 183-185 ; FRÈRE, II, 591 ; OURSEL, II, 553 ; TASSIN,
407-409 ; TASSIN, G. G., II, 16-19.

VERDIER DE LA TOUR (Michel-François).

C'est probablement le Dom de la Tour qui figure dans le *Plan
des travaux littéraires...* comme chargé des recherches pour l'histoire
de l'Auvergne. Voy. les notes à la page 61 sur *Latour*. Cette notice
sur Verdier Le Tour est complétée et corrigée, ainsi que celle de
la page 61, par une notice que m'a envoyée M. Vernière tirée du
ms. 116 de la Bibl. de Clermont [N. 116 Auvergne, in-4°, sur le
feuillet de garde].

Né à Saint-Hilaire-les-Moutons le 29 juillet 1742, après avoir fait de bonnes études au collège de Clermont, entra dans la savante congrégation de St-Maur, où il fit profession en 1760 dans l'abbaye de St-Allyre-lèz-Clermont [le 20 février à l'âge de 17 ans]. Après avoir perfectionné ses premières études, il fut envoyé à Poitiers en qualité de professeur de philosophie et de théologie ; il occupa cette charge environ douze ans dans différentes maisons. Il la quitta pour venir à l'abbaye de La Chaise-Dieu remplir les fonctions de procureur ; de là il fut député par la diète provinciale tenue à Limoges au chapitre général tenu à St-Denys vers 1776.

En 1778 les supérieurs de son ordre voulant mettre à profit ses talents et ses connaissances le chargèrent spécialement de travailler à l'histoire de la province d'Auvergne. Ce fut pour seconder ses travaux qu'il reçut en 1781 l'autorisation de visiter les chartriers de la province ; il recueillit dans ceux de Mauriac et dans ceux des principaux châteaux d'Auvergne une multitude de documents historiques d'un haut intérêt, dont les désastres de la Révolution ont malheureusement fait perdre la plus grande partie ; il était historiographe des provinces d'Auvergne et de Limousin.

En 1788 il publia, avec le concours de M. Bergier, avocat, les *Recherches historiques sur les Etats généraux et particulièrement sur l'origine et la durée des Etats provinciaux d'Auvergne*. Clermont-Ferrand, 1788, in-8. Cet ouvrage, dont les pièces justificatives ont été copiées par lui sur les originaux qui existent aux archives de la ville, est précieux pour l'histoire particulière de Clermont et de l'Auvergne.

Dans le cours de la Révolution, M. Verdier-Latour remplit des fonctions municipales, et son courage, sa présence d'esprit et ses lumières rendirent plus d'un service à son pays. Depuis que le calme a été rétabli, il s'est occupé dans sa retraite de ses études favorites.

Le manuscrit n. 116 (Auvergne) de la Bibliothèque de Clermont *(Cat. gén. mss. Dép.*, XIV, 182-183]. a été formé par la réunion de cinq études manuscrites données à ce dépôt par Dom Verdier-Latour le 29 novembre 1831. Chacune d'elle a sa pagination spéciale. Ce sont : 1. *Dissertation historique sur la distribution des sièges de justice de l'Auvergne après le partage de cette province entre le roi S. Louis et le comte et le dauphin d'Auvergne (135 pages).* A la page 103 on lit, en tête des preuves, le curieux passage qui suit :

« Je crois devoir prévenir le lecteur que par cause de la Révolution, il y aura un ou deux des titres que je cite dans cette dissertation dont je ne donne pas l'extrait. Je puis néanmoins assurer qu'on peut avoir la même confiance dans mes citations que si on avait le titre sous les yeux, parce que cette dissertation était faite avant l'événement dont je vais rendre compte. Par suite d'un arrêté d'un représentant du peuple (dont je ne donne pas la date faute de mémoire), il fut ordonné aux officiers municipaux de la ville de Clermont de faire nuitamment des visites domiciliaires chez toutes les personnes suspectes, et même chez les prêtres constitutionnels. Comme tel je fus visité dans un moment où je n'étais pas encore rentré chez moi. Heureusement l'officier municipal fut si satisfait de trouver les clefs à toutes les portes de mon appartement que l'on se contenta de visiter les papiers qui se trouvaient sur mon bureau, en tête de l'un desquels étaient ces mots : *Précis historique*, ce qui le détermina à dire à ses collègues : « il est inutile de faire de plus amples recherches, cet homme s'occupe d'histoire, il ne cache rien, puisque tout est ouvert chez lui ». Cette visite me fit une si vive impression à cause de la quantité des titres et des relations féodales qui se trouvaient dans les extraits copiés des actes qui formaient déjà une collection de plus d'un gros in-folio, que je pris le parti de les déchirer par morceaux et d'aller les jeter dans les fosses d'aisance, plutôt que de les faire brûler, et ce pour éviter toute indiscrétion domestique. »

2. *Histoire de la guerre des Anglais en Auvergne, c'est-à-dire de pillards et de brigands de tous pays* extraite de la Chronique mémorable de Froissart et des *Recherches historiques sur les Etats de province d'Auvergne* par Dom Michel François Verdier-Latour (182 pages).

Ce titre *Dom* porte à croire que cet ouvrage a été composé avant la Révolution.

— Avant-propos — Comment Geoffroi tête noire et Rimarigot Marcel, capitaines du parti d'Angleterre, ont pris des places et des forts en Auvergne et en Limousin sur les Français — surprise de la ville de Montferrand par Perrot le Béarnais — Geoffroi tête-noire, duc de Ventadour, comte de Limousin, sire et souverain de tous les capitaines d'Auvergne, de Rouergue et du Limousin — Comment le duc de Berri fit assiéger et prendre la forteresse de Ventadour.

3. *Notices historiques sur l'ancienne abbaye de Saint-Allyre, faubourg de la ville de Clermont-Ferrand* (104 pages). Les notices ont été écrites après la révolution ; à la page 67 on trouve l'histoire du calvaire de l'enclos de St-Allyre.

4. *Coup d'œil sur quelques parties du gouvernement des Rois de France* (246 pages).

Prologue — Assemblées communales — Etat des personnes — loi salique — noblesse — établissement des maires du palais — tableau des magistratures immédiates — gouvernement féodal — notes.

5. *Exposé de la conduite des Evêques de France dans l'administration du gouvernement de ce royaume* (269 pages).

Ces deux dernières dissertations paraissent avoir été écrites alors que, le calme rétabli, Dom Verdier-Latour s'occupait de ses études favorites.

Le ms. n° 50 (Auvergne) de la Bibl. de Clermont est composé de pièces historiques recueillies et données par D. Michel-François Verdier-Latour et la plupart copiées par lui-même. Cette notice est de M. Gonod qui a été longtemps conservateur de la Bibl. de Clermont-Ferrand et m'a été communiquée par mon excellent ami A. Vernière, avocat à Brioude, qui a complété la notice des mss. de Verdier-Latour [v. *Cat. gén. mss. Dép.*, XIV, 133-134.]

D. Verdier-Latour est mort à Clermont-Ferrand le 1 avril 1837 à 95 ans (Voir la note sur La Tour à la page 61 de ce volume ; [il s'agit de l'exemplaire de Robert annoté par M. Wilhelm].

M. Mège a publié dans la *Revue d'Auvergne* (janvier-février-mars-avril 1893, [IX, 1-42, 99-130]), sous le titre de : *Un bénédictin de St-Alyre pendant la période révolutionnaire* en deux articles une étude biographique fort intéressante sur Verdier-Latour.

[La notice de la page 61 est conçue comme suit] :

De Latour. Chargé de recherches sur l'Auvergne d'après la liste des religieux bénédictins occupés aux recherches des monuments relatifs à l'histoire et au droit public de la Monarchie française. Paris, Impr. royale, 1782. Voy. à la page 93 infra la notice sur Dom Verdier Latour. Il doit y avoir identité de personne. Je dois à une bienveillante communication de M. Vernière, avocat à Brioude, copie d'un intéressant article sur D. Verdier de Latour qui a paru en mai 1877 dans la *Gazette d'Auvergne*. D'après cette notice ce bénédictin serait né en 1742 à St-Hilaire près Monton, aurait fait profession en 1760 à la Chaize-Dieu, et serait mort à Clermont en 1837 à 95 ans. Une nouvelle communication, que je dois encore à la bienveillance de M. Vernière, m'apprend que Dom Verdier de Latour est né le 29 juillet 1742 à St-Hilaire près Monton (Puy de Dôme), fils de Pierre Verdier, seigneur de Latour, conseiller en l'Élection de Clermont-Ferrand, et d'Anne Blandinière, et qu'il est décédé à Clermont-Ferrand le 1 avril 1837 à 95 ans. Un autre bénédictin, Dom Grappin, qui appartenait à la congrégation de St-

Vanne, et qui était comme Dom Verdier, correspondant du Comité des recherches des monuments de notre histoire, était également mort à 95 ans le 20 novembre 1833. Les exemples de longévité ne sont pas une exception rare chez ces vaillants travailleurs. Dom Malherbe est mort à 94 ans, Dom Pacotte à 87 ans, Dom Ursin Durand à 90 ans, Dom Julien Benoist de l'abbaye du Bec est mort le 25 juin 1850 à 97 ans.

Pour rectifier cette notice sur Verdier consulter le document mentionné à la note de la page 93.

Dans le volume de Moreau, publié en 1787, qui fait suite à celui de 1782, Latour est désigné sous son vrai nom de Verdier-Latour pour les recherches à faire en Auvergne.

* L'article de la *Gazette d'Auvergne*, n°s du 14 mai au 8 juin 1877, auquel fait allusion M. Wilhelm, est intitulé : *L'ancien Cabinet des charles, son correspondant dans la province d'Auvergne* (D. M. Fr. Verdier-Latour). Il s'y trouve trois lettres de D. Lièble, 1 juillet et 7 déc. 1780 et 20 février 1781, à D. Verdier-Latour.

Correspondance (Bibl. nat. Paris, Coll. Moreau, vol. 340, 347 ; OMONT, *Inventaire*, p. 17-18).

« Etat des pièces tirées du chartrier des Bénédictins de Mauriac » et « Nomenclature des chartriers répandus dans l'élection de Mauriac, province d'Auvergne » par dom Latour (Collection Moreau, ms. 1435, f. 45 (OMONT, *Invent.*, 130).

BERGIER et D. VERDIER-LATOUR. *Recherches historiques sur les Etats-généraux et plus particulièrement sur l'origine, l'organisation et la durée des anciens Etats Provinciaux d'Auvergne depuis le XIV° siècle.* Clermont-Ferrand, 1788, 8°. *

DELISLE, *Cabinet*, I, 565 ; L. DE RIBIER, *Chronique de Mauriac*, par *Montfort*. Mauriac, 1905, p. 7 ; ROBERT, 93-94.

VERNEUIL (Charles-François).

Né le 16 sept. 1737 à Meudon, dioc. de Paris, profès à 21 ans à Jumièges le 21 mars 1758 *(Matricule)*. En 1763 il fut nommé lecteur de philosophie à St-Wandrille, en 1766 de théologie en la même abbaye, en 1769 en la même qualité à Caen. Prieur de Bonneval en 1772, il fut envoyé en 1775 comme prieur au Bec ; en 1783 il fut nommé visiteur de Normandie et en 1788 prieur de St-Denis. Après la suppression du monastère (8 oct. 1789), il continua de résider dans le monastère qu'il dut quitter le 14 septembre 1792. Il refusa de prêter le serment constitutionnel et s'occupa du ministère des âmes. Par décret du 17 floréal an X (7 mai 1802) il fut nommé curé de Saint-Denis.

Une lettre de Charlier à Dom Brial, de l'Institut, du 11 juin 1807, dont la copie m'a été communiquée par D. Dubourg, nous apprend que D. Verneuil prépara et continua pendant la Révolution les matériaux du second volume des œuvres de S. Grégoire de Nazianze, dont le premier avait été donné en 1778 par D. Clémencet. Ces matériaux étaient chez Verneuil en 1807 ; Charlier était son collaborateur. Voir plus haut, t. I, p. 120.

Désireux de reconstituer un monastère de sa congrégation, il tâcha d'y intéresser le public en 1815. Cet essai fut tenté à Senlis en 1816, mais il n'eut pas d'avenir. Le 28 décembre 1816, Verneuil fut nommé membre du second ordre du chapitre royal de St-Denis, où il mourut le 17 mai 1819 (*Revue Mabillon*, XI, 1921, p. 198-199).

* D. Verneuil mourut chanoine de St-Denis et gardien des tombeaux, à 81 ans, le 17 mai 1819.

Le 5 mai 1790, devant le maire et les officiers municipaux de St-Denis, il « déclare vouloir vivre dans son état autant qu'il lui sera possible, soit à St-Denis, soit à St-Germain-des-Prés, pour être plus à portée de veiller à l'édition du second volume des œuvres de S. Grégoire de Nazianze. »

Sur la part prise à cette édition par D. Verneuil, v. Pat. grecque t. 37, S. Grég. de Naz., t. III, col. 9-12.

Lettre de D. Verneuil priant le marquis de Lafayette, chef de la milice bourgeoise, de pourvoir à la sûreté de l'abbaye, St-Denis en France, 17 juillet 1789, signé F. Verneuil, prieur de l'abbaye (Arch. nat. K. 164 n. 6 ; Impr., *Musée des archives nationales*, Paris, 1872, in-4°, p. 681-682, n. 1112).

F. D'AYZAC, *Hist. de l'abbaye de St-Denis en France*. Paris, 1860-61, t. I, p. XCI-II, CXXII ; t. II, 384, 423; BIGOT, *Bonneval*, 218 ; *Musée des archives nat.* Paris, 1872, p. 681 ; D. DELATTE, *D. Guéranger*, 1e éd. Paris, 1910, I, 77-78, 112; J. GRENTE, *Le culte catholique à Paris de la Terreur au Concordat*. Paris, 1903, 184 ; *Revue Augustinienne*, I, 1902, 228 ; AL. TUETEY, *Répertoire gén. des sources manuscrites de l'histoire de Paris pendant la Révolution française*, t. I, n. 120 ; t. III, n° 3707, 4070, 4075, 4082, 4093-4096, 4101, 4108.

VERNINAC (Jean).

Ajouter à la notice que D. Tassin a consacrée à D. Verninac que l'on conservait à Bonne Nouvelle d'Orléans, outre les dissertations mss. dont parle D. Tassin, un autre mémoire également ms. sur Vellaudunum, où D. Verninac soutient qu'elle ne serait pas Auxerre, mais une ville du Gâtinois *(Catalog. de la Bibl. de Bonne Nouvelle d'Orléans* par D. Louis Fabre, pp. XXVI et 319 : [*Cat. gén. mss. Dép.*, XLII, 586].

Les mss. de D. Verninac, ses mémoires sur les abbayes des diocèses d'Orléans, de Chartres et de Blois, formant 3 vol. in-fol, sont aujourd'hui d'après le catalogue de Septier à la Bibl. d'Orléans sous le nº 394, de même la dissertation de Verninac sur la descendance de la 2e et la 3e dynastie, de la première sous le nº XLV, p. 349 du catalogue de Dom Fabre.

* Il y a des notices sur D. Verninac dans l'ouvrage de CH. CUISSARD : *La Bibliothèque d'Orléans (Mémoires de la Soc. hist. et archéol. de l'Orléanais*, XXV, 1894, p. 172-183) et dans D. LOUIS FABRE, *Catalogue des livres de la bibl. publ. d'Orléans.* Nouv. éd. Orléans, 1777, p. XXVI-XXVII.)

Les trois vol. mss. de D. Verninac conservés à la Bibl. d'Orléans, portent les ns 487-489 *(Cat. gén. mss. Dép.*, XII, 227-228). Le mémoire sur les trois races des rois de France est dans le ms. 488, p. 42-50.

Lettre de D. Jean V., Beauvais 10 août 1721, au comte de Souillac à Paris, publiée par le Cte Ch. de Montferrand, avec un extrait d'un mémoire sur Souillac du même religieux *(Bulletin de la Soc. des études litt., scient. et artist. du Lot*, XXIV, 1899, p. 168-171, sous le titre de : Notice sur Souillac et ses seigneurs, p. 166-171).

Réponse à l'abbé Lebeuf par D. J. V., bibliothécaire de Bonne-Nouvelle, sur la question de Vellaudunum, 18 ff. (Bibl. d'Orléans, ms. 1015, nº 19 ; *Cat. gén. mss. Dép.*, XLII, 586). *

Mémoire sur l'église de la Madeleine de Châteaudun, 1739, (ms. 1303 de Chartres, 7 ff. ; *Cat. gén. mss. Dép.*, XI, 390.)

Lettre à M. de Villebrême publiée par D. Paul Denis : *Nouveau document sur la famille de Thiville (Revue Mabillon*, VII, 1911, p. 322-328).

Autographe à la Bibl. d'Orléans (*Cat. gén. mss. Dép.*, XII, 332).]

FRANÇOIS, III, 188-190 ; JARRY, *Dom Géron... sa vie et ses travaux litt.* Orléans, 1879, p. 13, 15-16 ; LE CERF, *H. C.*, 58 ; LELONG, IV. S. 24948 ; MICHAUD, XLIII, 221-222 ; TASSIN, 643-645, 765 ; TASSIN, G. G., II, 382-387, 578 ; VERNIÈRE, 288.

VERNUSSON (Michel).

[Billet à D. Calmet *(Revue bénéd.*, XV, 1898, 84).

MANGENOT, *Travaux des Bénédictins*, 45, 52.

VERTHAMONT (Jean-Grégoire de).

ARBELLOT, 31 ; BESSE *(Bull. Soc. scient. Corrèze*, 1902, 94-95) ; MARTÈNE, *Vie des Justes*, II, 40-41 ; MARTIN DU GARD, *Jumièges*, 281 ; *Revue de Loir-et-Cher*, 1901, 46 ; *Revue Mabillon*, VI, 1910, 65 ; ROBERT, 94.

VEYSSIÈRE (Mathurin).

Mérite, quoiqu'apostat plus tard, une mention dans *l'Hist. litt. de la Cong. de S. M.* Il a été un des meilleurs ouvriers des travaux préparatoires de l'*Hist. de Bretagne*, ainsi qu'on le voit par une lettre de Dom Audren à M. de Gaignières (Le Mans, 12 nov. 1693, Le Mans 30 décembre au même, Le Mans 18 décembre 1695 au même). Enfin D. Tassin, page 163 de son *Hist. litt.*, écrit : « le fameux Mathurin Veissière, plus connu sous le nom de M. de la Croze, qui avait été bénédictin, dit dans une note rapportée dans sa vie que le Père Le Gallois n'a fait de l'*Histoire de Bretagne* que le commencement du 2e tome et que lui La Croze a eu beaucoup plus de part à cette histoire, quoi qu'il n'en soit rien dit dans la préface de Dom Lobineau ». — La Croze avait écrit cette note sur son exemplaire de la *Bibl. des auteurs de St- Maur* de D. Lecerf. Cette note est rapportée à la page 106 de « *Histoire de la vie et des écrits de M. de la Croze* » par Jordan. Amsterdam, 1741.

Les lettres de D. Audren prouvent en effet que c'est Mathurin Veissière qu'il a voulu charger de la composition de l'Hist. de Bretagne en lui adjoignant Dom Lobineau plus jeune que lui de quelques années. Du reste le savant éditeur de la *Correspondance historique des Bénédictins Bretons* remarque avec raison que si D. Lobineau ne parle point de Veissière, c'est parce que ce dernier avait depuis 10 ans quitté le cloître pour apostasier, se faire calviniste et se marier. Voy. aussi la curieuse lettre de D. Lobineau à Gaignières (Le Mans 13 mai 1696) ; LA BORDERIE, *Corresp.*, 71-73.]

Mathurin Veissière était né à Nantes en 1661 (Voy. la *Correspondance hist. des Bénédictins Bretons* publiée par M. de La Borderie. Paris, Champion, 1880, in-8, notamment les pages V, VI, 55, 59, 72.)

Consulter sur l'apostasie de Dom M. Veyssière une lettre de Dom Estiennot dans la *Correspondance inédite de Mabillon et Montfaucon avec l'Italie* de Valery, tom. III, p. 19.

Supplément à la notice ci-dessous sur Mathurin Veyssière :

Il naquit à Nantes le 4 décembre 1661 et mourut à Berlin le 21 mai 1739, âgé de 77 ans. A 14 ans, il s'était engagé comme mousse sur un vaisseau français et alla aux Antilles, où son père, marchand à Nantes, négociait. A son retour de la Guadeloupe en 1677, il entra dans la Congrégation de St-Maur et fit la même année son noviciat à Saumur. Il étudia à Marmoutier sous la direction de Dom Jacques Lopin, puis fit sa théologie sous Dom Michel Piette à l'abbaye de St-Vincent du Mans. En 1682, il fit profession et vint à St-Germain-des-Prés, qu'il quitta clandestinement au commencement de mai 1696. Voir pour tous ces détails le curieux volume intitulé : *Histoire de la vie et des ouvrages de M. La Croze* par M. Jordan. Amsterdam, 1741, in-12. On y trouve pp. 197-213 une inté ressante correspondance échangée entre La Croze et le célèbre bénédictin allemand Bernard Pez, qui le pressait vivement de revenir à la vraie foi et de rentrer dans son ordre ; il lui offrait même de venir professer à l'abbaye de Gottweig.

Conférez ce qui est dit à la page 11 sur les motifs qui peuven avoir dégoûté D. Veissière de son état *(Hist. de la vie et des ouvrages de La Croze,* page 11) avec ce que raconte D. Lobineau à Gaignières dans sa lettre du 13 mai 1696, pages 72-73 de la *Corresp. des Bénédictins Bretons*. Dans l'un et l'autre document on voit que le prieur de St-Germain-des-Prés (Dom (de) Loo) persécutait les savants de sa congrégation.

Contrairement à ce qui est dit plus haut par erreur sur la date de la fuite de St-Germain-des-Prés de Veyssière, il faut mettre qu'il quitta clandestinement ce monastère vers la fin de février 1696, se cacha à Paris chez un ami luthérien, homme de lettres et orientaliste nommé Groddek, et que c'est de là qu'il s'enfuit de Paris pour Bâle au commencement de mai de la même année 1696. Voir l'ouvrage cité ci-dessus sur La Croze pages 13 et 14. A la page 83 , on y remarque que La Croze a toujours conservé pour *l'ordre* bénédictin qu'il avait quitté beaucoup de considération et d'estime. Il aimait particulièrement Dom Montfaucon (Voy. la préface de la relation d'un *Voyage littéraire fait en* 1733, page 1).

Ajouter encore aux notes sur D. Mathurin Veyssière qu'il prit part aux polémiques sur la généalogie de la maison de Bouillon qui ont fait l'objet d'un intéressant mémoire de M. Loriquet, Reims, 1870, intitulé : *Baluze, Mabillon et Ruinart dans l'histoire de la maison d'Auvergne*. M. Veyssière a publié en 1698 à Cologne un petit volume in-12 intitulé : *Actes et titres de la maison de Bouillon* ; il s'y prononce contre Baluze. Voir sur ce curieux petit livre, que Loriquet paraît n'avoir pas connu, les pages 64-71 de la *Vie et ouvrages de M. La Croze* par Jordan. ([Voir plus haut t. II, p. 17.)

[Sur cet apostat, voir Fréd. Wiegand, *Mathurin Veyssière de la Croze als Verfasser der ersten deutschen Missionsgeschichte* (*Beiträge zur Förderung der christlichen Theologie*, VI, 1902, pp. 267-290).

Une source des plus abondantes pour l'histoire de Veyssière est l'ouvrage en trois volumes intitulé : *Thesauri epistolici Lacroziani*, *t. I, II, III, ex bibliotheca Jordaniana* édité par Jo. Lud. Uhlius. Leipzig, Gleditsch, 1742-1746, 3 vol. 8°.

Sur les rapports de D. Bernard Pez avec Veyssière, voir Ziegelbauer, I, 618-621).

On a de lui en traduction allemande : *Historische Beschreibung des Zustandes der christlichen Religion in Ethiopien und Armenien*. Aus dem Franz. v. Aldinor. Dantzig, 1740, 8°, 344 p.

Abbildung des Indianischen Christenstaates. Aus dem Franz. von H. Ch. Bohnstedt. Halle, 1727, 8°, 790 p.

Signalement du travail préparé par La Croze sur l'Histoire du Monophysisme dans une lettre de Jordan à l'abbé Dubos (D. P. Denis, *Lettres autogr. de la Coll. des Troussures*, n° 208, p. 219).

Lettre dans le ms. 1292 d'Aix *(Cat. gén. mss. Dép.*, XL, 65).]

De la Borderie, *Corresp. bret.*, VI, 39-41, passim ; Hoefer, XLVI, 72-73 ; La Croze, *Hist. d'un voyage litt.*, passim ; Michaud, XXII, 412-413 ; Quérard, IV, 380-381 ; *Revue bénéd.*, XXVIII, 1911, 203-204 ; *Revue Bossuet*, IV, 37 ; Tassin, XVIII, 163, 439, 539 ; Tassin, G. G., XXIV, 248 ; II, 64, 220 ; Valery, III, 22 ; Ziegelbauer, I, 618-621.

VIDAL (Claude).

Besse (*Bull. de la Soc. scient. de la Corrèze*, XXIV, 1902, 559-560) ; François, III, 195 ; Lama, 338 ; Martène, *Vie des Justes*, III, 91-92 ; Tardieu, *Grand dict. hist. du Puy-de-Dôme*, 160 ; Tassin, 440 ; Tassin, G. G., II, 66-67.

VIDAL (Pierre).

C'est par erreur que Dom Tassin (article Vidal), à la page 741,
dit que les lettres critiques sur les reliques de S. Germain d'Auxerre
formant ensemble 475 pages, sont au nombre de 7 ; ce recueil n'est
que de six lettres 414 + 21 pp. avec la lettre supplémentaire, qui
forment en effet les 475 pages mentionnées par D. Tassin. Barbier,
Dict. des Anonymes, tome 2, col. 1231, est aussi dans l'erreur quand
il ne donne à ce recueil que 414 p. et 435 avec la lettre supplémentaire de 21 p. J'ai vu en effet des exemplaires qui ne se composent
que de ce chiffre, mais le recueil complet, qui est très rare et que je
possède, forme les 475 pages signalées par D. Tassin.
[Les lettres de D. Vidal furent combattues dans une « *Réponse
aux lettres critiques du R. P. D. V.* dans laquelle on lui montre le
peu de solidité des objections qu'il fait contre la vérification des
reliques de Saint Germain, évêque d'Auxerre ». A Auxerre, chez
F. Fournier, 1753, 8° de XVIII-182 pp. comprenant 7 lettres et
un Post-scriptum, ou défense des deux premières lettres en réponse
à D. V.]
* Une lettre de D. Vidal, sous-prieur de St-Germain d'Auxerre,
datée du 30 avril 1753, à M. de Malesherbes sollicite la permission
d'imprimer ses lettres, dont le manuscrit n'avait pas été envoyé
à la censure, l'imprimeur s'étant trop hâté d'escompter le privi-
lège (Bibl. nat. Paris, n. a. fr. 3345. f. 37). *

François, III. 195 ; Jadart, *Savants champenois*, 112-113 ; Lama.
542 ; Le Cerf, 489 ; Quérard, X. 143 ; Tassin, 740-741 ; Tassin.
G. G., II. 539-540.

VIGIER (Jacques-Ildephonse).

Né à Nouars, dioc. de Limoges, profès à 20 ans à St-Augustin
de Limoges le 1er nov. 1635, décédé à Bourges le 31 juillet 1680
(*Matricule.*)
[Professeur de philosophie à Ste-Croix de Bordeaux (1645).]

Besse (*Bull. de la Soc. arch. du Limousin*, XLV, 188-189) ; De
Lantenay, *Prieurs de Ste-Croix*, 63.

VIGNERON (Charles).

[Né à Commercy le 26 juillet 1729, profès à St-Martin de Séez,
le 18 novembre 1750, décédé à Rouen (*Matricule*).

F. DE BACOURT, *Un moine architecte : Dom Vigneron de Commercy* *(Bull. de la Soc. des Lettres... de Bar-le-Duc et Commercy, 1913, p. 113-114).]*

VILLEVIEILLE (Jacques-Joseph).

Pour compléter la notice très intéressante de MM. Passier sur Dom Villevieille, il faut lire une lettre de ce bénédictin (2 novembre 1791) à M. de Lessart, ministre de l'Intérieur, pour obtenir la place de conservateur des Archives des États de Bretagne ; elle a été publiée par De la Borde à la page LXIV de son introduction aux Cartons des rois édités par Tardif. Enfin j'ai dans ma collection particulière quelques pièces originales relatives aux démarches faites par Dom Villevieille pour céder ses manuscrits à la Bibliothèque impériale et, plus tard, sous la Restauration, pour obtenir un supplément de prix. Ces pièces ne sont pas venues à la connaissance de MM. Passier. Elles sont reliées avec mon exemplaire de la notice de D. Villevieille.

Dom Villevieille avait été pendant quelque temps adjoint à Dom Gérou pour travailler sous sa direction. Jarry, à la page 57 de sa notice sur la vie et les travaux littéraires de Dom Gérou, cite une lettre écrite par ce bénédictin à Moreau en 1765, dans laquelle parlant de Dom Villevieille, qui lui avait été adjoint pour ses recherches diplomatiques, il dit : « Je vous élève un ouvrier qui pourra me succéder et qui sera dans un an en état de travailler par lui-même ».

Dans le Catalogue de mai-juin 1894 de la librairie Claudin sous le n° 33779 : *Généalogie de toute la famille de Clugny* démontrée par titres authentiques par Dom Villevieille, petit in-folio, veau marbré, 40 frs, ms. du XVIIIe siècle d'une bonne écriture. On trouve à la fin deux lettres autographes de Dom Villevieille datées de 1767 et 1768 par lesquelles il se reconnaît être l'auteur de ces recherches généalogiques.

* D. Villevieille exerça le culte sur la paroisse de St-Roch à Paris en 1795 et appartint au clergé de cette paroisse jusqu'au 2 sept. 1820, date de sa mort (J. GRENTE, *Le culte catholique à Paris de la Terreur au Concordat*, Paris, 1903, p. 239, 247-249). *

¿Titres originaux de Dom Villevieille classés par ordre alphabétique de noms de personnes (XIe-XVIIIe s.), 6483 pièces reliées en 37 volumes in-folio (Bibl. nat. Paris, F. F. 26263-26299).

Trésor généalogique (F. F. 31884-31976).

Histoire généalogique de la maison de Flotte, du Dauphiné
(F. F. 33089-33090).

Fragments généalogiques et notes diverses (33091).

Cartulaires de Bourgogne et de Champagne (33092).

Correspondance avec Moreau, inventaires et copies (Bibl. nat.
Paris, Collection Moreau, n. 323, 383, 384, 386, 1095 ; *Inventaire*,
p. 15, 23, 109).

Tables chronologiques des treize premiers siècles de l'ère chrétienne... pour servir à la fixation des dates des monuments qui
doivent servir à faire l'histoire de la Touraine et de l'Anjou, 1793
(Bibl. nat. Paris, Coll. de Touraine, vol. 30 ; LAUER, II, p. 316).]

CHARMES, *Comité*, I, p. LXV, 36, 119, 142, 411 ; DELISLE, *Cabinet*,
I, 564 ; II, 283 ; HAURÉAU, *Hist. litt. Maine*, VI, 198-201 ; JARRY,
Dom Gérou. Orléans, 1879, p. 42,52 ; LAMA, 701 ; ROBERT, 96 ; VANEL,
Nécrologe, 375.

VINCEANS (Joseph-Benoît).

D. Tassin, dans sa notice sur ce bénédictin, pp. 767-770, ne mentionne que les quatre premiers volumes des *Conférences monastiques*, le 4ᵉ publié en 1769, mais il ajoute qu'il a laissé un cinquième
volume que le R. P. Général se propose de faire imprimer avec une
vie édifiante de l'auteur écrite par Dom Denys d'Olive. Ce cinquième
volume a en effet paru en 1773, trois ans après la publication de
l'*Hist. litt.* de D. Tassin, et il contient la vie édifiante annoncée
comme l'œuvre de D. D'Olive et qui termine le volume au lieu de
se trouver en tête (pp. 277-318). Voir à la page 76 la note sur D.
d'Olive [Voir plus haut, t. II, p. 131].

* Les conférences de D. Vinceans se trouvent dans le tome LVIII
de la publication de Migne : *Collection intégrale et universelle des
orateurs sacrés.*

Une traduction espagnole fut publiée par le P. Mathias Parez
Narro, cistercien. Salamanque, 1780, 4 vol. 8º *.

[Elle furent aussi traduites en italien : « *Conferenze monastiche
per le dominiche dell'avvento e della quaresima* composte da un
Religioso Benedettino della Congr. di S. Mauro e trad. da F.
Pacifico da Dronero, Cappuccino. Torino, 1790, 4 vol. 8º.

La bibliothèque Wilhelm à Colmar possède : *Réfutation de la
requête présentée au roi par quelques-uns des religieux de l'abbaye
de St-Germain-des-Prés, ensemble des observations qui accompagnent
cette requeste ou Discours adressés aux religieux de l'abbaye de ***

de la cong. de St-Maur à l'occasion de ladite requête et des susdites observations. S. l. n. d. 10 pp. in-8°. Ce Discours est sans doute de D. Vinceans (v. TASSIN, 770).]

FRANÇOIS, III, 201-203 ; LAMA, 575-576 ; QUÉRARD, X, 220 ; TASSIN, 767-770 ; TASSIN, G. G., II, 581-585.

VINCENT (Jacques-Claude).

Dom Vincent est mort à St-Remi de Reims, d'après ma matricule ms. Il était bibliothécaire de cette abbaye avant ou après Dom Fournier, qui avait été, avec lui et Dom Réglet ou Regley, un des rédacteurs des excellents Annuaires-Almanachs ecclésiastiques du diocèse de Reims [LELONG, IV, S. 34259]. Desnoyers en citant ce fait, à la page 143 de la 2ᵉ partie de sa *Topographie ecclés. de la France*, ajoute qu'on conserve à la Bibl. nat. les papiers de Dom Vincent (Mss. suppl. N. 1520).

Il avait fait profession le 30 novembre 1746, [et mourut le 22 septembre 1777 (LELONG, V, 1)]

Ruelle *(Bibliographie des Gaules*, I, col. 67) cite de Dom Jacques-Claude Vincent les deux lettres sur une notice des provinces des Gaules mentionnées par Dom Tassin.

La dissertation de Dom Vincent sur « l'autorité des Empereurs dans les Gaules après l'établissement des barbares » est imprimée presque en entier dans l'analyse très substantielle qui en a été faite par M. Droz devant l'Académie de Besançon. (Voy. le Procès-verbal de la séance publique de l'Académie des sciences, belles-lettres et arts de Besançon du 24 août 1776. Besançon, de l'imprimerie Daclin, in-4°). C'est un bénédictin de Franche-Comté, de la congrégation de St-Vanne qui obtint l'accessit [v. LELONG, V, add. 15916, p. 12]

Il y a encore de Dom Vincent un mémoire sur les limites des différents royaumes de Bourgogne, dont l'Académie de Besançon fit l'objet du concours de 1772. Le prix fut partagé entre Dom Vincent et Dom Couderet, bénédictin de St-Vincent de Besançon. Toute la substance de ces deux dissertations se trouve dans le procès-verbal des séances publiques de l'Académie de Besançon des 24 août et 30 novembre 1772. Besançon, Imprimerie Daclin, 1773, in-4 [Lelong, IV, S. 35862, 38371].

A propos du passage de la notice sur Dom Vincent où Robert parle du travail de ce bénédictin sur le manuscrit de Phèdre, il y a lieu de remarquer que Dom Vincent fut avec ses confrères Dom Reiglet et Dom Fournier un des principaux rédacteurs des *Almanachs du diocèse de Reims* qui sont si riches en excellentes notices concernant l'histoire et la topographie du diocèse, selon la remarque de Desnoyers, p. 143 de la 2ᵉ partie de sa savante *Topographie ecclésiastique des Gaules*.

Il résulterait d'une lettre de Dom Clément à Dom Berthod du 16 février 1773 que le rapport des concours de 1772, par conséquent l'analyse des dissertations de Dom Vincent et de Dom Couderet, serait l'œuvre de Dom Berthod (Voy. DANTIER, p. 164). Il est même probable que c'est encore lui que fit l'analyse de la dissertation de D. Vincent de 1776. Cependant c'est le savant Droz qui a rendu compte de cette dissertation devant l'Académie.

[Sur le manuscrit des fables de Phèdre de St-Remi de Reims, voir une note dans la *Bibl. de l'Ecole des chartes*, LXII, 1901, p. 156 ; *Bull. de la Soc. des Antiq. de France*, séance du 7 nov. 1900).

Dissertation sur l'autorité des empereurs dans les Gaules (F. F. 10157).

Papiers et correspondance (F. F. 15255).

Lettre d'un Rémois... Liége, 1775, in-12 (B. M.)

Dissertation sur l'autorité des empereurs dans les Gaules, 1776 (Bibl. nat. Paris, F. F. 10157).

Mémoire sur les Limites des différents royaumes de Bourgogne (Bibl. Besançon. Fonds de l'Académie, XXXV. f. 141 ; *Cat. gén mss. Dép.*, XXXIII, 785).

[Dissertations historiques et critiques sur la situation et l'étendue de l'ancienne France, depuis la première connaissance que nous en avons et sur ses partages sous la première Race, jusques et y compris celui des enfans de Clotaire I, in-4º de 573 pp. mss. (LE-LONG, V, add. 439).

Dissertation sur les Tectosages (LELONG, V, add. 3943ᵃ, p. 33).

Il fournit des matériaux à D. Froben Forster pour l'édition d'Alcuin (*Alcuini opera*, praef., n. XV ; P. L. t. 100, 16).

Lettre à Foncemagne du 31 octobre 1769 (*Trav. Acad. Reims*, CXXV, 1909, I, 300)].

* Notice latine consacrée à D. J. C. Vincent par D. Chastelain dans le Nécrologe de St-Remi (JADART, *Journal de D. Chastelain*, p. 152, n. 1).

Les chapiteaux du cloître de St-Remi. Essai d'explication par D. J. C. V. (*Almanach histor. de Reims*, 1774, p. 80 et suiv. ; JADART, *Table des Almanachs hist. de Reims*, 1752-1886. Reims, 1887, p. 87).

Mémoires et papiers sur différents points de l'histoire de France sous la première et seconde race (Bibl. nat. Paris, F. F. 10437-10439).*

Cat. gén. mss. Dép., V, 324 ; XXXIX, 1100 ; CHARMES, Comité, I, 302, n. 3 ; FRANÇOIS, III, 203-204 ; LAMA, 593 ; QUÉRARD, X, 221 ; ROBERT, 97-98 ; TASSIN, 798-799 ; TASSIN, G. G., II, 628.

VINOT (Antoine).

[Lettre du 27 janvier 1664 (LEMAIRE, Desgabets, 110-111, 125).

FRANÇOIS, III, 204 ; LE CERF, 489-491 ; MARTÈNE, Vie des Justes, II, 36-38 ; TASSIN, 777 ; TASSIN, G. G., II, 595-596.

VIOLE (Daniel-Georges).

Ajouter à la notice sur Dom Viole par Dom Tassin qu'il avait composé, lorsqu'il était prieur de St-Benoît-sur-Loire, l'histoire de ce monastère et du diocèse d'Orléans en 6 cahiers in-fol. restés mss. C'est l'abbé Rocher qui mentionne ce fait à la page 401 de son *Hist. de l'abbaye de St-Benoît-sur-Loire*. Il ne dit pas si ce ms. est conservé à la Bibl. d'Orléans ou ailleurs.

Dom Viole a encore écrit un catalogue des évêques de Chartres resté ms. Ce catalogue a été consulté par Lebeuf, qui le cite à la page 737 du Tome I de ses *Mémoires concernant l'histoire ecclés. et civile d'Auxerre.*

On conserve aux Archives d'Eure-et-Loir (G. 442) un ms. autographe de Dom Viole ainsi intitulé : *Le célèbre et insigne martyre de saint Prest et de ses compagnons au diocèse d'Auxerre et les diverses translations de leurs saintes reliques*, recueilli par Dom G. Viole, rel. de la Cong. de St-Maur ; [voir MERLET et CLERVAL, *Un manuscrit chartrain du XIe s.* Chartres, 1893, 39.]

[Notes et mémoires pour la généalogie de la maison de Viole (mss. 136-137 de la Bibl. d'Auxerre ; *Cat. gén. mss. Dép.*, VI, 56).

Histoire de la ville, diocèse et comté d'Auxerre (mss. 148-151 ; *ib.*, 61).

Mémoires sur l'histoire du diocèse d'Auxerre (mss. 152-158 ; *ib.*, 61-62).

Traité chronologique de la ville d'Auxerre (ms. 1737 ; *ib.*, 66).

Discours sur la procession qui s'est faite à Auxerre le dimanche des Octaves de Pâques prochaines, autrement le dimanche de

Quasimodo, 1er avril 1688 (mss. 174-175 ; *ib.*).

Notice sur Dom Viole (Coll. Bastard, ms. XXII ; *ib.*, 95).

Histoire de l'abbaye de Flavigny, 1650 ; ms. 66 de la Bibl. de Semur (*ib.*, 321 ; LELONG, I, 11932).

Abrégé de l'histoire du monastère de St-Germain d'Auxerre dressé sur les mémoires du R. P. Dom Georges Viole et sur la chronique du R. P. D. Victor Cottron (F. F. 18693 ; LELONG, I, 12748).

Histoire de la prise et reprise de la ville d'Auxerre, arrivées ez années 1567 et 1568. Copie de l'abbé Lebeuf (Bibl. Mazarine, ms. 2085 ; *Catal.*, II, 340).

Fragment du ms. 155, relatif à St-Père d'Auxerre (Bibl. Auxerre, ms. 272 ; *Cat. gén. mss. Dép.*, XL, 432).

Remarques sur la vie de S. Germain d'Auxerre (Bibl. nat. Paris, Coll. de Bourgogne, vol. 103 ; LAUER, I, 52).

Mémoire sur l'abbaye de St-Bénigne de Dijon (ms. latin 12662 ; DELISLE, *Monasticon*, 20) ; sur l'abbaye de St-Germain d'Auxerre (ms. lat. 12673 ; DELISLE, 22).

Vie de Ste Reine. 8e éd. Autun, 1682 (B. W.). — A propos de ses travaux sur cette sainte, voir *Analecta Bolland.*, XXVIII, 1909, p. 289-290.

Recueil d'actes sur l'abbaye de Pontigny (MARTÈNE, *Thesaurus*, III, 1222 ; LELONG, I, 13124).]

* La lettre de D. G. V. à Dom d'Achery, citée par D. Tassin (p. 71, no 6) est datée d'Auxerre le 3 sept. 1657 et se trouve à la Bibl. nat. Paris, F. F. 19658, f. 115-116.

Vita S. Edmundi Cantuariensis episcopi, auctore Bertrando, priore Pontiniacensis monasterii, ex schedis nostri Georgii Viole, 347 pp. (Bibl. Reims, no 1425 ; *Cat. gén. mss. Dép.*, XXXIX, 665).

Sur ses travaux relatifs à l'abbaye de Flavigny, v. GRIGNARD, 3, 11, 13-23, 36, 44, 46, 47, 55, 57-59, 61.

On trouve une notice sur ce religieux dans D. LIRON, *Bibliothèque Chartraine* (Bibl. nat. Paris, F. F. 17005, f. 276-277, 424-425 ; 17006, f. 87-88). *

DELISLE, *Cabinet*, II, 11, 63 ; FRANÇOIS, III, 204, 206 ; HOEFER, XLVI, 257 ; LAMA, 36-37 ; LE CERF, 491-492 ; LEBEUF, *Lettres*, I, 11-12 119, 226 ; LIRON, *Singul. hist.*, I, 478-481 ; MARTÈNE, *Vie des Justes*, 124-126 ; MARTÈNE, *Thesaurus*, III, 1221, 1751 ; *Ampl. Coll.*, VIII, 1563 ; MERLET, 443-444 ; MICHAUD, XLIII, 583 ; ROBERT, 98 ; TASSIN, 69-72 ; TASSIN, *G. G.*, I, 105-110.

VRAYET (Claude-Alexis).

* Né à Corbie, dioc. d'Amiens, profès âgé de 20 ans au Bec le 4 juillet 1632, décédé le 28 janvier 1706 à N.-D. de Nogent.

Il avait dressé des mémoires sur l'abbaye de St-Nicolas-au-Bois, al. de Vedogio, d'après lesquels D. L. Lescuyer a rédigé en 1703 : Monasterii S. Nicolai de Vedogio historica Epitome (Bibl. nat. Paris, lat. 12688, f. 78-95).

Dans une lettre s. d. ni destinataire, mais adressée probablement à D. Germain (*ib.*, p. 86-87), D. Lescuyer dit n'avoir presque fait que copier cette histoire de D. Vrayet et la traduire en latin.

D. Toussaint Duplessis a imprimé l'*Histoire de Coucy*. Paris, 1728. On dit que c'est l'ouvrage de D. Alexis Vrayet, qui a demeuré plus de 40 ans à Nogent et que D. Duplessis a mis dans un plus beau style (Bibl. nat. Paris, F. F. 18817, f. 414). *

VRAYET (François).

Robert, 98.

VRAYET (Ildephonse).

* Il mourut à St-Remi de Reims le 2 novembre 1675. *

D. Dachery mentionne le travail de D. Ildeph. V. en préparation sur l'abbaye de St-Médard de Soissons (*Guiberti Novigent. opera*, 636 ; P. L., t. 156, col. 1141-1142).

Lettre datée de Corbie 28 août 1665 et adressée aux Bollandistes. (Museum Bolland., Corresp. des Bollandistes, t. III, n° 34).

Correspondance avec Du Cange (Bibl. de l'Arsenal. Correspondance, 3543 ; *Catal. mss. Arsenal*, III, 426).

Correspondance (Coll. de Picardie, vol. 49 ; Lauer, II, 97).

Lettres à D. Bernard Audebert, 6 janvier 1649 (Coll. de Picardie, vol. 236, f. 191 ; Lauer, II, 164) ; des 30 avril 1650, 28 oct. 1651 (*ib.*, vol. 218, ff. 106, 108 ; Lauer, II, 157) ; au même. (J. Bourgin, *La commune de Soissons*. Paris, 1908, p. XXIV ; v. *Revue Mabillon*, V, 1909, p. 133).

Lettre de juin 1650 (vol. 222, f. 41ᵛ ; Lauer, II, 157).

Lettre à D. J. B. de Mouly, prieur de St-Médard de Soissons, 1 oct. 1668 (Coll. de Picardie, vol. 169, f. 23 ; Lauer, II, 145).

François, III, 210 ; Tassin, 83 ; Tassin, *G. G.*, I, 125.

W

W. (de).

Le 20 septembre 1858, le libraire Guillemot de Paris m'écrivait :
« Vous serait-il possible de me dire le nom de ce Bénédictin dont
je possède le ms. suivant : *Histoire généalogique*, lisez « *Généalogie
historique de la maison de Biencourt branche puinée des comtes sou-
verains de la* 1. *race* par D. de W. B. de la C. de S. M. R. de l'ab. de
S. G. des P. pour Mᵉ le Mˡˢ de Biencourt de la Fortelesse, 1789 (et
1791), un fort volume gr. in-4°.

Il y avait à la fin du XVIIIᵉ siècle un Dom de Watteville dans
la congrégation de StMaur. Voy. ma matricule ms. — Il y a eu là
une erreur de ma mémoire. Après vérification le nom de Dom de
Watteville ne figure pas dans ma matricule, mais je ne l'ai pas inventé et dois l'avoir lu dans quelque document dont je ne me sou-
viens plus.

Je crois qu'il faut lire non pas Dom de Watteville, mais Dom de
Witte qui en effet a travaillé dans les archives de Flandre, Artois et
Picardie pour la collection Moreau (Voy. *Etude sur les actes du pape
Calixte II* par Ul. Robert, pp. 14 et 15). Je ne crois pas cependant
que Dom de Witte ait été un religieux de la congrégation de St-
Maur, car l'abbaye de St-Bertin, dont il a été le dernier archiviste,
n'appartenait pas à cette congrégation. — En effet Dom de Witte
est mentionné par Moreau dans le *Progrès littéraire des travaux
ordonnés par S. M...* (1787) comme archiviste et principal du collège
de St-Bertin à St-Omer.

Il ne peut être question de Dom Charles de Witte, archiviste
et bibliothécaire de l'abbaye de St-Bertin, qui fit partie de la congrégation des Exempts des Pays-Bas jusqu'en 1774, année où
cette abbaye, pour conserver son exemption, dut s'affilier à Cluny
(DE LAPLANE, *Les abbés de St-Bertin*, St-Omer, 1855, II, 445, 472).

La liste des religieux de St-Germain en 1790 donnée par M.
Vanel (*Nécrologe*, 368) n'indique aucun religieux commençant
par de W. Mais le libraire a-t-il bien lu ?

Il exista un Jean de Watteville qui fut nommé abbé de Baume-les
Messieurs le 13 août 1659, et qui reçut comme coadjuteur le 9 mars
1672 Jean Chrétien de Watteville et qui mourut le 4 juin 1702
(*Gallia christ.*, XV, 181-182, 130-131). Peut-être M Wilhelm

aura-t-il fait une confusion en se rappelant l'article de A. VAYSSIÈRE, *Dom J. de Watteville* (abbé de Baume) publié dans le *Bull. de la Soc. d'agric. de Poligny*, XXVIe année, 1885, pp. 264 et 289). Ce personnage est mieux connu depuis les travaux de TONY BOREL, *L'abbé de Watteville, conseiller au parlement de Dôle et sa mission en Suisse*, Bâle, Frobenius, 1923, 467 pp. 8°, et de PIERRE et PAUL DUPIN, *Dom Jean de Watteville, abbé de Baume*. Paris, Picard, 1925, 8°. Il est évident qu'il ne peut être question de ce personnage.]

WICART (Etienne).

Prieur du Tréport de 1678 à 1681 (J. AFFLEUR DE KERMAINGANT, p. C-CI) , il continua le *livre des choses notables* de cette abbaye (p. X).

WILSON (Jacques).

[Pour comprendre les notes suivantes de M. Wilhelm, il faut savoir que D. Wilson traduisit en français l'*History of Christian Church*, s. l. 1770 du bénédictin anglais Ch. Walmesley, évêque i. p. de Rama (1756), publiée sous le pseudonyme de Pastorini (H. N. BIRT, *Obit Book of the English Benedictines from 1600 to 1912*. Edinbourg, 1903, p. 121 ; *Dictionary of National Biography*, XX, 1909, p. 614-616.]

Wilson, et non Vilson, comme écrit Robert, fit profession à Jumièges le 15 septembre 1739 ; il est mort le 4 octobre 1781, comme le porte ma matricule ms.: in monasterio B. M. de Yberio prior. Il s'agit certainement de l'abbaye d'Ivres ou Ivry située dans le dioc. d'Evreux sur les confins de la Normandie du côté du Perche. Cette abbaye était de la congrégation de St-Maur, d'après la géographie de Dom Vaissette. Walmesley était évêque de Rama et provicaire en Angleterre. Il naquit le 13 janvier 1722 à Westwood-Hall dans le comté de Lancastre et vint de bonne heure en France, où il fut bénédictin du prieuré anglais de St-Grégoire à Douai. Il se distingua surtout par des travaux d'astronomie mathématique, qui le firent choisir par le gouvernement anglais lui-même avec d'autres mathématiciens illustres pour opérer la réforme du calendrier officiel de la Grande-Bretagne. C'est en 1756 qu'il fut nommé évêque de Rama et vicaire apostolique (Voy. *Spicilège d'histoire littéraire* par Le Glay, tome 2, pp. 89-94.)

Ajouter à la note concernant Charles Walmesley, dont Wilson a traduit en français l'*Histoire générale de l'Eglise chrétienne...* publiée sous le pseudonyme de Pastorini, que cet ouvrage, qui fut traduit en français, italien, allemand et latin, valut à Walmesley de la part de la faculté de Paris le grade de docteur en Sorbonne avec les honneurs y attachés. Dans une lettre du 22 mai 1776 citée par Le Glay, il exprime le vœu que la traduction latine de son Hist. gén. de l'Église ne soit pas imprimée en France, afin de ne pas contrarier le traducteur français Dom Wilson.

* *Histoire générale de l'Eglise chrétienne depuis sa naissance jusqu'à son dernier état triomphant dans le Ciel*, tirée principalement de l'Apocalypse de S. Jean, apôtre ; ouvrage traduit de l'anglais de Mgr Pastorini, par un rel. bén. de la Cong. de St-Maur. A Rouen, chez Le Boucher jeune... et à Paris chez Durand neveu, 1777, 3 in-12. *

[Maredsous possède les éditions de St-Malo, Hovius, de 1790, 2 vol. in-16, et de 1807, 3 vol. in-16.]

* Fragment de lettre de D. Wilson, prieur d'Ivry à D. Courdemanche, 1778, publiée dans ALLAIRE. *Le duc de Penthièvre. Mémoires de D. Courdemanche.* Paris, 1889, p. 115-116.*

Esprit des Journaux 1778, t. VII, 62-77 ; LAMA, 589 ; LE GLAY, *Nouv. Analectes*, 170 ; QUÉRARD, X, 477 ; ROBERT, 96-97.

WYARD (Robert).

[Il] a une notice dans la préface mise par les éditeurs en tête de son *Histoire* inédite *de l'abbaye de St-Vincent de Laon*, imprimée à St-Quentin en 1858. On y donne le titre et la description des mss. de deux autres histoires de monastères restées inédites.

Le nº 12889 des mss. lat. de la Bibl. nat. (fonds de St-Germain-des-Prés) a pour titre : *Histoire de l'abbaye de St-Josse-sur-mer* par Robert Wyard, et le nº 13907 a pour titre : *Abrégé de l'hist. de St-Josse...* par Robert Wyard. L'autre histoire de monastère de Dom Wyard est celle de *l'abbaye de St-Quentin en l'Isle*.

Enfin dans la préface de l'histoire de cette abbaye, il dit être l'auteur du *libellus de tunica inconsutili D. N. I. C. a me editus, etsi alterius nomine fuerit in luce propalatus.* Ferait-il allusion à l'histoire de la robe sans couture qui a toujours été attribuée à D. Gerberon ? — Dom Wyart, dans la préface de son histoire de l'abbaye de St-Quentin avec la date de 1673 ne peut viser Dom

Gerberon dont l'*Hist. de la robe sans couture* n'a paru qu'en 1677, mais M. de Gaumont, dont la dissertation sur le même sujet a été publiée en 1671 alors que le mss. de Dom Wyart est de 1667.

Dom Robert Wiart, Wuyard, Guiard ou Huyard, est né à Etaples le 17 avril 1638 et est mort le 23 mai 1714 dans un des monastères de la cong. de S. M., — à l'abbaye de Saint-Valeri.

Outre les histoires des monastères bénédictins composés par D. Wyart, dont il est fait mention dans sa notice, il a composé encore : 1. *Histoire de l'abbaye de Plombières* ; 2. *de l'abbaye de Saint-Preux* ; 3. *de l'abbaye de Samer* ; 4. *de l'abbaye de N. D. de Breteuil*.

Le ms. français de l'histoire de l'abbaye de Breteuil est daté de l'an 1670 et a été continué de 1670-1710 par un religieux resté inconnu de cette même abbaye. Ce ms. appartient à un particulier.

De plus D. Wyart a composé pour le *Monasticon gallicanum* un abrégé latin de son ms. français sous le titre : *Epitome caenobii Bretholii* collecta ex integra Historia a me conscripta anno 1670 dum Braethuliensis coenobita ego frater Robertus Wyard agerem. Ce ms. conservé dans le fonds lat. de la Bibl. nat. [ms. 12663], est daté de 1674. Le ms. français de l'Histoire de l'abbaye de Breteuil a été publié en 1883 à Amiens chez Delattre-Lennol, in-8, de 176 pages avec planches et sceaux d'après le ms. original.

Il est à remarquer que l'abrégé latin ou *Epitome cænobii Bretholii*, qui a été rédigé conformément aux prescriptions et au plan tracé par Dom Michel Germain, est accompagné de notes de Dom Mabillon et autres bénédictins pour compléter l'histoire de l'abbaye de Breteuil.

Voy. la courte notice que lui consacre Dom Tassin sous le nom de Robert Vuyard à la page 368 de son *Hist. litt.* Il note parmi ses ouvrages l'histoire de l'abbaye de Breteuil, celles de Samer et de St-Josse, mais ne mentionne pas les autres. Compléter les rensei gnements biographiques par une longue note des pages 162-163 de l'ouvrage sur l'abbaye de Breteuil publiée à Amiens et citée ci-dessus. Dom Piolin, dans sa notice sur l'histoire de l'abbaye de Breteuil de Wyart, apprend que c'est M. A. Combier qui a donné l'édition anonyme publiée à Amiens en 1883 (Voy. *Revue des quest. histor.*, XXXV, p. 322-323).

L'histoire de la Tunique inconsutile (robe sans couture) restée inédite dans le fonds de St. Germain-des-Prés vient d'être publiée en 1894 à Paris par l'abbé Vanel in-12. L'éditeur dans la préface signale d'autres ouvrages que ceux notés ici et qui se trouvent à la Bibl. de St-Quentin.

[*Histoire de la sainte tunique d'Argenteuil* publ. par l'abbé Vanel. Paris, Havard, 1894, 296 pp. 8°.

La Bibliothèque de Soissons conserve de lui :

De duabus civitatibus Viromanduorum libellus par Rob. Wyard, 1673 (Coll. Périn, n. 29 ; *Cat. gén. mss. Dép.*, III, 151).

Humolariensis coenobii historia (Coll. Périn, n. 1965 ; *Cat. gén. mss. Dép.*, III, 158) ; autre exemplaire à la Bibl. de St-Quentin, n. 95 *(ib.*, 242).

Historia Insulensis coenobii S. Quintini, 1673 (Coll. Périn, 3559 ; 450 pp. + 36 pp. fol. avec plans; (*Catal.*, III, 164), utilisée par Ch. Gomart dans sa notice sur « *L'abbaye de St-Quentin-en-l'île*. Études Saint-Quentinoises, t. III, p. 242). Il s'en trouve un exemplaire à la Bibl. de St-Quentin, écrit en 1673, au sujet duquel on peut consulter Vanel et *Cat. gén.*, III, 242 ; XLIII, 313).

Imago coenobii S. Praejecti antiquitus ad muros Sanquintinenses constructi per Rob. Wyard (*ib.*, Coll. Périn, 3560 ; *Catal.*, III, 164).

A la Bibliothèque de St-Quentin on trouve, en outre, dans des mélanges attribués à D. R. Wyard : *Ars bene dicendi, de arte poetica, Geographiae compendiosa delineatio* écrit vers 1650, ms. 137 ; *Cat. gén. mss. Dép.*, III, 254; GOMART, *L'abbaye de St-Quentin-en-l'île*, 351, 365-366). Cette date de 1650 ne peut convenir à Wyard, qui fit seulement profession en 1658, et qui en 1650 n'avait que 12 ans.

L'abrégé de l'histoire de St-Josse-sur-Mer est cité dans le ms. lat. 12677 (DELISLE, *Monasticon*, 23).

D. François (III, 256), ainsi que la *Bibl. hist.* de Lelong (I, 12830) attribuent à un certain D. Claude Vialart ou Wialart une Histoire de l'abbaye de St-Vincent de Laon ; le véritable auteur de ce travail est D. Robert Wyard (*Histoire de l'abbaye de St-Vincent de Laon* publiée... par l'abbé Cardon et l'abbé Mathieu. St-Quentin, 1858. p. VI). Outre cette Histoire en français, D. R. Wyard a écrit en latin une autre histoire plus développée et enrichie de textes et de dessins, dont le ms. se trouve maintenant à la Bibl. royale de Bruxelles II, 5424, in-fol. de 569 pp. dont j'ai donné l'analyse dans mon étude : *Un manuscrit inédit de Dom Robert Wiard. Sancti Vincentii Laudunensis Chronologica Historia* (*Revue bénéd.*, XXXVIII, 1926, p. 178-188 ; XXXIX, 1927, p. 105-128)].

* On trouve à la Bibl. nat. Paris une « *Coenobii S. Vincentii Laudunensis historiographica tabula* » signée fr. Robertus Vuyard (Wyard) M. b. (ms. lat. 12703, f. 88-89). Cette pièce ne comprend qu'une page ; c'est un tableau de l'histoire de monastère disposé

sur trois colonnes avec plusieurs divisions. Au dos on lit : « Abrégé de l'histoire. Laon, St-Vincent, 12 avril 1677 ».

D. Grenier cite plusieurs fois l'histoire latine ms. de Breteuil par D. R. W. (D. GRENIER, *Introduction à l'histoire générale de Picardie* publiée par Ch. Dufour et J. Garnier. Amiens, Paris, 1856, 4°, pp. 99, 201, 219).

L'Histoire de l'abbaye de St-Josse-sur-mer est dans le ms lat. 12889, et l'abrégé de cette histoire dons le ms lat. 13907. *.

[L'abrégé de l'histoire de Breteuil, 1670, se trouve à la Bibl. nat. Paris, lat. 12663 (DELISLE, *Monasticon*, 7).

Copie de l'*Histoire de l'abbaye de N. D. de Breteuil*, exécutée en 1670 (mss. de la Soc. des Antiq. de Picardie ; CL. BRUNEL, *Catalogue*, n. 145, p. 40). — Autre copie dans la coll. de Troussures (*Revue Mabillon*, V, 1909, 545 ; *Revue bénéd.*, XXXVIII, 1926. p. 179)].

TABLE DES MATIÈRES